U0897426

◎本书得到安徽省人文社科重点研究基地——安徽文学舆情与区域形象研究中心以及安徽大学舆情与区域发展协同创新中心专项出版基金资助

安徽舆情与社会发展年度报告
(2013)

主　　编　芮必峰
执行主编　刘　勇

合肥工業大學出版社

《安徽舆情与社会发展年度报告(2013—2017)》

编　委　会

总　序

芮必峰*

当下中国的舆情研究已经进入一个新的时期，在这期间我们所做的研究是怎样的以及我们的舆情研究还存在哪方面的问题，我想在这里提出几个问题，这既是我对当下中国舆情研究的几点思考，也希望能够抛砖引玉，以此激发后续的讨论。我这里有四个方面的问题，想提出来请教各位专家和在座的同学。

先谈第一个问题。大概近五年来，每一所像样的新闻传播院系都有（这样的）舆情研究或舆情所，从中央到各个省到各个高校，那么舆论问题何以成为当今的热点问题？实际上在这之前，舆论学是从西方引进来的。西方的“舆论”和中国翻译过来的汉语“舆论”不是一个概念。中国古代也了解舆人之情、舆人之论，但是那样的了解是为了统治、得民心，为了统治者更受人爱戴。而今天的这个“舆论”问题成为社会热点，我认为，大致上有四个方面的原因：第一，改革开放以后，利益开始多元。在过去，实际上只有几本舆论书，其中的有几本是翻译过来的，还有几本是拼拼凑凑的。没有像今天这样大规模地、细致地，尤其是定量地分析。过去，利益是一元化的，一元化的利益造成了对这些方面不十分关注。第二，中国在经历改革开放以后，中产阶级的力量相对壮大。他们在社会上发生了一定的力量作用，这部分人力量的壮大带动了社会其他方面力量的崛起。第三，社会急剧转型带来的各种各样的社会矛盾。因为前面所说的这些变化，加上这些矛盾，各种利益诉求和观点针对社会上的矛盾就要有一个表达的渠道。第四，在这三个前提下，恰恰新媒体开始在中国

---

* 作者系安徽省人文社科重点研究基地——安徽大学舆情与区域形象研究中心主任，教授，博士生导师；安徽大学新闻传播学院党委书记；《安徽舆情与社会发展年度报告（2013—2017）》总主编。

普及。它的普及也就十来年的时间，而西方也从20世纪90年代中后期才开始兴起，到我们中国就更晚了。这四个条件综合到一起，舆论开始受到人们的关注，舆论开始成为问题。随着这四个条件的转换，我们的舆论研究和舆论变化，可能还会出现与我们今天所看到的情况不一样的东西。这是第一个问题，即舆论或舆情何以成为问题。

第二个问题，现在的舆论、舆情、民意等，我们到底怎样看待这些概念，或者，我们现在研究的到底是什么，我们绝大多数的研究报告研究的到底是什么。其实，我认为，它研究的不是舆论，而是民间的情绪。这种研究有点类似于，两个人在发生观点争论，我们没有研究这两个人的观点在谈些什么，而是研究旁边的起哄者，看起哄的人谁声音大，占多大的比例。这样来说，我们到底是在研究舆人之情即舆人的情绪，还是舆人之论？如果要研究舆人之情，该怎么研究？这个研究到底有什么意义？无非是谁的嗓门大一些，无非哪边的人多一些。嗓门大、说的人多，自然它能产生压力，产生一些影响。我们现在究竟在研究什么，舆情是否代表民意，这些问题，我认为还有思考的必要。这里不是死抠概念，我不清楚包括我们现在的舆情中心到底是在研究什么。我看到的一些报告，基本上是民间情绪，我们通过电话访谈问受访者怎么看，然后比例出来，是怎样的情况，最多，加一点所谓的原因分析，完全是研究民间情绪，我们似乎还没有达到真正的舆论研究，更不要说在舆论研究中上升到民意的推断。

第三个问题，我们为什么要进行舆情研究？我现在有个担忧，也许这样说不合时宜，当然，高校的应用学科要为社会服务，但是高校为社会服务，到底怎么服务？我发现我们现在多数的舆情研究或者舆论研究，基本上是在充当“绍兴师爷”的角色——摇摇扇子，帮主子出谋划策。这是不是高校服务社会的主要功能，我们到底应该充当现代化军队里的“参谋长”，还是当古代社会的“绍兴师爷”？因为存在这样一个问题，我们现在整个的社会研究一头倒在行政研究上，缺少批判研究；正是存在这样的原因，我们现在的研究一头倒在实证研究上，而在实证研究上，更重要的是倒在量化研究上。现在的质化研究少，量化研究多，凡是转化成数量的东西，基本上，它取得的是最大的交换值。它把事物最丰富的内涵全部掏空，给你一个简单的数据，其实这数据后面还有很多复杂的东西，我们没有去关照。没有质化研究，更别说在量化和质化基础上的批判研究。因此，现在得到的大量数据和报告，却没有人沉下心来对它们去做更高层次的理论研究，并在这个基础上，形成一些流传下来的社会科学的著作。

最后一个问题，我们整个舆情或者舆论研究是重描述轻规范。描述解决“是什么”问题，这当然是首先需要弄清楚的问题。但是，仅仅停留在这个问题上还远不够。在这基础上还应该进一步研究为什么是这样、还可能有什么样态、应该怎么样等，在“描述”的基础上还需加强“规范”。只有在了解了这些情况后，才对我们国家的社会经济的发展、和谐社会的建设有更大意义。

这四个问题，也正是我在主持我们的研究所过程当中不断在感受和思考的问题。我的这些问题也希望能给读者带来一些思考。

是为序。

［本文系芮必峰教授在“舆情与社会发展论坛”（2013）开幕式上的主题发言］

目　录

舆 情 篇

形　象　篇

理论方法篇

报　告　篇

社会化媒体中“日常环境抗争”的信息流动机制研究*

金萍华**
（安徽大学新闻传播学院）

摘　要：本研究基于“抗争政治”理论与社会化媒体中环境抗争日常化现实，提出“日常环境抗争”概念。通过呈现“PM2.5”新抗争政治剧目在特定“政治机遇结构”中的动员与遣散过程、居间联络与声援、协同传播与角色转换等机制，明示社会化媒体中“日常环境抗争”的信息流动机制。本研究实践意义在于为作为抗争对象的国家同抗争者之间的持续协商提供策略依据，理论意义则在于探索社会化媒体与“生活政治”的关联。

关键词：日常环境抗争；抗争剧目；信息流动机制；社会化媒体

一、引言

近年，全国多地发生环境群体性事件。群体性事件中相关民众一般采用集体上访、游行示威、暴力抗议等多种抗争手段争取权益，产生的短期社会影响大。2011 年下半年起，除了突发性群体事件，民众对环境问题的关注开始出现日常化征象，此征象因社会化媒体的兴盛得以催生，并因在社会化媒体中的持续呈现业已形成趋势。

民众通过社会化媒体关注并参与环境问题日常论争的社会行动从一开始就有明确的利益诉求对象，故此类行为富有抗争意味。而一旦国家或政府成

* 基金项目：教育部人文社会科学研究青年基金项目（11YJC860018）；国家社会科学基金重点项目（12AZD014）。

** 作者系安徽大学舆情与区域形象研究中心研究员。

为主要诉求对象，则可将此抗争行为归入抗争政治范畴。日常环境抗争通常由民众无法逃脱的日常生活事项，比如空气、水、土质污染等引发。较之由突发事件促成的环境群体性事件，此类抗争因所涉人群的广泛及持续时间的长久产生的社会影响更大。然较之国内环境群体性事件丰富的研究成果（王玉明①，2012；李亚捷②，2013；史杰③，2013；薛可④，2013；余茜⑤，2013；王全权等⑥，2013 等），环境抗争日常化主题基本未得到研究者关注。

三年前，PM2.5 是一个鲜为人知的科技术语。2011 年 9 月，环保部发布《环境空气 PM10 和 PM2.5 的测定重量法》，作为专业名词的 PM2.5 开始得到媒体关注进而进入民众视野，但扩散效果并不显著。PM2.5 真正为国内民众广泛认知始于该科技术语被日常环境抗争征用进而在社会化媒体中的传播。近三年内，网民采用 PM2.5 术语所进行的日常环境抗争无论是对普通民众的环保意识还是政府对环境治理法律意义上的义务履行都具有积极推动意义。2013 年初北京及周边地区的严重雾霾天气使社会化媒体中的日常环境抗争至白热状态，2013 年底全国多地严重雾霾天气使环境抗争话语更为深入。在政府满足民众环境知情权的基础上，民众正在提出更高的环境保护要求。

免受有毒污染的环境自由权是一项普遍的环境人权⑦，一旦此基本人权受损，民众有合法抗争的权利。抗争的目标是收复免受有毒污染之权利，这一目标实际上同抗争对象——国家的长远利益目标一致。因此，社会化媒体中的“日常环境抗争”行动可以成为政府制度化吸纳民意进而印证其执政地位合法性的有效途径。

基上，本研究将以近两年内 PM2.5 术语的社会传播为切入点，探求社会化媒体中日常环境抗争话语的信息流动机制，实现民众与政府间的持续有效协商，以最终利于免受有毒污染的环境人权的改善。

---

① 王玉明：《暴力群体性事件的成因分析——基于对十起典型环境冲突事件的研究》，《四川行政学院学报》，2012，(3)。

② 李亚捷：《环境风险类群体性事件的原因及解决对策研究》，上海华东理工大学社会与公共管理学院，2013 年。

③ 史杰：《环境群体性事件的治理模式转型》，南京大学政治管理学院，2013 年。

④ 薛可：《一个事件，两种声音：宁波 PX 事件的中英媒介报道研究——以人民网和 BBC 中文网为例》，《新闻大学》，2013 年，(1)。

⑤ 余茜：《政府在环境纠纷处理中的角色回归与职能矫正》，《陕西行政学院学报》，2013，(1)。

⑥ 王全权、陈相雨：《网络赋权与环境抗争》，《江海学刊》，2013，(4)。

⑦ 简·汉考克著，李隼译：《环境人权：权力、伦理与法律》，重庆出版集团，2007 年版，第 13 页。

二、“抗争政治”理论与“日常环境抗争”概念

20 世纪 90 年代末，麦克亚当、塔罗、蒂利、裴宜理等人提出了“抗争政治（contentious politics)”概念，有意区别于之前关于社会运动主题较为狭隘的政治过程模型研究，更多突出国家的重要性，强调抗争是政治性的，而国家是卷入其中的关键行为体之一①。之后，蒂利和塔罗通过《抗争政治》一书构建了“抗争政治”理论框架。该框架通过建构子概念和征用其他领域专有名词基本阐明了抗争政治的过程与机制。蒂利等人认为抗争的政治意味是“通过把政府设定为集体性提出要求的监督者、担保人或调节者，而更直接的则是常常将政府假定为要求之主体或者客体”② 得以体现的。尽管抗争政治理论是基于 20 世纪西方社会的社会抗争形态而形成的，但其“突出国家重要性”的理论核心符合当前国内社会抗争事实，不管是群体性突发事件还是日常抗争，国家都成了抗争诉求对象。

蒂利等人没有就新媒体与抗争政治这一主题作具体考察，但提出将新媒体相关现状视作此研究主题有待完成的工作③。事实上，近年内确已产生大量网络抗争主题的研究成果（李彪④，2011；谢金林⑤，2012；杨国斌⑥，2009；Earl，Jennifer，Kimport，Katrina⑦，2008；Radsch，Courtney⑧，2008；Rolfe，Brett⑨，2005 等）。相关研究认为，互联网对抗争政治的影响这一理论命题有两大研究路径，一个路径关注以网络为阵地展开的公民行动（internet

---

① 裴宜理文，阎小骏译：《社会运动理论的发展》，《当代世界社会主义问题》，2006，(4)。

② 查尔斯·蒂利、西德尼·塔罗著，李义中译：《抗争政治》，译林出版社，2010 年版，第 15 页。

③ 查尔斯·蒂利、西德尼·塔罗著，李义中译：《抗争政治》，译林出版社，2010 年版，第 15 页、第 242-243 页。

④ 李彪：《网络事件传播空间结构及其特征研究——以近年来 40 个网络热点事件为例》，《新闻与传播研究》，2011，(3)。

⑤ 谢金林：《情感与网络抗争动员——基于湖北“石首事件”的个案分析》，《公共管理学报》，2012，(1)。

⑥ 杨国斌：《悲情与戏谑：网络事件中的情感动员》，《传播与社会学刊》，2009，(9)。

⑦ Earl，Jennifer，Kimport，Katrina. The Targets of Online Protest. Information，Communication & Society，Aug2008，Vol. 11 Issue 4，P449-472.

⑧ Radsch，Courtney. Virtual Contentious Politics：Blogging in the Arab World. Conference Papers—International Studies Association，2008 Annual Meeting.

⑨ Rolfe，Brett. Building an Electronic Repertoire of Contention. Social Movement Studies，May2005，Vol. 4 Issue 1，P65-74.

contention)，另一路径则侧重考察通过互联网来组织和动员网下的行动(internet-assisted contention)①。本研究认为，后一种路径是基于新媒体技术意义上的前一种路径的具体研究，相关研究中并不存在两种割裂的路径。表象上，新媒体为抗争政治提供了“居间联络”和“传播”② 的全新工具，究其实质，新媒体具有完全改变抗争政治形态的功能趋势。新媒体尤其是社会化媒体形态使抗争政治日常化，继而可能使得日常抗争成为社会行动者的一种生活方式，并进而影响其他相关生活方式。由此，本研究提出“日常环境抗争”概念。

本研究中的“日常环境抗争”概念不同于斯科特提出的作为“弱者武器”的“日常抗争”③，后者常常是无组织、非政治的④。社会化媒体赋予日常抗争行动者话语权，而关于环境问题的日常抗争的合法性则使得这种话语权具有持续性。一方面，持续性话语权使得“日常环境抗争”行动对抗争对象形成持续压力；另一方面，持续抗争行动本身具有将本属于“解放政治”范畴的环境抗争内化为“生活政治”的可能。吉登斯认为，生活政治是“关于我们如何在一个曾经一切都是自然的（传统的）、而现在在某种意义上要通过选择或决定的世界上生活的问题”⑤，“生活政治不是属于生活机会的政治，而是属于生活方式的政治”⑥。作为解放政治的抗争政治一旦演变为生活政治，其之于社会形态本身的影响将远大于相对缺乏持续性的突发性群体事件的影响。

由上归纳之：本研究基于将“解放政治”视作“日常环境抗争”的理论前提，将理论归宿指向作为生活方式的环境抗争“生活政治”。除作为理论依据，“抗争政治”理论框架所提供的核心概念与基本逻辑也为本研究提供了方法论意义上的分析工具与手段。

---

① 曾繁旭、黄广生、刘黎明：《运动企业家的虚拟组织：互联网与当代中国社会抗争的新模式》，《开放时代》，2013，(3)。

② “居间联络”和“传播”是“抗争政治”理论中的重要概念，属于“抗争”中的动员机制。

③ 詹姆斯·斯科特著，郑广怀等译：《弱者的武器》，译林出版社，2007年版。

④ 周晓：《中国农民和中国革命》，《当代中国研究》，1994，(4)。

⑤ 吉登斯著，李惠斌、杨雪冬译：《超越左与右——激进政治的未来》，社会科学文献出版社，2000年版，第94页。

⑥ 吉登斯著，李惠斌、杨雪冬译：《超越左与右——激进政治的未来》，社会科学文献出版社，2000年版，第14页。

三、分析框架与研究思路

抗争政治理论中有一核心概念——抗争剧目（contentious repertoires），蒂利等人将其定义为“为某些政治行动者内部当时所知晓且可用的一批抗争表演”[①]。之后，Tarrow 对抗争剧目概念进行了扩展，描述了剧目要素的模式特质，认为抗争剧目是“各类社会行动者针对不同的目标，单独或连同其他形式一并使用的集体行动模式”[②]。Costanza-Chock 进一步延伸抗争剧目概念至在线直接行动（online direct actions）领域研究，形成了电子抗争剧目（repertoire of electronic contention）概念[③]，此概念为本研究议题提供了分析框架依据。

依抗争剧目提法，抗争政治的过程就是抗争剧目的表演过程，而社会化媒体中的抗争政治过程则可能既是抗争表演又是新的抗争剧目的形成过程。本研究初始阶段首先关注到的是 PM2.5 术语的扩散现象，对此现象的继续考察使“抗争”主题得以浮现。进一步深入分析，一个由核心术语主导的新的日常环境抗争剧目——我们将其命名为“PM2.5”——得以呈现。

由上，在分析框架的构建上，本研究将以“抗争政治”理论之子概念——抗争表演与抗争剧目为框架主线，以“动员”“居间联络”“协同传播”“合法性确认”“遣散”“政治机遇结构”等核心概念为分析工具，分析抗争剧目中抗争各方之表演。此抗争剧目的呈现过程正是抗争政治的信息流动过程。

在基本思路上，本研究首先明确“日常环境抗争”中主要涉事方——抗争者与抗争对象之“政治身份”[④]。我们将社会化媒体中的抗争者分作舆论引导者与普通网民两类，其依据是两类网民都属于“抗争政治”理论框架中的政治行动者，但一般情况下在日常环境抗争中两者的话语影响能力悬殊。本研究之所以采用舆论引导者而非通常意义上的意见领袖之称谓，一方面是因

---

① 查尔斯·蒂利、西德尼·塔罗著，李义中译：《抗争政治》，译林出版社，2010 年版，第 18 页。

② Tarrow，S.. Power in Movement：Social Movements and Contentious Politics. Cambridge：Cambridge University Press，P33.

③ Costanza-Chock，S.. Mapping the Repertoire of Electronic Contention，Paper Presented at the World Summit on the Information Society 转引自 Rolfe，Brett. Building an Electronic Repertoire of Contention. Social Movement Studies，May2005，Vol. 4 Issue 1，P65-74.

④ 查尔斯·蒂利、西德尼·塔罗著，李义中译：《抗争政治》，译林出版社，2010 年版，第 15 页。

为相关事实与数据表明，新的抗争剧目并非形成于某一具体事件中网络名人的意见扩散，而是有计划的舆论引导。另一方面，舆论引导者之称谓很长一段时间以来被党的新闻媒体征用。本研究认为，固化、单一、组织化的舆论引导特征已被消解，在社会化媒体年代，个体可能引导群体甚至整个社会的舆论方向。除个体舆论引导者，在社会化媒体尤其是微博中，媒体组织因其与体制间的复杂关系而具有一种独特的舆论引导者的政治身份。涉事另一方抗争对象则主要指向国家或政府，包括国家所有的相关污染源企业。

四、“PM2.5”的构成：新抗争剧目的信息流动机制

考虑到“PM2.5”抗争剧目是在呈现过程中形成，而非对既成剧目的排演，同时此剧目作为新的社会实在又成为新的社会行动的背景结构，本研究强调“PM2.5”抗争剧目的建构而非结构意义。

（一）动员：日常播报与议题设置

麦克亚当等人将动员策略定义为“那些正式或非正式的动员人们参与到集体行动中的集体主义手段”①。在社会化媒体年代，动员的集体性要求通常因动员主题和动员者在社会化媒体中的地位而得以满足。

在“PM2.5”日常环境抗争剧目中，“动员”始于房地产商潘石屹对 PM2.5 数值的微博播报。2011 年 10 月 22 日始，潘石屹在新浪微博中以手机截屏图示 PM2.5 数值的方式播报北京及其他地方空气质量，至 2013 年 9 月 3 日发微博称“我每天转发 PM2.5 的微博，从今天开始停止了”，在整个过程中，潘石屹将微博播报 PM2.5 数据行为日常化。客观上，这种对环境信息的日常关注与持续发布呈现出舆论引导的计划性与系统性。以 2013 年 1 月为例，潘石屹日常播报总数为 33 次，其中 10 日、12 日、18 日每日播报两次。以潘石屹当时 1400 万粉丝数计，整个一月播报信息的总到达人数理论上可达 4.6 亿，此数据未计算因播报信息被转发而到达的非潘石屹粉丝人数。

除日常播报，潘石屹的抗争动员行动还表现为在社会化媒体中所发起的相关议题的投票与调查活动。如 2011 年 11 月 6 日，潘石屹在微博中发起名为

---

① McAdam，D.，McCarthy，J. D. & Zald，M.. Comparative Perspectives on Social Movements：Political Opportunities，Mobilizing Structures，and Cultural Framings（New York：Cambridge University Press），P3.

“呼吁环保部尽快出台 PM2.5 的强制标准”的投票活动，超过 90% 的参与投票者赞同“今年出台”；2013 年 1 月 29 日，潘石屹微博发起呼吁《空气清洁法案》立法投票，数据一度显示有近 6 万人支持立法，占投票人数的 99% 左右。

潘石屹以舆论引导者的身份在微博中进行抗争动员，此动员得到众多粉丝数巨大的微博名人的回应与扩散，后者同样属于抗争政治中的舆论引导者。

（二）居间联络与声援：舆论引导者的呼应

居间联络在抗争政治理论中被界定为“在此前没有联系的地点间建立起一种新的联系”①，本研究将其认定为“在此前没有联系的抗争者间建立起一种新的联系”。虚拟世界中，地点的联系总是人的联系。

在前期微博动员基础上，部分专家经由传统媒体进一步为公众提供了更为专业的 PM2.5 相关知识。这类专家中有知名度较高的呼吸道疾病专家、知名高校环境学院教授、医学部教授、大气物理研究所研究员，等等。传统媒体的专业报道继而成为媒体组织的微博议题，这些微博内容进而引起大量微博名人的转发，从而在前期动员与后续抗争行动中形成居间联络机制。2011 年 11 月 19 日“财经网”微博发布钟南山观点，称“公布 PM2.5 有助于督促政府部门切实采用措施提高空气质量”。此微博得到李开复、王维嘉、王利芬等多位微博名人的转发。2011 年 11 月 26 日，“头条新闻”发布“气象专家称灰霾将取代吸烟成肺癌首因”的微博，内容源自《扬子晚报》，此微博得到包括王利芬、王冉、许小年、任志强、潘石屹、李开复等在内的更多微博名人的转发。一般来说，微博名人更愿意转发媒体组织的微博，其原因一方面因后者的专业性，另一方面则可能跟多数媒体组织本身的体制内身份相关。抗争者采用抗争对象言语为其行动提供合法依据，某种意义上，隶属抗争对象一方的媒体组织成了抗争者中的舆论引导者。

除了转发媒体组织的相关微博，就特定议题一批微博名人也以原创微博形式推进了日常环境抗争议程，我们将其称作新抗争剧目中的“声援”机制。

2013 年 1 月，北京及周边地区的雾霾污染空前严重，微博中关于此次污染的相关信息的流动空前频繁。“PM2.5 爆表”是 1 月 10 日雾霾开始至 14 日的主要议题。1 月 14 日开始出现“中国咳”“北京咳”等名词并引起巨大关注。1 月 14 日，《环球日报》总编胡锡进发布原创微博，称好一个“咳嗽的

① 查尔斯·蒂利、西德尼·塔罗著，李义中译：《抗争政治》，译林出版社，2010 年版，第 38 页。

中国”，把中国的脸都丢了①。此微博转发数超过3万，评论数一度超过1万。因1月16日普通网民“网中微言”发原创微博直指中石油、中石化油品与PM2.5污染有关，1月17日开始，多位微博名人跟进此议题，一致呼吁两大央企告知真相。“鹏媒体赵鹏”发布主题为“PM2.5真相”的原创微博，指责中石油、中石化劣质燃油是造成PM2.5污染的主要原因；“钱皓—互联网分析师”声称“中石油、中石化难逃雾霾天气推手之责”；王冉呼吁“告知公众实情是两桶油的义务”；徐小平“希望中石油出来辟谣”；许小年要求“两桶油回应一下吧”；胡锡进谏言“望两桶油坦诚回应，告知公众实情”等。

（三）协同传播与“角色转换”：普通网民的诉求

传播与协同行动是抗争政治中的两种常见机制②，考虑到社会化媒体中的抗争以话语形式呈现，我们将这两类机制合并称作“协同传播”，这一机制在普通网民与舆论引导者的互动中得以实现。尽管作为个体的普通网民在社会化媒体中的话语影响力弱，但舆论引导者的强话语权正是由普通网民的回应赋予，回应本身则成为舆论引导者设置后续议题的重要信息源。此外，普通网民常常通过特殊议题的设置而在某个特定阶段成为日常环境抗争中的舆论引导者，我们将此机制称作新抗争剧目中的“角色转换”。

分析潘石屹的第一条PM2.5日常播报微博发出后所收到的评论，内容多为情绪性言语，如“吃地沟油长大还怕这点毒”“中国人百毒不侵”“默哀”“有毒的岂止是空气”“关门，放专家，外交部，放发言人”“哎呀，咱们要不要跑路啊”等。此类情绪性言语较少愤怒情绪，更多为调侃而非担忧。另有少量评论开始呈现跟PM2.5相关的内容与专业知识并有意识质问PM2.5知情权问题，如“我们啥时候才引入PM2.5?”“中国是采用PM10的指标的，超过国际标准5倍”“这个数据北京的美国大使馆每天每小时更新一次，我们看得到各地的PM10，但PM2.5国家不公开，只有北京数据可以通过美国大使馆看”等。以上评论中无论是“地沟油”“专家”“外交部发言人”“跑路”等词汇以及“有毒的岂止是空气”等表述，还是将国家标准与国际标准有意识比较，都呈现出一个较为清晰的抗争诉求对象——国家。动员抗争的舆论引导者潘石屹设定了抗争主题，呈现了独特的抗争方式，但并没有明示抗争

① 尽管胡锡进此条完整微博意在谏言而非抗争，但较大的转发和评论数客观上造成了抗争效果。

② 查尔斯·蒂利、西德尼·塔罗著，李义中译：《抗争政治》，译林出版社，2010年版，第38页。

对象。抗争对象的设定是通过普通网民对抗争动员的回应自觉设定的。普通网民从一开始就心照不宣地将国家视作主要抗争对象。

如果说一开始普通网民更多是作为舆论引导者的追随者参与环境抗争，那么，在2013年1月严重雾霾污染期则出现了个别普通网民转变为舆论引导者的现象。2013年1月16日，新浪微博非认证用户“网中微言”发布微博称“凡是官方对PM2.5污染成因的分析，都刻意回避中石油、中石化燃油品质与污染的关系，事实上，这两家国有垄断企业缺乏社会责任感，坚持使用被普遍淘汰的工艺制售劣质燃油才是造成恶性PM2.5污染的主因。篡改事实是撒谎，隐瞒真相也是撒谎，而且是欺骗性更强的撒谎”。我们将“网中微言”归为普通网民是因其当时粉丝数仅4000左右，此数目同新浪名人微博动辄数百万粉丝数相比确实微小。至于粉丝数小且未经认证的“网中微言”在现实社会中的真实身份则另当别论。分析此微博不难发现，引起名人们广泛转发的最重要原因是该微博将PM2.5污染成因直指中石油与中石化。在绝大多数微博内容都在呈现雾霾污染事实之时，此微博开始设定全新议题——分析雾霾污染原因，且将源头指向当下饱受争议的两大央企。

在PM2.5抗争剧目中，与同作为政治行动者的舆论引导者相比，普通网民尽管多为配角，但因其人数的庞大及抗争行动的自觉性而具有无可替代的作用。普通网民由配角升为主角的途径则是通过设置舆论引导者感兴趣的议题引发大量转发推动剧情更新，进而实现自身“角色转换”的。“网中微言”的原创帖表明社会化媒体中的普通网民在日常环境抗争过程中具有议题设定的能力。

（四）合法性确认与制度化遣散：政府回应的两大功能

在潘石屹发出第一条北京空气质量数据微博后的2011年10月31日，时任北京市环保局副局长的杜少中（微博称巴松狼王）采用微访谈形式回答网友们关于环保、空气质量、PM2.5数据等问题。网友提问如“请问美国驻华使馆空气质量监测网站现在被很多人引用作为参考，甚至是很多名人，而最近此网站bjair.info已被有关部门进行了互联网屏蔽，旨在不让广大群众看到在PM2.5的情况下北京的空气质量，您对此有何看法”“请正面回答PM2.5监测和公布的问题，因为：（1）已经大大影响老百姓的健康；（2）老百姓已有强烈需要；（3）监测不困难，公布也不困难”等。杜少中回复称中国人有能力解决自己的问题，并称网友说的那个数据连美国国家标准都不是，就更谈不上国际标准了，表明中国的国家标准都是公开的，城市的监测情况也是由国家环境监测总站实时公布的。11月1日上午6点55分，杜少中主动发微博称：“错不在大家。我们在大气环境监测方面的科普实在是太弱了、太迟了，环境信息服务也不够人性化。以致不少关心此事的公众对空气质量监测是怎么回事知道得太少，对标准、规范、浓度、指数、年均值、日均值……只知词不知内容，再加上有些人什么都不信的情绪、连续的大雾、洋人的数据，这样讨论难免成粥。”

作为环保局副局长的杜少中具有国家或政府在环保事务方面的代言人身份，他与网民的微博互动可以视作政府相关部门对民众环境抗争的一种回应。杜少中的回应很快引起微博名人与媒体组织微博的继续跟进。郑渊洁连续七次微博发问北京环保局，直指环保局数据真实性、环保局经费使用、汽车尾气污染、除北京外其他地区空气质量等多个问题，得到网友强烈响应；财新网微博将杜少中受争议的语言以“声音·北京市环保局副局长杜少忠”为题发微博；“头条新闻”微博播报则直指中美监测北京空气质量数据不同之疑。此轮跟进进一步引发微博中网络名人“一毛不拔大师”、张泉灵等的介入并促成了潘石屹与杜少中的互动。11 月 8 日杜少中链接《北京日报》文章一篇，以解答 PM2.5 指数监测以及中美数据差异问题。11 月 10 日，潘石屹发微博称参观环保大厦，说：“杜局长带我一层一层的参观，一直到了屋顶。有许多家媒体记者跟着我们。杜局长说，我招谁惹谁了，有人在微博骂我。我说，微博上主要用批评的方式交流，表达自己的观点。这也是与新闻联播互补。微博上可以吵架、可以争论，但千万不能生气。”

新浪微博上这一阶段关于 PM2.5 的热议引发腾讯微博、搜狐微博、各大传统媒体、门户网站和多家网络社区强势跟进报道和讨论。作为抗争对象的国家对此抗争态势做出了实质回应。2011 年 11 月 16 日，《环境空气质量标准》二次公开征求意见，环境保护部表示拟制定 PM2.5 标准。2012 年 2 月 29 日，温家宝主持召开国务院常务会议，同意发布新修订的《环境空气质量标准》，增加了细颗粒物 PM2.5 和臭氧 8 小时浓度限值监测指标。2012 年 3 月 5 日在向十一届全国人大五次会议做政府工作报告时温家宝表示，2012 年将在京津冀、长三角、珠三角等重点区域以及直辖市和省会城市开展细颗粒物（PM2.5）等项目监测，2015 年覆盖所有地级以上城市。

在 2013 年 1 月的微博日常环境抗争中，作为抗争对象的国家有更为正式和及时的回应。1 月 15 日，李克强在谈及空气污染治理时表示必须有所作为，并强调要及时并如实向公众公开 PM2.5 数据①。之后，中国环保部副部长吴

① 参见财经网：《李克强谈空气污染治理问题：我们必须有所作为》，http：//politics. caijing. com. cn/2013-01-15/112435607. html，2013 年 1 月 15 日。

晓青接受《人民日报》专访，回应雾霾与空气污染相关问题。有意思的是，以上两条国家领导人的相关新闻在微博中得到较大关注并非源自政务微博，而是来自财经网微博的发布。目前，作为社会化媒体中日常环境抗争的主要抗争对象，中国环保部并未设立官方微博以同抗争者及时互动。而另一事实是，作为当时全国雾霾污染最为严重的北京地区的官方微博“环保北京”在2013年1月份雾霾污染期所发布的相关微博，少有转发数超过1000的，绝大多数微博的转发数都在100以内。也就是说，目前作为抗争对象的国家或政府方在微博环境抗争中仍处于话语弱势地位。

不管是环保局领导个人微博的回应还是国家领导人就环境问题做出的官方回应，都以明确的话语表述为社会化媒体中的日常环境抗争做出了合法性确认。合法性确认是抗争政治中的又一种机制，蒂利等将其界定为“某一外部权威发出信号，预备承认并支持某一政治行动者的存在及其所提的要求”①。与传统抗争政治不同的是，社会化媒体中环境抗争政治的合法性确认并非源于外部权威，而是源于作为抗争对象的国家或政府。这一方面再次证明在环境问题上抗争者与抗争对象的目标一致性，另一方面也是作为抗争对象的政府自身合法性的有效证明。

在抗争理论框架中抗争落幕的一段过程被称作“遣散”。一般来说作为解放政治的抗争政治行动延续时间再长总有结点，社会化媒体中的日常环境抗争则因为抗争内容的特殊性及抗争媒介的可得性而可能导致此抗争的常态化。但这并不意味着抗争过程缺乏较为明晰的节点。每一个节点都代表抗争过程中的一个阶段性遣散。某种意义上，每一次遣散是下一轮相关行动的起点。

关于遣散机制，蒂利等人认为，“竞争、背叛、幻灭以及制度化在诸多抗争政治事件中，不同程度地结合在一起导致了遣散”②。导致本研究中的抗争遣散的机制则相对单一，主要表现为“制度化”。本研究中的制度化遣散正是通过政府对抗争行动的回应所造成的合法性确认结果而形成的。本研究中第一次制度化遣散发生在潘石屹日常动员开始不到半年的时间。2012年3月2日，新修订的《环境空气质量标准》发布，增加了PM2.5的监测指标③，作为日常环境抗争核心话语的PM2.5被正式纳入法规。2013年6月14日，环

---

① 查尔斯·蒂利、西德尼·塔罗著，李义中译：《抗争政治》，译林出版社，2010年版，第43页。

② 查尔斯·蒂利、西德尼·塔罗著，李义中译：《抗争政治》，译林出版社，2010年版，第121页。

③ 参见环保部：《环境空气质量标准》，http://kjs.mep.gov.cn/hjbhbz/bzwb/dqhjbh/dqhjzlbz/201203/t20120302_224165.htm，2013年11月1日。

保部发布《PM2.5 自动监测仪器技术指标与要求（试行）》[①]，这是在吸纳PM2.5 为国家标准的基础上，针对日常环境抗争话语中对国家提供的 PM2.5 数据与美国使馆数据之间的差异所提出的质疑而做出的更有针对性的制度性回应。2013 年 10 月 14 日，财政部发布《中央财政安排 50 亿元用于京津冀蒙晋鲁六省份大气污染治理工作》通告[②]，此通告可视作作为抗争对象的政府对日常环境抗争话语制度化遣散的实效补充行动。

（五）政治机遇结构：抗争政治剧目之情境

蒂利等人将政治机遇结构定义为“各种促进或阻止某一政治行动者之集体行动的政权和制度的特征，以及这些特征之种种变化”[③]，此定义因界定模糊而受争议，但正如赵鼎新所说：“作为一个理论并不可取，政治机会在社会运动中的重要性却是无可置疑的。”[④] 本研究无意分析目前国内政治机遇结构的具体特征，仅将其视作理论依据，分析日常环境抗争剧本中所蕴含的作为结构性变量的政治机遇的重要性。

首先，抗争动员者潘石屹每日播报 PM2.5 文本的变动是顺应政治机遇结构的产物。这印证了 Tarrow 的论断——“动员策略成功与否受到政治机遇结构的影响”[⑤]。按时序具体考察潘石屹日常播报内容，呈现出以下几个阶段性特征：

第一，2011 年 10 月 22 日至 2012 年 1 月 20 日，每日播报内容标明数据来源为“朝阳区美国使馆定时播报”字样；2012 年 1 月 21 日起，播报界面右上角添加“北京环保局日报”字样；2012 年 3 月 1 日起，播报界面分别列出美使馆数据与环保部数据；2012 年 4 月底，除播报北京数据，开始偶尔添加上海、广州、深圳、成都、天津相关数据；2012 年 5 月 7 日起，常规播报北京、上海两地数据；2012 年 5 月 16 日，由环保部数据改为环保局数据；2012 年 5 月 18 日起，出现上海地区美使馆数据（之前仅播报上海环保局数据）；2012 年 6 月 16 日起，不再直接出现环保局数字，而是标明“指数根据环保局

---

① 参见中国环境监测总站：关于印发《PM2.5 自动监测仪器技术指标与要求（试行）（2013 年版）》的通知，http://www.cnemc.cn/publish/106/news/news_35953.html，2013 年 11 月 2 日。

② 中华人民共和国财政部：《中央财政安排 50 亿元用于京津冀蒙晋鲁六省份大气污染治理工作》，http://jjs.mof.gov.cn/zhengwuxinxi/touruqingkuang/201310/t20131012_997900.html，2013 年 11 月 5 日。

③ 查尔斯·蒂利、西德尼·塔罗著，李义中译：《抗争政治》，译林出版社，2010 年版，第 62 页。

④ 赵鼎新：《社会与政治运动讲义》，社会科学文献出版社，2006 年版，第 202 页。

⑤ Tarrow, S.. Transnational Politics. Annual Review of Political Science, 4 (1), P1-20.

公布的污染物浓度计算”字样；2012 年 8 月 4 日起，播报界面不再出现“环保局”字样，而是在界面标明“分享自全国空气污染指数”字样，“全国空气污染指数”系第三方应用软件。

从一开始仅播报美国使馆数据到后来同时呈现环保局、环保部数据，进而采用第三方应用软件数据，一方面是调整对普通网民回应的回应，更重要的是不断寻求合法传播数据的方式。仅呈现美国使馆数据所透露的对官方数据的不信任以及同时呈现两者数据形成对比所能引发的质疑与思考都在合法传播框架之内，免除了因敏感内容而遭言论管制的可能。这无疑考虑到了抗争中政治机遇结构的重要性。

第二，抗争者在回应动员内容时呈现出对作为抗争对象的政府在多个领域治理中缺位现状的自觉诉求，甚至包含对体制优越性的质疑。如“我坚定地相信，空气绝对有特供”“领导们终于和咱人民群众‘同呼吸，共命运’了”“污染面前人人平等”等，诉求的是当前体制中普遍存在的特权现象；如“宁要社会主义大雾，不要资本主义蓝天”“只能说明美国的监测仪表不适合中国国情”“监测空气质量也需要用中国特色的监测体系，坚决反对空气监测的普世监测体系”等，其调侃内容直指体制本身。

第三，抗争者将污染源直接指向中石油、中石化，这很大程度上同央企与国家的关系以及央企的市场地位有关。目前关于大型央企的最大争议集中于垄断问题，而由垄断争议引发的公众对于央企权力运行公开化、高管薪酬公开化等多方面诉求，以及这些诉求最终所导向的央企如何进一步市场化的问题成了整个社会关注的焦点。将污染成因同社会焦点连接起来势必产生更大关注度，直指央企也就是直指央企的所有者——国家。

（六）“PM2.5”新抗争剧目中的信息流动机制

社会化媒体中的日常环境抗争属话语抗争①，抗争走向即信息流动方向。以下我们在基本显明整个新抗争剧目的基础上总结“PM2.5”新抗争剧目中的信息流动机制（如第 14 页图）。

按照舆论引导的时序，我们称动员者为一级舆论引导者，称回应动员且设置议题形成新信息源的网络名人和社会化媒体中的媒体组织为二级舆论引导者。作为动员者的一级舆论引导者的抗争行动日常化，使动员本身具有自觉性、计划性与系统性。动员者在现实社会与网络中的名人身份使得动员行

① 不包括因线上抗争而产生的线下社会行动的那部分抗争。

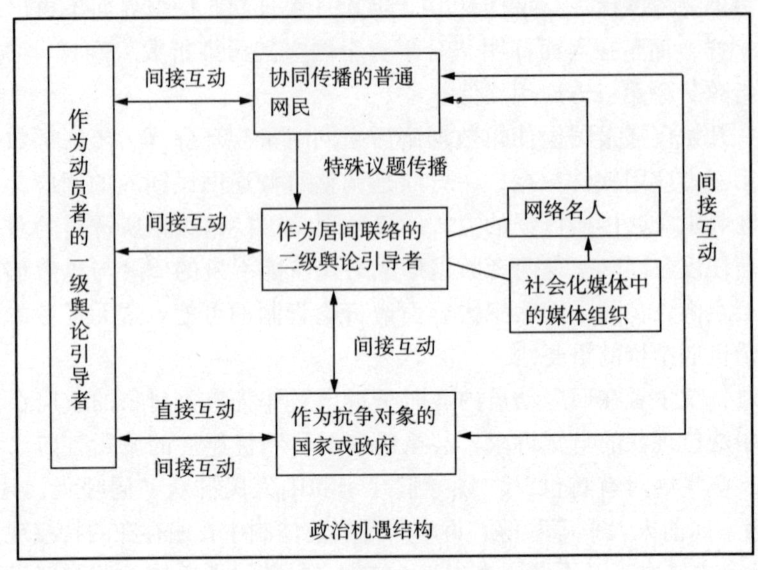

信息流动机制图示

动引发包括普通网民、传媒组织、其他网络名人和政府部门的关注，由此形成多个信息扩散源。动员者与普通网民以及作为二级舆论引导者的其他网络名人之间一般采用间接互动方式，动员者根据后者对其做出的回应在日常播报 PM2.5 值以外设置其他相关议题以形成更为丰富的动员内容。动员者与作为抗争对象的国家或政府之间既有直接互动也有间接互动，前者表现为动员者与社会化媒体中以个人身份出现的政府官员之间的互动，后者则以政府部门对 PM2.5 议题正式发布的相关决策形式呈现。

作为抗争者的普通网民在抗争中是最为重要的协同传播力量。在抗争过程中，普通网民一开始就自觉将国家设定为抗争对象，从此意义言，是普通网民建构了抗争行动的政治目标。此外，普通网民通过特殊议题的设定以引发舆论引导者关注，从而实现抗争政治身份由普通网民向舆论引导者的阶段性转变。

在二级舆论引导者间，网络名人会直接转发动员者的日常播报内容，但更多则是转发媒体组织的信息，后者经常是有明确论点的观念信息。另外，网络名人所贡献的大量的原创微博内容形成对动员的“声援”机制，这些微博大量的转发数客观上成为巨大的三级信息扩散源。

在以上新抗争剧目的呈现中，我们已经觉察某种意义上国家在社会化媒体中话语权的微弱，但即便如此，作为抗争对象的国家仍是推动剧情的至关重要的力量。每一次政府对 PM2.5 事项的正式回应都是与动员者、普通网民、舆论引导者之间的互动，是对抗争政治的合法性确认，由此产生的阶段性抗争成果则可视作制度性遣散节点。

事实上，新抗争剧目的每一个环节都是政治机遇结构的产物，这一点完全吻合于蒂利等人的抗争政治理论框架。无论是动员者对动员内容与方式的选择和调整显示其对政治机遇结构的理解与适切把握，普通网民回应动员时的诉求内容为当下多个领域政府监管缺位现状的反映，还是网络名人之所以更愿意转发传媒组织的微博因后者的体制内身份更能确保传播的安全性，等等，可以说，政治机遇结构大致决定着整个抗争剧目的信息内容及流动方向。

五、结论

“PM2. 5”日常环境抗争剧目是一种不同于传统抗争剧目的新抗争剧目。“新”的技术基础是网络技术所提供的社会化媒体形态，其社会基础则是民众对环境安全的更高要求而不可得的现状。社会化媒体赋予公民随时随地合法诉求的权利，环境污染现状激起每一位民众合法诉求的欲望，频发的严重空气污染状况导致诉求日常化，此日常化使得原本具有解放政治意味的抗争行动可能转变为对一种生活方式的选择也即生活政治。至此，本研究在实现研究目标——呈现社会化媒体中日常环境抗争信息流动机制的同时，揭开了另外一重学术视野——作为生活政治的日常环境抗争。这一视野直接从实践意义上呼应了生活政治的理论研究。关于生活政治的生态维度，吉登斯是这样表述的：“令人不安的生态问题不能仅仅被理解为关于环境的问题。更确切地说，它们是生活政治中心问题的表征和表述。”① 此表述说明对“令人不安的生态问题”的关注与抗争行动应归为生活政治中心问题。

某种意义上，日常环境抗争内化为生活政治的可能性依赖于作为抗争对象的国家或政府。PM2. 5 新抗争剧目的制度化遣散结果也是一种制度性吸纳，这是民意与政府间协商的结果。若随之而起的是更深入的持续协商，那么在制度性民意吸纳的基础上政府可以从抗争对象角色转变为生态舆论引导者角色，一方面对污染企业施以法治，另一方面则引导普通民众从日常环境抗争者角色转变为绿色生活方式践行者角色。

---

① 吉登斯著，李惠斌、杨雪冬译：《超越左与右——激进政治的未来》，社会科学文献出版社，2000 年版；第 96 页。

改革开放以来社会舆情生态演变机制及其特点分析

李 彪*

（中国人民大学新闻学院）

一、十八大以前的社会舆情演变及关键节点

正如了解一个城市的清洁程度只需了解其公共厕所的清洁程度一样，如果想对十八大之前的社会舆情演变有比较系统的了解，必须通过几个关键节点和标志性事件来对其发展的脉络进行素描式的勾勒。

（一）1976年唐山大地震：一切以阶级斗争为纲，民间舆论场荡然无存

新中国成立后到“文革”这段时间，由于社会信息流通不畅、非正常化的政治环境和思想教育等原因，整个社会舆论生态呈现出由官方话语完全主导、民间舆论基本消失的状态，民间舆论依附于按指令办事的官方舆论而存在，社会舆论众口一词，事件真相和民意民声被刻意扭曲、为政治服务的色彩十分浓厚。最为典型的代表是1976年的唐山大地震。唐山大地震实际死亡约24.2万人。而地震发生后的次日，《人民日报》采用新华社通稿方式对灾难进行报道，消息标题为《河北省唐山、丰南一带发生强烈地震　灾区人民在毛主席革命路线指引下发扬人定胜天的革命精神抗震救灾》，而对伤亡人数等最重要的信息未予披露，仅用“震中地区遭到不同程度的损失”一语带过。灾难报道被处理成抗灾报道，淡化灾情、片面扩大人的精神力量，这样的后果就是公众的知情权被置于不顾、无法有为地介入和参与讨论。这段时期，在动辄得咎的政治大背景下，公众的社会话语表达空间和平台基本丧失殆尽。

* 作者系中国人民大学舆论研究所研究员，经济学博士后。

（二）1995 年《华西都市报》的创办：民间舆论场萌芽

改革开放后，社会生产力的发展和政治、思想改革直接导致国家控制的减弱和社会再生，公民合理合法的私人空间不被侵犯，更多人对于参与社会事务、表达个人诉求的公共领域有了进一步诉求。1995 年元旦，中国第一份都市报——《华西都市报》在成都诞生，都市报的创办实现了报纸从政治宣传工具向新闻传播工具的历史性回归，在 20 世纪 90 年代中后期都市报异军突起的辉煌岁月里，都市报对于反映市民呼声、满足市民诉求、构建公共领域具有重要作用。民间社会舆论场开始萌芽，民间话语表达开始出现，并呈现出市民化的特点，但由于都市报的言论活动仍然受到行业规则的限制，这一时期的民间舆论有所兴起，但仍然受到官方舆论的制约和管控。

（三）1997 年互联网进入中国：两个舆论场的提出

1997 年随着国内第一个网站——神州学人的上线，互联网开始进入中国，传统新闻媒体跃跃欲试，一系列网络新闻媒体开始出现并且随着改革的深化，下岗人员增加，部分职工生活困难，再加上腐败现象滋生，治安形势严峻，围绕这些社会热点，人民群众议论纷纷。此时的互联网论坛虽然还没出现，但媒体渠道的多元化，使得社会民众的话语表达空间开始不断拓展，民间社会话语场域的萌芽开始在互联网的春风下茁壮成长，时任新华社总编辑的南振中关注到了这种现象，并于 1998 年 1 月提出了“两个舆论场”的判断，他认为在现实生活中实际存在着“两个舆论场”：一个是老百姓的“口头舆论场”；一个是新闻媒体着力营造的舆论场。民间舆论场经过不断发展开始被主流社会人群发现并认可。

（四）2003 年孙志刚案：网民成为民间话语场域的主体

虽然网络舆论在 2003 年之前就已经存在，有研究者认为中国舆论发端的标志性事件是 1998 年 5 月印尼排华事件后全球华人（包括国内）在网上发起的“黄丝带”抗议活动①。但真正标志着网民力量开始登上历史舞台的是发生在 2003 年、在网上引起巨大争论的“孙志刚案”“刘涌案”，让中国网民第一次看到了自己通过网络舆论改变社会事件进程的力量，因此 2003 年被称之为中国的“网络舆论元年”。同年，非典肆虐全国，出于对 SARS 病毒的无知

① 林楚方．自由与启蒙之地　网上舆论的光荣与梦想［N］．南方周末，2003-06-05（5）．

和恐惧，从广东发现首例到政府首次发布疫情的两个多月时间里，政府的讳莫如深和主流媒体的集体失言让政府和媒体的公信力受到了历史上最为严峻的考验，社会流言横生，恐慌情绪蔓延。而另一方面，经过几年的不断发展，互联网独特的优势已经凸显，中国网民在传统媒体上不能发出的声音不断通过网络、BBS 等传播出来。传统的官方舆论的权威性与真实性在这一年经受了巨大考验，民间社会舆论场域得到了更大的社会发展空间和公信力。

（五）2006 年“铜须门”事件：网络社会成熟中的阵痛

随着网络论坛的不断发展，网络世界开始形成了猫扑社区、天涯论坛和凯迪社区三足鼎立的舆论传播态势，这一时期最为代表的事件“铜须门”事件，该事件起源于猫扑社区，一位 ID 为“铜须”的魔兽玩家被人发帖指责与其妻偷情，遭到人肉搜索以及连锁而来的恐吓和骚扰。事件影响之大，以至于中央级媒体乃至海外媒体如《纽约时报》《国际先驱论坛报》都进行了报道，并给中国的网民贴上了“以鼠标和键盘为武器的网络暴民”的标签，这种自发性集体行为被上升为网络文化现象，引起了社会民众的关注和热议，在网络讨论和发声热度急速上升的背景下，如何建构合理的网络生态成了一个需要冷静反思的命题。

（六）2009 年 8 月新浪微博上线：社会话语能量的极大释放

2009 年 8 月，新浪微博正式进入中文上网主流人群视野，由于推行的名人战略模式，很快被主流上网人群所使用，再加上其是基于用户关系信息分享、传播以及获取平台，一定程度上促进了“人人发声的大众麦克风”时代的来临，在中国历史上最大限度地释放了社会话语能量，微博成为中国社会话语场域的意见发酵池和信息源，很多网络事件都是经过在微博中爆料、讨论和群集才最终影响到社会话语场域，中国人民大学舆论研究所对 2013 年的社会事件的第一信息源统计表明：25.7% 的网络热点事件的首发主体是微博①。

微博提供了个人表达和公共讨论的崭新舆论场域，民间社会舆论场域从聊天室、网上论坛等开始向微博话语场域转移，从主流社会话语场域中开始剥离开来，成为独立的社会话语场域，并与官方话语场域表现出对立、合意的复杂微妙关系：一方面，官方舆论逐渐正视和重视网络舆论，从最初的被

---

① 喻国明．中国社会舆情蓝皮书（2013）［M］．北京：人民日报出版社，2013.

动回应网络质疑到参与网络热词的讨论、占据微博阵地再到如今的主动制造网络热词、引导网络现象，部分“体制内”力量以亲民形象受到热捧，民间舆论与官方舆论不断融合，如一向以严肃严谨著称的《人民日报》头版头条标题“江苏给力‘文化强省’”首次采用了网络热词“给力”；另一方面，官方舆论的权威不复存在，草根话语权平衡发展，相对于传统媒体而言，以微博为代表的网络平台是一种“去中心化”的话语模式，每个人都有可能成为话语中心，这使得草根阶层的话语权得到释放，微博在一定程度上“对语言单一的中心神话、中心意识形态的向心力量提出强有力的挑战”。在后现代的解构主义文化中，难以自圆其说、不符合公众心理预期和企图延续硬性灌输思维的部分官方话语成为民众讨论和热议的对象，这种情况无疑挑战了官方舆论的底线和原则。

（七）2011 年初微信面世：重塑社会族群和网络社会话语格局

微信作为一种新的社交平台在 2011 年初上线，微信通过微信群和朋友圈等使得传统社会工业革命以来社会个体“原子化”的生存方式得以重新族群化和再次部落化，在微博受到更加严厉管控的背景下，微信作为一种小圈子社交平台，加上社会信任和社会资本等元素的加入，迅速成为民众争相使用的社交平台，一定程度上可以说，微博最大限度地释放了民众的社会话语能量，那么微信则重新满足了一直以来民众期待的“结社”“集会”的权利诉求。虽然不可否认的是，微信相对于微博的社会公共话语平台更加弱化，但微信可以满足人们更多的社会功能属性，麻省理工学院的雪莉·特克（Sherry Turkle）在其新书《Alone Together》中认为长期沉溺于网络媒体或者依赖科技产品与外界联系，非但不能使人摆脱孤独，反而会让人更孤单。微信一定程度上缓解了这种倾向，使得民众在微信上重新找到了归属感和社会族群，缓解了微博宣泄过后带来的社会集体情感空虚和虚无主义。

二、十八大以来的社会舆情演变及关键节点

十八大以来，主流意识形态在社会舆论管理方面采取了一系列举措，对整体社会舆情生态产生了重要的影响，十八大以来的社会舆情演变大致可以通过以下几个标志性事件梳理出粗略的发展线条。

（一）2013 年 8 月的打击网络谣言专项行动：民间舆论场域的暂时沉寂

2013 年 8 月 10 日，国家互联网信息办公室鲁炜主任与网络名人对话畅谈

社会责任，后来被概括为“鲁七条”，引起了全社会的广泛关注；8 月 19 日在全国宣传思想工作会议上，习近平通知强调“意识形态工作是党的一项极端重要的工作”，即八一九讲话；紧接着公安机关开展集中打击网络有组织制造传播谣言等违法犯罪；9 月 9 日两高出台司法解释规定，“同一诽谤信息实际被点击、浏览次数达到五千次以上，或者被转发次数达到五百次以上的”，应当认定为诽谤行为“情节严重”，从而为诽谤罪设定了非常严格的量化的入罪标准……

以上措施的出台表明国家开始加强对网络舆论的管控，一定程度上促进了网络社会中舆论泡沫的消解，但也造成了草根社会话语场域的收缩，网络意见大 V 的社会表达意愿不断下降。据 CNNIC 的《2014 年第 33 次中国互联网络发展状况统计报告》调查显示，2013 年草根话语场域的主体平台——微博的用户活跃度下降了 9%；据 Alexa 的流量数据，新浪微博网站的整体蹦失率[①]上升了 20%，每个用户每天浏览页面的数量则下降了 37.2%，每个用户在微博网站停留的时间则下降了 40%。从以上数据可以看出，草根社会话语场域为求自保出现了收缩和暂时沉寂，整个社会舆论生态也出现了变化，中国人民大学舆论研究所的数据监测结果显示，2013 年 10 月 24 日，政务微博账号发布微博（含原创与转发）的总数首次超过了网络加 V 个人用户[②]，这是一个标志和拐点，一定程度上标志着社会话语舆论场域中力量的对比变化。

（二）2013 年 9 月张家川事件：民间舆论与官方话语的对抗冲击

2013 年 9 月份下旬发生的甘肃省张家川县公安局刑拘杨某事件被称为“全国 500 转帖刑拘第一案”，事件发生后，沉寂多时的草根话语场域开始进行了“反抗”，以律师、学者等群体为代表的社会意见领袖重新“集结”，在微博上甚至直接赶赴张家川支持张辉，网友开始挖掘张家川县公安局局长的相关贪腐信息，最后以公安局长因丑闻暴露而下台、张辉被无罪释放结束，张家川事件看似又是一个因言获罪的事件，但无论其发生背景还是结果都凸显了该事件的价值和意义。“全国 500 转帖刑拘第一案”一定程度上是民间社

① 蹦失率（Bounce Rate，又可译为跳失率），是指用户浏览第一个页面就离开的访问次数占该入口总访问次数的比例，数值越小代表网站越可能受欢迎、客户更愿意访问更多的页面，反之数值越大说明越不受欢迎。

② 李彪．社交媒体时代的网络舆情——生态变化及舆情研究现状、趋势［J］，新闻记者，2014，(1).

会话语与官方话语第一次针锋相对的对抗，并且最终是以民间社会话语场域的胜利而告终，虽然民间话语表达更转向隐秘的微信平台，但其社会影响力依然存在，并可能在关键时刻重新集结和对抗。

（三）东莞扫黄事件：官方话语的独自彷徨

随着国家对于网络监控和管制的力度不断加大，一些限制措施让官方舆论场和民间舆论场逐渐背道而驰。在网络构建的全新公共领域中，官方对于网络舆论日益收紧的监控和管制措施使得部分网民产生了抵触心理，双方平等理性对话的机会被破坏，普通网民和意见领袖忌于官方压力开始采取一种更为消极和圆滑的方式来表达个人观点，比如调侃和恶搞。在这样一种氛围下，官方舆论开始被民众嫌弃和疏远，民间舆论场和官方舆论场开始相互背离并且距离越来越远。最为典型的事件是央视对于“东莞事件”的报道非但没有迎来网民的支持，反而在微博上掀起了“东莞挺住”“东莞不哭”的话题高潮，此次行动和央视报道的本意被完全漠视和歪曲。民众的这种软性对抗方式一定程度上引起了主流意识形态的关注和警惕，随后《人民日报》连续七天发表社论批评这种支持东莞的言论，但草根社会话语场域却表现得风平浪静，草根社会话语场域不再关心主流话语在表达什么，官方话语更像是在社会话语校场上表演声嘶力竭的独角戏，独自彷徨。

（四）文章劈腿门事件：娱乐狂欢背后的话语生态转型

2014 年 3 月底发生的文章劈腿门事件，表面上看似娱乐事件，但这背后一定程度凸显了整个社会舆情生态的真实样态。文章劈腿门事件创造了新浪微博上线以来的最高纪录：在 3 月 31 日 0 点微博公开回应 2 小时互动量破 87 万，10 小时内，单条微博互动量超过 250 万。娱乐至死、娱乐至上成为中国社会舆情生态中独特的社会景观，并不是说中国网民对明星私生活的关注远远超过了对于法治、反腐、环境污染、国家及社会暴力等，娱乐至死的背后是一种社会无奈，这种景观颇像政治高压下清末文人热衷考证一样。社会公共话题与娱乐话题是零和博弈关系，民众如果都在关注社会公共话题自然无暇关注娱乐话题，正是目前社会舆论管控整体不断趋紧的背景下，娱乐狂欢成为民众最好的社会代偿和减压阀，文章劈腿事件的出现一定程度上表明未来的社会舆论表达更加转向与社会主流意识形态关联不大的娱乐等软性话题，或者趋于用更加隐蔽的方式或社交平台表达。

三、中国社会舆情演变的特点及机制

（一）中国社会舆情生态演变是个政治、技术、社会三方力量博弈动态的变化过程

通过以上中国社会舆情生态中各种力量消长变化趋势可以看出其中主要是由三方力量在不断动态博弈，进而推动着中国社会舆情整体生态的不断演变。政治力量依然是国家所有资源配置中的绝对主导力量，其在整个社会话语场域中也一直扮演着绝对主导的作用，媒介技术作为重要的社会变革力不断对社会政治力量进行试探与边缘突破，民间社会力量在整个社会话语场域中从萌芽到不断壮大，并且在政治力量的高压下开始凸显自己的力量，并开始进行一定程度的话语对抗，隐隐有与政治力量两极鼎立之趋势，在社会力量成长的过程中，技术力量扮演着重要的帮手的角色，未来技术也会继续成为左右两者力量均衡与否的重要砝码。

（二）社会舆论话语平台所依附的载体在不断变化

在社会舆论生态演变的三十多年中，可以看出，社会舆论话语平台并不是一成不变的，通过脉络的梳理，社会舆论话语平台最早依附于报纸媒体，以当时的《人民日报》为主要代表，后来随着电视机的逐步普及，又进而转移到电视媒体，再后来随着网络的勃兴和方兴未艾，进而转移到以 PC 端为代表的互联网中，主要代表是三足鼎立之势的猫扑、天涯和凯迪社区。而随着移动媒体技术的兴起和移动互联网的普及，社会舆论话语隐隐有向移动终端话语空间转移的趋势，移动互联时代的主要社会话语平台依赖的平台主要是微博、微信和新闻 APP 产品，移动舆论话语平台开始跃然纸上。

（三）媒介技术是社会舆论生态不断边缘突破的主要推动力

加拿大传播学者麦克卢汉曾提出“媒介即信息”的著名论断，这一论断对传播媒介在人类社会发展中的地位和作用进行了高度概括。他认为媒介本身才是真正有意义的信息，对社会个体来说，媒介最重要的作用是“影响了我们理解和思考的习惯”，对于社会来说，真正有意义、有价值的“信息”不是各个时代的媒体所传播的内容，而是这个时代所使用的传播工具的性质、它所开创的可能性以及带来的社会变革。因此，媒介带给人们的不仅是一种角度、一种简单的介质，而是使得社会话语权力和社会话语资本在社会成员

中重新分配，正如詹姆斯·卡伦在《新媒体和权力》中指出，每一个时代新型传播方式的出现都会带来权力的转移。同样的，现象学研究的马丁·海德格尔（Martin Heidegger）认为，在现代世界，技术构成了人们的基本存在处境，但他强调技术绝不仅仅只是人类生存和存在的手段和工具，技术在本质上是座架（Ge-stell），是对自然的促逼和对世界的单向度的解蔽（das Entbergen），“我们以‘座架’一词来命名这种促逼着的要求，这种要求把人聚集起来，使之去订造作为持存物的自行解蔽的东西”①。换句话说，按照海德格尔的观点，技术作为座架，为人们的理解和生存设置了固有的框架，人类所有的思考和生存方式都必须发生在这个由技术座架限定的框架背景之中，无法逃避或站在这个框架之外，即人类生活在这一技术的世界之中，就被“促逼”得只能在这一框架下来“解蔽”世界，根据技术的秩序理解世界，这是现代人的宿命。根据海德格尔的理解，对于当代人来说，网络就是当代人的宿命，正如数字之父尼葛洛庞帝（N. Negropont）所说的在今天“计算不再只和计算机相关，它决定着我们的生存”②。网络技术作为一种新的传媒技术，作为“座架”，“促逼”着人类只能以信息化的方式、在信息化的框架下来解蔽世界，从而产生了一种完全不同于工业时代的全新的社会活动场域和环境，即后现代的社会生态地景地貌。可以说，“网络空间与资讯技术，在根本上就和其他技术一样，是特定社会关系的揭显与设框，是牵涉人类生存条件的特殊模式”③。

从这个意义上说，媒介技术的不断革新为社会话语的释放提供了无限可能和遐想，媒介技术在社会舆论生态演变中也扮演着普罗米修斯般的“盗火者”的功能和角色，不断对被政治力量庇护的、铁桶一般的社会舆论场域边缘撬开可能的空间，进行着边缘突破，无论是网络论坛、微博还是微信及新闻 APP 客户端，都在进行着这样的尝试和突破，一定程度上，媒介技术是整个社会舆论生态演变的最直接推动力量，虽然有研究者会认为这一观点未免又落入了技术主义者的窠臼中，但网络社会本质上是一场技术革命。

（四）社会民间力量在社会舆论生态变化中不断再集结

“文革”开始以后，民间力量基本消失殆尽，整个社会都是被政治力量和

---

① M. 海德格尔．技术的追问［M］．孙周兴等译．上海：三联书店，1996：78.

② N. 尼葛洛庞帝．数字化生存［J］．胡泳等译．海口：海南出版社，1996：90.

③ 王志弘．技术总结的人与自我：网际空间、分身组态和记忆装置［J］．资讯社会研究，2002（3）：34-36.

国家生活所主导，民间话语表达和舆论空间被压缩在更为隐秘的空间中，改革开放以后，随着社会利益格局的多元驳杂，社会诉求也逐步多元化起来，不同阶层的社会力量得以再集结，尤其是2008年汶川地震救灾，这是新中国成立后具有里程碑意义的重要事件，数以万计的民众自发地从四面八方争相向灾区提供帮助，很多非政府组织扮演了重要角色，政府被迫允许这些组织参与救灾，这些组织也自觉地遵守相关规定，加强救灾活动的管理，争取了民众的支持。同时，社会民众通过网络热点事件发生后的社会讨论，有利于培养民众对社会事件独立的看法和认识，具备了独立思考的能力，从而提升了其作为现代社会公民的基本素养，启蒙了他们的权利意识。同时，这个过程也建构了社会群体的行动逻辑和行动框架，并自觉地遵守和维护这些行动框架，这些框架反过来又进一步提升社会群体的社会动员和社会行为能力。

因此，网络技术尤其是社交媒体技术的勃兴和中国转型期的社会表达方式的重叠不仅仅促使社会与国家之间发生互动，并且“社会”力量得以重现和回归，促成了社会一方得以“再生产”，最终实现了当下中国呈现出社会和国家的双向互动与变迁。

（五）网络意见领袖代表的社会话语精英阶层尚未成熟

随着微博等社会话语平台的逐步普及，在网络虚拟公共话语空间出现了网络意见领袖群体，这类群体通过在社会公共话题讨论中的鲜明观点和社会公益行动中的动员能力，成为网民关注的明星人物，进一步演变成为虚拟社会中的“新意见贵族阶层”，动辄就可以引起网络民意的啸聚，但由于这一群体素质参差不齐，并且这种话语表达方式一般不被主流意识形态所接纳，虽然已然具备了现代公共知识分子的基本雏形，并可期成为未来的社会中产阶层，但在萌芽发展中被主流意识形态所压制，颇有些“先天早产、后天缺养”之势，这类网络“新贵”们还需要进一步磨砺，通过自身阶层的壮士断腕和自我更新，才能够真正成熟起来。

（六）社会舆论话语生态的最终态势取决于政治管控与技术的博弈结果

通过上面的分析，可以看出，政治管控和技术发展是零和竞争关系，政治管控多一点，技术带来的话语释放空间必然就会少一些，政治管控总是希望将技术力量带来的任何话语表达松动再重新收紧和管理起来，而技术是不断前进革新的，政治管控手段和效力也在不断下降，技术也在不断操练和培养着社会力量的崛起。因此，未来社会舆论话语生态的演变格局一方面取决于政治管控力量的高压态势能够持续多久，另一方面更取决于技术的革新速度。

英国历史学家和未来学家汤恩比曾经说："一部人类的历史，便是在挑战与回应中前进的历史。"当传播技术尤其是网络的崛起改变了整个社会结构和人类生存方式时，我们唯有毫不犹豫地去回应和面对，才能从容前行。传统社会在网络等新媒体技术的冲击下不断消解、解构，社会熵不断增强，网络结构嵌入整个社会存在结构中去，网络社会崛起但最终还没形成。初现雏形的网络社会的扁平化、去中心化等特征，再加上网络等新媒体技术使得社会的有机化程度增强，危机社会来临，危机不再是一个个突发的破坏性事件而成为一种社会常态。人类网络化生存，再加上中国转型期的特殊社会环境和结构，使得社会舆情鼎沸和不断演化之势会成为中国网络虚拟世界中的常态存在。

危机传播语境下微博意见领袖的引导路径

——基于“夏俊峰案”微博数据*的分析

刘　丽**

（安徽大学新闻传播学院）

摘　要：通过分析近年来较为典型的舆情个案“夏俊峰案”，认为这一个案中的发言主体是以认证媒体为代表的媒体用户，他们是传统媒体的代言者，其话语更多的在以“城管”这一负面语词进行事件定性；认证个人中的普通用户普遍失语。除了媒介引导的感性“故事”与大V引发的极端“话题”外，本案中有较为理性的专业人士的讨论，还原了这一“司法案件”并指出其公共性所在。我国公民的意愿表达在拥有相对自由的自媒体平台后，危机传播的主体应当进一步重视微博意见领袖的分层，重视以专业领域内的专家为代表的意见阶层，特别注意引导其关于事件公共性的相关表达。

关键词：危机传播；意见领袖；大V；夏俊峰案

一、研究缘起

本文所指意见，是基于公共话语空间中，由不同社会阶层的发言者所发布的对具有社会意义的事件的话语表达，具体指公众在媒介场域内发表的意见。从汉娜·阿伦特到哈贝马斯，批判视角下谈及的“话语”表达总是与社会分层或跨阶层对话相关。新媒体背景下，公共话语平台中社会意见的分歧

* 本文数据来自合肥学堂信息技术有限公司以及安徽大学舆情与区域形象研究中心，特此感谢。

** 作者系安徽大学舆情与区域形象研究中心研究员。本文为安徽省高校优秀青年人才重点项目“自媒体环境下高校网络舆情监测与引导机制研究”（2013SQRW008ZD）；安徽省高校人文社会科学研究基地项目；国家社科基金重点项目“坚持马克思主义新闻观与完善舆论引导格局研究”（12AZD014）阶段性成果。

与对话则关涉社会空间领域内的公平、正义。

研究者常常认同，在新媒体背景下中国存在着官方与民间的双重话语空间①，并经常在研究微博等新媒体时不假思索地使用建立在大众传播媒介时代的两级传播论中“意见领袖”的概念。较为深入的研究主要倾向于从新技术背景下意见领袖社区的形成的角度，探讨网络意见领袖群体内部各主体之间、网络意见领袖群体和普通网友之间虚拟的社会网络的问题。认为随着网络意见领袖群体在政策过程中发挥着越来越重要的作用，一定程度上形成了国家与社会良性互动的新模式②。现实情况是，公共危机事件中，网络意见领袖参与主流媒介并聚焦公众视听，已经成为占领话语空间的群体，能影响公共事件发展的态势。

本文试图通过研究“夏俊峰案”这一具有典型意义的个案，对发言主体的分布及言论走向进行分析，试图至少在数据描述的层面上揭示当今网络舆论场域中的意见领袖在危机传播中的身份特征和功能，从危机主体的角度探讨发挥意见领袖积极作用的路径。

二、案例选取与研究方法

2009 年 5 月 16 日，辽宁省沈阳市沈河区夏俊峰和妻子在马路上违法摆摊被沈阳市城管执法人员查处。在勤务室接受处罚时，夏俊峰与执法人员发生争执，刺死城管队员两名后又重伤一人。2013 年 9 月 25 日，夏俊峰因犯故意杀人罪被执行死刑。关于夏俊峰案的舆论逐渐平息。但在 2014 年两会期间，最高人民法院院长周强在参加湖南代表团审议“两高”报告时表示，对于一些重大敏感案件，法院要敢于坚持敢于担当，他以夏俊峰案为例，称“不杀夏俊峰这种人会天下大乱”。这一观点经过纸质媒体《京华时报》《新京报》及门户新闻网站报道，再次引起社会对该案的普遍关注。

夏俊峰案从发案时间来看是 2009 年，但从 2011 年该案开始审判到 2013 年 9 月的死刑宣判，再到 2014 年两会高院院长对该案进行引述并发表评价性言论，种种相关消息均引发网民激烈讨论。该事件的舆论影响持续 5 年之久，在经历 2011 年微博等舆论平台的崛起时的“众声喧哗”以及 2013 年 9 月国

---

① 何舟，陈先红：《双重话语空间：公共危机传播中的中国官方与非官方话语互动模式研究》，载何舟，陈先红：《危机管理与整合策略传播》，武汉大学出版社，2010 年版，第 111 页。

② 曾繁旭，黄广生：《网络意见领袖社区的构成、联动及其政策影响：以微博为例》，会议论文：北京论坛（2012）哈佛—燕京学社专场。

家各部委开始对互联网治理提出各种举措之后，微博舆论场中官方声音与理性声音再次回归。跨越时间长，影响范围大，兼具复杂性，种种因素促使该案成为观察和研究中国社交媒体——微博舆论场中意见领袖近年来“分层”趋势的经典舆情案例。

本文主要选取夏俊峰被高院宣判并执行死刑之后（2013 年 9 月 25 日）[①]至周强谈话后一周内（2014 年 3 月 11 日至 3 月 18 日）的新浪微博全部微博内容为样本。以“夏俊峰案宣判”“小贩杀死城管”和“不杀夏俊峰很危险”为关键词，搜索新浪微博 2013 年 9 月 25 日至 2014 年 3 月 18 日微博内容，共得到相关微博总量 46052 条，其中 2013 年 9 月 25 日执行死刑后至周强讲话前共 44844 条，2014 年 3 月 11 日周强讲话后的微博 1208 条。经过进一步数据合并与清洗后，剩余有效样本计 29602 条。数据跟踪发现，46052 条微博共由 29521 个用户发出，平均每个用户发布微博 1.56 条。即在 6 个月的时间内，共有至少 3 万人通过新浪微博发表对夏俊峰案的观点或看法。

三、谁在发言——对发言主体的数据分析

（一）发言者的总体分布

在 2013 年 9 月—2014 年 3 月关于“夏俊峰”话题的讨论中，主要包括八类主体。本文根据新浪微博后台程序，以新浪内部用户分类为依据，将用户即微博平台内实际的发言者划分为实名认证的和非实名认证两大类。其中非实名认证用户即普通用户，普通用户的发言占据了全部发言的 82%；而在实名认证类别中划分认证的“个人”和“组织”两大类，实名认证的个人包括“达人”[②] 和“认证个人”[③] 共占据总发言数量的 16%，而与个人相比，实名

① 关于死刑宣判后的舆情已经有人民网等监测机构做出相关监测数据。据人民网舆情监测室观察，9 月 24 日起，“夏俊峰案”相关话题舆情热度出现快速增长态势，25 日“沈阳刺死城管小贩夏俊峰今日被依法执行死刑”的消息引发了相关舆情出现爆发性增长态势。相关微博数据从 23 日的 1000 余条暴增至 1 万余条，这一数字又在当天下午 2 点猛增到超过 46 万条。网民们对此事件展现了异乎寻常的关注热度。而这其中，夏俊峰的家人和辩护律师在微博上对此事件相关消息的传播起到了重要的推动作用。网络上支持夏家的声音呈现一边倒的态势，相对而言，支持对此案的判决的理性声音并没有凸显出来，而沈阳中院微博发布的两条相关微博则受到网民们的猛烈抨击。

② 达人：现实中不具有知名度的活跃的微博用户。被称为网络上的“草根明星”。

③ 关于大 V 的已有研究称 50 万以上粉丝的微博活跃用户和意见领袖，他们通常在现实中具有一定的知名度和影响力。多为文娱明星身份。

认证的组织性质的微博发言总数量较少，仅占全部发言的2%。就是在这2%中，认证的媒体微博占1%，认证的企业组织微博占据剩下的1%，非盈利的群体机构（政务与校园、社团）的微博数量极低，均以两位数计算，被统计为0。如下图：

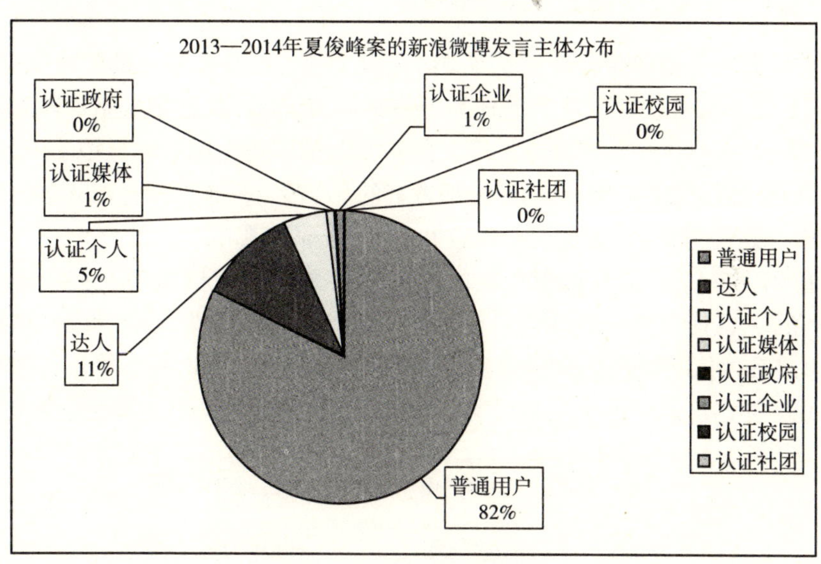

图1 关于“夏俊峰”话题的新浪微博的发言者总体分布图

仅从绝对值看，普通用户的发言数量是远远大于媒体和认证个人的，但普通用户并非微博舆论的主体。由于“转载”在一定程度上与微博使用者对于言论的赞同程度有关，而“评论”数量通常与该微博的话题性有关，本研究以每条微博的转载数量和评论数量作为判断该条微博“影响力”的依据，对上述八类发言主体进行统计，将转发超过10条的微博视为“有效发言”，转发超过100条的微博视为“有影响力的发言”。

从整体发言的有效性上看，认证媒体的发言数量仅占总量的1%，但其中约44%的发言得到了转发，约19%的发言得到了超过100条的转发，发言的有效性与影响力均为最高；其次是认证个人，这一群体在数量上仅占5%的发言，有17%的发言得到有效转发，5%得到了大量转发，是个人用户中影响力最大的群体；值得注意的是，排名第5的“达人”发言数量（11%）与影响力（0.40%）之间的反差巨大，达人是没有现实知名度的活跃的微博用户，他们的发言总量不低，但是言论的有效性和影响力显然远远低于有现实知名度的认证个人。实名认证的组织用户中，政府微博的有效性发言比例相对较高，但是有影响力的发言比例较低；而普通用户、校园和社团微博用户在这一事件中几乎未能发出有效的声音。尤其是从绝对数量上看，普通用户占据了绝大部分，但是他们的有效发言比例极低，仅占不到1%，发言的影响力更是不足0.2%。

（二）有影响力的言论主体的分布

在4万余条微博中，转发量在100条以上视为“有影响力的发言”，共计272条；转发量在10~100条的视为“有效的发言”；共计789条；转发量在10条以下的，视为“无效的发言”，共44991条。从比例上看，小于10条转载量和评论量的微博条数达到了全部发言的97.70%，这意味着在此案的海量微博中，仅仅有不到2%的有效发言和不到1%的有影响力的发言。

在272条转发量超过100次的微博言论中，主体排名如下：认证个人（109条），认证媒体（71条），普通用户（67条），达人（20条）；在排名100名之后才依次出现了政府微博（1条）、认证企业（2条）等。这体现出拥有现实知名度的认证个人与现实媒介机构在网络舆论场域中稳定的影响力。

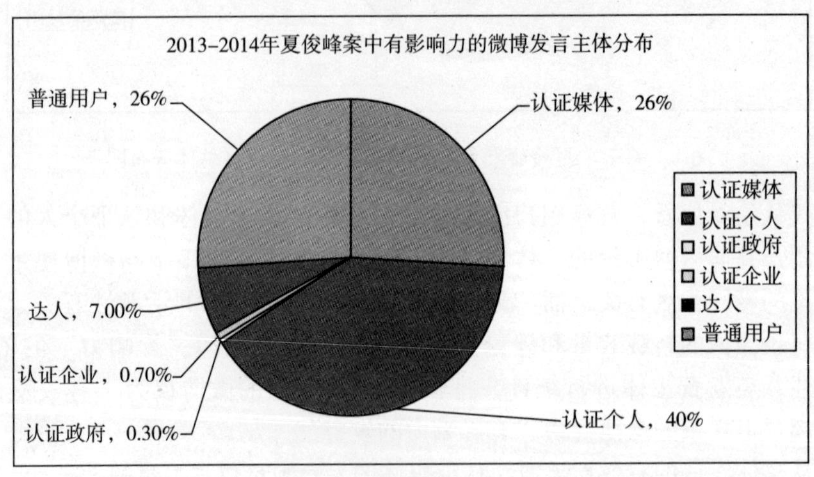

图2 关于“夏俊峰”话题的新浪微博的有影响力的发言者总体分布图

进一步细分，虽然认证个人在发言数量上超越媒体，从高影响力发言的主体分布上看，认证媒体的转发量和评论量排名靠前，主要分布在前1~100位区间，较为稳定。而认证个人分布较为分散，在2~272之间。转发量和评论量的排名前13位的微博全部来自认证媒体。

本案中2013—2014年发言转发量超过1000次的用户分别是：

（1）认证媒体共12名，主要来自新浪。包括头条新闻、人民日报、凤凰网、财经网、新京报等。

（2）关注此案的专业人士与知名大V，包括中国政法大学副教授仝宗锦、律师袁裕来和陈有西，经济学家茅于轼等，共23人，其中来自台湾1人、海外2人，粉丝数在0.1～10000级别，转发量和评论量在1000～7000次。

（3）普通用户仅有4名，粉丝数1～100000级别，评论与转发数在1000～5000次。

（4）达人6名，粉丝分别在1～100000级别，评论与转发数在100～1000次。

从人数和转发量上看，发出有影响力的声音的言论主体中，认证个人的影响力超过了认证媒体。这些认证个人是否是传统意义上粉丝过百万级的大V？

据统计，新浪微博、腾讯微博中10万以上粉丝的超过1.9万个，100万以上的超过3300个，1000万以上的超过200个。[①] 在对“夏俊峰案”进行评论的意见领袖中，超过百万级的个人用户仅有4名，他们分别是昵称为袁裕来律师、徐昕、慕眼和鹏媒体赵鹏的四位用户。

2013年9月28日“袁裕来律师”转载了陈有西的博文《陈有西：夏俊峰该不该核准死刑？对最高法院释疑的回应》，法律学者“徐昕”2014年3月12日发表长微博“方舟子遇到了大麻烦”：前不久有专业人士质疑夏俊峰儿子的画儿是别人“代笔”，方舟子跟着评价了几句。大概是方舟子的影响力太大了，夏俊峰的妻子今天发了一个微博，指骂方舟子“脑残”“没人性”。这些粉丝数过百万的知名账号的言论对该案件并无一手评点，只是转载或是发表相关感想，言论的转引量与评点量虽然不低，但与其粉丝数并不对称。

与之对应的是，本案发言转载率较高的微博发言者，多为粉丝数集中在1～100000级别的用户。如认证用户“波斯小昭”“仝宗锦”“陈有西”“沈阳张晶”“大鹏看天下”“台北县令”，如普通用户“张鹤慈”、达人“段子”等，他们的粉丝数并不惊人，集中在1～100000的量级，但发言的评论量超越一些认证媒体，达到1000条以上。总体来看，由于总体粉丝规模所限，上述三种（包括认证用户、普通用户与达人）个人用户转发量均未能达到认证媒体的量级，很多人的言论也仅是照搬媒体。

按照“微博精英论”[②]，意见领袖数量集中于用户的3%，对于此案发声

---

① 人民网：《政务微博群体与网络舆论生态研究报告》，2013年10月。

② 美国的微博客Twitter（推特）统计，2万名精英用户，只占注册用户的0.05%，却吸引了一半的注意力。中国的情形同样如此，根据新浪微博的统计，在看似复杂、多元的微博舆论场中，实际能操控微博舆论导向的仅是300余个微博“意见领袖”，他们的意见和倾向主导着微博舆论。

的意见领袖印证了这一观点，“媒体意见领袖”与传统意义上的“个人意见领袖”的力量对比悬殊。至少从针对本次公共事件的发言的转帖与评论指标看，对于公共事件真正能够发声、并发挥影响力的用户更集中在媒体用户而不是个人用户上。仅从关注程度来看，本案例中真正的“意见领袖”或“精英客户”仍是传统媒体，有效发声并进行了舆论定性的新兴的以大V们为代表的网络意见领袖则集中在1～100000粉丝数的级别，这似乎显示出网络舆论主体新的发展趋势。

四、说了什么？——对发言内容的数据描述

本次研究借助roster软件对2013年9月至2014年3月的全部新浪微博内容（即前文45052条微博）进行词性分析，共得到55356个分词，从词频来看，共包括下列15个热词（词频超过1000）：

画画　画作　抄袭　死刑　城管　小贩　瓜农　张晶　妻子　蜡烛　遗物　遗书　正当防卫　防卫　天下大乱

其中“城管”①“死刑”“妻子”三个词汇是夏俊峰案大部分时段的核心热词。

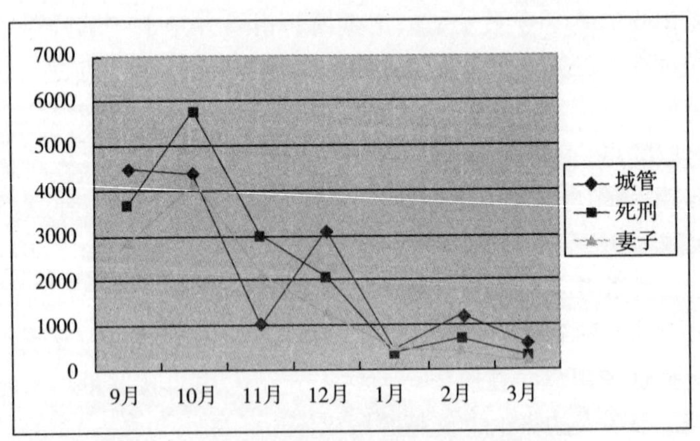

图3　“夏俊峰案”的新浪微博的月度词频图

① 在人民网2013年10月发布的《政务微博群体与网络舆论生态研究报告》中，“城管”一词超越“腐败”“自由”“儿童”“校长”等词汇成为2013年排名第一位的“可折射批判性情绪的”词汇。

2013 年 9 月“死刑”、2014 年 1 月“妻子”的出现频度分别跃居“城管”之上，这两个时段均是该话题出现戏剧性事件的时刻。一是 2013 年 9 月夏俊峰被宣判死刑后关于其死刑宣判是否得当的讨论在 9—10 月间超越对夏俊峰杀人一案案情的探讨；二是 2013 年 10 月该案宣判后，夏俊峰之子卖画被网友质疑涉嫌抄袭，10-11 月间关于画作是否抄袭、夏俊峰之妻张晶的微博由网络推手进行营销策划等事成为舆论热点，超越了对该案本身的讨论。直到 12 月底到 2014 年 3 月，该舆情事件进入衰退期，关于此案的周边性讨论亦随之降温，3 月初在高院院长的“不杀会天下大乱”的言论之后，“夏俊峰案”再度回归公众视野，“城管”仍是微博舆论为该事件定性的重要的话语符号。

时间跨度上看，在上述热度最高的三个语词中，“城管”一词自始至终是本案话题的核心词汇，伴随这一舆情事件的兴起和衰落，显示出这一词汇同样是舆论对于该案的核心定性。三个话题都是在 10 月、12 月、次年 2 月达到峰值，显示该话题的讨论热度最高，在这时，“城管”一词与其他两个热词形成话题间的竞争关系。相对具有更多负面与批判色彩的“城管”一词被象征司法审判的中性词“死刑”和更多的代表正面感情色彩的“妻子”分别在 10 月、11 月所超越，成为为这一事件定性的关键词。而到了 12 月，事件重新回到公众视野后，“城管”一词再次成为定性的关键词。这显示出网络舆论对于该事件的态度正是在 12 月间发生了转向。这一时期是现实中各大媒体对该案进行报道和舆论引导的时期。

自 2013 年 9 月 25 日最高法院维持一、二审判决，核准死刑，夏俊峰会见家人后被执行死刑，国内多家媒体进行了与之前角度不同的报道。2013 年 9 月 26 日环球网发表社评《夏俊峰伏法，法律拒向价值让步》，将夏俊峰案定性为“微博舆论场异军突起后，一个受到网上舆论追捧的杀人犯被执行死刑的突出例子”[①]，并提出了警惕舆论审判的观点。与此同时，环球网以“在媒体报道中‘消失’的受害者”为主题的专题报道中，对被害人申凯、张旭东做了详细介绍。该专题还转载了《成都商报》2013 年 9 月 29 日发表的题为“被刺死城管家属：夏俊峰死了我的恨不再有意义”的报道，该报道展现了事发后两个被杀城管同样“经历着悲伤的煎熬”[②]。《中国青年报》等主流媒体在这一时期的报道中给予了城管家属更多的关注，新闻报道的角度发生转向。[③] 夏俊峰执行死刑后，众多媒体通过发表评论的方式呼吁公众冷静客观地

① 《夏俊峰伏法，法律拒向价值让步》，《环球时报》，2013 年 9 月 26 日。

② 《被刺死城管家属：夏俊峰死了我的恨不再有意义》，《成都商报》，2013 年 9 月 29 日。

③ 《城管“烈士”申凯、张旭东的人生碎片》，《中国青年报》，2013 年 9 月 25 日。

看待夏俊峰案，这些媒体报道仍然以“城管”作为事件标签，但开始提供“小贩杀死城管”故事的另一个版本。

与此同时，认证媒体的官微对官方态度进行进一步的回应。新浪微博的认证媒体开始发生报道角度的转变。转发量超过万条的“头条新闻”所发的微博中，发布内容为：【关于夏俊峰案不为人知秘闻】有个叫夏俊峰的小贩被执行了死刑，夏被包装成：这是一个小贩被压迫，然后杀掉邪恶城管的故事。如果你相信了，你就上当了。因为有些事情你肯定不知道，那就是……（附上网址）

随着媒体报道角度的转变，一些认证个人也发出了异常高调的声音。转发量与评论量均很高的个人微博是认证个人“波斯小昭”在2013年10月6日发表的图片博客：#大家都被骗了#这才是真实的夏俊峰啊！（图1、图2）看这猥琐样，你就明白为何杀人犯家属@沈阳张晶、媒体、公知都要用崔英杰的照片（图3、图4）来代替夏俊峰了。这条个人微博的转发量和评论量均超过人民日报，这也是最早指出沈阳张晶微博使用了错误的图片的个人用户。2013年10月11日，个人用户“徽通社”发布消息称微博账号@沈阳张晶系北京某律师事务所主导安排，原意是用于夏俊峰案件的所谓社会化操作，左右舆论，影响判决。再次获得4000次以上的转发与评论。

类似的微博往往以颇为激烈的言辞展现“夏俊峰之子画作涉嫌抄袭”和“沈阳张晶微博账号背后的网络推手”两个经由传统媒体曝光的事实，并且以激烈甚至辱骂的方式进行情感表达，转发者往往是赞同者，引发的社会舆论实际上起到了颠覆夏俊峰案中“妻子”和“儿子”这两个具有正面意义的词汇的作用。

如前文指出，“死刑”“城管”“妻子”三个热词，其实是舆论对于“夏俊峰案”的三个讨论维度。以认证媒体为代表的微博更多是传统媒体的代言者，他们的话语更多地在对“城管”这一负面语词进行定性，关注对该事件提供各种版本的“叙述”；普通用户和大V为代表的个人用户则更倾向于对“妻子”等该案周边事件进行定性，关注的是围绕这一事件能够展开哪些“话题”。该案件本身在媒体中以一个司法案件呈现，公众争议之处除了上述媒介引导的感性的个人化的“故事”与“话题”外，还有较为理性的讨论，即还原这一事件，将它作为具有公共意义的“司法案件”加以关注。目前转载量排名靠前的针对该案件的审判进行论述的微博则全部为律师或法律界人士所作，以图文并茂的长微博为主。代表性的观点包括呼吁司法公正、对该案审判中的瑕疵提出异议、讨论夏俊峰案的意义等。至少在夏俊峰案中，我们看到网络上有效发表意见的各方并非传统意义上的“草根”，亦非传统的知识分子“精英”，而是司法领域内的专家。

五、结语：危机传播语境下微博意见领袖的引导路径

关于夏俊峰案的舆情发展向我们揭示了当前微博舆情中值得注意的动向：

一是在该案中，网络大 V 与普通认证用户关于此案的有效性发言的缺失，体现出新浪微博乃至整个网络舆论最近的“失语”倾向，这可能与最近集中清理大 V 的互联网治理行动有关，也可能与本案例侧重司法的事件性质有关。总体看来，我国公民的意愿表达在拥有相对自由的自媒体平台后，有序、理性的公共方向的讨论仍然受限。以专家学者为代表的中等粉丝数的网络意见领袖通过对危机事件全面信息的掌握和对危机事件性质和影响的判断等而对公众进行劝说和引导，在某种程度上进行法律人文知识的普及教育。这种建立在科学信息搜集、分析和研判的基础上的引导，使得意见领袖的劝说模式不是宣传，而是诉诸理性的劝服，重在明示结论。危机主体传播的主体应当进一步重视微博意见领袖的分层，特别重视以专业领域内的专家为代表的中等粉丝数的意见阶层，引导其关于事件公共性的相关表达。

二是在本案例中，媒体所营造的拟态环境先是使群体气氛表现为一致的情感——同情支持夏俊峰，进而作用于真实世界中事件的发展；二审判决后许多媒体的报道中又出现了媒介审判的倾向，随着夏俊峰死刑的执行成为公共情绪的“引爆点”，在高院院长的谈话之后，大众媒介纷纷出台报道进行另一个版本的讲述。这显示出显著的由官方话语主导进行“议程设置”的特点。

总之，从危机主体的角度来看，以往在危机传播中以传播者为主导的单向传播模式开始发生转变。在传统的单向度传播模式中，拥有广大受众的传统媒体围绕着危机中的“焦点事件”，通过对危机事件有关信息的选择、整理、加工和传播，贯彻危机管理的意图和方针，能够获得直接或是潜移默化的宣传效果；这种由危机主体和媒介强力推动的宣传攻势，对于强化公众的安全防范意识和提高抗风险的能力是必不可少的也是十分有效的，特别是在危机事件的应急阶段，它体现出较强的公信力与权威性。但是在今天，大众媒介与公共情绪经常处于引导与被引导之间，媒介立场与话语转换常常遭受对于自身立场和观察视角“缺少坚守”的批评。长远看来，只有坚守公共性的媒介才能为政府主体的危机传播真正形成平台。只有这样，传媒才能担负起在危机爆发时进行公共情绪的监测、调节和疏导的责任，防止社会矛盾激化而造成的社会分裂。

“松散集合体”：情感视角下的网络动员分析

——基于“夏俊峰案”的互联网文本

徐亦舒*

（安徽大学新闻传播学院）

摘　要：本文依托夏俊峰案过程中的具体互联网抗争文本进行分析，从情感视角考察抗争政治中的网络动员。基于案例分析不难发现情感是网络抗争动员的关键因素，公众因自身局限性长期依靠媒介呈现的“虚拟环境”而形成了对于特定群体——“城管”的认知成见。此种认知成见在对案件情况的认知过程中被唤醒，进而引发网络民粹情绪下的“官—民”对峙联想，造成公众的舆论倒向杀人者夏俊峰一方。然而舆论绝非固定不变，一旦现实境况超出公众业已形成的认知框架范围，迫使公众形成新的框架便可能催生舆情逆转现象，在夏俊峰案中的表现就是舆论谴责张晶在儿子画作抄袭事件中的强硬态度等。

关键词：社会抗争；互联网；情感动员；夏俊峰

前　言

人类的抗争活动一直伴随着人类历史的发展，2013 年 6 月 29 日出版的《经济学人》（Economist）封面故事是《抗议的历史进程》（The March of Protest）。1848 年，欧洲革命人士高举代表共和体制的三色旗，对抗君主王权；1968 年，欧美的新左派青年则是用汽油弹与警察对峙；1989 年，东欧异议人士用烛光晚会的方式来争取人权和民主。到 2013 年，智能手机成为抗议者的武器，透过各种社交媒体，例如脸书（facebook）、推特（twitter），号召

* 作者系安徽大学新闻传播学院 2013 级硕士研究生。

群众走上街头，表达其不满。抗争工具的演变见证了人类抗争史的进程，现在越来越多的抗争行动摆脱以往的工会、利益团体渠道，转而投身于互联网络以寻求帮助及展开抗争动员。

戴维·索贝尔曾说过，“互联网是第一个允许自由言论和自治的民主原则充分发挥的媒介。新媒体不仅能影响常规政治，而且还深深影响着抗争政治”①。互联网天然具有作为弱势群体的抗争平台的潜力，同时互联网媒体的出现直接导致了原本相对窄化的抗争群体泛化了。

首先，社会抗争是一种政治行为，被视为集体性的政治参与方式②。就中国目前的媒体管理制度来看，互联网媒体与传统媒体相比虽然都处于国家控制之下，但是两者的传播主体、传播形式以及“传播—接收—反馈”机制等方面皆不相同。互联网的发展过程呈现“去中心化”的特点，基于互联网发展起来的新媒体尤其是Web2.0之后以微博为代表的自媒体的出现，对于传播内容的把控和审查强度要明显弱于传统媒体。故而，依托互联网而快速发展的新媒体呈现出的“声音”更为多元，表达更为自由。

其次，互联网的出现带来了信息的爆炸式增长，而超链接式的信息传播模式出现，使得个人获取信息更为便捷。作为“经济理性人”③ 的社会成员进行社会抗争必然需要考虑抗争成本问题，抗争成本过高则会消解抗争者的抗争欲求，这点体现在弱势群体身上则更为明显。互联网提供的丰富信息和便捷的信息获取和传播渠道降低了弱者进行社会抗争的成本，一定程度上起到激励弱势群体进行社会抗争的作用。

总的来说，互联网技术丰富了信息的发布与分享渠道，让仅仅作为个体的社会公众有了发声渠道，降低了社会抗争成本，让弱势群体能够以极低的成本来维护自己的权利、表达自己的诉求。正是基于以上互联网作为抗争平台的巨大潜力，越来越多的社会公众将目光投向互联网平台。本文选取作为研究对象的“夏俊峰案”属于权利诉求型抗争，这种类型的抗争主要是通过网络向公共部门表达诉愿或者以协作性集体行动展示群体力量，要求公共部门维护其应有的权利④。

---

① 李亚妤：《怨恨、互联网与社会抗争——互联网冲突性议题中的怨恨研究》，南京大学硕士学位论文。

② 黄荣贵、桂勇：《互联网与业主集体抗争：一项基于定性比较分析方法的研究》，《社会学研究》2009年05期。

③ 作为经济决策的主体都是充满理智的，既不会感情用事，也不会盲从，而是精于判断和计算，其行为是理性的。

④ 谢金林：《网络政治抗争类型学研究——以2008—2010年为例》，《社会科学》2012年12期。

一、作为社会抗争行动前奏的网络动员

20世纪末至21世纪初，围绕革命、暴动、社会运动、民权运动等一系列社会抗争话题，查尔斯·蒂利、道格·麦克亚当等一批社会学、历史学家、政治学家参与了研究探索。抗争政治的概念最早就是来源于蒂利的《抗争政治》，认为抗争政治有以下一些互动：行动者提出一些影响他人利益或导向为了共同利益或共同计划而做出协同努力之要求；政府则在这些互动中作为所提要求的对象、要求之提出者抑或第三方而介入其中。伴随社会公众在互联网上日渐结成虚拟空间意义上的情感与利益共同体，出现了基于现代互联网为平台的社会抗争行动，以互联网为媒介向政府、竞争者、敌人以及公众反对的对象进行诉求伸张①。而基于互联网的抗争行动，其主要形式有网络论坛发帖、回帖，博客撰文抗议、转发博文，微博抗议、转发、评论等在线行动以及极端的黑客攻击等方式。

网络动员实质是一个网络舆论动员的过程，是一种社会参与过程，指的是“有目的地引导社会成员积极参与重大社会活动的过程”②。而在网络抗争行动动员之中，总是有一个核心抗争主体，他们是利益的直接相关者。他们或因权益、或因资源、或因生存受害，而求助于网络空间，在这里他们叙述自己的遭遇吸引更多群体的目光与关注，他们开展动员吸引更多的一般公众参与抗争。围绕核心抗争主体，被吸引和动员而来的是一群“暂时”集结起来的松散的抗争集合。网络动员是进行网络抗争行动的前奏，是其中最为重要的一个环节。

二、基于“夏俊峰案”网络文本的情感动员解析

社会抗争活动中，抗争者之所以会采取行动以及参与者之所以被成功动员，其中最为重要的一个原因就在于一种怨恨、愤怒抑或是一种责任感、一种自觉的伦理意识被唤醒。虽说利益变动的确会造成社会冲突增多，但利益变动本身尚不足以导致冲突行为的发生，由利益变动导致的不公平感和对现

① 申金鑫：《互联网抗争行动研究——对1995—2011中国网络抗争行动的比较分析》，西南政法大学硕士学位论文。

② 吴忠民：《渐进模式与有效发展——中国现代化研究》，北京：东方出版社，1999年。

状的不满才是冲突行为产生的直接根源①。也就是说，情感因素在其中起到关键性作用，这一点体现到网络抗争行动的动员上尤为突出。

（一）强弱对抗：被唤醒城管身份成见与获认同的弱者形象

由于受到时间与精力的限制，人们面对日益复杂、信息“爆炸”的现今社会已经无法独立依靠自身的能力来感知，只能借助媒介呈现的“拟态环境”。公众对于群体形象的认知的最主要渠道是大众媒介。因此，大众眼中的某类群体人物形象实则是一种媒介再现形象，其形象是大众媒介通过特定的媒介手段再现的人的认知信息的总和②。而拟态环境又绝非“镜子式”的再现，而是传播媒介对信息的选择再加工后呈现的社会写照。这种信息的选择、加工以及组合中，难免掺杂新闻工作者主观意图，因此大众传媒在拟态环境的建构过程中就会出现歧视、偏见、舆论审判以及娱乐化等问题。这一点反映到媒介对于城管形象的塑造上就是媒介呈现的城管形象片面而固化，但是公众却只能接受媒体虚拟的城管形象，以媒介的呈现作为城管的全部意义。

通过简单的大众媒介框架及内容分析便可发现城管形象主要有两个方面：政策执行者形象和暴力执法者形象。也就是说城管是作为政策执行者和暴力执法者的形象存在于一般公众的认知之中。这种认知直接影响了公众对于城管群体的认知框架，之后凡遇涉及“城管”的事宜，公众首先会套用现有的认知框架来认知和解读事件，由此形成了对于城管群体的一般成见。这种成见虽然在一定程度上能够让公众快速认知事件，但另一方面又难免会阻碍公众获得新的认知。

夏俊峰案中原是沈阳一小摊贩的夏俊峰在2009年5月16日与妻子张晶在马路上摆摊被沈阳市城管执法人员查处。在勤务室接受处罚时，夏俊峰与执法人员发生争执，用随身隐蔽携带的切肠刀多刀刺死城管队员两名后又重伤一人。

此案中虽然城管是作为案件中的最终受害方，但公众获知情况后仍会套用业已形成的关于城管的认知成见：政策执行者和暴力执法者形象。一般网络公众之所以形成这样的强弱对抗印象，最初的“网络水军”论坛、贴吧发帖、灌水起到了巨大的网络告知作用。夏俊峰案之初并不是立即进入网络公众的视野，而是仅仅在当地电视台被当作一般的恶性凶杀案报道。真正引起

---

① 李培林等：《社会冲突与阶级意识：当代中国社会矛盾问题研究》，北京：社会科学文献出版社，2005年，第262页。

② 李艳：《城管形象的媒介建构分析》，陕西师范大学2012硕士论文。

网络公众关注是一审宣判死刑后夏俊峰妻子张晶主动联络网络推手、雇佣“网络水军”将案件经过发到互联网上。“水军”从一开始在互联网上传播案件经过时就有意为案件的卷入者们贴上了“城管”对立“小贩”的标签，标签的背后暗含了强势群体对弱势群体的迫害与弱势群体的无奈反抗。夏俊峰妻子张晶面对官司败诉、上访无果的绝望处境，偶然机会了解到邓玉娇案[①]，知道了在这个案件中“水军”起到的左右舆论的作用。张晶主动联系网络推手“屠夫”，借助他的帮助组织网络水军将有关夏俊峰案件的详情以及张晶的自白发布到多个网络社区，并利用水军不断炒作获得公众关注。

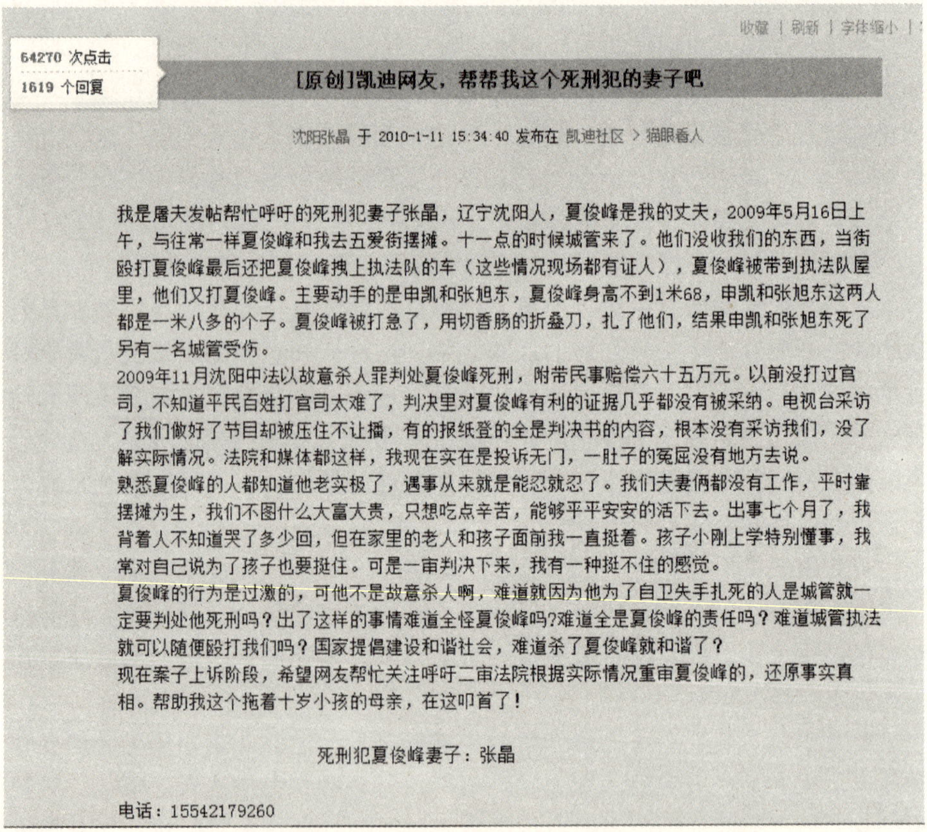

收藏 | 刷新 | 字体缩小 |

64270 次点击
1619 个回复

[原创]凯迪网友，帮帮我这个死刑犯的妻子吧

沈阳张晶 于 2010-1-11 15:34:40 发布在 凯迪社区 > 猫眼看人

我是屠夫发帖帮忙呼吁的死刑犯妻子张晶，辽宁沈阳人，夏俊峰是我的丈夫，2009年5月16日上午，与往常一样夏俊峰和我去五爱街摆摊。十一点的时候城管来了。他们没收我们的东西，当街殴打夏俊峰最后还把夏俊峰拽上执法队的车（这些情况现场都有证人），夏俊峰被带到执法队屋里，他们又打夏俊峰。主要动手的是申凯和张旭东，夏俊峰身高不到1米68，申凯和张旭东这两人都是一米八多的个子。夏俊峰被打急了，用切香肠的折叠刀，扎了他们，结果申凯和张旭东死了另有一名城管受伤。

2009年11月沈阳中法以故意杀人罪判处夏俊峰死刑，附带民事赔偿六十五万元。以前没打过官司，不知道平民百姓打官司太难了，判决里对夏俊峰有利的证据几乎都没有被采纳。电视台采访了我们做好了节目却被压住不让播，有的报纸登的全是判决书的内容，根本没有采访我们，没了解实际情况。法院和媒体都这样，我现在实在是投诉无门，一肚子的冤屈没有地方去说。

熟悉夏俊峰的人都知道他老实极了，遇事从来就是能忍就忍了。我们夫妻俩都没有工作，平时靠摆摊为生，我们不图什么大富大贵，只想吃点辛苦，能够平平安安的活下去。出事七个月了，我背着人不知道哭了多少回，但在家里的老人和孩子面前我一直挺着。孩子小刚上学特别懂事，我常对自己说为了孩子也要挺住。可是一审判决下来，我有一种挺不住的感觉。

夏俊峰的行为是过激的，可他不是故意杀人啊，难道就因为他为了自卫失手扎死的人是城管就一定要判处他死刑吗？出了这样的事情难道全怪夏俊峰吗?难道全是夏俊峰的责任吗？难道城管执法就可以随便殴打我们吗？国家提倡建设和谐社会，难道杀了夏俊峰就和谐了？

现在案子上诉阶段，希望网友帮忙关注呼吁二审法院根据实际情况重审夏俊峰的，还原事实真相。帮助我这个拖着十岁小孩的母亲，在这叩首了！

死刑犯夏俊峰妻子：张晶

电话：15542179260

张晶的网络论坛自白书

这是张晶借助“屠夫”之手在网络社区“凯迪社区”中发布的一个求助

---

① 2009年5月10日晚发生于中国湖北省恩施州巴东县野三关镇的一起宾馆女服务员出于正当防卫目的的意外刺死、刺伤镇人民政府人员的刑事案件。

自白。对于这一文本的简单分析便能够发现：张晶在自白中不断向网友强调自己的弱势地位以及苦难中坚忍的态度。

例如，“死刑犯妻子”“平民百姓”“拖着十岁小孩的母亲”“出事七个月，我背着人不知道哭了多少回，但在家里的老人和孩子面前我一直挺着”“孩子小刚上学特别懂事，我常对自己说为了孩子也要挺住”。

不断地这样描绘和塑造弱势、无助的自我形象能够有效地吸引到网络公众的“眼球”，并能唤起公众天然的对于弱者的同情以及相对的对于强势的厌恶。

同时，在这其中张晶对于案情的陈述也是带有强烈的悲剧与受难色彩。

“夏俊峰身高不到1.68米，申凯和张旭东这两个人都是一米八多的个子。夏俊峰被打急了，用切香肠的折叠刀，扎了他们”；“以前没打过官司，不知道平民百姓打官司太难了，判决里对夏俊峰有利的证据都没有被采纳”；“夏俊峰的行为是过激的，可他不是杀人啊，难道就因为他为了自卫失手扎死的人是城管就一定要判处他死刑吗?”

张晶有意强调夏俊峰身高与城管的身高相差甚远，就是为了向网友说明夏俊峰不可能主动攻击城管，完全是自卫杀人。她感叹平民百姓打官司太难，试图引起公众同情心理以及最后直接将自身的小贩弱势身份与城管所谓强势身份对立，就是在直接申讨社会对弱者的不公。众多类似的关于案件的网络文本在水军的炒作下使得夏俊峰案快速被公众熟知，并且其中暗含的城管与小贩这样的强弱对立文本迅速激起网络空间公众的反应，起到强大的动员作用。

面对争议性事件时新旧媒体往往是互相联动的，大众媒体关于案件的报道中大量未经双方核实的城管殴打夏俊峰的有失客观的新闻报道内容、网络空间流传甚广实则与本案并无关联的城管殴打小贩的图片以及随后的众多片面偏向小贩夏俊峰、忽视受害城管一方的深度人物访谈等都一股脑呈现到公众面前。而这些验证了公众早已形成的对于城管的成见框架。媒体对夏俊峰家人的报道呈现给公众的是一个贫困的家庭形象，并且从夏家获得的大量案件回述都是城管如何殴打夏以及夏如何求饶不能，等等，这些媒介再现文本彻底唤醒了公众的对于作为暴力执法者形象的成见。自此，“残暴城管”暴力执法殴打“无辜小贩”，小贩无奈之下自卫伤害城管的案件情节被公众所接受。

反观夏俊峰一方，虽为施害者却在公众的认知中被视为“弱者”一方，主要归因于夏俊峰自身遭遇契合了社会公众对于弱势群体的普遍共识。所谓社会弱势群体也叫社会脆弱群体，即在社会上处于不利地位的群体。[①] 社会弱

① 刘叶：《社会弱势群体的定义、类型及产生根源研究》，《法制与经济》（中旬刊）2011年02期。

势群体是一个具有时代性和相对性的概念，在不同的时代和不同的社会，其内涵和外延不同。目前我国学术界关于弱势群体还没有一个能够让所有人都信服和认可的定义。但是，社会公众对于哪些人属于社会弱势群体有一个普遍共识，如农民工、城市失业人员、贫困农民、残疾人、妇女、儿童等。这样的那些人属于弱势群体的共识是被公众所集体认同的，只要契合这种共识便会被归为弱势群体。

夏俊峰妻子张晶微博展示儿子所绘画作

在夏俊峰案案情的网络传播扩散过程中：从最初的网络论坛相关发帖到其后夏妻张晶微博上的不断求助与呼吁都一直有意、无意为夏俊峰贴上失业、养家糊口、慈爱父亲、孝顺儿子等标签，同时她在微博中不断张贴儿子夏健强想念父亲的画作。孩子思念父亲的稚嫩画作一下子击溃了网络民众的情感防线，对于夏俊峰及其家人的同情与怜悯不断发酵。这种同情与夏的弱势身份相互验证，坚定夏俊峰作为弱者的群体身份定位。在这过程中受害城管家人们作为实质受害者一方却始终沉默，间接错失了公众的“弱者”认同。

一方面，在公众的认知中，城管都执法粗暴甚至残忍；另一方面，小贩夏俊峰夫妻双方失业，为维持“上老下小”的家庭而在外摆摊，不由让人同情。对前者是愤恨，对后者是怜悯，两相对比，一般公众在自觉的责任感和伦理意识驱动之下自发成为其抗争活动的参与者。

（二）"官民"对峙：一种民粹主义情绪下的联想

公众对于城管—小贩两者关系的认知，除却两种身份本身的对立之外还隐含着"官—民"这种政治身份的对峙联想。而这种对立在中国自古就是引发民众反抗的"兴奋源"，但在无数惨痛教训之下，古代老百姓逐渐总结出一种处世哲学——"民不与官斗"，这既是古代中国社会官民关系的写照，又一定程度上被延续影响着今人处理官民之争。但是，为什么基于互联网的公众意见表达往往却忽视这种传统处世哲学，相反却呈现出普遍的"逢官必仇"现象呢？

民粹主义源于19世纪后期美国南部和西部的农业地区出现的人民党激进运动以及19世纪后期俄国争取"土地自由"的民粹派运动①。学者俞可平总结民粹主义的三种表现形式是：作为一种社会思潮，强调平民群众的价值与理想，反对精英主义；作为一种政治运动，主张平民对社会进行激进的改革；作为一种政治策略，它指出平民参与政治的方式是全民公决、人民的创制权等。而传统的民粹主义受限于沟通交流以及传播的欠便捷性，民粹主义运动都一直难以产生巨大的影响力。

互联网普及后催生出一种新型的民粹主义的形式：网络民粹主义。互联网的沟通交流以及传播方式都不同于传统的社交形式，它更开放、自由，也更为便捷。这种自由便捷的网络虚拟社交打破了空间的限制，使得跨地域甚至全球性的自由表达交流以及虚拟聚集、虚拟结社成为可能。而网络的虚拟性表达消解了现实社会中权利、财富、地位的差距，赋予了网民一种虚拟的平等性，正是这种平等性激励了一般民众摆脱传统的"民不与官斗"处世哲学。作为对社会不平等反映的仇官、仇富等反精英情绪在虚拟的互联网空间得到释放。另外网络虚拟表达的匿名性，给人一种没有现实生活的责任约束的假象，造成民众的网络表达更为激进与冲动。

夏俊峰案件的发展超出公众预料，社会的各个群体都加入了对于案件以及相关领域的讨论：一般民众讨论夏家的可怜；律师群体讨论自卫杀人问题；社会学者讨论城管制度的合理性等。这样的关注度与最初的网络论坛水军炒作有关，更离不开后期微博"大V"们长期对案件参与评论、转发，让夏俊峰案件被更多的人所获知。网络"大V"的影响力来源于网络公众的支持，而这种支持的获得又是"大V"们迎合公众情感喜好的结果。因此，微博

① 陈尧：《网络民粹主义的躁动：从虚拟集聚到社会运动》，《学术月刊》2011年06期。

“大 V”对于案件的表达多是缺乏勇气的：迎合大众情绪，不敢得罪网络公众。

喻国明教授认为，微博致效有三大关键词：感情、魅力、信任。网络“大 V”的线下名人效应会吸引线上数量众多的网络粉丝关注。微博“大 V”都是实名认证，因其线下社会地位以及其社会身份的真实性使得一般网络公众对其发言容易产生权威性“错觉”进而容易信服和接受其观点。除此之外，“大 V”的发言附带的个人喜好往往迎合的是一般网络公众的情绪。在群体极化效应的影响之下，被“大 V”观点说服的网络公众会完全接受其观点。

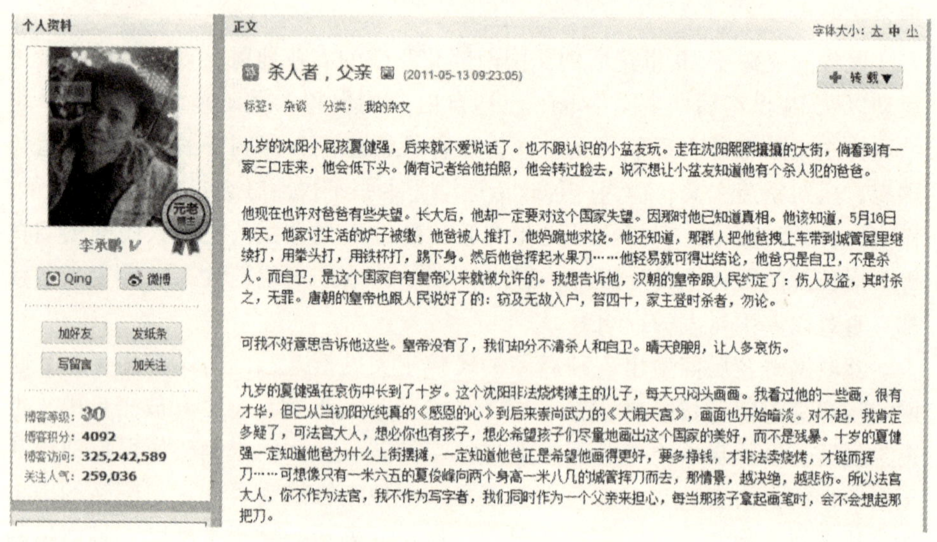

个人资料

李承鹏

Qing 微博

加好友 发纸条

写留言 加关注

博客等级：30

博客积分：4092

博客访问：325,242,589

关注人气：259,036

正文 字体大小：大 中 小

杀人者，父亲 (2011-05-13 09:23:05)

转载▼

标签：杂谈 分类：我的杂文

九岁的沈阳小屁孩夏健强，后来就不爱说话了。也不跟认识的小盆友玩。走在沈阳熙熙攘攘的大街，倘看到有一家三口走来，他会低下头。倘有记者给他拍照，他会转过脸去，说不想让小盆友知道他有个杀人犯的爸爸。

他现在也许对爸爸有些失望。长大后，他却一定要对这个国家失望。因那时他已知道真相。他该知道，5月16日那天，他家讨生活的炉子被缴，他爸被人推打，他妈跪地求饶。他还知道，那群人把他爸拽上车带到城管屋里继续打，用拳头打，用铁杯打，踢下身。然后他爸挥起水果刀……他轻易就可得出结论，他爸只是自卫，不是杀人。而自卫，是这个国家自有皇帝以来就被允许的。我想告诉他，汉朝的皇帝跟人民约定了：伤人及盗，其时杀之，无罪。唐朝的皇帝也跟人民说好了的：夯及无故入户，笞四十，家主登时杀者，勿论。

可我不好意思告诉他这些。皇帝没有了，我们却分不清杀人和自卫。晴天朗朗，让人多哀伤。

九岁的夏健强在哀伤中长到了十岁。这个沈阳非法烧烤摊主的儿子，每天只闷头画画。我看过他的一些画，很有才华，但已从当初阳光纯真的《感恩的心》到后来崇尚武力的《大闹天宫》，画面也开始暗淡。对不起，我肯定多疑了，可法官大人，想必你也有孩子，想必希望孩子们尽量地画出这个国家的美好，而不是残暴。十岁的夏健强一定知道他爸为什么上街摆摊，一定知道他爸正是希望他画得更好，要多挣钱，才非法卖烧烤，才铤而挥刀……可想像只有一米六五的夏俊峰向两个身高一米八几的城管挥刀而去，那情景，越决绝，越悲伤。所以法官大人，你不作为法官，我不作为写字者，我们同时作为一个父亲来担心，每当那孩子拿起画笔时，会不会想起那把刀。

李承鹏博客文章《杀人者，父亲》

微博“大 V”李承鹏的博文《杀人者，父亲》，是夏俊峰案的网络传播过程中具有里程碑意义的文本，从一个父亲的角度来痛陈城管制度、社会不公问题。

“我不把夏俊峰当成一个违章的小贩，我管他叫，一个父亲。这里对父亲是有歧义的，违法转移资产数亿，被称为父亲；少交规费五六百，叫不法小贩。将子女弄到国外名校读书的，被称为父亲；东躲西藏摆摊挣学费的，叫窝囊废。”

“我们这些父亲，只是比更多数的那些父亲多读了些书，多学了一些蝇营狗苟，把上流和精英演得更像而已。我们发声勇猛，做事鸡贼，没一个敢像夏俊峰那样为保护家产和孩子挥刀杀人。可是得记住，这里有父亲手执燃烧瓶保卫孩子的婚房，有父亲为没医疗费的孩子去偷盗。”

李承鹏的笔下，无权无钱者都不能被称为父亲，他们被称为“小贩”“窝囊废”，等等。父亲这样本来毫无层级色彩的词，现在却变成这样附带各种要求的条件的约束。这样直接的带有民粹主义情绪的表达，将社会精英与普罗大众对立起来。迎合的是对于社会不公日益不满的一般公众，阅读量85万也说明了民粹主义倾向在网络空间的受欢迎程度。微博名人的表达迎合了一般网络民众的民粹情绪，被公众吸纳、接受并影响公众判断，进一步激化公众的仇视精英的情绪，形成一个恶性循环怪圈。

夏俊峰案中，“大V”发表的偏向夏俊峰以及为夏辩护、争取民众同情、表达对城管的愤恨的网络文本还不仅仅只是李承鹏《杀人者，父亲》一文，郑渊洁发起联名恳求高法刀下留人的征集帖，评论有1.8万多条，等等。被微博“大V”关注讨论不仅使张晶获得舆论上的支持，与“大V”的网上虚拟交流有的会发展成线下的真实朋友交情并且“大V”给予的帮助也会由线上舆论支持发展到线下的经济与生活帮助等，譬如：著名台湾演员伊能静与张晶结为干姐妹并收夏俊峰、张晶之子夏健强为干儿子，协助其实现学画梦想并出版画册。

夏俊峰案中的城管与小贩对立背后隐含着的“官—民”政治权利对立联想在网络民粹主义机制的带动之下，经由微博“大V”的传播扩散进而激发了民众的仇官情绪大爆发。网络论坛、网络博客以及微博上一片支持夏俊峰无罪的网络表达既是对于夏本身境况的同情，但同时也是网民自身的民粹主义情绪释放，为夏俊峰申冤呼喊只是自己情绪大释放的导火索。民众借对案件背后可能存在“黑幕”“阴谋”“官官相护”等种种猜测来表达自身对于社会不平等的不满。

三、集合的“解散”：情感期待与现实冲突引发舆情逆转

网络抗争的动员是一个网络公众因为情感的认同与道德上的责任感而集结到一起的过程，形成的是一个暂时的、松散的依托情感的集合体。这个集合体因情感而聚集，往往也会因情感的转变而迅速解散。作为网络抗争动员的关键性因素，情感是一个极其不稳定的因子，好与恶、情感上的支持与反对往往会因为细微的舆论转向而发生背离。

而何为舆论？陈力丹认为，“舆论就是公众关于社会以及社会中的各种现象、问题所表达的信念、态度、意见和情绪的总和，具有相对的一致性、强烈程度和持续性，对社会发展及有关事态的进程产生影响。其中混杂着理智

与非理性的成分”。可见舆论的形成多数并不是理智思考的结果，更多是情感催动的产物。舆情本身是一个社会心理过程，它的产生和变化受到群体心理的影响，舆情呈现的是复杂的心理状态，并且是在非稳定状态的情绪、意愿和态度下进行的意见表达。而所谓网络舆情逆转，就是由网民群体构成的、通过互联网参与意见表达的公众主体，在特定的社会心理、社会情境条件下，由于受到群体意识和社会价值观与社会心理以及信息传播等各种因素的影响和作用，在互联网上表达和传播的意见、态度和情绪，及其所形成的社会舆论，出现向相反方向转化的现象和趋势，具有突发性、反复性以及非理性特征①。

具体到夏俊峰案中，次生议题成为公众对夏俊峰家庭态度逆转的根本所在。从案件爆发到夏俊峰妻子张晶借助网络推手论坛发帖使公众首次开始关注到这一案件，再到张晶进驻微博并获一些微博“大 V”关注并得到他们的舆论支援以及行动帮助，这一系列的过程中既是夏俊峰案不断被公众所熟知的过程也是夏及其家庭不断获得公众舆论力挺的过程。但是，夏俊峰最终被执行死刑，随后夏俊峰家人的生活成为公众关注的焦点。

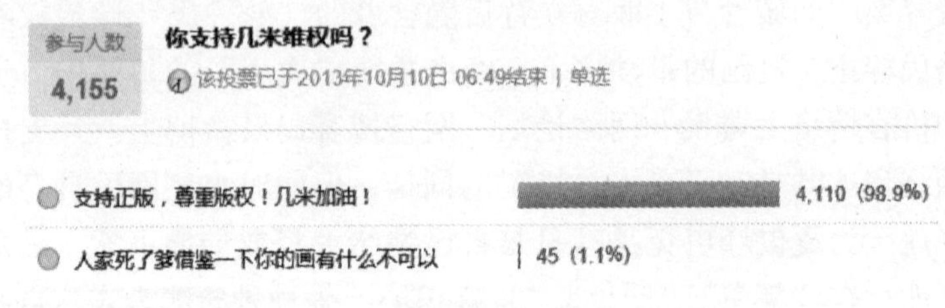

网友发起关于“强强画作抄袭”事件态度的微博投票

“夏俊峰儿子强强出版画集；夏俊峰之子强强的新画涉嫌抄袭几米”……由夏俊峰家庭引起的争议成为公众网络热议话题。夏俊峰妻子张晶在网络空间中种种高调表现：拍卖儿子画作、不断与名人互动，甚至与演艺人员伊能静结拜姐妹以及在强强画作抄袭事件中的强硬态度等都让公众感到情感上的不适。张晶在网络动员时自我塑造的形象是一个“死刑犯的妻子”、家里小孩才上小学还有老人要照顾，在网络公众的想象中这应该是一个弱势的让人同情的女人与家庭。但是张晶一系列互联网活动似乎呈现在公众面前的形象有违公众最初为其家庭定位的“弱者”形象。

① 殷婷：《网络舆情逆转研究——以网络公共事件“范跑跑”为例》，河北大学传播学硕士论文。

与此同时夏俊峰被执行死刑，宽泛来说就是公众在网络上的群体抗争失败。而且越来越多的媒体开始反思自身的报道，开始关注被杀的两名城管的家庭，此时公众也开始反思之前的抗争活动。至此，传统道德上的期待遭遇现实状况产生的冲突直接导致公众在抄袭事件上出现舆情逆向：公众对于此事虽然抱着不伤害小孩脆弱心灵的主张，但对于夏俊峰妻子的强硬否认态度普遍表示不认可，主张原画创作人几米应当追究其责任维护版权。并且张晶相关网络发言以及借助背后网络推手策划网络话题炒作，这些都让公众对张晶所代表的夏俊峰家庭的“弱者”形象和道德正义性产生怀疑进而影响到公众对于夏俊峰案的态度。

结 语

社会抗争是人的抗争，而人是情感的动物。因此，基于情感/意识视角下对网络抗争动员的考察是从抗争者的主体出发进行思考，是对人作为行动主体的确认与回归，同时突破了以往社会抗争研究的经济学研究视角。

笔者在本文中依托夏俊峰案过程中的具体互联网抗争文本进行分析，从情感视角考察抗争政治中的网络动员。基于案例分析不难发现情感是网络抗争动员的关键因素，公众因自身局限性而长期依靠媒介呈现的“虚拟环境”而形成了对于特定群体——“城管”的认知成见。此种认知成见在对案件情况的认知过程中被唤醒进而引发网络民粹情绪下的“官—民”对峙联想，造成公众的舆论倒向杀人者夏俊峰一方。然而舆论绝非固定不变，一旦现实境况超出公众业已形成的认知框架范围，迫使公众形成新的框架便可能催生舆情逆转现象，在夏俊峰案中的表现就是舆论谴责张晶在儿子画作抄袭事件中的强硬态度等。因此，在网络抗争动员过程中聚集的是一个“松散的集合体”，它因情感上的认同以及道德上的责任感而被号召，但是情感这样的不稳定因素往往一日千变，只要公众固有的想象、刻板的成见被打破便会造成网络舆论逆转状况出现，进而导致动员集合体的“解散”。

参考文献：

[1]［美］詹姆斯·C斯科特．弱者的武器［M］．译林出版社，2007.

[2] 赵鼎新．社会与政治运动讲义［M］．社会科学文献出版社，2006.

[3]［美］卡斯·H. 桑斯坦．网络共和国［M］．上海人民出版社，2003.

[4] 童兵，国内社会抗争研究范式的探讨——基于本体论与方法论视角［J］．学术界（月刊），2013，(2)．

[5] 谢金林．网络政治抗争类型学研究——以 2008—2010 年为例［J］．社会科学，2012，(12)．

[6] 申金鑫．互联网抗争行动研究——对 1995—2011 中国网络抗争行动的比较分析［D］．重庆：西南政法大学，2011.

[7] 李培林等．社会冲突与阶级意识：当代中国社会矛盾问题研究［M］，北京：社会科学文献出版社，2005.

[8] 吴忠民．渐进模式与有效发展——中国现代化研究［M］．北京：东方出版社，1999.

2013 年国内舆情趋势年度报告

——从网络热词流行语视角分析

童 云*

（安徽大学新闻传播学院）

摘 要： 互联网、移动终端、云计算、大数据等新技术的运用，给社会生活方式带来深刻变化，也直接影响社会话语体系。在网络、手机等新媒介平台上，各种热词流行语不断出现。网络热词流行语一般与舆情的发生和传播息息相关，反映社情民意，表达网民的态度、观点和情感，成为舆情的一面镜子。2013 年国内社会舆情走势与网络热词流行语的扩散密切联系在一起，形成新的社会沟通格局，呈现出当年的舆情特点：政府形象亲民，网民参政议政热情提高；民生话题讨论热烈，正能量词走红；雾霾、食品安全等问题被热议；大数据元年新词迭出。本文将试从网络热词流行语视角回顾和分析 2013 年国内舆情趋势。

关键词： 网络；热词；流行语；舆情

由于互联网、手机等新兴媒介在搜索、新闻、社交、应用等方面广泛运用，每年都有大量网络热词流行语出现，这些语词在社交媒体、自媒体平台上迅速传播，影响扩大，表达民声民意，记录社会现实，成为当下社会舆情的直观反映。网络热词和流行语不是严谨的学术界定，一般认为，网络热词通常伴随一定时期一定区域内人们普遍关注的热点事件或现象而产生并传播开来；网络流行语指那些在社交媒体中网民自发的约定俗成的交流符号，包括文字、数字、字母图像等符号①。虽然有所区别，但在很多场合下，二者的界限并不十分明晰，常有交叉、重合。因此本文不作特别区分，将两种情况

---

* 作者系安徽大学舆情与区域形象研究中心研究员。

① 李铁锤：《网络热词与网络流行语概念差异辨析》，《传媒观察》，2012 年 04 期。

的网络用语放在一起探讨。

网络热词流行语与舆情关系密切，二者互相影响、互相渗透。首先，网络热词流行语反应舆情、民意，成为在新媒体环境中当下社会生活形态的浓缩呈现；第二，网络热词流行语往往产生于舆情中，舆情爆发是网络热词流行语呈病毒式扩散的驱动力；第三，网络热词流行语的传播同时放大了舆情的影响力；第四，不少网络热词流行语随舆情的消退而淡化、消失。

网络热词流行语层出不穷，每年都有新的变化，《咬文嚼字》编辑部发布了"2013 年度十大流行语"，分别是中国梦、光盘、倒逼、逆袭、女汉子、土豪、点赞、微××、大 V、奇葩。各大主流互联网站年终纷纷发布通过数据统计产生的网络十大流行语。从内容方面看，2013 年网络热词流行语主要有以下三类：

1. 网友创新的俏皮话、简化表达形式。如："挽尊"是挽救（楼主）尊严的意思，如果发帖人因为帖子内容冷僻等原因，长时间无人回复，或有人回复挽尊二字，含有戏谑楼主的意思；"我和小伙伴们都惊呆了"用于表示对某件事情不可思议的惊讶之情；"1314"即一生一世谐音，为了方便网络使用，寓意相依相偎，一生一世只爱你一个。有人戏说，如果你还以为用有木有、打酱油、元芳你怎么看是跟上潮流的话，那么你已经 OUT 了。这类语词更新速度快，使用便捷，流行广，轻松地表达草根情感，运用起来具有亲近感，常用比喻、谐音、缩写、夸张、拟人、双关等修辞手法，还有些词引自方言。

2. 新闻事件中的关键词、简称或代表性语词。如："第一口奶""棱镜计划""习奥会""复旦投毒案"等，一般随公共事件、社会现象、新闻信息进行传播，有的词直接表达网友对事件或现象的解读、态度、倾向，如"坑爹假期""病毒歌曲""理性救灾"等。2013 年新闻事件类语词在网络热词流行语中占绝大多数。

3. 由于新技术和社会发展而产生的专业术语。如"微信" "大数据""BRT""PX 项目""上帝粒子""比特币"等。

2013 年互联网的普及率继续大幅度提高，根据 CNNIC 发布的 2014 年第 33 次中国互联网络发展状况统计报告显示，截至 2013 年 12 月，我国网民规模达 6.18 亿，互联网普及率为 45.8%。我国手机网民规模达 5 亿，新增网民中使用手机上网的比例高达 73.3%，这意味着手机是中国网民增长的主要驱动力①。微信用户数量增长，移动新闻客户端增多，重大新闻事件和公共议题

① 根据 CNNIC 发布的 2014 年第 33 次中国互联网络发展状况统计报告，2014 年 1 月 16 日。

在手机等移动终端逐渐形成舆论场，微信讨论和社交逐渐升温。由于政策保障和支持，2013 年互联网与传统经济结合越来越紧密，互联网、手机、IPAD 等移动终端在购物、物流、支付、金融等方面的全新应用，给社会生活方式带来深刻影响，人们的衣食住行游购娱发生了较大变化，中国互联网的发展主题已经从“普及率提升”转换到“使用程度加深”。在新媒体环境下，网络新词越来越多，内容范围越来越广，微博、微信成为新的造词平台，造词形式越来越灵活。笔者根据百度、互动百科、360 搜索、腾讯、新浪、搜狐、网易、人民网、新华网等各大主流网站的搜索情况，对 2013 年广为流传的网络热词流行语进行梳理，试图从网络热词流行语视角对 2013 年社会舆情走势进行回顾、分析和总结。

一、政府形象亲民，网民参政议政热情提高

2013 网络中最热的一个词是“中国梦”。中共中央总书记、国家主席、中共中央军委主席习近平提出中国梦就是实现中华民族伟大复兴，是中华民族近代以来最伟大的梦想，就是实现国家富强、民族振兴、人民幸福。2013 年中国梦成为全民流行语，以其清新的理念和亲民的风格为广大民众所认同，并日渐成为主流政治话语之一。“习大大”的称谓拉近了国家领导人和普通民众之间的心理距离。2013 年 12 月 28 日网友“四海微传播”发微博说：“亲们，我没看错吧？习大大来庆丰吃包子啦!”“习大大”是陕西话当中的“习大叔”的意思，这个称谓具有很强的亲和力和感染力，随后《人民日报》、新华社、中央电视台等官方媒体微博纷纷转载，网友点“赞”，跟帖不断，“习大大套餐”走红网络。“学习粉丝团”这个神秘的微博发布了不少“习大大”的近距离照片，呈现务实、亲和的领导人形象，引起国内外媒体和网民的关注与猜测，博主发表声明，表示其真实身份是肄业大学生，现在是江苏无锡的一名打工者。有专家称，这反映了中央高层的施政方式越来越接地气，公众对于权力的认识逐渐回归常态。“丽媛 style”或称丽媛风，2013 年 3 月彭丽媛随访俄罗斯及非洲国家期间，她的服装造型引发网友追捧，被称为丽媛 style，丽媛 style 提升中国外交形象的同时，也引领了中国时装潮流。

2013 年政府创新管理模式，纷纷在互联网开通微博，关注舆情动态，畅通官民对话渠道。国家行政学院电子政务研究中心发布《2013 年中国政务微博客评估报告》显示，截至 2013 年底，我国政务微博客账号数量超过 25 万个，较上年增长 46%。2013 年我国政务微博内容更加丰富，与民众互动越来

越频繁、实用，日益成为权威信息发布、实现政民互动、引导网络舆论、提供便捷服务的重要渠道。政务微信、移动政务客户端等新兴政务应用产生，进一步提升为民服务能力。2013 年党政机构微博客平均发布微博 8563 条，日均 23 条，被转播 20.54 条，被评论 6.24 万条，受众数 62.5 万个。党政干部微博客平均发布微博 3680 条，日均 10 条，被转播 3.85 万条，被评论 1.52 万条，受众数 23 万个①。官民沟通渠道增多，为网络问政提供更大的互动平台，拉近政府与民众的距离，提高了网民关注公共事务的热情。中国共产党十八届三中全会 11 月 9 日开幕当天，据 360 新闻搜索数据显示，“三中全会开幕”“民众盼拆解硬骨头”以及“新局新风新进展”成为当日搜索热词的前三甲。此外，“户籍改革”“国企改革”“改革议题”等与广大民众切身利益息息相关的内容也榜上有名②。会议通过了《中共中央关于全面深化改革若干重大问题的决定》，会后“中国国家安全委员会”“防空识别区”“官邸制”“单独二孩”“农村土地流转”等关键词成为网络搜索和媒体解读的热词。

2013 国家政府职能机构变化在网络热词中有所体现，如“中国国家安全委员会”成立，“国家食品药品监督管理总局”挂牌，“铁道部”不再保留，组建国家铁路局和“中国铁路总公司”，实行铁路政企分开。此外还有一些政务热词受到网民的热议。“国五条”是指在 2013 年 2 月 20 日国务院常务会议确定的五项加强房地产市场调控的政策措施。“克强指数”是英国著名政经杂志《经济学人》推出的一项经济指标，以中国国务院总理李克强的名字命名，用于评估中国 GDP 增长量，该指数由耗电量、铁路运货量和银行贷款发放量这三种经济指标组成。“负面清单”指 9 月挂牌的上海自贸区探索的一种管理模式，仅限定企业“不能做什么”，将更多的主动权、决定权交给企业、交给市场。

二、民生话题支持与质疑同在，正能量词走红

2013 年社会管理领域新政引发网友热议。在自媒体时代，一方面网民不再只是信息接收者，更成为信息的发布者，参与社会管理、建言献策的热情大大提高；另一方面政府职能部门越来越重视网络问政，通过问计于民来提高公共服务水平，社会管理显示出“扁平化”趋势。民生话题中不少网络热

① 国家行政学院电子政务研究中心发布《2013 年中国政务微博客评估报告》，2014 年 4 月 8 日。
② 《十八届三中全会 360 新闻热搜词：三中全会开幕》，光明网，2013 年 11 月 9 日。

词流行语具有两重性特征，即赞成和质疑，除了正反双方的争论较为激烈之外，当然也有持中立态度的人群，不同的态度代表社会多元的价值观，代表各种群体的利益，这在网络热词流行语的讨论中表现显著。支持声与质疑声同在，是社会文明、包容和进步的体现。

“坑爹假期”：指 2013 年元旦放假休息 2 天，上 1 天班，再休息 3 天，再连上 8 天班。如此凌乱的假期、夹在中间的一天工作日和连续上 8 天班压力引发网友纷纷讨论，被调侃成“史上最坑爹的假期”。由此还产生另一个词“中国式放假”，即指“拼假”，有网友支持，还有更多网友认为这种休假安排不够合理，休假制度不够灵活。

“站票半价”：2013 年 1 月中旬，一名认证为“社会公益工作者”的网友“卫庄”发布微博称，无座火车票应该半价，引来逾 15 万名网友转发。大多数人赞成半价，认为对不同的服务应该实行不同的价格，符合经济学原理；也有人担心这会引导更多人挤向铁路，从而造成乘车秩序的混乱，运营质量下降。

“探亲假”：2013 年 7 月 1 日起，新修订的《老年人权益保障法》正式实施，不常回家看老人将被认定违法。在引起社会广泛关注的同时，也让“探亲假”这一诞生于 20 世纪 50 年代的制度重新走入公众视野。不知道、不敢休、不与时俱进的探亲假制度，引发网友议论。

“以房养老”：是指老人将自己的产权房抵押出去，以定期取得一定数额养老金或者接受老年公寓服务的一种养老方式，在老人去世后，银行或保险公司收回住房使用权，这种养老方式被视为完善养老保障机制的一项重要补充。2013 年国务院印发的《关于加快发展养老服务业的若干意见》明确提出“开展老年人住房反向抵押养老保险试点”，引发舆论广泛关注。

“凤凰古城”：2013 年 4 月 10 日湖南凤凰古城开始实施捆绑售票，游客需要购买 148 元门票才能进古城。政策实施后引发多方关注，游客人数骤减，始料未及的是，古城内的一些商户罢市并聚集抗议，凤凰古城收费事件激起轩然大波。

“中国大妈”：特指在 2013 年金价大跌期间疯狂抢购黄金的一群中国散户，他们中多数是以购买黄金首饰为主的大妈，对黄金寄予保值期望。由于黄金市场的难以预测性，中国大妈的盲目投资具有一定的风险。

“袁厉害”：河南省兰考县人，1965 年出生。从 1986 年开始因自费收养超过 100 名先天性残疾的弃婴获得“爱心妈妈”的美誉。2013 年 1 月 4 日因火灾事故，袁厉害收养的孩童中 7 人不幸丧生，此案因涉及当地民政部门不作为而广受社会批评和关注。

“双十一”：本是西方光棍节，近几年大型电子商务网站利用这一天进行大规模的打折促销活动，成为中国互联网最大规模的商业活动。据阿里巴巴总部数据显示，截至2013年11月11日24时天猫以350亿元的交易额成功收官。大大小小的实体店在新媒体营销中变成电商的“试衣间”，零售业面临前所未有的变革。

“理性救灾”：2013年4月20日四川省雅安市芦山县发生7.0级地震。全国各地志愿队伍自发奔赴灾区，但由于道路不便，余震不断，国务院办公厅通知单位团体未经批准暂不进入灾区。[①] 在重大灾情面前，帮忙不添乱，及时、有序、高效、合理合法救援，有组织有规划的救援，才是灾区最需要的。该词反映了在重大突发应急事件的处置中社会更趋理性。

针对闯黄灯等交通不文明现象、旅游景区门票随意涨价和零团费乱象、单独二孩等话题，网民讨论热烈。2013年出台了一批新法规，进一步完善法制体系和社会管理体系，由此产生了网络搜索热词，如“闯黄灯”：2012年4月，浙江嘉兴发生的全国首例闯黄灯行政诉讼案终审判决，状告交管部门的闯黄灯司机败诉，该案在网上引发讨论。2013年1月1日起，修订后的《机动车驾驶证申领和使用规定》开始实施，规定闯黄灯将视作闯红灯，记6分，还要被处20元以上200元以下罚款。“新旅游法”：《中华人民共和国旅游法》经2013年4月25日十二届全国人大常委会第2次会议通过，自2013年10月1日起施行。“单独二孩”：十八届三中全会通过的《中共中央关于全面深化改革若干重大问题的决定》中提到，“坚持计划生育的基本国策，启动实施一方是独生子女的夫妇可生育两个孩子的政策”，这标志着“单独二孩”政策将正式实施。“交通拥堵费”：2013年9月，北京市环保局公布《北京2013—2017年清洁空气行动计划》，北京交通委和环保局将牵头研究制定征收交通拥堵费政策。

2013年由草根发起并热议的关键词，如“春运神器”：指准备应对春运长途坐车的网友发明的鸵鸟枕、硬座宝、折叠式小马扎、便携式尿袋等工具，被誉为春运“神器”。一份由世纪佳缘网站发布的《2012至2013中国男女婚恋观调研报告》成为网络上热议的话题，也产生了一个新的名词：“恋爱起步价”，指当今流行的择偶标准，即对方月收入的起步标准。2013年9月9日微博上发起“与土豪做朋友”以及“为土豪写诗”恶搞活动，“土豪”调侃那些有钱无脑爱炫富且素质较低的人，网民借此诙谐地表达对于贫富差距、拜

① 《国务院：单位团体未经批准暂不进入灾区》，新京报，2013年4月22日。

金主义的社会态度。娱乐领域出现的“病毒歌曲”“中国好声音”“爸爸去哪儿”“我是歌手”等与影视娱乐节目的热播和推广有关。

盘点网友追捧的热词中，体现正能量的词大受欢迎。如“光盘行动”：由一群热心公益的人发起，倡导厉行节约，反对铺张浪费，带动大家珍惜粮食、吃光盘子中的食物，得到从中央到民众的支持，成为2013年知名的公益活动。“待用快餐”：由微博网友陈里发起的一项微公益活动，呼吁国内快餐店为贫困残疾人、老年人等弱势群体提供一些“待餐盒饭”，爱心人士可以顺手多买一份“待餐食品”，由饭店经营者以适当形式交给贫困人员享用。“高大上”：高端大气上档次的缩写。“女汉子”：用来形容那些外表是女性但是性格“纯爷们”的姑娘。“逆袭”：意思是在逆境中反击成功，也被用于形容新事物冲击旧事物等。“喜大普奔”：是“喜闻乐见、大快人心、普天同庆、奔走相告”的缩略。“人艰不拆”：出自林宥嘉歌曲《说谎》，后常被网友在回帖中引用，是“人生已经如此艰难，有些事情就不要拆穿了”的意思。“请允悲”：请允许我做一个悲伤表情。“涨姿势”被用于轻松地表达“长知识”的意思等。

三、反腐力度加大，成效显著，振奋人心

房姐龚爱爱被曝拥有3个虚假户口和多处房产，“房姐”“房叔”“房婶”的多户口多房产身份，引发社会极大关注，“房多多”事件背后折射出的社会问题值得反思，业内呼吁加快全国住房信息联网和房产税的试点推广。十八届三中全会提出，规范并严格执行领导干部工作生活保障制度，严肃查处违反规定超标准享受待遇等问题，探索实行官邸制，作为抑制国有资产流失和预防住房腐败的一项措施，一时间“官邸制”成了热门词。“火箭官员”指被破格提拔的年轻官员，普遍存在年纪小、工作时间短、迅速上位的特点，网易新闻梳理近年来媒体公开报道的20起“火箭提拔”案例，官二代占比超六成，80后为主力军，90后崭露头角，女性官员占比超过半数，“火箭官员”引起民众对潜规则、违规提拔、家世背景等揣测，对干部选拔任用程序的严谨和权威性产生信任危机，加剧了人们对干部选拔信息不公开、程序不透明，以及对阶层固化、基层权力家族化的不满。某些官员的雷人之语也在网上迅速流传，河南某村主任“五保户死一个顶一个”言论，广东清远局长扬言“分分钟可以搞垮一间厂”，广东省雷州市副市长“不能盲目相信法院”等，严重损害了政府和官员形象。各级政府应

从中汲取教训，变管理为服务的理念，积极为群众解决实际问题，维护群众的合法权益，有效缓解社会矛盾，实现社会公共利益的最大化，以实际行动维护自身形象。

此外，2013 年舆情高发的司法领域案件还有上海法官嫖娼案，河南永城货车车主不堪罚款自杀事件，湖北高院一庭长“嫖娼门”事件，北京大兴摔童案等。济南中院微博直播薄熙来案庭审、曾成杰被执行死刑、夏俊峰被执行死刑、复旦大学投毒案、河北王书金强奸案、陈水总快速公交纵火案、冀中星首都机场引爆炸弹等都曾引爆舆情。

2013 中央把惩治腐败放在突出位置，坚持“老虎”“苍蝇”一起打，坚持有案必查、有腐必惩。据统计，全国各级纪检监察机关共接受信访举报立案 172532 件，结案 173186 件，处分 182038 人，其中，给予党纪处分 150053 人，给予政纪处分 48900 人。中央纪委监察部对涉嫌违纪违法的中管干部已结案处理和正在立案检查的有 31 人①。中国人民大学舆论研究所统计数据表明，2013 年 6400 名县处级以上干部违纪违法被查办，一批省部级高官“落马”，新一届中央领导集体的反腐成绩单令人瞩目②。除坚决查处领导干部违纪违法案件，还切实查处发生在群众身边的不正之风和腐败问题，“八项规定”“六项禁令”依然是网络热词。中央从严治吏向全社会传递了反腐倡廉正能量，成效显著，公众支持，社会基本共识是：制度和法律是反腐治本之策，可将权力真正关入笼中。

四、雾霾、航空和食品安全领域舆情热度较高

2013 年让网民最揪心的热词是“雾霾”。中国遭遇史上最严重雾霾天气，雾霾大面积集中爆发，发生频率之高、波及面之广、污染程度之严重前所未有，中国气象局发布数据显示，2013 年全国平均雾霾日数较常年同期偏多 2.3 天，为 1961 年以来最多的一年。社会能源消费造成大气污染物排放逐渐增加，由于热电排放、工业生产、汽车尾气、冬季供暖、城市生活、地面灰尘以及气候变化等因素，导致环境越来越恶劣，雾霾来袭。与此同时“北京咳”“十面霾伏”等与雾霾有关的一些热词产生。网友调侃“厚德载雾”“自

---

① 《中央纪委监察部举行新闻发布会，通报 2013 年工作》，人民网，2014 年 1 月 11 日。

② 中国人民大学舆论研究所：《反腐与“打老虎”背后的舆情效应》，人民论坛，2014 年 3 月 17 日。

强不吸”“霾头苦干”“再创灰煌”等词语，各种打油诗、网络流行语走红网络，还有人诗情大发，在微博上作了《沁园春·雾》。“南北地震带”“南涝北旱”“PX项目”等与环保有关的词也热度不减。

科技领域有重大突破，网民追捧的热词有“神舟十号”：中国第五艘搭载太空人的飞船，2013年6月11日由长征二号运载火箭发射，在轨飞行15天，与天宫一号成功对接，首次开展太空授课活动，飞行乘组由聂海胜、张晓光和王亚平组成，6月26日返回地面。“嫦娥三号”：是中国国家航天局嫦娥工程第二阶段的登月探测器，包括着陆器和第一艘月球车，实现了中国首次月面软着陆。这些热词透射出网民的爱国情怀。

食品安全领域民众关心的热词主要有“香港奶粉限购令”：由于中国内地的婴儿奶粉曾出现三聚氰胺等质量问题，内地消费者通过各种途径抢购港澳和海外的婴儿奶粉，造成当地奶粉供应紧缺，为限制抢购奶粉，适当预留婴儿奶粉给本地居民，香港特区2013年3月1日起实施相关法例，在没有申报的情况下，离开香港的16岁以上人士每人每天不得携带总净重超过1.8公斤的婴儿配方奶粉，相当于普通的两罐900克奶粉，违例者一经定罪，最高可被罚款50万港元及监禁两年，引发舆论哗然。这被内地消费者称为“最严限奶令”，社会各界热议的同时，网上出现去香港购买奶粉的各种攻略。与奶有关的热词还有“第一口奶”：2013年9月16日央视曝光新生儿在医院喝“第一口奶”背后暗藏金钱交易，美赞臣、多美滋等企业被曝出贿赂医生和护士，众多奶粉企业抢占第一口奶市场。“转基因食品”：自从问世以来关于其安全性的争论从来都没有停止过，截至2013年，国际上普遍采用的安全性评价方法可以证明转基因食品并不比传统食品不安全，但并不证明它是绝对安全的，关于“转基因食品”“转基因大豆”等热词的争论中，最吸引眼球的是崔永元与方舟子的论战和崔永元赴美考察的纪录片。“H7N9禽流感”“镉大米”等热词也在网上搜索较多。2013年食品安全领域的重大新闻事件中，中国食品安全的“决不”食品安全工程启动，“三品一标”（无公害农产品、绿色食品、有机食品和农产品地理标志）向“四品一标”（无公害农产品、绿色食品、有机食品、决不食品和农产品地理标志）转型升级拉开序幕；“食品安全法修订”公开征求意见，多数内容备受称赞，个别条款因可能限制消费者发布食品安全信息而受到批评。食品安全牵系千家万户，与生命健康、生活质量和民众切身利益紧密相关，民众的期待是能够彻底解决问题，社会共治、从严惩处和法治化策略得到广大网民的认可。

五、打击网络大谣，大数据元年热词层出

“打击网络大谣”：公安机关集中打击网络有组织制造传播谣言等违法犯罪专项行动开展，“秦火火”“立二拆四”“傅学胜”等一批网络谣言制造者落网。“转发500次”：最高人民法院、最高检察院《关于办理利用信息网络实施诽谤等刑事案件的司法解释》规定，利用信息网络诽谤他人，同一诽谤信息实际被点击、浏览次数达到5000次以上，或者被转发次数达到500次以上的，应当认定为“情节严重”，可构成诽谤罪，进一步厘清了信息网络发表言论的法律边界，为惩治利用网络实施诽谤等犯罪提供明确的法律标尺。打击大谣之后网络空间里谩骂、诋毁、造谣等语词明显减少。互联网舆论场发生重大结构性变化，话题性网络名人将被专业人士赶超，人民网舆情检测室提出了培养“专业中V网友”的概念，时政类“大V”将集体退场，具有专业知识、理论和技术背景的“中V”，特别是一些专家和体制内意见领袖将随之崛起，多发表专业意见和良性讨论，给网民提供精准有说服力的专业判断，倡导理性科学的公共讨论氛围①。互联网公共秩序的维护，不仅需要完善法律，严格监管，还需要个人自律，使网络环境逐渐清朗。净化网络环境成为社会共识。

“比特币”：是一种由开源的P2P软体产生的电子货币，是一种网络虚拟货币，央行2013年12月下发通知表示，比特币不是真正意义的货币，不具有与货币等同的法律地位，不能且不应作为货币在市场上流通使用，各金融机构和支付机构不得开展与比特币相关的业务。互联网金融虽然具有自身优势，但其合法性和风险管理问题受到质疑。

“大数据”：“big data”或称巨量资料，是时下最火热的IT行业的词汇。有媒体把2013年称谓“大数据元年”，随之而来的“数据仓库”“数据安全”“数据分析”“数据挖掘”“云计算”“云存储”等专业新词层出不穷，围绕大数据的商业价值利用逐渐成为各行各业追逐的利益焦点，大数据将对未来媒体形态格局、生活管理方式和社会生活产生深刻的变革，也将在应用语言学领域产生深远的影响。

综上所述，囿于篇幅，本文粗略扫描了2013年网络热词流行语及其所反映的舆情态势。网络热词流行语就像一面镜子，简洁精练地表达网民的态度

---

① 刘鹏飞：《2013年网络舆情走势和社会舆论格局》，《新闻记者》，2014年1月。

情感，释放情绪，阐述观点，其显著特点是：直观、形象、生动地反映社会舆情。网民赋予其标新立异的解读，有些语词犀利、尖锐地表达网民的批评态度；有些语词竭尽诙谐调侃之能事，不乏针砭时弊的锐气；有些语词用自嘲和嘲讽的语气，表达网民自娱自乐的精神。作为新媒介环境下的信息传播和沟通符号，网络热词流行语呈现出与传统表达模式不同的崭新特点，常用隐喻、讽刺、拼接、双关、归谬、夸张等手法传达网民对社会问题的思考，记录时代的变迁，是一定时期内政治、经济、文化、社会生活的缩影。网络热词流行语是网络时代独特的传播符号，成为网民狂欢的载体和网络文化的载体，引领社会话语体系。

诚然，我们也要注意到网络热词流行语的负面影响，它们有的是随意篡改成语而成，有的是毫不遵循语法规则的生硬拼凑，有的故意使用错字别字，有的滥用字母符号造成误读等。网络热词流行语的失范现象，容易误导少年儿童，一些低俗、暴力的语词可能在舆情爆发过程中，对社会产生不良影响，因此我们要辩证、理性地看待网络热词流行语。

随着舆情的消退，网民出于好玩心态的新鲜感消失，大多数网络热词流行语都将自然冷却下来，直至销声匿迹。也有少数词语经过长时间全社会约定俗成的使用、经过社会和时代的检验后，积淀下来，变成现代汉语中的常用词汇，此时它们就不再与舆情有关。

从情绪的宣泄到理性的回归

——关于“合肥少女毁容事件”的舆情研究*

黄伟迪　汤　菁　叶文丹**

（安徽大学新闻传播学院）

前　言

2011 年 9 月 17 日毕业于寿春中学的男学生陶汝坤，因为追求校友周岩遭到拒绝而喷洒打火机燃油将对方毁容。在严重烧伤住院治疗后，周家因拒绝向陶某家提供的一份与事实不符的取保候审材料签字，而被陶某父母停付高昂治疗费，只能无奈出院。2012 年 2 月 22 日，网友“心碎了 895”以“安徽官二代子女横行霸道，恋爱不成将少女毁容!”为题，在“万家论坛”将此事曝光。2 月 25 日犯罪嫌疑人陶汝坤的父亲开通微博出面澄清自己已经竭尽全力为周岩治疗，并未阻碍司法公正，并表示儿子陶汝坤与周岩之间是恋爱关系。同时周岩出事前与男生亲密照流传网上，被认为是行为不检点。此时，“合肥少女毁容事件”在各大论坛的点击率排到了第一位。

“合肥少女毁容事件”在网络上被爆出不久后，便引起了广泛的社会舆论，原本只是一个区域性的社会事件却在短时间内演变成为全国性的舆论事件。本文结合事件本身的传播特点，试图梳理事件舆论演变的脉络，综合事件的新闻报道呈现、网络舆情的发展以及通过电话访问进行的关于事件的舆情调查，来探讨引发舆情的动因以及舆情的发展规律。

---

* 本文采用的调查数据来自姜红教授主持的有关“合肥少女毁容事件”的舆情调查项目，主要成员为黄伟迪、汤菁、熊裕娟、胡淼等。

** 黄伟迪为安徽大学舆情与区域形象研究中心研究员；汤菁为安徽大学新闻传播学院 2010 级研究生；叶文丹为安徽大学新闻传播学院 2012 级研究生。

一、"合肥少女毁容事件"的新闻报道呈现

针对"合肥少女毁容事件"，安徽大学舆情与区域形象研究中心进行了网络监测。监测时间为2012年2月24日至2012年3月3日，共监测到网络新闻报道819篇。新闻报道来源既包括具有全国影响力的主流网站，如人民网、中国广播网、新浪网、凤凰网、搜狐网、腾讯网等，也包括省内多家网络媒体如，中安在线、合肥热线、万家热线等。具体网站分布如下（图1）：

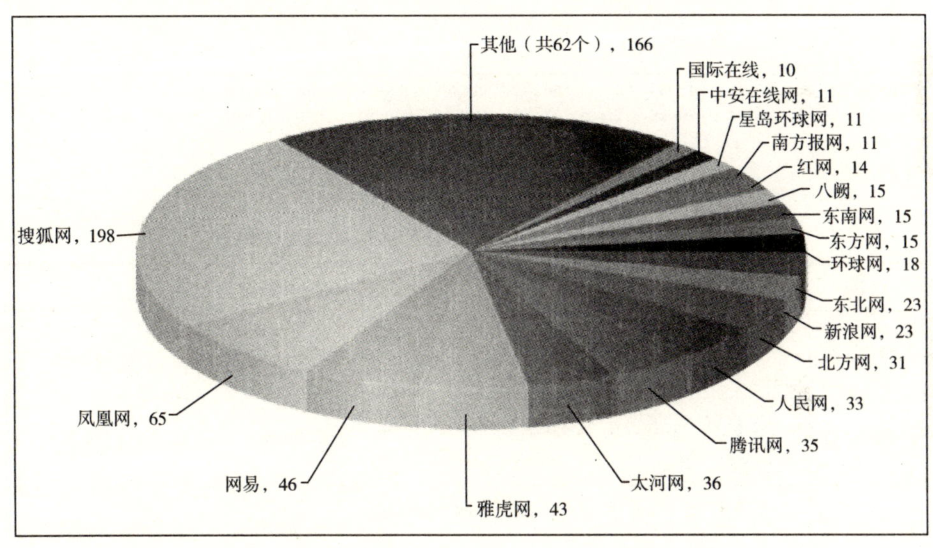

图1 "合肥少女毁容事件"的新闻报道的网站分布

图2是媒体报道量的趋势分布，可以看出2月26日到3月2日左右是整个事件的舆情高峰期，27日新闻报道数量达到巅峰，这段时间新闻报道的数量最多，2月24日到2月26日新闻报道数量逐渐递增，是事件引发关注时期，3月2日后报道数量逐渐回落。

为了进一步对有关"合肥少女毁容事件"的报道进行内容分析，笔者利用百度新闻搜索引擎以"合肥""周岩""毁容"为关键词进行检索，从2012年2月22日到2012年5月31日共得到2117篇报道。根据"合肥少女毁容事件"的舆情走势结合新闻媒体报道的内容可以将有关报道进行阶段划分，大致有以下几个阶段：

第一阶段：2月24日到2月26日，"官二代"标签引发舆论关注（见表1）。

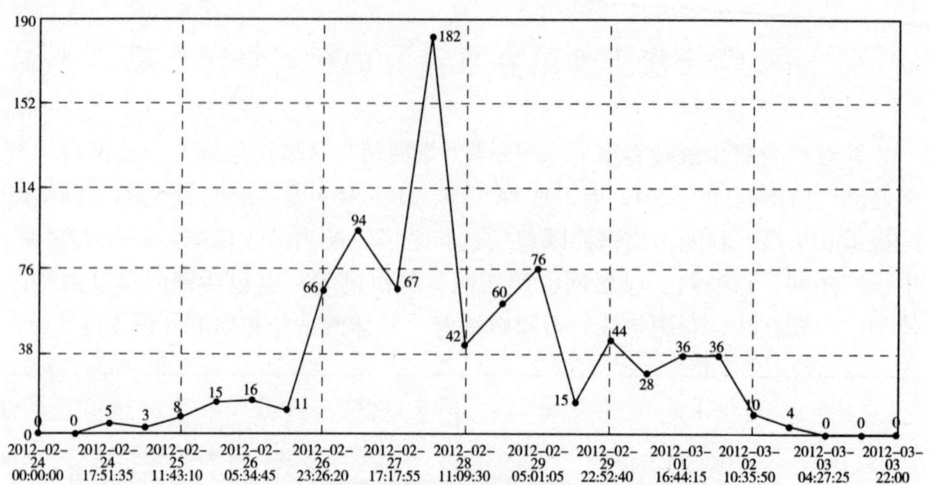

图 2　“合肥少女毁容事件”媒体报道量的趋势分布

表 1　2 月 24 日到 2 月 26 日部分新闻报道的标题

日期	标题	报道形式	信息来源
2 月 24 日	合肥 17 岁“最狠官二代”求爱动杀机如花少女瞬间被毁容	图文、视频	合肥热线
2 月 25 日	安徽 90 后恶男求爱未遂将 17 岁少女烧伤毁容（图）	图文	羊城晚报
2 月 25 日	少女拒绝男同学求爱惨遭毁容　双方家庭仍未谈拢赔偿费用	文字	新安传媒网
2 月 25 日	合肥“官二代”子女横行霸道，恋爱不成将少女毁容！	图文	365 地产家居网
2 月 25 日	合肥少女遭官二代毁容　官员父母蛮横拒付医药费	图文	腾讯新闻
2 月 25 日	合肥毁容少女含泪控诉官二代暴行	图文、视频	万家热线
2 月 26 日	16 岁少女拒绝求爱被校友点火毁容　凶手父母均为公务员	图文	南方都市报
2 月 26 日	16 岁少女拒绝求爱遭毁容　凶手父亲疑为合肥官员	图文	法制晚报
2 月 26 日	合肥被毁容女孩家长：对方曾叫嚣“怎么不找媒体?”	图文	羊城晚报

“合肥少女毁容事件”最初是2月22日在万家热线被披露的，2月24日网络上开始出现新闻报道，这一阶段的新闻报道内容主要是关于毁容事件的介绍，重点关注的问题是陶汝坤是怎样将周岩烧伤以及陶家如何利用自己“高官”的身份威胁周家，干涉案件的司法处理。

这一阶段大部分新闻报道的标题都使用了“官二代”和“恶男”这样的词来形容陶汝坤，报道内容的来源主要是受害人周岩的母亲和小姨在网上发的帖子，以及万家热线采访周岩母亲的视频，并且报道都配上了周岩受伤前后照片的对比，除了个别报道采访了陶汝坤的母亲许女士对事件的回应，其余的都是来自周家的声音，更多的是从周家的立场来看待整个事件，字里行间充斥着对陶家以及陶汝坤的指责。本阶段的新闻报道感情倾向十分明显，对事实的呈现仅限于周家发布的帖子，没有完整地、客观地将事实真相还原。

第二阶段：2月27日到3月1日，去标签化还原事实真相（表2）。

表2　2月27日到3月1日部分新闻报道的标题

日期	标题	报道形式	信息来源
2月27日	合肥遭毁容少女家长否认早恋说法	图文	广州日报
2月27日	合肥少女被毁容续　肇事者父称儿子与周岩系早恋	图文	京华时报
2月27日	合肥毁容少女周岩讲述惨案始末	图文	楚天金报
2月27日	合肥16岁少女遭毁容曾试图自杀　偶像杨幂发微博为其加油	图文	万家热线
2月27日	合肥公安通报少女拒爱遭毁容最新进展　陶某微博系冒用	图文	万家热线
2月27日	合肥市审计局否认毁容门事件男孩是官二代　称其父只是正科级干部	视频	万家热线
2月27日	少女被毁容续：警方称脸缠绷带伤情无法鉴定	图文	华声在线
2月27日	网曝合肥毁容少女与肇事者合影　周家称同学间合照很正常	图文	万家热线
2月28日	少女毁容案嫌犯多次暴打周岩　被指爱看血腥视频	文字	中安在线

（续表）

日期	标题	报道形式	信息来源
2月28日	合肥警方通报少女被毁容案嫌犯一直被关在看守所　周岩暂时不宜做全面伤情鉴定	图文	京华时报
2月28日	少女拒求爱被毁容续：母亲称其数次欲自杀	文字	东方早报
2月28日	少女拒求爱遭毁容续：疑犯之父20年做到正科级	文字	人民网
2月28日	传合肥少女毁容事件嫌犯拟作精神鉴定	文字、视频	中安在线
2月28日	合肥公安局开少女毁容案记者会　警方称陶家从未申请精神鉴定	图文	合肥热线
2月28日	律师谈合肥少女毁容事件　不管是否早恋陶家应全部赔偿	文字	法制晚报
2月28日	合肥毁容门事件陶家委托律师致歉并称愿继续提供治疗	文字	法制网
2月28日	合肥毁容少女含泪控诉：我回不去了	视频	凤凰卫视
2月28日	少女毁容案疑犯父亲：我要是能干预儿子早取保候审了	图文	辽宁晚报
2月29日	安徽遭追求者毁容少女曾因不堪其骚扰患抑郁症	文字	中国青年报
2月29日	安徽遭毁容少女家人称其曾被疑犯殴打	图文	中国青年报
2月29日	合肥少女毁容事件案发前一个月嫌犯曾到周家纵火	图文	京华时报
2月29日	少女拒男生求爱遭毁容续：两人亲密照曝光（图）	图文	羊城晚报

（续表）

日期	标题	报道形式	信息来源
2月29日	合肥遭毁容少女周岩：“我不会被一把火烧灭”	图文	中国青年报
2月29日	少女毁容案从引爆到退烧：众媒体呼吁勿乱贴标签	文字	中安在线
3月1日	合肥少女遭毁容案续：“床照”实为生日宴合影	文字	中安在线
3月1日	家属谈曝光少女毁容案原因：担心警方不鉴定伤情	文字	京华时报

2月25日，陶父在新浪微博和万家论坛分别发表道歉声明，引发新的舆论高潮，本阶段共有1220篇新闻报道，是整个事件发展过程中新闻报道最多的阶段。这一阶段新闻报道的主要内容有：

（1）陶父的道歉申明：周岩和陶汝坤是恋人关系，陶家一直给周岩提供资金进行治疗，并且还遭到周家的巨额勒索。

（2）周家关于陶父发表的声明的回复。

（3）合肥公安、审计局的回复：陶父只是审计局正科级干部，并非高官；陶汝坤一直在看守所，未要求做精神鉴定，陶家没有干涉司法程序；周岩的伤势目前不宜做伤情鉴定；此案陶汝坤以故意伤害罪立罪。

（4）周岩的现状：患有抑郁症，多次欲自杀。

（5）周岩和陶汝坤等男生的亲密合影。

本阶段新闻报道主要关注的是事件真相，如周岩和陶汝坤是什么关系，周家和陶家之间的纠葛又有哪些，陶父是否是高官，有没有利用职权干涉司法公正等，以及周岩的现状。

相比较第一阶段，第二阶段的报道中陶家的声音增多，多数是以陶父发的道歉声明为主，也有极少的报道采访了陶父。并且在这一阶段的报道中开始出现官方的声音，报道的立场开始有点往陶家平衡，“官二代”标签的使用显著减少，情绪的宣泄也不如第一阶段明显，更多是在还原事实真相。

第三阶段：3月1日到5月31日，追踪事件后续发展，关注案件结果（表3）。

表3 3月1日到5月31日部分新闻报道的标题

日期	标题	报道形式	信息来源
3月1日	合肥警方公布“少女毁容案”伤检情况　受害人周岩伤情构成重伤	图文	合肥热线
3月1日	合肥少女拒求爱遭毁容续：受害人收到善款总额超83万	文字	新安传媒网
3月1日	合肥拒求爱遭毁容少女病情加重　明日或重返医院	文字	新安传媒网
3月1日	抗震救灾小英雄林浩看望合肥毁容女周岩（图）	图文、视频	合肥热线
3月3日	合肥遭毁容少女已获捐83万余元　暂不去外地治疗	文字	中安在线
3月3日	合肥遭毁容少女病情加重　律师复印案件卷宗被拒	文字	新京报
3月3日	合肥少女被毁容案移送检察机关审查起诉陶汝坤涉嫌罪名：故意伤害	文字	安徽商报
3月5日	合肥毁容少女今赴北京接受康复治疗街坊邻居沿街相送	图文	万家热线
3月5日	《梦想成真》帮助毁容女孩周岩	图文	搜狐视频
3月6日	安徽遭毁容少女进京治疗　院方专家今日将会诊	图文	新京报
3月6日	合肥毁容门男主角情书曝光　称为了女孩可以不择手段	图文	万家热线
3月6日	周岩昨晚抵京进行康复治疗　美丽重生之路可能要走2年	图文	万家热线
3月7日	政协委员看望合肥被毁容少女周岩呼吁保护妇女儿童合法权益	图文	合肥热线
4月22日	合肥少女毁容门周一上午一审过堂周岩已登上返乡列车	图文	万家热线
4月22日	合肥“少女毁容案”明天不公开审理周岩将出席	图文	新安晚报

（续表）

日期	标题	报道形式	信息来源
4月23日	合肥少女毁容门一审即将开始　周岩在医生的陪护下走进法院	图文	万家热线
4月23日	合肥少女毁容门庭审时间历经9小时　具体赔偿数额未定	图文	万家热线
4月23日	“周岩毁容案”开庭　周岩状态欠佳	文字	合肥热线
4月23日	合肥少女遭毁容案开庭　受害人被抬进法庭	图文	中国广播网
4月23日	合肥“少女毁容案”今日开审　原告曾申请延迟开庭被拒	图文	新安传媒网
4月23日	合肥少女毁容事件今开庭　10号做完手术尚未拆线	图片	万家热线
4月23日	合肥少女毁容事件开庭　受害人因身体原因多次离场	图文	中国广播网
4月23日	合肥少女毁容门庭审民事调解达成意向　周岩一度十分激动	文字	万家热线
4月23日	周岩代理律师法院门口遭围堵　称陶某应被判无期徒刑（组图）	图片	万家热线
4月23日	少女毁容案被告当庭道歉　少女家属：晚了	图文	南京日报
4月23日	周岩母亲对被告冷漠态度很不满　称道歉并没有发自内心	图片	万家热线
4月23日	合肥少女毁容事件一审结束　周岩在家中声称至今仍怕回家	图片	万家热线
4月23日	合肥少女毁容事件双方律师舌战9小时　分歧巨大法庭择日宣判	文字	万家热线
5月2日	合肥少女毁容事件一审结果未知　周家或就民事部分另案起诉	图文	万家热线
5月9日	合肥少女毁容事件明日宣判　嫌犯家称最多赔120万	图文	京华时报

（续表）

日期	标题	报道形式	信息来源
5月10日	周家不满合肥少女毁容事件一审判决表示要抗诉	文字	万家热线
5月10日	“少女毁容案”周岩被定为五级伤残周家认为过轻	文字	新安传媒网
5月11日	安徽被毁容少女谈判决：可能我还没出院他已经出狱了	图文	都市快报
5月11日	安徽被毁容少女周岩：他开庭看见我时笑得非常开心	图文	新京报
5月11日	周岩不满判决心情暗淡：干脆判被告当庭释放算了	图文	中国广播网
5月22日	合肥少女被毁容案检方决定不抗诉称量刑适当	文字	新华网

从3月份开始“合肥少女毁容事件”的热度逐渐开始回落，这一阶段的新闻报道内容主要是合肥公安公布周岩的伤情鉴定状况、周岩最近的受助情况以及两次庭审情形。报道重点关注的是周岩的现状以及事件的最新进展。

这一阶段的新闻报道主要是对周家现状的介绍，没有关于陶家的内容，也几乎没有陶家的声音。庭审阶段的新闻报道主要是以记者现场报道为主，并加以对周家的采访为辅，陶家的声音依然缺失。报道更多关注的是周家以及周岩在庭审现场的表现，着力刻画周岩带病参加庭审、强忍着痛苦以及听到审判结果后无奈、不满的表达等。

从三个阶段的报道内容分析上来看，媒体报道主要的关注点是“官二代”的身份、陶家是否对案件产生影响、周岩和陶汝坤的情侣关系、周岩的现状以及审判的结果，最终希望还原事件真相、回答此案中谁对谁错的问题，但对事件背后所反应的社会问题却缺乏深刻的探讨，在笔者搜索到的新闻报道中仅有为数不多的几篇文章是对此案进行深刻反思的。在这几篇文章中多是评论的体裁，表达意见态度，只有《少女毁容案从引爆到退烧：众媒体呼吁勿乱贴标签》《“古惑”青春：合肥“少女毁容事件”》这两篇文章是以新闻报道的形式从不同的层面来思考问题的。前一篇报道时间为2月29日，属于第二阶段，报道关注的是媒体给事件贴上

“官二代”标签所造成的影响。后一篇报道时间为3月7日，属于第三阶段。这一篇报道的主要内容有几个方面：受到媒体关注后周家的生活、对事件发生时情景的再现、“官二代”标签所引起的舆论关注以及两个孩子以前的生活。报道是从家庭教育、青少年的心理健康层面来分析该事件，努力还原事实的真相，为受众了解此案带来了不同的视角，而不是局限于追究谁对谁错。

二、有关“合肥少女毁容事件”的本地舆情调查

“合肥少女毁容事件”于2012年2月24日在网络上曝光并被迅速传播，受到国内外舆论的广泛关注，成为2月底的舆论热点话题。

在事件发展告一段落的状态下，安徽大学舆情与区域形象研究中心于2012年3月7日上午10：00—11：40、下午2：30—6：30进行了“合肥市民对‘合肥少女被毁容’事件态度意见调查”。

本次调查采用随机抽样方法，运用国际先进的CATI（计算机辅助电话访问）调查设备，安徽大学新闻传播学院的33位访问员成功访问了688位合肥市居民，覆盖了全市7个行政区域。

本次调查的被访者涵盖不同性别、年龄、教育、收入和职业的市民，具有广泛的代表性。其中性别方面，男性占41.57%，女性占58.43%；年龄方面，16周岁以下的被访者占1.16%，16～35周岁的占48.11%，36～55周岁的占29.21%，55周岁及以上的占18.60%，2.91%的受访者不愿透露年龄；学历方面，初中及以下文化程度的被访者占24.13%，高中或中专学历的占23.26%，大专学历的占22.53%，本科学历的占23.69%，硕士及以上学历的占3.79%；收入方面，个人月收入在2000元以下的被访者占15.99%，2000～4000元的占27.76%，4000～6000元的占9.88%，6000元及以上的占3.78%，无收入的占18.46%，24.13%的受访者不愿透露收入；职业方面，政府公务员占2.03%，事业单位工作者占9.16%，企业工作者占31.98%，个体户占8.58%，学生占4.8%，自由职业者占6.25%，离退休占15.40%，其他占6.10%，无业的占10.76%，4.94%的受访者拒绝透露职业。

（一）合肥市民对“合肥少女毁容事件”的知悉度以及获取信息的媒体渠道

调查结果显示，合肥市民对“合肥少女毁容事件”的总体知悉度较高，

当被问及“您了解合肥少女周岩被毁容事件吗”，表示“非常了解”和“比较了解”的占26.46%，表示“一般”的占43.91%，表示“不太了解”和“完全不了解”的受访者占29.65%（见图2）。

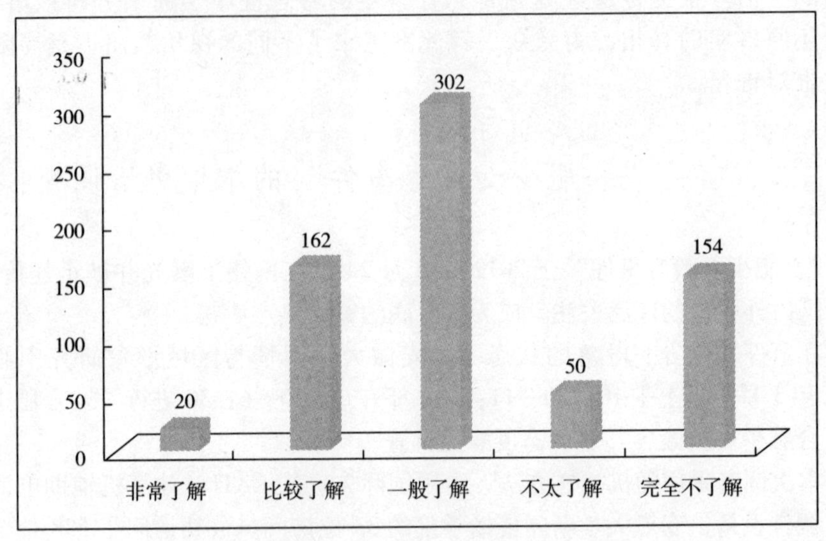

图3 合肥市民对“合肥少女被毁容”事件的知悉度

我们对“完全不了解”该事件的受访者进行了个人属性的相关分析，发现“完全不了解”该事件的受访者中，受教育程度主要集中在初中及以下，月收入集中在无收入和2000元及以下者，并且随着受教育程度和月收入的提高，“完全不了解”该事件的受访者越少；在职业方面，“完全不了解”该事件的受访者主要集中在离退休、无业和企业员工三个方面，学生和事业单位工作者“完全不了解”该事件的比例较少，政府公务员比例最少，不足1%。说明社会学意义上的弱势群体同时也是信息接收的弱势群体。

在获取“合肥少女毁容事件”相关信息的媒体渠道方面，网络占41.05%，电视占30.16%，报纸占18.65%，手机占2.63%，广播占2.13%，5.38%的受访者是通过他人告知了解情况的（见图4）。

可以看出，在这次事件的信息传播上，合肥市民了解该事件的主要媒体渠道依次是网络、电视、手机、广播。而在受访者使用的网站类型中，门户网站占37.06%，腾讯QQ占27.95%，微博占19.25%，人人网、开心网等社交网站占4.77%，论坛占10.97%（见图5）。

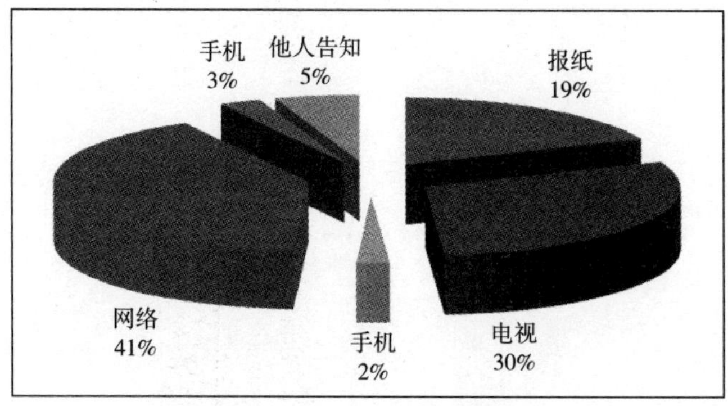

图4　合肥市民了解该事件的媒体渠道

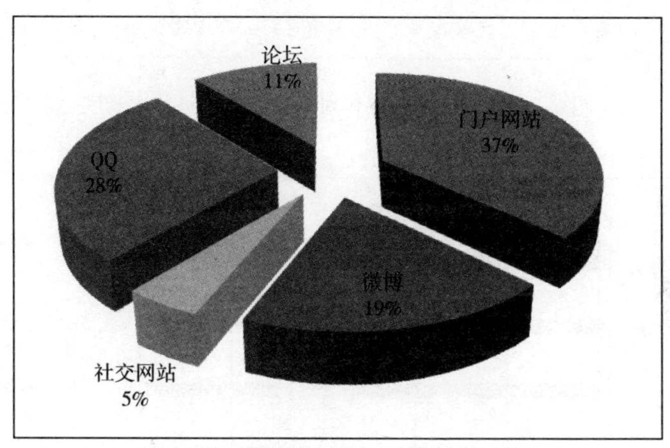

图5　受访者了解事件的网站类型

（二）合肥市民对媒体报道的认知

调查显示，合肥市民对媒体就此次事件的报道认可度较高，76.40%的受访者认为媒体的集中报道有利于该事件问题的解决。当被问及“您认为媒体对此事件的报道客观吗?”认为“非常客观”的受访者占6.55%，认为“比较客观”的占49.45%，认为“一般客观”的占29.87%，认为“不太客观”和“完全不客观”的占14.23%。(见图6)。

同时，我们对了解该事件的媒体渠道和对媒体报道的客观度认知做了相关分析（见图7），结果发现，不管是通过何种媒体了解该事件的市民，他们对于媒体报道客观度的认知基本一致，认为比较客观的最多，一般客观的次之。

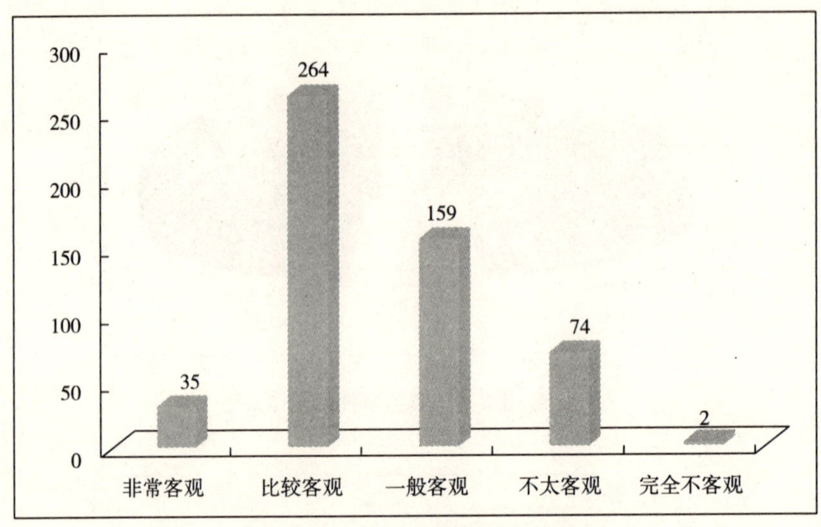

图6　合肥市民认为媒体对此事件的报道的客观度

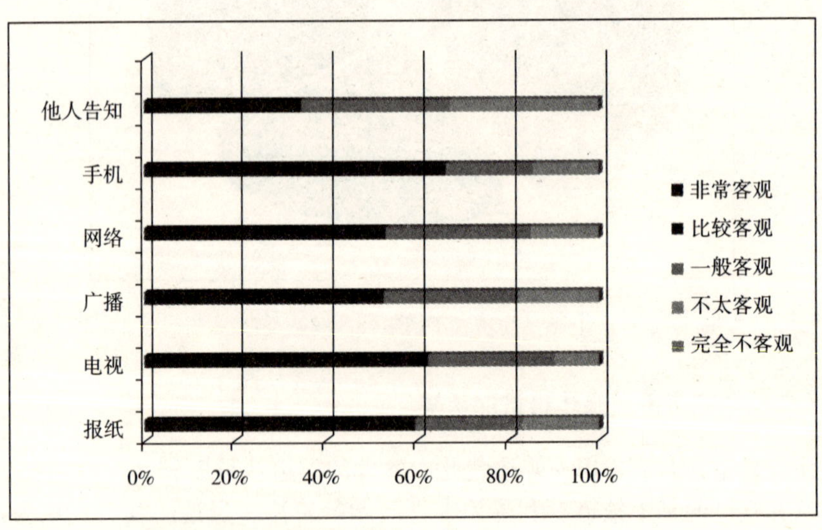

图7　使用不同媒体的受访者对报道客观度的认知

（三）“合肥少女毁容事件”所反映出的社会问题

“合肥少女被毁容”事件被曝光后，短时间内迅速升温，引起了国内外媒体的广泛关注，演变成一起重大的舆论事件。我们就事件背后所反映出的社会问题对合肥市民进行了相关访问，当被问及“您认为这个事件反映了什么样的社会问题?”时，选择“家庭教育”的受访者占35.61%，选择“青少年心理健康”的占34.83%，选择“道德滑坡”的占13.76%，选择“‘官二代’问题”的占12.59%，其他占3.21%（通过记录发现其他主要集中在学校教育和社会教育两个方面）（见图8）。

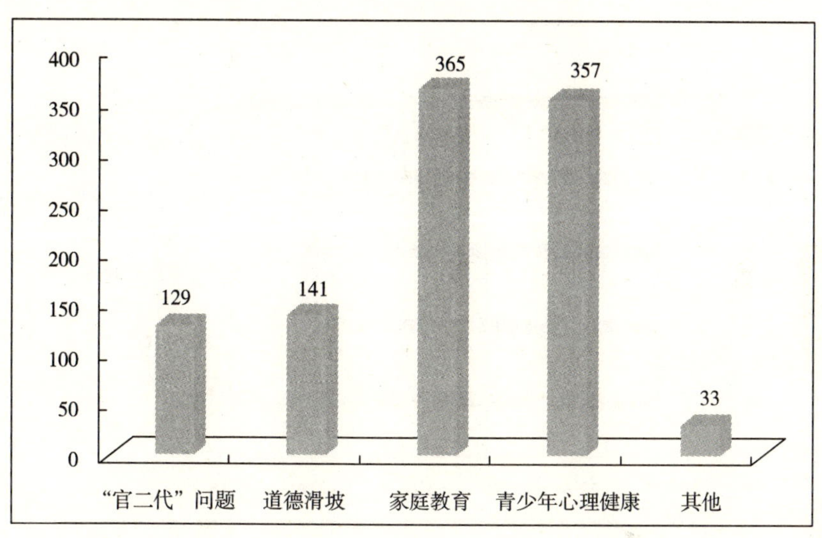

图8 受访者认为这个事件反映的社会问题

由此可见，合肥市民认为这起舆论事件背后所反映的社会问题主要集中在“家庭教育”和“青少年心理健康”两个方面，而伴随事件传播过程中的“官二代”标签并没有成为人们普遍关注的问题。我们将其与受访者的受教育程度做了相关性分析，发现受教育程度越高，将此事件贴上“官二代”标签的可能性就越小；不管受教育程度如何，他们都将目光聚焦在“家庭教育”和“青少年心理健康”两个方面（见图9）。

同时，针对网络上人们的质疑“伤人者陶汝坤的父母是否通过私人关系干涉司法公正”，我们对合肥市民的看法进行了调查，结果发现受访者中认为陶汝坤父母的社会背景对事件“非常影响”的和“比较影响”的占54.69%，超过受访人数一半，认为“一般影响”的占19.29%，认为“不太影响”和“完全没影响”的占26.02%（见图10）。

（四）“合肥少女被毁容”事件对城市形象的影响

“合肥少女毁容事件”被广泛传播，“合肥少女被毁容”的消息频见报端和网络，“合肥”这座城市也陷入舆论的漩涡中。我们就此设计了一道有关合肥城市形象的题目：您认为这次的少女被毁容事件，对于合肥的城市形象有多大负面影响？认为“非常影响”和“比较影响”的占41.39%，认为“一般影响”的占17.04%，认为“不太影响”的占16.10%，认为“完全没影响”的占25.47%（见图11）。

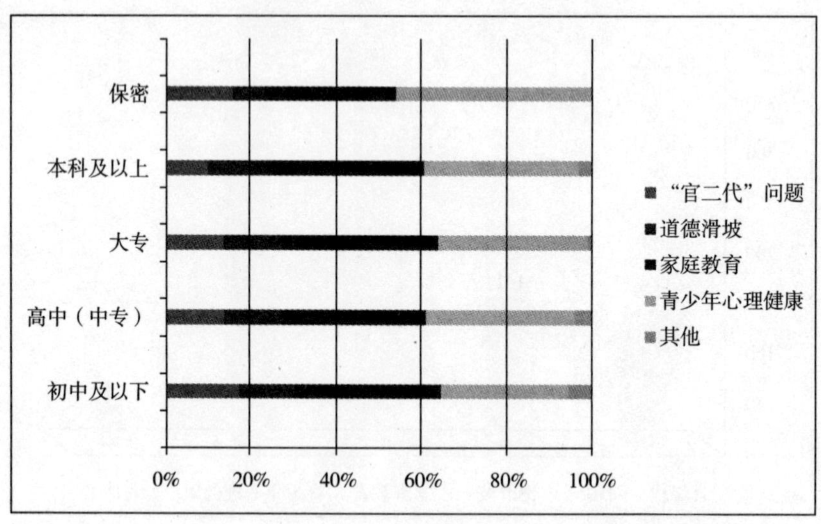

图9 不同受教育程度的受访者对事件所反映的社会问题的认识

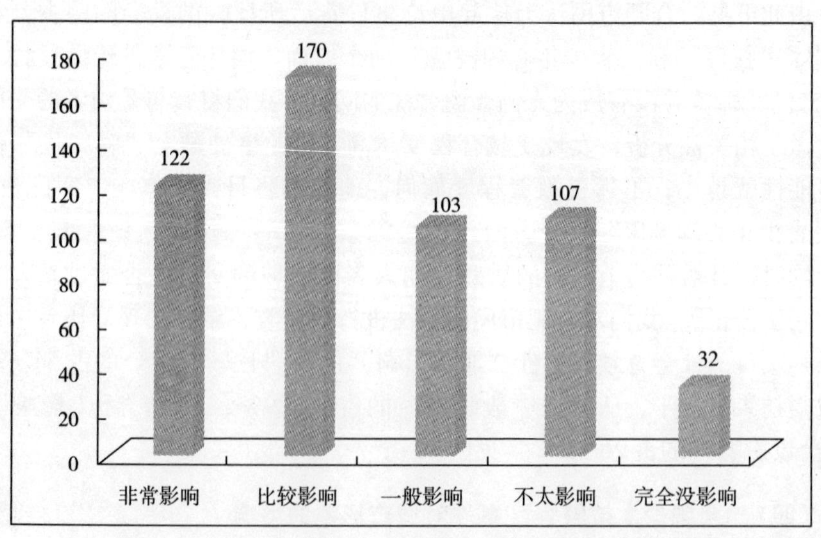

图10 受访者认为陶汝坤父母的社会背景对事件的影响程度

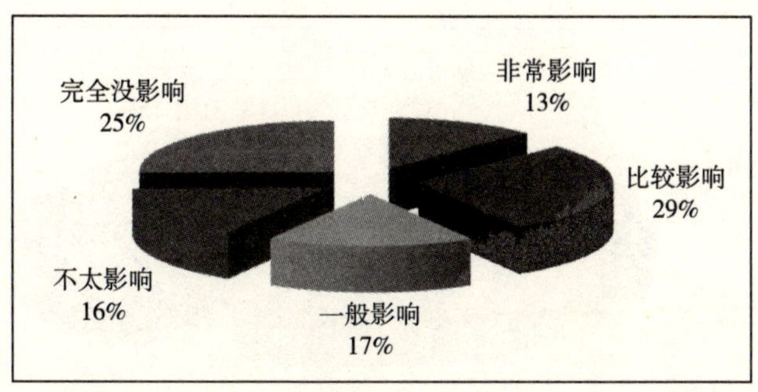

图 11 “合肥少女被毁容”事件对城市形象的影响

由此可见，就“合肥少女毁容事件”对城市形象的影响而言，合肥市民的态度出现了正反比例相当的情况，我们将其与受访者的受教育程度做了相关性分析，发现受教育程度越高，他们认为该事件给城市形象带来负面影响的可能性越小（见图 12）。

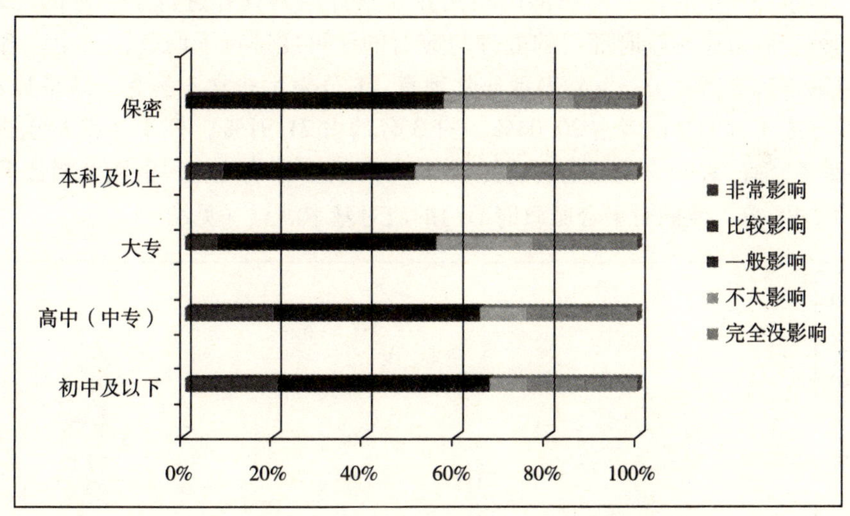

图 12 不同受教育程度受访者对事件的负面影响认知

在认为此事对合肥城市形象造成负面影响的受访者中，表示影响到“市民素质”的占 27.36%，认为影响“政府公信力”的占 15.27%，认为影响“社会风气”的 26.96%，认为影响“城市总体印象”的占 20.72%，认为影响“城市向往度”的占 9.69%（见图 13）。

可见，合肥市民认为此事件对合肥城市造成的负面影响主要集中在市民素质、社会风气和城市总体印象。

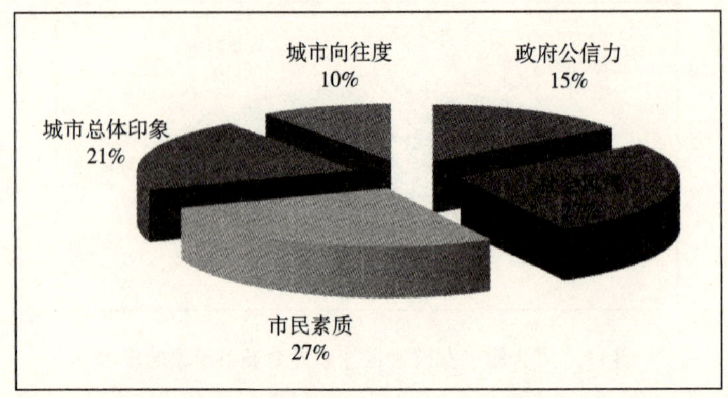

图 13 “合肥少女毁容事件”对城市形象的具体影响

（五）合肥市民对政府应对该事件的满意度调查

该事件发生后，公检法部门很快介入事件的调查并进行了一定的处理，我们就合肥市民对政府部门的处理与应对的认可度进行了调查，请受访者给政府的表现进行打分，5 分表示非常满意，1 分表示非常不满意。结果显示，打 5 分或 4 分的受访者占 20.04%，打 3 分的占 21.91%，打 2 分或 1 分的占 19.29%，有 38.76% 的受访者对此表示“不清楚”。合肥市民的满意指数平均分为 2.98 分，他们对于合肥政府部门的应对基本满意（见图 14）。

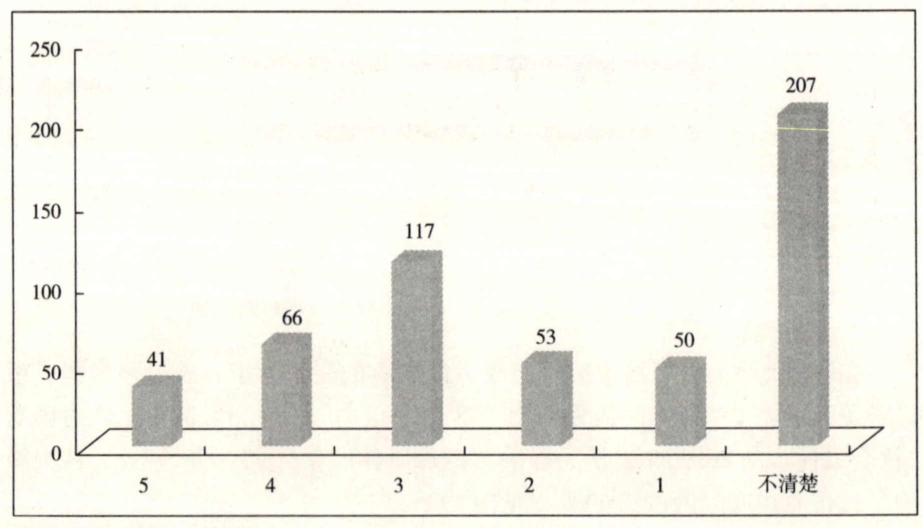

图 14 合肥市民对政府应对事件的满意度

同时，在认为这一事件会影响合肥形象的受访者中，有85%的受访者认为这一事件不会影响到政府的公信力。

三、总结

有关“合肥少女毁容事件”最初的新闻报道，信息来源单一，具有明显主观倾向性，“官二代”标签的传播一方面遮蔽甚至歪曲了事件的真相，另一方面迅速地引发社会舆论，尤其是多以情绪宣泄为主的网络舆情。随着各方媒体围绕事件真相的报道，舆论关注达到顶峰，这一阶段的新闻报道以还原事实真相为主，没有再强调“官二代”这一标签。虽然舆论还是有所偏向，但媒体的呈现与之前相比较为客观。最后，新闻报道主要是关于事件的最新进展，关注案件的结果，舆论的热度也逐渐降低。因此，整个事件的新闻呈现逐渐在往事实真相靠近，远离情绪的宣泄，不过仍在一定程度上倾向于受害者。综合事件的新闻报道呈现，网络舆情的发展以及通过电话访问进行的关于事件的舆情调查来看，不难得出以下结论：

（一）新闻报道标签化引发舆论危机

2009年8月26日，《南方都市报》《新快报》对于“河南固始县公选乡长中多半当选者为官员子弟事件”的集中报道，使“官二代”一词正式出现在传统报纸这一半官方平台上，并演变为一个群体的代名词，成为舆论关注的焦点①。其后随着“我爸是李刚”“李双江之子撞车打人事件”等一系列事件，“官二代”被媒体呈现出的主要是负面形象，从而在公众心目中形成了刻板印象，在这一成见的影响下，只要带有“官二代”标签的事件，公众很容易产生联想。

同样，在对有关“合肥少女毁容事件”的新闻报道进行分析时发现，“官二代”这一失实标签在引发舆论以及推动舆论发展的过程中起着非常重要的作用，尤其是网络舆情。作为一个符号，“官二代”这一标签更多的意指为“官二代”所享受的特权待遇。媒体报道犯罪嫌疑人家长有可能利用特权干涉事件的进展，也恰恰符合了人们对“官二代”的某种想象，甚至在一定程度上将公众情绪与人们对官员腐败等问题的憎恶联系在一起。同时，受害者周

---

① 张潮，黄超．新闻媒体对“官二代”的话语建构——对33家代表性报纸相关报道的内容分析［J］．新闻记者，2013（3）．

岩是一个柔弱的花季少女，媒体报道中将周岩受伤前后照片的对比让人触目惊心，不禁为之惋惜，从而引发的公众同情在无形中加剧了人们对事件传播过程中所谓“官二代”的不满。由此引发的舆论，尤其是网络舆情，呈现出非理性的倾向。甚至可以说，此事件中“官二代”的标签实际上是一种失实报道，而基于此引发的舆论是危险的。

伴随着整个事件发展起来的另一个标签则是“合肥”。随着事件舆论关注度的高涨，“合肥少女毁容事件”这个名称也被大家所熟知。据新浪官方微指数系统的统计，在正常情况下，新闻微博上每天出现“合肥”的次数在5万次左右，事件发生后，有关合肥的关键词陡增到29.5万条，增加到6倍之多。

已有研究证明，“很多特别是经济与政治地位都不够显著的边缘地区就是由于某一重大突发事件的发生，打破了原有的一种心理平衡与宁静，又经过媒介的强化与提升，这种事件逐渐演变为一种社会性的思维惯例。……研究已经显示，这些突发性事件一旦发生，就有可能成为这些地区在媒介中的形象代名词，成为地区形象的认知符号”①。

在电访调查中，受访的合肥市民有近60%认为此事件的传播对合肥城市的形象产生负面影响，主要集中在市民素质、社会风气和城市总体印象。人们之所以认为影响到城市形象，可能与媒体报道中铺天盖地的“合肥少女”“合肥官二代”等标签有关。因此，作为当地媒体，在舆论事件传播的过程中应当客观理性地报道，防止个案被标签化，引发舆论危机。

（二）舆情的演变：从情绪的宣泄到理性的回归

通过调研发现，合肥市民对“合肥少女毁容事件”的总体知悉度较高，他们了解该事件的媒体渠道主要集中在网络和电视媒体，而网络的传播正是其迅速演变成重大舆论事件的重要渠道。“合肥少女毁容事件”从在网络上引起关注之初便被贴上了“官二代”的标签，这一标签刺激着网络上的民粹主义倾向，所以“合肥少女毁容事件”的舆情最初主要是以网络为传播渠道的带有情感宣泄特征的非理性的表达，不过并不能以此阶段的网络舆情来代表整个事件的社会舆情。

在电访中，受访的合肥市民认为这起舆论事件背后所反映的社会问题主要集中在“家庭教育”和“青少年心理健康”两个方面，而伴随事件传播过

① 江根源，季靖．地区媒介形象：传统、权威与刻板印象［J］．新闻与传播研究，2006，(4)．

程中一直被强调的“官二代”标签并没有成为人们普遍关注的问题，这与事件刚被曝光后迅速升温的网络舆情出现了反差，说明人们的认知逐渐回归理性，摆脱了之前一味的情绪宣泄。

有学者认为“网络舆情是社会舆情在互联网空间的映射，是社会舆情的直接反映”①，网络舆情可以代表社会舆情。也有学者对“社会舆情”的概念进一步厘清。“社会舆情”应当是由两个部分构成的：一为现实环境中的舆情；一为网络环境中的舆情②。网络舆情只是社会舆情的组成部分，并不能完全代表整个社会舆情。

从网民的特点来说，根据中国互联网网络信息中心发布的第32次《中国互联网络发展状况统计报告》显示，截止到2013年6月底，我国网民规模达到5.91亿，青少年网民约占54%，高中以下学历约占79.8%，月收入2000元以下约占53.4%。如果对网民群体的整体进行平均估算的话，可以得出中国网民的平均年龄为29.5岁、平均月收入为2906.5元、平均学历为大专学历、以学生为主要人群的结论。这类人群在网络话语表达上呈现如下特点：网民话语表达和社会参与需求强烈、政治上较激进；具有正义感和使命感，观点重于事实本身，主张少论据；言论感性化、情绪化；群体极化效应明显、群体感染性强③。同时，网络的低门槛特性使任何人都可以在网络上发表自己的言论，作为个体的网民、网媒获得了相当的传播权力，但是他们在获得权利的同时却没有尽到应尽的义务④。网络媒介的匿名性、监管不易等特性也使网民能够随意利用自己的传播权力，不负责任地传播一些事实和观点，缺乏理性的思考和对事实真伪的检验。因此，网络上的言论更多时候像是一种情绪的宣泄，不能完全代表社会民意。

从“合肥少女毁容事件”的舆情演变来看，一方面，由于现代社会信息更新的速度极快，随着舆论的不断覆盖，新的舆论事件的出现逐渐转移了人们的视线，使人们对此事件能够冷静地思考；另一方面，随着新闻报道的多元化、去标签化，各方声音的出现，事件真相逐渐被还原，人们开始对事件进行追问，并能够对惨剧的原因进行理性的分析，舆情逐渐回归理性。

---

① 闵大洪．2009年的中国网络媒体与网络传播［J］．http：//www.douban.com/group/topic/9100806.

② 丁柏铨．论网络舆情［J］．新闻记者，2010（3）．

③ 李彪，郑满宁．社交媒体时代的网络舆情——生态变化及舆情研究现状、趋势［J］．新闻记者，2014（1）．

④ 芮必峰，张冰清．新的传播权力呼唤新的社会责任——以“合肥少女毁容案”的网络传播为例［J］．新闻记者，2012（4）．

随着网络发展为人们获取信息的主要渠道，越来越多的事件通过网络渠道演变成重大舆论事件，网络成为舆情的发源地。在舆情发展的最初阶段，主要以网络舆情为代表，网络舆情由于网络传播自身的特征更容易出现非理性的话语表达。作为媒体，带有主观倾向性甚至失实的标签化报道只能引起以及加剧网络舆情的非理性呈现。而媒体对于事件真相的还原，以及对于事件背后所反映的社会问题的理性判断与关注，可以在很大程度上促进社会民意，尤其是网络舆情的理性回归。

从舆论治理到社会治理：政府危机应对的思维转变

——以两地“悬浮照事件”为例

董惠琪*
（安徽大学新闻传播学院）

摘　要：依据自然灾害的三阶段说，本文把危机化分为三个阶段：信息原生灾害阶段、信息次生灾害阶段、信息衍生灾害阶段。在危机传播中，舆论高潮往往发生在信息次生灾害阶段：舆论触发事件和中心事件没有重合，触发事件引发舆论，中心事件把舆论推向高潮。这种舆论客体转移现象是政府、媒介、公众三者动态博弈的结果。本文以两地截然不同政府危机公关结果为例，以“三级模式”理论为框架，分析危机传播中的信息次生灾害现象，探讨政府如何从舆论治理上升到社会治理。

关键词：三级模式；危机传播；信息次生灾害；社会治理

一、引言

近年来，政府危机事件常有发生：厦门PX事件、南京梧桐树事件、青岛输油管道爆炸事件等。现代化的社会目标、全球化的时代浪潮、社会转型的现实需要在转型期的中国相遇，政府遭受着公众舆论前所未有的质疑。吉登斯说：“我们生活在这样一个社会里，风险更多的来自于我们自己，而不是外界。”风险社会的突出特征是一种缺乏：外在危险归因的不可能。也就是说，风险取决于决策①。政府作为社会决策的主要拟定和执行者遭遇着前所未有的危机。

---

* 作者系安徽大学新闻传播学院2013级硕士级研究生。

① 乌尔里希·贝克．风险社会［M］．译林出版社，2004：225.

在具有自由表达空间的互联网上，以自由主义、民粹主义等为代表的多股社会思潮盛行。多元思潮的碰撞增加主流意识形态的混乱，舆论场在各方思潮的冲击下结构趋于不稳定。社会思潮各自引发公众情绪，思潮的碰撞引发民间情绪冲突，情绪冲突进一步导致舆论场内景象异彩纷呈。在复杂的舆论环境中，公众舆论受公众成见和兴趣的影响对于公众事务有主观情绪，而这种公众情绪易触发舆论客体转移。

在复杂的执政环境面前，危机传播作为一种衍生于国外的传播方式在此时被引入中国。媒介、政府、公众是危机传播的三个主体。日本学者伊藤阳一提出了“三级模式”理论，他把大众传播媒介、政府和公众作为影响舆论的最重要的三级①。它们互相作用的结果便是舆论，三者在舆论场里相互博弈，在动态变迁中维持平衡。通过对比两地“悬浮照事件”的差异，试图探讨以下几个问题：政府危机是如何产生又是如何演变的？危机传播中，舆论场内部是一种怎样的动态的博弈过程？在新的舆论格局下，我们该究竟怎样实现舆论治理进而达到社会治理的目的？本文立足两地截然不同的政府危机公关结果与科学的舆论研究来思考舆论演变背后的种种问题，进而探讨政府如何从舆论治理上升到社会治理。

二、危机传播中的两地“悬浮照事件”

关于危机的研究，从20世纪80年代以后开始被学者广泛的关注，“三哩岛核能发电厂核泄漏事件”“强生公司泰勒诺胶囊中毒事件”等，都是危机研究的经典案例。近年来，“危机”出现了跨学科研究现象，学者从不同的学科视角解读危机。立足于公共关系学的学科背景，提出“危机公关”概念；立足于管理需的学科背景，提出“危机管理”概念等。本文关于危机的分析，将立足于传播学的学科背景，从“危机传播”角度出发，探讨政府的社会治理。依据自然灾害的三阶段说，本文将危机传播分为三个阶段：信息原生灾害阶段、信息次生灾害阶段、信息衍生灾害阶段。

“祸兮福之所倚，福兮祸之所伏”，老子早在春秋时期就已经提出了危机的辩证转化关系。作为决策主体的政府在危机事件中的作为可以使危机传播朝两个截然不同的路径发展。下文将结合两个案例，通过对比分析来探究政

① 王晓露，王林．日本“三级模式”信息传播格局探微［J］．南京政治学院学报，2008，24（2）．

府危机传播中此种分野现象。谈起案例选取的标准，主要有以下三点：首先，本文致力于研究政府的危机应对，故案例选取的第一个要求是事件关于政府危机公关；其次，因为本文研究危机治理的两个路径，寄希望于通过对比来呈现两种路径的分野，故案例选取的第二个要求就是两个事例的结果必须截然相反；最后，考虑到本文采用对比分析的方法展开论述，可比性是论述前提，案例选择的第三个要求就是案例的主体事件具有一定的相似性。综合上述三个条件，"会理悬浮照"事件和"宁国悬浮照"事件成为本文的研究对象，前者是政府成功危机公关的代表案例，结果转危为机；而后者却让政府深陷信息次生灾害的困境，使危机事件进一步恶化。

（一）两地"悬浮照事件"案例呈现

1. "会理悬浮照"：转危为机的政府公关

此次舆论危机发端于一则爆料帖，该网帖一经发布便迅速在网络上疯传，经过会理县政府的危机应对，舆情得到控制，且发生了转向，纵观此次事件的全过程，一共可以分为三个阶段。

（1）舆情危机爆发：悬浮照曝光　政府草草回应

2011 年 6 月 26 日 20：56，网友"jiaoao592"在天涯社区发布一则名为"太假了，我县的宣传图片"的爆料帖，在网络上疯传。该帖爆料会理县官网《会理县高标准建设通乡路》的新闻配图经由 PS 技术处理：三位视察领导悬浮在通乡公路上，"悬浮照"网络危机发酵[①]。网友纷纷跟帖、转载，并将会理县领导 PS 到各国参加活动，县政府官网当晚因访问量过大而瘫痪。网络舆情危机自此爆发，会理悬浮照事件由网友爆料引发。

（2）舆情危机平息：坦诚道歉　微博互动

6 月 27 日 17：00 左右，会理县在其官网上挂出了《向网络媒体、各位网友致歉信》，紧接着天涯论坛上也跟着出现一份《致歉帖》，并附有照片的原图和经过 PS 后的图片[②]。同时县政府在刚开通的官方微博上，连发 3 条道歉并附上原照片。PS 照片的合成者孙正东也开通微博，真诚致歉、大方自嘲，并用幽默诙谐的话语表达方式与网友进行了互动，这一举动赢得网友称赞，指责声、谩骂声渐渐平息，"悬浮照"危机得到有效控制。

---

① 太假了，我县的宣传图片［EB］. http：//bbs. tianya. cn/post - free - 2197111 - 1. shtml，2011. 6. 26.

② 会理县政府公开道歉信！［EB］. http：//bbs. tianya. cn/post - free - 2197891 - 1. shtml，2011. 6. 27.

（3）舆情危机逆转：城市营销顺势推出

6月28日，“悬浮照”危机得到基本控制，一场漂亮的城市营销正在拉开帷幕。首先，“会理孙正东”在微博上开始了营销公关，其轻松幽默的语言得到网友支持，舆论顿时逆转。接着，会理县政府网站和“四川省会理县政府”官方微博于6月29日顺势展开了轰轰烈烈的城市营销攻略，以图文并茂的方式大事推介旅游资源，舆论呈现一边倒的褒扬之声。由此，这场政府信誉危机成功逆转，华丽转身为城市营销。

2. “宁国悬浮照”：引发“信息次生灾害”的政府公关

2013年10月29日，网友微博爆料宁国市民政局网站上新闻配图有明显的PS痕迹。随即，本地和全国大媒体当晚全部引用爆料内容，经过一系列演变，该事件成为全国热点事件。纵观全过程，我们发现事件的爆发是一场有诱因有目的的揭露，从中我们可以探寻到类似“自然灾害链”的舆论发展轨迹。

（1）作为舆论序幕的“原生灾害”：一场被叫停的募捐

宁国市政府因悬浮照事件备受争议，但这件事背后的起因却是一场被叫停的募捐。事发前几日，宁国论坛的网民自发准备为当地的三名尿毒症患者举行线下募捐，并在论坛上发布了公告。10月27日，一名网友发表了一篇题为“看到大量找宁国论坛申请募捐的患者，质疑相关慈善部门不作为”的网帖，此帖在该论坛上引发热议①。10月28日上午，民政局邀约了募捐的发起人“爱如潮水”进行座谈，当天下午该发起人宣布取消募捐，公众纷纷指责政府“叫停”民间救助的行为。

（2）位于舆论中心的“次生灾害”：领导视察悬浮照的曝光

10月29日18：26，认证资料为“黄山市故园徽州文化促进会理事”的微博网友“山系人文”发微博并配图，声称宁国市民政局网站上关于该局局长俞安林等人慰问百岁老人的新闻配图是经由PS技术合成②。该照片中领导伟岸位于中间，而百岁老人被PS蜷缩在右下角。“政府官民”“PS照”等都是网友关注的敏感词，此事件比“宁国叫停网友为重病患者募捐的”的原始新闻更有爆点，该信息迅速在微博中扩散，本地和全国大媒体当晚就引用爆料内容，事件初步成为热点。次日上午，由区域性事件上升为全国性事件，#领导视察悬浮照#的话题讨论排在热门话题榜首位。

---

① 安徽宁国：“悬浮照”背后的“捐款门”始末［EB］. http：//news. xinhuanet. com/politics/2013-11/08/c_ 118066419. htm，2013. 11. 8.

② http：//weibo. com/1734719740/AghvWr1jV［EB］. 来自微博，2013. 10. 29.

（3）作为后续的“衍生灾害”：官方回应并未得到网友认同

29 日晚，宁国市民政局网站因访问量过大而一度瘫痪。30 日 11：00 左右，宁国市委、市政府在宁国市政府门户网站上发表《关于“宁国市慰问百岁老人照片疑似 PS”网帖有关情况的说明》，对照片进行了说明，并向广大民众道歉。31 日，中央电视台新闻频道《24 小时》节目，对悬浮照事件进行了报道，新闻中宁国市政府办公室主任汤红剑回应了此事，舆论自此渐渐冷却。11 月 7 日对此事负有直接责任的宁国市民政局老龄办主任徐某被免职。

以上呈现了两地悬浮照事件的发展过程，案例呈现遵循舆论“爆发—高潮—平息”三阶段模式。事件发展过程中两地政府的行为差异导致了不同危机公关结果，这些差异包括媒介使用逻辑、危机处理时间以及危机语艺使用等。

（二）两地政府危机公关差异分析

两地危机公关差异取决于政府危机应对的过程中采用何种策略。“会理悬浮照”发生于 2011 年，“宁国悬浮照”发生于 2013 年，前进的时间节点对应更高的时代要求。随着时间的推移，政府风险认知能力提高、风险应对方式更加成熟，相应的，政府对危机事件的应对理应更加全面和有效，但是近年来政府的悬浮照危机不断，而且处理的方式更不及 2011 的会理县政府有效，这背后的原因值得一探。

学者吴宜蓁认为危机公关指公共关系的研究，重点在于观察组织的危机沟通策略以及这些沟通策略对于危机处理的成效，并且在危机管理的情境中，检视公关部门的自主性、专业性与决策权力等问题[①]。从定义我们不难发现，危机公关的精髓在于沟通。沟通时间、沟通方式、沟通语言差异将导致不同的危机公关结果。面对危机刺激，是第一时间回应还是迟缓应对；在媒介使用上，是主动掌握传播话语权还是在沉默中让渡话语权；在交涉过程中，是使用官方话语表达还是平民话语表达，这些都将影响政府危机公关成效。

1. 沟通时间差异：20 小时和 16 小时

传统观点认为，官方处置突发事件有“黄金 24 小时”之说，即在事发 24 小时内发布权威消息主导舆论是平息事件的关键。然而在新媒体的冲击下，传统的“黄金 24 小时”法则逐渐不能使用。基于多年对网络舆情的分析以及对当下媒体环境的判断，人民网舆情监测室基于新媒体环境提出危机公关

① 吴宜蓁．危机传播——公共关系与语艺观点理论于实证［M］．苏州大学出版社，2005：10.

“黄金4小时”法则。

“会理悬浮照”事件于6月26日20：56正式发酵，即网友“jiaoao592”在天涯论坛发帖，会理县政府第一次回应时间是次日17：00左右，即县政府官网挂出致歉信，总共间隔约20小时；“宁国悬浮照”事件爆发于10月29日18：26即网友“山系人文”微博爆料，宁国市政府第一次回应时间是次日中午11：00左右，即在宁国市政府官方网站发布照片说明，总共约16小时间隔。从回应时间的角度而言，两者虽没有在新媒体时代要求的4小时内回应，但都在24小时内进行了回复，且间隔时间相近。但是如果参考两件事的发生时间节点，其中的差别将清楚显现。新媒体时代的到来带动现代社会裂变式发展，社会信息的更新换代速度极快，相应的社会主体所需社会技能也应以同等速度增长。虽然宁国市政府的回应时间较会理县政府缩短了4个小时，但结合滞后的两年时间差，其回应速度同比落后于会理县政府。大数据时代的16小时时间差使得宁国市政府被新媒体时代排斥，期间舆情危机不断升级、扩散。

2. 沟通方式差异：微博和电视报道

在新媒体观念已经深入人心的当下，面对多元化的媒体，政府应对要区分不同媒介的运行规律，遵循各自媒介逻辑。媒介逻辑是指在复杂的社会网络构成和运行中，媒介如同政治、经济、文化一样，是一股社会力量，影响着整个社会系统。从特殊性角度而言，不同的媒介有不同的逻辑，当媒介使用逻辑和媒介规律相一致的时候，危机才能有效被解除，正确地把握媒介逻辑在新媒体时代显得尤为关键。

对比两例案件中的媒介逻辑，会理县政府的应对战场主要在新媒体平台，除首先在县政府官方网站发布道歉信以外，还在天涯论坛发布道歉帖，并且通过微博与网友进行良性互动。正是在微博平台的有效互动，使得此次的舆情危机转危为机。会理县政府的微博使用充分考虑了微博的特性，遵循其交互性、草根性、快速传播等规律。宁国市政府回应的重点在传统媒体，电视新闻由于其播出时段和播出平台的限制，不能与网友质疑同步。虽然宁国市政府也采用了微博互动的方式，其媒介逻辑仍然滞留在传统媒体阶段，用传统媒介管制方式应用微博舆情，适得其反。

3. 沟通语言差异：民间话语和官方话语

印象管理，是一门源自社会心理学的理论，是指个体在他人面前的形象维护，虽起源于人际传播，但同样适用于组织。当组织面对危机时，通常采取道歉、解释、辩护等手段来重构形象。采取何种言说政策直接关系到组织的形象塑造，组织决策者应积极运用各种符号资源，也就是“危机言说”，来解决危机和挽救组织形象。

从“道歉”而言，会理县政府次日在官网和天涯论坛挂出《向网络媒体、各位网友致歉信》《道歉帖》；宁国市政府在次日于官网发表《关于“宁国市慰问百岁老人照片疑似 PS”网帖有关情况的说明》。两地政府都以发布公告的形式回应危机，方式传统，语言正式，态度较为诚恳。

从“解释”而言，两地政府都承认了新闻照片经由 PS 处理，会理称视察是真，照片是假，并解释“照片有光照、角度、背景杂乱等效果不佳的问题，故在使用时对该张照片做了拼接、修改，造成照片失真”[①]；宁国表示慰问 100 岁老人情况属实、“第 2 张照片为 PS 合成的情况属实”、“考虑到画面的完整性就简单把从 2 个角度拍的画面进行了合并后上传”[②]。两地政府对 PS 照片的由来进行了解释，但是解释并未完全得到公众谅解。

从“辩护”而言，重点在于后续的沟通，会理县和宁国市在此次危机言说中的差别也体现于此，正是此处语言运用的不同导致了两个完全不一样的结果。宁国市的后续对应方式生硬、重复，仍秉持官方立场。虽然注册并发布微博，但仍是援引了情况说明中的内容：“市委、市政府高度重视，迅速反应”“我们将结合‘三进三解三推动’活动，举一反三，深刻反思，加强整改，切实改进干部工作作风”[③]。而会理县则在后续沟通中放低姿态，采用幽默诙谐的网络语言：“本人将闭门苦练 PS 技术”“感谢网友让领导免费‘周游世界’”“请网友‘参观’两千多年历史文化、古南方丝绸重镇的会理古城”“看看镜头下美丽的会理吧，绝对没有 PS 哦”[④]。这种幽默诙谐的言说获得了网友的好感，网络舆论峰回路转，从对会理县一边倒的批判转变到赞美，会理县城市营销成功展开。

关于两地悬浮照事件危机情境建构差异分析，除进行点对点的对比之外，更要从纵向上来把握两地危机事件出现的内在逻辑。2011 年会理悬浮照事件引发网络热议，为政府新闻工作敲响了警钟。但随后，悬浮照丑闻仍然不断出现，直至 2013 年宁国悬浮照丑闻再一次把政府推向舆论中心。另一个反常现象是，两年前发生的会理县危机公关为人称道，但两年后的宁国市危机公

① 会理县政府公开道歉信！ [EB]. http://bbs.tianya.cn/post-free-2197891-1.shtml, 2011.6.27.

② 关于“宁国市慰问百岁老人照片疑似 PS”网贴有关情况的说明 [EB]. http://www.ningguo.gov.cn/article.asp? articleid=5466, 2013.10.29.

③ 关于“宁国市慰问百岁老人照片疑似 PS”网贴有关情况的说明 [EB]. http://www.ningguo.gov.cn/article.asp? articleid=5466, 2013.10.29.

④ 万国邦. 从会理悬浮照事件谈网络公关危机处理的程序 [J]. 前沿, 2012 (16): 105-106.

关能力非但没有提高，甚至还落后于两年前的会理县。政府的应对技能没有和瞬间万变的社会现实同步。

三、博弈中的舆论客体转移

政府、媒介、公众作为危机传播的三个主体，相互作用组成舆论场。三者在舆论场里动态博弈以维持平衡。一般认为政府是信息的优势方和政策的制定者，政府部门是拥有行动权的一方，而媒体和公众则在政府行动后面，根据政策环境和社会环境选择自身的最优策略。而新传播技术革命的到来，打破了这样的平衡关系，公众和媒介不再处于绝对的被动状态，政府也不再处于绝对的主动状态。“宁国悬浮照”事件中信息次生灾害的出现是政府在舆论场里丧失主动权的一种表现。信息次生灾害即舆论客体转移，是舆论场失衡的结果，场内某一方力量的偏重，将导致舆论场朝某一个方向偏移。在突发事件的传播过程中，我们常常会看到一种“奇怪”的现象：舆论的触发事件和中心事件往往没有重合，触发事件引发舆论，中心事件把舆论推向高潮。这种类似于自然灾害之次生灾害的信息次生灾害，在舆论的发展过程中呈现出一种动态的跳跃模式，舆论不断在事件的进程中转移、聚合。

（一）关于信息次生灾害的概念界定

信息次生灾害一词来源于自然界次生灾害现象，次生灾害是自然灾害链的重要一环。许多自然灾害，特别是等级高、强度大的自然灾害发生以后，常常诱发出一连串的其他灾害，这种现象叫灾害链。灾害链中最早发生的起作用的灾害称为原生灾害；而由原生灾害所诱导出来的灾害则称为次生灾害。自然灾害发生之后，破坏了人类生存的和谐条件，由此还可以导生出一系列其他灾害，这些灾害泛称为衍生灾害①。

学界关于信息次生灾害一词，并没有统一和被普遍承认的定义，对信息次生灾害也没有进行大量的论证。从为数不多的文献中，找到了一些和信息次生灾害意思相近的词，比如：次生丑闻、次生舆情。

曹林在《“次生丑闻”暴露舆论监督的局限》一文中将“次生丑闻”归纳如下：当下热点事件中有一种舆论现象值得关注，就是一个地方曝出某个

① 综合国土资源部官网资料．什么是次生灾害［EB］．中华人民共和国国土资源部官网，2010. 06. 02，网址：http：//www. mlr. gov. cn/wskt/wskt_ bdqkt/201006/t20100602_ 150816. htm.

大丑闻后，这个地方常会连续性地曝出多起丑闻，可以称之为“次生丑闻”①。

陈锐在《湘潭再现“神男”干部提拔程序成舆论焦点》一文中提到了“次生舆情”一词：热点舆情事件的后续议题和类似议题容易引起媒体和网民的关注，常常会引发一波又一波的次生舆情，因此应对和处置要更加谨慎②。

丁柏铨在《新媒体语境中重大公共危机事件舆论触发研究》一文中也有类似的相关描述：有些公共危机事件在初始阶段并不一定就涉及公共和堪称重大，而是在某一时间节点上发生急遽变化并演变为重大公共危机事件的。在此过程中，初始事件作为导火索引爆了新媒体语境中的舆论，新媒体语境中的舆论又作为催化剂使事件影响的严重程度因此而加剧③。

本文关于信息次生灾害的定义，将采用王炎龙在《重大突发事件信息次生灾害的生成及治理》一文中的描述：是指在重大突发事件发展过程中，由于信息传播的结构性原因，导致公众非理性舆论大量滋生，进而产生的群极化言论、情绪、态度及行为。这些次生性表征，其本身是灾害，而且是对原生灾害的深化和复杂化④。

（二）公众、媒介与政府的博弈

信息次生灾害的出现，是公众和媒体在舆论场的强势地位以及政府的弱势地位导致。公众与政府的博弈，抗争性显著；媒介与政府的博弈更加突显媒体转型；公众与媒体的博弈强调两者的依附关系。在三者的动态博弈中，公众和媒体巧妙占据强势地位，政府在博弈过程中逐步丧失主动权，导致这种转化的原因为何，下文将从三方博弈来展开论述。

1. 公众与政府的博弈：抗争

处于社会转型期的中国矛盾重重，新媒体的发展带动了网络多元思潮的碰撞，其中一股具有代表性的思潮便是民粹主义，其本质上就是仇官仇富仇权威、提倡绝对平均主义。近年来有关城管小贩矛盾、医患矛盾、官民矛盾

---

① 曹林．“次生丑闻”暴露舆论监督的局限［N］．中国青年报，2013-7-20.

② 综合法制网新闻．湘潭再现“神男”干部提拔程序成舆论焦点［N］．2013 舆情监测中心，法制网首页，2013.04.23，网址：http：//opinion. legaldaily. com. cn/content/2013 - 04/23/content _ 4395587. htm？ node=42597.

③ 丁柏铨．新媒体语境中重大公共危机事件舆论触发研究［J］．新闻大学，2012（4）：109-117.

④ 王炎龙．重大突发事件信息次生灾害的生成及治理［J］．四川大学学报（治学社会科学版），2010（6）：92-96.

的网络事件屡见不鲜，舆论监督呈现了越来越多非理性的一面，“喊打喊杀”现象普遍，公众舆论的主观性随着网民情绪对公众舆论影响愈加深重而更加突出。自媒体的普及为公众情绪的表达找到了出口，这种突然而至的麦克风放大了公众诉求，公众的动员和抗争达到了前所未有的高度。

（1）作为动员先锋的个体公众

在日常生活中，个体切身经历着各种情绪，如喜悦、愤怒、悲哀、恐惧、苦恼、烦闷、赞叹等。情绪联动着行为，公众情绪的表达直接促成了个体公众的动员和抗争。在这些公众中，存在着一种类似于“意见领袖”的网络人物，这些作为抗争先锋的个体公众相比较普通公众更有公民意识，更具媒介素养，在面对政府失当行为的时候，更敢于动员和反抗。人人都有麦克风，当个人意见通过麦克风传入传播信息流，它所能造成的影响非政府强行控制可以消弭。新传播革命赋权，公众利用新媒体可以达到一呼百应的效应。政府在与个体公众的对抗中，不再完全处于优势地位。

“宁国悬浮照”事件中，就有这样一位关键人物，他的情绪表达直接促成政府信息次生灾害。该事件的动员先锋：“山系人文”。在被叫停的民间捐款事情曝光后，“山系人文”带着一种“报复”的心态，有目的地去宁国市政府网站上找错，随后发现了这张图片，并刻意在微博上曝光，引发网友围观。从“山系人文”的一系列行动中理出一条情绪逻辑：首先，以一种“围观心态”在网络上注意到了宁国市政府叫停民间捐款一事；接着，出于对此事的“不满”，企图进行报复性的舆论监督，并带着“好奇心”在宁国市政府网站上找错；错误被发现之后，产生舆论监督“快感”促使其在微博上曝光悬浮照；最后，广大网民的集体“围观心态”把这件事推向了高潮。

（2）非理性的集体抗争

公众是一群有着共同心理特质的心理群体，该群体易处在无意识的状态，由于个人的理智与个性被严重削弱极易被外界刺激和牵引，愤怒、焦虑、恐惧等情绪交叠出现，呈现出非理性的特点。法国心理学家勒庞清晰地表述这种群体状态的心理：“心理群体是一个由异质成分组成的暂时现象，当他们结合在一起时，就像因为结合成一种新的存在而构成一个生命体的细胞一样，会表现出一些特点，它们与单个细胞所具有的特点大不相同”[①]。在鱼龙混杂的网络上，群体的非理性导致语言暴力充斥网络，网友对某人或某事的语言辱骂或攻击用词露骨、低俗。

① 古斯塔夫·勒庞．乌合之众：大众心理研究［M］．新世纪出版社，2011.

网络语言暴力在实际中表现为暴力词汇的过度使用、肆无忌惮地散布谣言、人肉搜索的恶意滥用等，这些行为对当事人和事件本身都产生了恶劣的影响，误导了公众对事件和人物的判断。在两地悬浮照事件的评论中充斥着大量对政府的谩骂，语言极尽恶劣：①使用脏话，如“弄死它”“垃圾”“狗屎”，等等；②网友的辱骂并不仅仅针对两地政府，辱骂针对整个政府；③猜测产生谣言，在评论中“贪官”的出现频率非常高，事件本身并没有任何证据表明照片中的官员有贪污腐败行为，这属于网友的猜测，易产生谣言。网络暴力语言虽然不利于网络健康环境的营造，但在舆论场博弈中能收到直接有效的效果。

政府在面对个体公众动员和集体公众抗争的时候，容易陷入失语状态。沉默的政府在舆论场博弈中让渡了话语权，公众通过个体动员和集体抗争两个手段在舆论场的变迁中逐步掌握了主动。类似于“意见领袖”的网络人物，在舆论客体转变中起带头作用，随后紧跟蜂拥而至的网友，他们的群体情绪最终引发了整个舆论场的变化。成文和陈旧的制度对新媒体时代公众的非理性诉求不能产生直接有效的作用，政府在公众的动员和抗争过程中逐步陷入被动局面。宁国市政府面对公众诉求依旧维持官方姿态，不能契合公众心理；而会理县政府在非理性的公众情绪面前放低姿态，最终成功消弭了信息次生灾害。新媒体时代，面对公众的非理性诉求，传统的执政方式和执政理念已经不能有效缓解冲突。政府亦需要随着时代的变化不停更新自身的社会技能、执政理念以及危机公关策略。在这样的局面下，舆论场已经发生了变化，公众由原先的弱势已经上升到了强势，而政府则由强势下降到弱势，舆论场朝着公众一方偏移。

2. 媒介与政府的博弈：转型

改革开放以来，我国媒体逐步向市场化转型，获取了一定的独立空间，但政治控制依旧存在。国家通过传媒资产的国有化、新闻审查制度等保持了政府对媒体的控制。同时各级党政机关报的存在使得媒体无法对当地政府进行有效监督，各级党政机关报的新闻工作严格执行着各级政府的要求，长期如此大大降低了政府在危机处理时的新闻工作能力。在这样的局面下，媒体的危机报道寻求转型。政府认知社会风险是一个逐步深入的过程，同样政府面对媒体危机报道转型也需要经历从认知到适应再到利用的过程。尤其是基层政府，由于视野的局限性，对变化的认知存在一个较长的时间差，而正是在这个时间差里社会矛盾滋生。

现实情况表明除党报党刊以外的媒体在进行危机报道时并非完全以维护政府形象为宗旨，受经济效益和新闻专业主义两方面因素的影响，媒体往往会通过各方政策来突破政府的信息封锁。近年来，在新传播技术革命的带动下，媒体的危机报道逐渐发生转向。首先，危机报道观念由“泛政治化”向及时公开透明转变。过去强调以正面报道为主，统一口径的做法忽略了新闻报道的规律，不能体现新闻的时效性。自 2003 年的非典事件以来媒体危机报道中更加强调公开透明，尊重新闻报道的客观规律。其次，政策的变化和相关法律的颁布是制度保障。《中华人民共和国政府信息公开条例》《中华人民共和国突发事件应对法》等配套法律法规的出台保证了公民的知情权，进一步推动信息公开。最后，网络和新媒体的蓬勃发展成为信息传播的重要渠道。互联网环境下，传统媒体、新媒体都能通过网络发声，使得网络信息封锁困难、信息传播速度加剧。

在会理和宁国悬浮照事件中，面对政府的行为失当，官方主流媒体并非通过失声以掩盖政府丑闻，而是公开报道事件始末。《人民日报》率先针对会理悬浮照事件，发表评论文章《“悬浮照”折射飘浮作风》对会理县政府的漂浮作风进行批判。在宁国悬浮照事件中，官方主流媒体中央电视台新闻频道《24 小时》节目对宁国悬浮照事件进行报道，并对屡次出现的悬浮照事件进行批判。官方主流媒体的发声意味着媒体危机报道的转变，逐渐摒弃“泛政治化”的作风走向公开透明。这样的走向是媒体在舆论场里博弈的结果，媒体的经济效益和专业主义占上风。

非官方媒体的报道主要集中在微博，不少媒体官方微博（包括新媒体和传统媒体）以及数以万计的个人微博对两起悬浮照事件都进行了评论和转发。为了展现民间媒体对两起悬浮照事件的关注程度，本文分别选取了各自事件中最有影响力的微博，对它们的转发和评论的数量进行了统计。“四川省会理县政府”于 2011 年 6 月 27 日连发三条微博解释说明，截止至 2014 年 4 月 13 日，总计 17945 次转发、10444 次评论。“山系人文”发布于 2013 年 10 月 29 日的曝光微博，截止至 2014 年 4 月 13 日，总计 28338 次转发、10995 次评论。新媒体的信息属裂变式传播，网络已然成为一个非常重要的舆论平台，非官方媒体利用其受限小、互动性强等特点突破政府控制，危机报道更加自由和多元。

会理县和宁国市均被动回应《人民日报》和中央电视台等官方媒体的报道和批判，两地政府没有利用官方媒体的官方性质主动为自己做积极公关。同时官方媒体危机报道的“泛政治化”转型，对两地政府来言都是出其不意的打击。而会理县和宁国市悬浮照危机公关结果的差异很重要的原因来自其与非官方媒体尤其是微博的沟通差别。上述两个案例，会理悬浮照事件最有影响力的微博来自于会理县政府，而宁国悬浮照事件最有影响力的微博来源于公众对事件的爆料。会理县适应了新媒体危机报道转向，而宁国市则游离在新媒体环境之外。

从两地悬浮照事件我们可以看出，基层政府不仅没有适应官方媒体的危机报道转型，更没有能力应对新媒体的危机报道转向，他们还在“时间差”里徘徊，政府的转型滞后于媒体的转型。面对官方媒体的失措是政府长期以来新闻管制思维的结果，面对非官方媒体尤其是新媒体的失语是危机应对能力缺乏的结果。面对媒体危机报道转型，基层政府首先缺乏高瞻远瞩的预见能力，固守已有的权力版图；其次，缺乏与时俱进精神，新媒体接受能力滞后；最后，意识形态领域缺乏市场思维，强权政治思维指导新闻工作。

3. 公众和媒体的博弈：依附

媒体是信息发出者，公众是受众。受众除了是信息的接收者之外，也可以是信息的传播者。媒介是政府和公众之间联系的桥梁，但是这座桥梁并不是永恒位于政府和公众的正中间。出于经济利益和专业主义等因素的影响，媒介会随外部情况而变化自己的位置。新传播技术革命赋权公众，媒体受新传播技术的革命的影响着力点开始往公众一方面偏移，两者的依附关系越来越紧密。一方面，媒体拥有议程设置的功能，媒介为受众建构起“媒介环境”，公众在“媒介环境”的影响下形成对社会的认知；另一方面，微博等自媒体流行带来公民新闻的大量出现，手握麦克风的公众，更是成为媒体的一部分。

微博在新媒体时代的危机传播中，成为公众向政府寻求互动的主要介质。微博与危机传播又有着天然的“默契”。究其原因，有以下两点：其一，微博发布的客户端门槛降低，使用移动化。个人只要拥有可以上网的手机就可以随时随地发布新闻。其二，微博 140 个字消息功能加之长微博技术，微博具有承载危机报道的发布空间。微博的信息发布可以同步危机事件的发生、发展。微博赋予每一个受众传递和发布信息的权力，每个个体受众都形成一个自媒体平台。宁国悬浮照事件中，“山系人文”的个人微博在整个事件的发展过程中的传播影响力不亚于任何一家媒体，一夜之内使 PS 丑闻成为全国热点事件。会理事件中，“会理孙正东”在政府危机公关中担任的功能也等同于一个媒体，该微博账号的有效沟通使该丑闻转危为安。通过微博我们可以看到媒体和受众之间的关系越发紧密，面对突发事件媒体和受众有一种抱团的趋势。受众主动靠拢媒体，媒体由于经济利益的趋势和吸引关注眼球的动机也会拉拢受众。两者过分紧密的关系，不利于政府在突发事件中的危机应对。

媒体对公众的过分靠拢会造成公众恐慌和谣言的传播。流言是一种信源不明、无法得到确认的消息或言论，它通常发生在社会环境具有较高的不确定性而正规的传播渠道（如大众传媒等）不畅通或功能减弱的时期。它有两个特点：第一，流言通常围绕人们比较关心的问题、涉及切身利益的重要问题发生；第二，来自正式渠道的有证据的信息不足、状况的暧昧性增加，会推动人们通过流言渠道寻求信息①。在两地悬浮照事件的传播中也伴随了流言，如怀疑县长没有去现场视察、拿官员的"大肚子"说事、贪污腐败猜测等，甚至把照片中出现的官员 PS 到形形色色的背景中。媒体由于经济利益的驱动往往会依附受众的兴趣，媒体的沉默会造成谣言的滋生，媒体对谣言的传播更是会造成不实新闻的数量急剧上升，公众普遍恐慌进而引发不理性情绪。在政府突发公共危机面前，公众和媒体的依附关系结合成为一股抵抗政府的力量，这种力量是舆论监督的手段，也是社会舆论非理性的始作俑者。

在政府、公众、媒介三者的博弈中，舆论场里各方力量的关系发生着改变：公众敢于主动与政府权威抗争；政府危机应对滞后于媒体危机报道转型；媒体与公众抱团倾向明显。媒介和公众力量的崛起导致危机传播过程中舆论场内发生了舆论客体转移即信息次生灾害出现。所以政府突发危机事件中信息次生灾害的出现，是三方力量博弈的结果。

四、总结：从管理到治理

一直以来，舆论管理采取自上而下、单性的管理思维。互联网时代下，微话语、自媒体的活跃使这样的管控模式已经不适于管理新型的舆论样态。新时代下，舆论管理向舆论治理转变、社会管理向社会治理转变反映的就是我们的新思维、新思路。传播赋权下的自媒体用户传播权力大增，他们的舆论表达应纳入舆论治理范围，但传统自上而下的管理不适宜，因此在当前的舆论格局中，政府转变立场，遵循舆论管理向舆论治理转变，舆论治理向社会治理转变。

第一，政府治理要注重渗透人文关怀。政府在十八大报告中指出，坚持以人为本、执政为民，始终保持党同人民群众的血肉联系。以人为本是科学发展观的核心，也是政府工作的基本要求。然后，政府在实际工作中由于受经济利益的驱使往往背离人文关怀，这不仅与政府执政理念不符，也和中国自古以来"仁政"的观念相去甚远。民粹主义之所以盛行于当下中国，官民矛盾之所以如此显著，与人文关怀的缺失有很大关系。近年来中国政府的强

① 郭庆光．传播学教程［M］．北京：中国人民大学出版社，1999：78.

行征地、暴力拆迁、工业污染等负面新闻不断出现，政府形象严重受损，官民矛盾不断激化。而探究这一切背后的根源就是“人”在“社会”中失衡。风险社会带来工业繁荣的同时，也带来了工业后遗症，其一就有对“人”的漠视。在反思工业的潮流中，我们回归社会本位，政府也应回归以人为本、执政为民的基本点。“人文关怀”不同于宏观的经济政策和政治政策，它更注重细节。政府尤其是作为与普通百姓直接接触的基层政府更要在小事中处处体现和贯彻“人文精神”。

第二，新闻生产要注重媒介逻辑。新闻生产属于多权益博弈的场域，政治逻辑、商业逻辑影响媒介逻辑。媒介在新闻生产的过程中要注意保持自身的独立性，既不能被政府权威控制，也不能唯经济利益马首是瞻。媒体在报道中要遵循真实性和客观性原则。在真实性方面，媒体应该做到以下几点：在网络管制环境中利用自身特性敢于发声；提供自由讨论的平台，多元意见有利于去伪存真；报道抢占真实先机，使事实按照沉默的螺旋理论传播扩散。新闻的客观性既是新闻专业主义的要求也是媒体职业道德的要求，媒体报道要按照事物本来的面目反映，重点在于将事实和价值分开以避免主观意见对客观事实的影响。主流媒体更要以客观报道来保证自身的权威性，在复杂舆论内，媒体要保持自身的独立性，做到越嘈杂越理智、越业余越专业、越多元越主流。

第三，公民教育要注重理性思维培养。传播赋权，公众在拥有传播权力的同时也该担负传播责任，非理性的表达不利于良性传播环境的建构，语言暴力也不利于国家建设，公众要加强自身的公民意识建设以增强民众理性。西方国家向来注重公民自由理性以及权利义务教育，而中国却缺乏这方面的普及教育。迎来了新媒体时代的中国，社会“参与度”和信息“透明度”都大幅度增加。此时，作为社会事务主体的公众，一方面应该走进公共事务，另一方面也要在公众事务面前保持自觉。我们应该鼓励其参与公共事务，针对公共领域话题发表看法，但要遵循法律、道德、网络规范。同时要结合新媒体时代特征，提高公众媒介素养。当下，中国公民无论是对媒介信息的批判思考，还是对媒介生产的积极介入，均处于偏弱水平，公民的媒介素养亟待提高。公众对为危机的抵抗力和鉴别能力取决于媒介素养，媒介素养的提高有利于净化网络环境、防止谣言散播，也是公民自我保护的必要条件。

高效的危机公关可以缓解舆情灾害，转危为机；低效的危机公关则加重舆情灾害，让政府深陷信息次生灾害困境。本文从政府、媒介、公众三个角度出发构想出一套舆论管理向舆论治理转变、舆论治理向社会治理转变的“善治”格局，以期形成全员参与、全员治理、全员自律的社会管理制度。在风险社会的大框架下，政府的外部威胁将越来越严峻，危机的发生也变得越发不可控制。然而，前进的时间节点应该对应更高的时代要求，面对不断加剧的社会风险、逐渐提高的公民意识和手段更为先进的新媒体技术，作为社会决策主体的政府要时时保持一种学者心态以抵御社会方方面面的风险。

参考文献：

[1] 陈力丹．舆论学：舆论导向研究——新闻理论丛书［M］．中国广播电视出版社，1999

[2] 丁柏铨．新媒体语境中重大公共危机事件舆论触发研究［J］．新闻大学，2012（4）

[3] 杰克·富勒．信息时代的新闻价值观［M］．新华出版社，1999

[4] 刘艳婧．新媒体舆论特点解析［J］．青年记者，2011（2）

[5] 迈克尔·里杰斯特．危机公关［M］．复旦大学出版社，1995

[6] 廖为健．公共危机传播管理［M］．中山大学出版社，2011

[7] 欧文·戈夫曼．日常生活中的自我呈现［M］．北京大学出版社，2008

政务微博引导网络舆情热点方式探析*

殷 俊 姜胜洪**
（重庆工商大学艺术学院，天津社科院舆情研究所）

摘 要：我国正处于社会转型期，各种利益冲突不断加剧，突发事件频发，这对政府处置突发事件的能力和对突发事件舆论引导的效力提出了严峻考验。如何利用政务微博及时正确地引导网络典论，化解公众情绪，成为衡量各级地方政府和领导干部的领导及执政能力的一项重要标准。应提高党政机关和领导干部运用政务微博的能力以及应对和处理网络舆情的水平，拓展政务微博联系群众、服务群众的功能，积极探索社会管理新模式。

关键词：网络舆情；政务微博；舆论引导

近年来一系列的重大舆论事件和热点事件基本上都和微博有关系，微博作为一种全新的信息发布和传播方式，对中国社会各个领域的介入和渗透日益广泛，已经成了舆论中心的中心。李长春同志说，随着网络微博等的迅速发展，每一个人现在都成了一个通讯社，这对宣传思想部门是一个挑战。[1]为了应对微博带来的舆论格局新变化，各级政府机构和一些官员纷纷开设政务微博，以期更好地利用网络、回应民意、服务群众。据统计，截至 2013 年 6 月 26 日，新浪认证的政务微博总数达到 79372 个，较 2012 年底增加 1.7 万。政务微博发博总数达到 6063 万余条，所发微博被网友转发总量近 2 亿次、被评论总量约 1.6 亿条。[2]但同时，也有些政务微博开设后却成为摆设，甚至患上“痴呆症”，一些政务微博在突发事件应对中存在互动率低、信息发布少、

* 基金项目：国家社会科学基金项目“网络舆论传播与演化机制研究”（13BXW036）和重庆市研究生教育优质课程项目“新闻学理论与方法”（2013-39）阶段成果。

** 殷俊系重庆工商大学艺术学院院长、重庆晨报副总编辑、教授、博士生导师；姜胜洪系天津社会科学院舆情研究所研究员、国家互联网信息办公室互联网新闻研究中心特约研究员。

回应不够及时、回应态度多变等问题，导致舆情事件扩大化、复杂化。要提升政务人员的媒介素养，加强政务微博在突发事件中的信息传播及沟通交流，及时妥善地回应网上热点，主动引导社会舆论。

一、网络舆情热点的形成与发展

网络舆情热点是网民思想情绪和群众利益诉求在网络上的集中反映，是网民热切关注的聚焦点，是民众议论的集中点，反映出一个时期网民的所思所想。网络舆情热点紧扣社会舆情，往往是社会重大事件，或是与群众切身利益密切相关的问题，很容易在短时间内引起网民广泛关注，对现实社会产生深刻影响。任何事物都有一个发展变化的过程，网络舆情热点也是如此。由于引发舆情热点的问题或事件本身及其变化发展，以及网民情绪等因素的影响，网络舆情在与现实产生互动的过程中，会以不同的方式经历一个形成、高涨、波动和最终淡化的发展过程[3]。以上四个阶段，可以央视曝光东莞情色业舆情热点事件为例。

1. 网络舆情热点的生成阶段。网络舆情热点的形成，往往源于某些事件或问题的发生，也就是以某些具体的对象为依托。一些关系国家民族利益的事件、自然灾害事件、与弱势群体相关的事件、反映社会道德困惑的事件、反映当今社会主要矛盾的事件的发生以及与国计民生相关的政策、法规出台，经媒体或网站论坛报道反映后，一般都会引起网民强烈关注与热烈讨论，并广泛传播开来，使原本沉默的事件立即暴露在网络公众面前，形成网络焦点事件。例如，2014 年 2 月 9 日上午，央视《新闻直播间》栏目曝光了东莞市多个娱乐场所存在卖淫嫖娼等违法行为。央视还播出了一段暗访视频，内容包括五星级酒店裸舞选秀等，这一视频播出后，在新闻平台的传播量迅速上升，并连续占据各大网站的新闻头条，并引发广大网民的热议。而“东莞加油，挺住”成为网友调侃的热门话题，网络舆情形成。

2. 网络舆情热点的持续高涨。网络舆论热点形成后，由于网民的情绪、意见等不断高涨，使热点受关注的程度越来越高，影响越来越大，进而吸引更多的网民关注网上热点。这种高涨的态势根据热点问题受关注的程度，有的持续较短的时间，有的经历一个较长过程。在央视曝光东莞色情产业链、公安部门展开行动取缔了一批色情场所的同时，也引来了一些奇谈怪论，微博上众多意见领袖不仅没有点赞支持，还冷嘲热讽，甚至一些人喊出“东莞挺住”“央视无情，人间有爱”等带有调侃娱乐色彩的口号。在大 V 的影响下，网络上对于央视的挞伐之声更是甚嚣尘上。新闻跟帖中一边倒地指责央视“只见芝麻，不见西瓜”。有的说央视为制造轰动效应专捏软柿子，有的说央视直接曝光失足妇女面部严重侵犯隐私，还有的说央视兜售完道德之后不讨论解决办法，等等。诸多媒体同行，对央视的行为同样并不支持。网络上关于东莞色情业的关键词搜索量呈井喷之势。据统计，“莞式服务”“东莞挺住”“太子酒店”等关键词搜索量一天之内冲上热榜，网络舆情持续高涨。

3. 网络舆情热点的波动变化。网络舆情热点的发展过程并非总是直线式的上升或下降。某些时候，它会呈现出波浪式发展的轨迹，即发展到一定高潮后，会经历一定时期的萎缩或沉寂，但进而又出现新高潮，这样的波动过程甚至可能反复数次。舆情波动之所以产生，往往是由于在舆情热点发展的过程中，出现了一些新的情况，例如，出现了强大的外界阻力，暂时阻止了舆情的进一步高涨。2 月 11 日，东莞市委新浪官方账号发布长微博《打一场扫黄歼灭战　不见成效决不收兵》，文中详细叙述了东莞市委常委会对于娱乐场所“涉黄”问题的整治决心。同时，“东莞晚香”发微博称，为严厉打击“涉黄”违法犯罪行为，东莞市委、市政府决定开展为期三个月的“扫黄”专项行动，组织专门力量，集中整治娱乐场所“涉黄”问题，并公布了东莞市“扫黄”专项行动举报电话，欢迎广大群众举报。随后，“头条新闻”“虎门太平”“广东政法”等600多名网民微博转发，有效引导了网络舆论，网民对该事件的舆情关注度开始下降。

4. 网络舆情热点的最终淡化或消落。热点持续一个时期后，逢新的事件涌现并产生新的刺激，多数网民就会自动转向新的目标。于是，原来的热点舆情便慢慢冷却，最终沉寂下来。当然，依照舆情自身的变动规律，那些影响深远、关系重大的事件对网民的刺激和引发的舆情，只能说是“阶段性沉寂”，一旦有新的诱因关联性的事件发生，极有可能被网民旧事重提，再度成为热点。央视曝光东莞市多个娱乐场所存在卖淫嫖娼等违法行为的新闻播出后，广东省委书记胡春华做出重要批示，公安部派出督导组督办东莞扫黄，全面整治当地娱乐场所。广东警方此次“猛药去疴”，依法扫黄力度之大、范围之广、挖掘之深不同于以往任何一次，造出了声势、打出了威风，赢得了群众的称赞。同时，《人民日报》、新华社等主流媒体也纷纷发表评论，为官方在东莞“扫黄”助威。特别是《人民日报》3 天连发 4 篇文章，批驳歪理邪说，有力引导了网络舆论，网民对该事件质疑的声音开始减退。

二、网络舆情热点的现状

当前，我国经济社会发展正处于关键时期，随着经济市场化程度迅速提高和改革进一步深化，社会利益关系更趋多样、复杂，各种深层次矛盾和问题日益凸现。在这样的条件下，网络舆情热点层出不穷，涉及的地域非常宽广，涉及的内容也非常广泛。无论是国内重大事件，还是国际重大事件；无论是群众关心的热点难点问题，还是各种政治观点和社会思潮；无论是网民对重要部署、重大决策、突发事件的思想反映，还是关于政治、经济、社会、文化发展的舆论动向，一经网络传播，就会立即引起网民关注，形成网络舆情热点。如2013年的厦门公交纵火案、“4·20”芦山地震、唐慧诉永州市劳教委案、“镉大米”事件、陕西富平拐卖婴儿案、薄熙来案、张艺谋超生案、“嫦娥三号”奔月等都在网络媒体上引起网民强烈的反响和激烈的辩论，几乎形成了一个言论的“自由市场”。其中，很多具有建设性的看法和观点，甚至对有关部门的决策和施政产生了积极影响。但是，正如每个硬币都有两面一样，由小到数百大到上万个有主观意识的人的观点所形成的网络舆情更是充满着复杂性与多面性。除了主流的真实性与全面性外，网络舆情虚虚实实，情绪化表现突出，一些网络大V公开发表与国家法律法规相悖的言论，少数民众对当前日益严重的贫富两极分化趋势不满情绪在日益积累，任其继续发展，将可能引发重大的社会动乱。

1. 网络舆论情绪化。对于某些社会现象和热点问题，众多网友在网上会提出自己的认识和看法。这固然体现了网上舆论多元的特点，但另一方面，由于受各种因素的影响，一些网上发言缺乏理性，比较感性化和情绪化，甚至有些人把互联网作为发泄情绪的场所。值得注意的是，情绪化言论很容易相互感染，群情激，甚至激愤，从而引发有害舆论，具有很强的煽动性和破坏性。例如，人们把在生活中经历或耳闻的有关官员腐败、渎职现象传播上网，揭露问题的同时，可能会将个人局限性的认识经验与未经证实信息相联系，并使之绝对化。加之缺乏理性、负责任的舆论分析和疏导，会动摇更多人对社会公正的信心。又比如，最近东莞扫黄，取缔了一批色情场所，也引来了一些网络大V对扫黄行动的“吐槽”，调侃、揶揄、讽刺、挖苦、笑骂，甚至公然唱起了“嫖娼有理、色情无罪”之类的反调。而一些社会矛盾也有可能借助互联网凸显、放大，把地区性问题变为全国性问题，把行业性问题变为全局性问题，威胁社会稳定，甚至酿成社会危机。

2. 网络谣言与虚假报道。随着网络应用的扩大与普及以及网络技术的发展与更新，网络应用在方便人民生活与工作的同时，网络上的虚拟世界也成为各种犯罪分子异常活跃的场所与实施各类犯罪行为的工具。少数人利用网络快速与广泛的传播特点，制造谣言，传播谣言，混淆视听，迷惑群众，甚至恶意中伤，毁人名誉，以达到个人和小集团各种卑鄙的目的。而某些网络平台，为增加自己网站的点击量和浏览量，为这些虚假信息、谣言与绯闻的传播不加分析地开绿灯，提供方便与渠道，更是对网络谣言的活动起到了推波助澜的作用。值得注意的是，这几年，利用网络的谣言与虚假信息，歪曲、篡改历史或者现实，打着“档案解密”“某人回忆录”或者“国外报道”等的幌子，怀抱“谣言说千遍就是真理”的信条，某些人把散布谣言和虚假信息当作达到某种政治目的的手段和工具。这些人通过对历史或者现实问题的歪曲、篡改、夸大或者无中生有，从各个侧面诋毁社会主义制度，诋毁共产党的领导，诋毁人民领袖、人民政权。

3. 西方意识形态入侵及舆论攻击。随着经济全球化和以信息技术为核心的科学技术迅猛发展，网上的意识形态领域斗争变得非常复杂。西方反华势力大肆利用互联网对我国进行“西化”“分化”，进行舆论渗透和文化入侵。“法轮功”“民运”“台独”“藏独”“疆独”分子等将网络视为“封不住、禁不止、打不断”的反华渠道，传播虚假信息，散布反动言论。他们建立网站和专门机构，雇佣网络写手，制造和利用网络谣言，对社会热点难点和敏感新闻进行炒作，恶毒攻击我国政治制度、歪曲领导人形象、抹杀社会主义建设成就，同时不遗余力地美化、渲染西方文明和制度，在意识形态、思想文化领域制造事端，形成了更大的舆论威胁。例如，在一些事件中，为了引起社会各界的重视，网民通过网络发酵尽力放大事件的政治意义，境外一些媒体故意炒作，一般问题政治化，国内问题国际化，引发“蝴蝶效应”，使得以往简单平常的民事纠纷案发酵膨胀为世界瞩目的重大事件。

此外，一些网络舆情热点问题看似是所有人共同关注的焦点，但实际上可能只是个别人操纵、反复“灌水”炒作的结果。

三、政务微博引导网络舆情热点的主要方式

人民网舆情监测室秘书长祝华新认为，在当前蓬勃发展的互联网时代，每个人都可能成为信息渠道，都可能成为意见表达的主体。这就相当于在每个人面前都有一个麦克风，我们正处于一个“大众麦克风时代”。庞大的网民

群体成为一个客观存在的“新意见阶层”。他们具有非常巨大的影响力，所产生的正面或负面的影响都不容忽视[4]。在重大热点事件的传播中，微博的优势依旧，通过信息井喷及爆炸式的传播模式，源源不断地更新第一手资料。但目前，我国大多数政务微博平台，由于主客观的原因，在突发事件中失语或遮遮掩掩，围绕东莞近日大规模“扫黄”，某官方微博甚至力挺被喻为“性都”的东莞，喊出“我们不会出卖灵魂”的口号，暗讽中央电视台报道东莞“出卖肉体”的色情业，导致政务微博并没有很好地发挥其关键性的权威作用，造成了不应有的严重后果。应提高党政机关和领导干部运用政务微博的能力以及应对和处理网络舆情的水平，拓展政务微博联系群众、服务群众的功能，积极探索社会管理新模式。

1. 及时捕捉网络舆情热点，增强对有关热点的预见性

网络已成为信息集散地和社会舆论放大器。如何对网络舆情进行有效的引导，使和谐的网络环境为构建和谐社会发挥重要作用，已成为党和政府面临的最大挑战之一。通过对网络舆情形成发展规律的分析，我们可以发现网络舆情热点的出现是有规律的，也是能够预测和把握的。因而，我们要善于将小事件放到大背景下观察，提前预测，增强对有关热点的预见性。重大热点的出现，往往有一定的征兆。这就要求政府部门要及时捕捉苗头性信息，在小热点演变成大热点、新热点拖成老热点、简单热点衍化成复杂热点之前，进行快速的甄别筛选，发现苗头和倾向，做好预测，尽量将事件消除在萌芽状态，或控制在可控范围，使网络舆情热点的舆论引导工作更加适应形势发展的需要，保证网络舆论的健康发展。

2. 抢占话语权，赢得主动权，满足知情权

几乎每个热点事件和突发事件、公共事件，都会有谣言传播。谣言之所以满天飞，一是源于中国网民具有一定程度的坏消息综合征，倾向于相信和传播负面的信息；二是源于政府有关部门和权威媒体没有及时发布信息，人们无法及时获取权威信息。信息不透明、不公开在网民心目中就极易被认为“有猫腻”，产生不良的心理影响。在微博时代，对信息的封锁和控制几乎是不可能的。有调查显示，突发事件从传播扩散到形成网络舆情指向的大方向，需要的时间大概是事发半小时到一个半小时之间，这一时间是危机处理和舆情引导的最佳时间。政府是突发事件处置的主体，因而政务微博是最快发布信息、澄清谣言的渠道，其最大价值在于第一时间介入突发事件以引导舆论和公众情绪，满足公众的知情权。2013 年 10 月 15 日，国务院办公厅发布了《关于进一步加强政府信息公开回应社会关切提升政府公信力的意见》，明确指出各地区各部门应积极探索利用政务微博、微信等新媒体，及时发布各类

权威政务信息，尤其是涉及公众重大关切的公共事件和政策法规方面的信息，并充分利用新媒体的互动功能，以及时、便捷的方式与公众进行互动交流。因而，在突发事件发生之后，政府部门应充分利用微博，主动抢占信息发布权，在“黄金1小时”，甚至是“黄金10分钟”之内发布权威真实的信息。对于比较复杂的源于网民举报和媒体曝光引发的各类突发事件，也要坚持“速报事实，慎报原因，再报进展”，防止信息不透明造成网上流言四起，给政府部门形象带来重大损害，从而有效应对突发公共事件，掌握舆论主动权，最大限度地化解或减少危机带来的负面影响。

3. 与网民真诚平等对话，回应社会关切

政务微博不是官方网站，在发布日常政务信息、提供便民服务窗口之外，政务微博更具有“面对面”的亲民特点。成功的政务微博，往往是在充分发挥微博“短平快”传播优势的同时，借助微博回复、关注、转发等功能，打造成的交流活泼、互动活跃的党群、政群对话平台。政务微博应多发布吸引力、互动性强的话题，通过主动设置议题或组织策划活动，引导网民建言献策、发表观点、表达态度。要避免官话、套话，多用生活用语、网络用语、口语等与网民互动，在平等对话交流互动中顺势引导、整合利益、调和矛盾。当前，导致群众情绪不畅的根本原因，归根到底是因为群众利益没有得到维护，甚至受到损害。民意诉求的求索无门，负面情绪长期得不到疏解的时候，必然会成为强大的传导的效应，最终会影响社会的稳定。政务微博在突发事件中应虚心接受网民的批评不满，切实维护群众利益，着力解决群众反映强烈的突出问题。对群众通过对政务微博跟帖、评论中反映的问题，相关部门能够解决的，要立即解决。暂时不具备解决条件的，要向群众解释清楚，待条件成熟后解决。有关政策规定不明确，无法解决的，要做好思想工作。建立完善政务微博工作考评机制，对存在不及时发布、转发有关信息或不及时反馈群众反映问题的办理结果等行为引发不良后果的部门、单位，通过在微博上点名批评等方式予以提醒并督促整改。对开展政务微博工作不力者，视情节轻重予以问责。

4. 主动设置议程，引导网络舆论

互联网已成为重要的思想舆论新阵地和舆论斗争的新领域。“议程设置理论”的核心内容是媒体通过设置公众的关注点引导舆论，其主要功能在于引导公众形成新的舆论或者转变、调整已有的舆论，在重大突发事件的处理中，营造利于突发事件处置的主流舆论环境，规避不利于突发事件处置舆论的兴起和流行。网络宣传必须坚持正确舆论导向，营造积极、健康、向上的主流舆论，注意用正面宣传主动为社会舆论“设置议程”，用正面宣传挤压各种噪音杂音的生存空间，用正面声音消解各种错误、反动观点的不良影响。尤其是面对一些社会重大事件，必须采取审慎的态度，报道务必客观、真实、全面、公允，避免偏听偏信，避免信息不对称，避免误导社会视听，避免添乱。要注意区分几种不同性质的舆论：一是普通群众对重大事件和热点问题的正常关注，对解决改革发展过程中出现的问题的合理诉求；二是集中于社会阴暗面、腐败案件、突发事件等各种负面的、偏激的言论；三是境内外敌对势力散布的反动言论，以及借各种热点难点问题和突发事件对我国进行的恶意攻击。对于第一种，我们要抓正面宣传，加强疏导和引导，有针对性地宣传中央的有关政策，多做化解矛盾、理顺情绪的工作。对第二种，我们要迅速地对曲解的事实进行澄清，对偏激的言论进行循循善诱的引导。对于第三种，我们要抓舆论斗争。对敌对势力造谣污蔑，要及时辟谣、予以澄清；对攻击性言论，要进行有力批驳；特别是在突发事件、群体性事件发生时，对境内外敌对分子在网上散布的煽动闹事的言论，要及时发现，揭穿其险恶用心和不可告人的目的，进行有理有力有节的网络斗争。

参考文献：

［1］邹建华．突发危机的舆论引导微博发声必不可少．人民网，2013-12-06. http：//yuqing. people. com. cn/n/2013/1206/c210118-23768629. html.

［2］人民网舆情监测室发布．2013 年上半年新浪政务微博报告．人民网，2013-07-31. http：//yuqing. people. com. cn/n/2013/0731/c210118-22387424. html.

［3］姜胜洪．网络舆情热点的形成与发展、现状及舆论引导［J］．理论月刊，2008（4）．

［4］人民网舆情监测室．网络舆情热点面对面［M］．新华出版社，2012：前言．

服务创新与行政管理的博弈

——打车 APP 之争背后的舆情分析

杨 扬*

（安徽大学新闻传播学院）

摘　要：随着移动互联网技术及产品的快速创新发展，以快的、嘀嘀等为代表的打车 APP（Application 的简称，智能手机的第三方应用程序）迅速获得民众的认可和广泛使用，成为化解“打车难”的一个新的解决方法。但是，这些创新的技术和产品却屡遭相关部门的“叫停”，引起社会公众的热议。本文对快的、嘀嘀两大打车 APP 的相关舆情信息进行梳理，分析舆情传播特点及舆论关注点，探讨在技术创新给现有监管体系带来巨大冲击背景下，政府如何创新行政监管，提升社会管理和公共服务质量。

关键词：打车 APP；公共服务创新；行政管理；舆情

随着移动互联网技术的大力发展，打车 APP 的出现，无疑给未受互联网影响的城市交通带来巨大影响。2013 年以来，打车 APP 进入市场并得到了加速发展。根据 EnfoDesk 易观智库产业数据库最新发布的《2013 年第 3 季度中国打车 APP 市场监测报告》数据显示，在打车类应用细分领域，累计用户数已接近 2000 万。快的打车、嘀嘀打车、摇摇招车分别以 41.8%、39.2% 及 9.0% 的比例占据中国打车 APP 市场累计用户份额前三名的位置。仅快的打车和嘀嘀打车就占据超过 80% 的市场份额，品牌和用户集中度加速上升，双寡头局面乍现。快的打车和嘀嘀打车在全国大部分城市都有市场覆盖，其中快的打车和嘀嘀打车所占据的市场份额最高，并且打车 APP 的应用市场呈现出两强相争的局面。然而这些创新做法却屡遭相关部门的“叫停”，引发社会公众对于社会主体技术创新与政府监管之间的关系的讨论。

---

* 作者系安徽大学舆情与区域形象研究中心研究员。

一、打车 APP 之争的背景分析

2013 年是打车 APP 运用的分水岭。2013 年 4 月，快的打车由阿米巴基金和阿里巴巴提供了天使投资，并由经纬投资和阿里巴巴投资 A 轮 1000 万美元。嘀嘀打车则是获得金沙江创投 A 轮 300 万美元融资，于 2013 年 5 月获得腾讯 B 轮 1500 万美元投资。而伴随两大互联网巨头的投资，到 2014 年年初，1 月 2 日，嘀嘀打车在获得中信产业基金和腾讯投资 1 亿美元 C 轮融资后，立刻进军杭州、上海等地，1 月 5 日，微信 APP 设计添加了“嘀嘀打车”，在“我的银行卡”界面中可以看到“嘀嘀打车”的入口，快的打车和嘀嘀打车开始了补贴大战。

同时，随着打车 APP 的“野蛮式”发展，也引起各地交通主管部门的注意，并要求禁止出租车司机使用打车软件，这一做法迅速引起社会舆论的质疑。

表 1　事件梳理

时间	事件发展过程	官方应对及回应
1 月 1 日	快的打车宣布北京首次使用快的打车的新用户将获得 30 元话费奖励	
1 月 10 日	嘀嘀打车与微信支付首次发起补贴，推出司机用户立减 10 元、乘客补贴 10 元的活动	
1 月 21 日	快的打车携手支付宝跟进补贴司机 15 元、乘客 10 元	
2 月 10 日	嘀嘀打车开始第二轮营销策略，将补贴降到 5 元； 快的打车仍然保持 10 元奖励	
2 月 17 日	嘀嘀打车宣布与微信支付第三轮营销补贴大战正式开启，恢复补贴力度并有所加强，补贴总额再提高 10 亿元人民币，重新开始每单 10 元的补贴，额外奖励所有城市的司机使用微信支付首单立奖 50 元，乘客首单 15 元	
2 月 17 日下午	快的打车针对嘀嘀的策略迅速做出回应，推出“永远比同行多一元”的营销策略，使用支付宝钱包“扫一扫”付款，可返现 11 元到个人的支付宝账号中	
2 月 18 日上午	嘀嘀针对快的“多一元”迅速跟进，将补贴调整至 12 到 20 元不等	
2 月 18 日下午	快的迅速调整补贴至 13 元	
2 月 20 日	嘀嘀打车与快的打车之间的竞争愈发激烈	北京市交通委运输局、交通执法总队：出台“一车一终端”的管理办法

（续表）

时间	事件发展过程	官方应对及回应
2 月 23 日	针对前几日出现微信支付不成功现象，嘀嘀承诺对使用嘀嘀打车成功但支付不成功的用户实行每单补偿 12 元	
2 月 24 日	嘀嘀打车宣称 10 亿元补贴没有时间期限	
2 月 26 日晚	嘀嘀打车与快的打车之间的战火进入白热化阶段	上海市交通运输和港口管理局：从 3 月 1 日开始，禁止出租车在早晚高峰期使用打车软件
3 月 4 日零时	快的打车宣布开始调整打车补贴方案，乘客补贴金额从之前的 13 元降至 10 元	
3 月 4 日	嘀嘀打车迅速跟进快的，并宣称二三线城市乘客每单补贴“起步价至 20 元”不等，北京上海等一线城市每单补贴 12 元至 20 元，但每天补贴 2 单	
3 月 5 日零时	针对竞争对手嘀嘀打车的调整补贴策略，快的打车宣布调低补贴额度，将打车补贴从之前的 13 元降至 5 元，每天两单	
3 月 7 日零时	嘀嘀再度宣布调整补贴方案，调整后的补贴金额为 6 元至 15 元不等，每天两单，另新增一项规定，即同一乘客、同一司机每人每天仅首单可享受减免，且一周内只有前三单可享受减免	济南市交通运输局：早晚交通高峰期出租车驾驶员不得使用打车软件，并对用打车软件带来的拒载、加价、甩客等违规驾驶员予以严肃处理
3 月 10 日零时	嘀嘀打车再度下调打车补贴，新的补贴方案从之前的随机补贴 6 元至 15 元，调整至随机补贴 5 元至 10 元不等，随着补贴逐步调低，打车软件烧钱激战的战火将熄	商务部电子商务和信息化司副司长张佩东昨日表示，打车软件本身有利于提高出租车行业整体效率，但“花钱买用户”的做法不可持续。 武汉市客管处：昨日出台新规，要求出租车司机在营运途中不得使用移动通信设备“抢单”，确保车辆安全行驶。对违规出租车驾驶员，一律按照武汉市出租车相关管理规定上限处罚，并记入 2014 年度行业《企业服务质量信誉考核档案》和《驾驶员诚信档案》

（续表）

时间	事件发展过程	官方应对及回应
3月18日零时	嘀嘀打车本月第四次下调补贴方案：将补贴金额从随机补贴5元至10元不等，降至全国每单5元补贴，补贴情况已与其竞争对手快的打车基本一致	
3月21日晚9时38分	快的打车在官方微博上宣布调整打车补贴金额，除北京、上海、杭州、广州、深圳、西安、成都、南京及武汉这9大城市，其他城市补贴金额进一步下降，由每单5元降为每单3元，而司机的补贴额度则没有调整，每单补贴2元，高峰期5元	
3月23日零时	嘀嘀打车迅速跟进对手快的将补贴调整至每单3元，每天最多减免2笔。随着补贴逐步调低，打车软件烧钱激战的战火将熄	
4月23日	随着补贴力度逐步降低，打车软件之战也在逐渐降温	苏州市客管处：近日下发通知，明令禁止苏州的出租车司机使用社会打车软件，成为国内首个明令禁止使用社会打车软件的城市。拟定了《关于禁止使用“嘀嘀打车”等手机召车软件司机端的告知书》。苏州强生和交运等出租车公司均已按告知书要求与驾驶员签订了承诺书，驾驶员如被发现私自使用手机打车软件将被严肃处理，情节严重者解除劳动合同

从上表可以很清晰地看到，这场由嘀嘀最先开始的首轮补贴大战从一月中旬开始，二月中旬又由嘀嘀与微信支付开始了第二轮营销大战，快的迅速跟进嘀嘀，后是到了第三轮营销大战打响，快的提出“多一元”策略，嘀嘀又迅速调整补贴方案，双方之间竞争愈发激烈，无疑让这场补贴大战进入白热化状态，三月上旬双方战火开始逐渐趋于平缓，快的先下调了补贴方案，嘀嘀迅速更进先后三次下调补贴方案，最后到了三月中下旬嘀嘀第四次下调补贴方案，接着快的继续下调补贴，嘀嘀又迅速跟进下调补贴，随着补贴逐步调低，打车软件之间激烈的战火将熄。

二、打车 APP 之争舆情发展特征分析

（一）新闻热度高，网友评论多

关于打车 APP 之间的补贴大战，既引起了传统媒体的充分关注，也有一些网络媒体、新媒体更是对此事件持续保持热度。与此相关的新闻报道更是引起了舆论广泛关注，《人民日报》在 2 月 28 日 17 版发表的《招手打车变难了（多棱镜）》被官方媒体以及商业网站、博客、微博转载。下图是媒体报道量变化趋势图，从图 1 中可以看出，舆论对于该事件的关注度保持持续上升趋势，伴随各地出现的针对打车 APP 的限制政策，舆情的传播量在 2 月 28 日达到峰值，到了 3 月 1 日后有所平缓，之后在 3 月 4 日再次反弹，这期间是补贴大战白热化阶段，舆论关注达到了高潮。

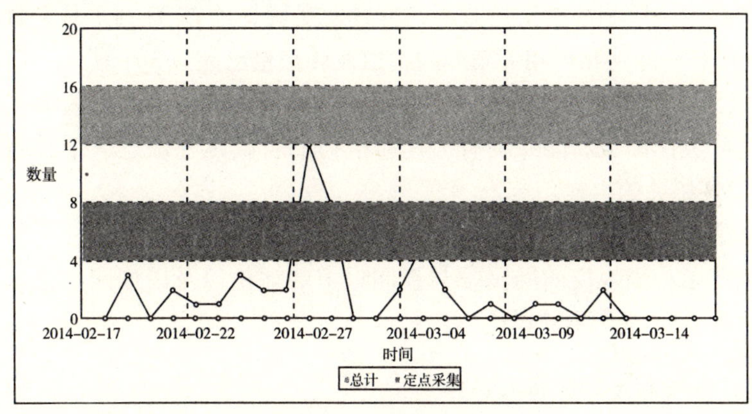

图 1　媒体报道量变化趋势

通过安徽大学舆情与区域形象研究中心智思舆情分析系统对该事件进行检索后得出，时间截止到 3 月 17 日 24 时（纵轴表现新闻报道数量）

图 2 是网络新闻网站分布图，通过安徽大学舆情与区域形象研究中心智思舆情分析系统对该事件进行监测，检索到 PC 端新闻网站报道 229 篇。不仅包括以中国新闻网、搜狐网、新浪网、网易、东北网、北方网等为主的主流网站，还包括一些极具影响力的网络社区如天涯社区、凤凰论坛等。打车软件与人们的生活息息相关，因此打车 APP 在互联网上引起了大量关注，很多网民纷纷参与讨论。

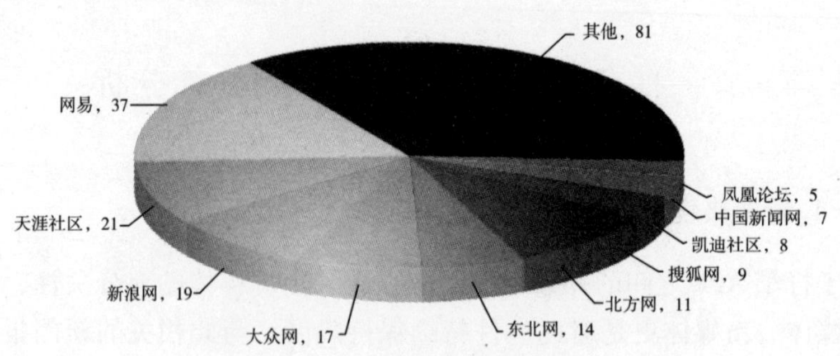

图2 网络新闻网站分布

通过安徽大学舆情与区域形象研究中心智思舆情分析系统对该事件进行检索后得出，时间截止到4月27日24时

（二）不同类型媒体平台对此事件保持高度关注

1. 传统媒体：通过安徽大学舆情与区域形象研究中心智思舆情分析系统对该事件最近一周相关舆情的监测，笔者发现从2月27日到3月7日，传统媒体及PC端新闻网站对相关新闻的报道及转载量已超过305篇。

2. 微信、微博等自媒体方面：通过使用智思舆情分析系统检测发现，有将近2/3的关注民生新闻并具有一定影响力的自媒体在最近一个月内推送了与打车APP相关的内容。

3. 网民：因快的、嘀嘀之间的补贴大战以及各城市相继出台了一些限制政策，引起了相当规模的网民参与新闻报道的评论以及诸如网易论坛、天涯社区等一些BBS论坛中的讨论。

（三）支持和反对的声音并存

伴随全国大部分城市出现限制政策，关于打车APP之间的补贴大战引起的舆论呈现高涨的态势，舆论对该事件的态度声音不一，有些舆论认为打车APP带来了方便，一定范围内解决了驾乘双方的信息不对称问题，但是也有些舆论认为打车APP的加价功能扰乱了市场秩序，抢单功能造成驾乘双方在行驶过程中的不安全。图3是通过安徽大学舆情与区域形象研究中心智思舆情分析系统对该事件进行检测，对新闻评论、BBS论坛的网友评论进行情感倾向性分析，从图中可以看出，在网络舆情中通过对该事件的情感倾向性进行分析，并根据评论的情感倾向对其进行褒贬分类，在搜索到的48篇包含新闻报道以及BBS论坛的评论中，有绝大多数舆论对该事件持较为负面（贬义）态度，其中，24篇的舆论对打车APP持负面态度，11篇对该事件持正面

（褒义）的观点，另有13篇持中性态度。显然，这种现象表明舆论的关注焦点还是存在较为负面的态度。

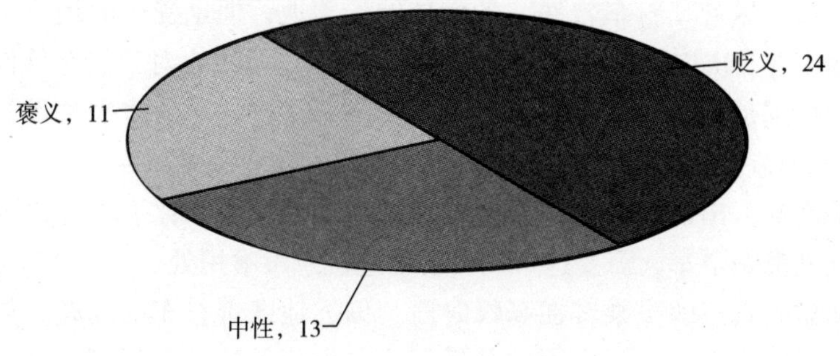

图3 网络舆情的情感倾向分布

通过安徽大学舆情与区域形象研究中心智思舆情分析系统对该事件进行检索后得出，时间截止到3月17日24时（褒义、贬义、中性指新闻评论以及BBS网友的舆情态度）

二、舆论关注点分析

打车APP在市场上得到迅速推广表明它是符合市场需求的。它带来便利的同时也带来了新的问题。隶属腾讯的嘀嘀打车和阿里巴巴的快的打车为抢夺用户，投入巨额补贴打起营销大战，“嘀快”之间的补贴大战背后引发的舆论关注点又是什么？

纵观各方观点不难发现，不少媒体对打车APP之争事件保持高度关注，同时也对打车APP的功与过提出了疑问，舆论对于打车APP之间的战争的关注点主要集中在以下三个方面：

（一）聚焦需求问题

1. 打车APP能否从根本上缓解高峰时段、偏远地区城市打车难的困扰

市民李女士说，在火车站和高峰期，这些软件非常不好用，“有次我从火车站西出站口下单，去陇海路桐柏路口，一个司机抢单后问了问我出发地和到达地，然后说去不了就悔单了”。面对滴滴和快的两款打车软件，市民米先生用后的体会是：在高峰期的时候都叫不到车，都是在不忙的时候好用。出租车司机宁师傅认为，打车软件更适合住在三环、四环的人使用，“那里车少人少，出门打个车不方便，用这个软件打车会非常方便快捷。夜班车的司机用着也比较合适，减少空跑”。（郑州晚报《郑州打车软件正流行　火车站地

区、高峰时段软件不好用》）

CTR 洞察中国：【用户怎么用“打车软件”?】根据 CTR 媒介智讯最新话题调研显示，尽管“打车软件”的宣传铺天盖地，但是受访的用户们一周内的使用频率在2次以下的占了七成。“实时叫车”是用户对“打车软件”的主要需求，特别是在“突然用车需求”“上下班高峰”“节假日出去玩”时最受青睐。(来自新浪微博)

网易网友：出行高峰时拥堵地方司机都不愿意去，你下单也没人接。不堵车时到处都是空车，需要这 APP? 所以这玩意没啥用处。

如何做到真正解决乘客在高峰时段、偏远地区难打车的问题，如何在司机和乘客之间建立一个强有力的关系，这是舆论关注的首要问题。乘客的需求不能及时得到满足，出租车不能提供乘客及时的服务，人流量密集区使用打车 APP 打不到车。黄升民先生在首届新媒体年度盛典上谈到，所有的生意都是和供求关系有关联的，完全供求平衡的时候，处在竞争的状态，到了供小于求的时候就会产生垄断①。

从司机角度考虑，司机有时会因为一些诸如交接班、加油加气等因素在高峰时段选择性接客，这类选择性接客的司机难免会造成空驶率，在高峰时段本来就供不应求的情况下依然选择性接客，这让乘客更加难打车。

从乘客角度考虑，司机选择性接客，碰上顺路是运气，但这种情况不是每回都会碰到，这时候出现的空驶现象主要还是司机用户的个人需求和乘客的不和谐造成的。例如在合肥市区，司机师傅一听到乘客要去政务区或者经开区时，不禁喜上眉梢，因为政务区和经开区没有市区那么拥堵，人流量较少，而就算单程载客的车费也会比市区双程的车费高。

2. 不会使用打车 APP 的急需或弱势人群怎么办

几天前，家住南京尧化门的一对中年夫妻在外吃饭，突然接到家中老人病发的电话，半小时拦了10多辆车均遭到拒绝，原因是司机通过打车软件和别人约好了。夫妻俩强行上了一辆车，结果和司机发生争执，最后是民警帮忙叫了辆车才化解矛盾。(据扬子晚报：《没用打车软件，半小时拦不到的士这对夫妻急疯了：家里老人生着病呢》)

上海的严先生近日将上海锦江汽车服务有限公司告上了浦东新区法院。这次诉讼缘于严先生的一次打车经历，当时锦江公司的出租车驾驶员将车停在路边接打车软件上的订单，拒绝了他。记者昨日从此案的代理律师方面获

① 艾瑞网. http://a.iresearch.cn/fumeitiguanggao/20080109/75198.shtml [E/OL]. 2008.1

悉，浦东法院已于25日正式受理此案。这也成为国内首例因为打车软件而引发的诉讼纠纷。（据广州日报：《首例打车软件诉讼立案》）

马云在阿里推出的移动社交软件——来往里称，市场竞争的原则是要让市场受惠、让用户受益。不怕烧钱，更不怕竞争，但最怕伤害用户的利益，特别是老人孩子的利益。

南京大学社会学博士、新闻传播学院教授周凯：政府部门能不能设置专门针对老年人群体的“叫车公益平台”，由专人接线，调配就近的出租车资源，并且也给予司机一定的政府补贴。而同时，也可以启用一些比较简洁的接线平台，或者公众熟知的号码，附加一个转接的功能。（据新华报业网：《打车软件“火拼”年轻人笑了　街头打车的中老年人苦了》）

网易网友：打车软件确实方便了一些人，但同时助长了某些司机挑客拒载和加价的不良习气。

随着移动互联网技术的发展，打车 APP 的出现确实让有刚性需求的乘客获得便利，加上打车 APP 之间的补贴“战火”，让一些人感叹移动互联网进步带来优越的同时，也有一些受到负面影响的群体。从上述媒体的新闻报道及网友关注的焦点中，我们不难看出，舆论对于那些不用智能手机的市民或不会使用打车 APP 的老人、病人等有需群体在紧急关头反而面临打不到车的困境一直保持着密切关注。打车本身是为弱势或急需的人群服务的，由于打车 APP 带来的诸如个人司机挑客、拒载问题已经违反了出租车行业规定和职业道德，各地监管部门都要做好监管工作。

（二）聚焦安全问题

1. 营运途中存在安全隐患

3 月 5 日下午，家住香江花园的李女士用手机软件打车从香港路到沿江大道。一路上的哥手机响个不停，不断播报乘客用车订单信息。快到目的地时，软件提醒附近有人愿意加价 15 元到机场，的哥慌忙抓起手机抢单，结果一不留神和前车追尾。所幸当时车速不快，没人受伤，但仍让李女士惊魂不定。（据长江日报：《的哥开车忙抢单，致追尾频发》）

就目前的众多打车软件而言，无一不是以移动应用程序的形态出现，其载体主要通过用户的手机或者平板电脑之类的移动设备。而实际的情况常常可以看到出租车司机会频繁在行驶中使用手机或者其他移动设备，或者在车上设置多部移动终端来使用打车软件，这样无疑会极大地分散出租车司机的注意力，影响行车和乘客的安全。有法律界人士也指出，时下流行的在出租车上架设多台移动终端或者使用包括手机在内的各种移动终端的行为也涉嫌违法。根据《中华人民共和国道路交通安全法实施条例》第62条规定，不得在机动车驾驶室的前后窗范围内悬挂、放置妨碍驾驶人视线的物品；驾驶机动车不得有拨打接听手持电话、观看电视等妨碍安全驾驶的行为。各位出租车司机朋友如果在驾驶过程中使用打车软件，则不可避免地违反了道路交通安全法规。（据南方日报：《打车软件五宗“罪”谁之过?》）

天涯网友：除非出租车公司自己来做，否则打车软件就是个噱头。既不方便也不安全。

2. 事故频发取证难

“交通法规明令禁止开车打电话、看电视等妨碍安全驾驶的行为，开车时看手机信息甚至操作手机软件，会分散驾驶人的注意力，自然影响了安全驾驶，可根据法律法规罚款50元并记2分。”一位交管人士称。可是，在实际操作中却没有这么容易。“难就难在取证上。”一位交警说，的哥若开车时打手机，交警在执勤时会看得比较清楚，而看信息或者操作手机抢单等行为，相对比较隐蔽，交警不大容易看到，难以取证。（据人民网：《南京的哥“手机抢单”易致事故　交警处罚取证难》）

相关负责人告诉记者，从整治情形来看，高峰禁令取得了一定成效，但一些疑似“使用打车软件”的出租车，由于乘客咬定是扬招，给调查取证带来极大困难。“目前检查手段仍有限，需要靠企业督促和驾驶员自觉，待打车软件与电调平台对接后，可通过企业电调平台进行监管，到时取证就会方便很多。”（据劳动报：《沪打车软件新规迎首个工作日　扬招容易执法取证难》）

“取证难”，不该成为管不着、不能管的借口。主动站出来，想办法对失控的运营市场进行监管，让打车软件能更好地为乘客服务，才是部门角色的正确体现。（来自台海网）

上述新闻报道评论及天涯网友的观点均表明舆论对于行驶途中的安全问题表示高度关注，因为这直接牵涉到乘客的切身利益。营运途中抢单存在隐患、事故调查取证难、缺乏相应法律制度监管是主要存在的问题，笔者认为，打车APP的加价抢单功能一方面确实对于司机用户存在很大诱惑，另外一方面也无形中在安全性和人性化上存在问题，司机用户为了自身安全也要安全驾驶，不能为了抢单连命都不要。

（三）聚焦制度问题

打车应用市场的乘客和司机用户在需求矛盾上，真实的存在一个具有弹性的打赏空间。目前打车应用团队或者公司，对于司机是采用具有诱惑力的补贴和奖励来加大产品的渠道推广力度，同时鼓励乘客用户拿出 5 元、10 元乃至更高金额来悬赏接单的司机。搜狐汽车区域内容中心主编刘杰说，他了解到上海某些偏远地段，乘客悬赏到 50 元（等同于在车费以外的加价），才有司机通过打车应用回应。（据虎嗅网：《打车应用别互掐了，先把这 7 个问题解决吧!》）

纵观目前流行的各种打车软件中，无一不具备了“加价召车”的功能，加价从 5 元到 100 元不等，而正是这个看作是乘客和出租车司机之间“你情我愿”的协商行为极大地触动了监管部门的神经。据了解，出租车行业属于社会公用事业，按照《中华人民共和国价格法》的规定应依法实行政府定价或政府指导价，出租车服务收费标准的制定或变更需要经过听证，由政府价格主管部门征求乘客、出租车公司和行业协会等各方面的意见，论证其必要性、可行性。（据南方日报：《打车软件五宗“罪”谁之过?》）

网友：向沈阳铁西公安分局官博“吐槽”称，“用 XX 打车软件打车，因为网络不好且我忘记支付宝密码，司机师傅多要我 15 元钱”！的哥抱怨其操作失误，导致司机赚不到 15 元“返现奖励”，故而让其为这笔损失买单。

舆论关注焦点在打车 APP 的“加价”及“付小费”“抢单”等问题上，很容易理解，因为加价必然会造成市场混乱，并且因抢单还会引发一些安全问题。打车 APP 是在一定范围内解决了驾乘双方的信息不对称，而其造成一些“机会不均等”“不公平”等问题其实是制度的不规范，只有依靠制度才能更好地保障出租车行业的公平、安全。

三、改进与思考

随着新技术的不断发展，市场主体创新做法增多，势必会与更多政府相关部门工作产生交集，技术创新所带来的变革将更大范围和程度冲击既有行政监管规则，这需要行政部门监管理念与方式方法的创新以及制度供给的跟进。政府要有所为，有所不为，在公共领域的市场创新与行政监管的边界方面，大体上应该遵循三个基本原则：公共服务要最方便最便捷地提供给公众；公众能够用比较简单的方式和方法享受到服务；公共服务吸纳和借鉴市场创新的有益做法，为公众提供更好的服务。

打车 APP 从出现到现在，让有些人感受移动互联网的发展带来了便利，同时也让一些人感到难以适应科技的发展，以及一系列的社会问题。但是市民的需求日益增长，倒逼政府要改进管理方式和思维，促进政府职能转变。

（一）政府的作用不可或缺

出租车行业具有公共交通属性，政府应规范出租车行业，促进行业良性竞争，营造良好的竞争环境。交通问题是民生问题，针对打车 APP 中的“愿付小费叫车”功能，这样的营销行为影响了价格调节功能，政府应首先避免造成出租车行业运价管理秩序的混乱。对打车 APP 而言，不管是其背后的商业价值也好，还是其创造的社会价值也罢，出租车行业管理体制的弊端，是让打车 APP 出现的主要原因。而让其得到“火爆”发展的根本原因在于其很好地满足了社会需求。打车 APP 的出现，正是一个推动政府管理制度升级、完善和机制变革的良好契机。政府应该利用这一契机，巧妙整合当地的出租车资源，另一方面也可通过“政企合作”的方式，平衡监管与创新，促进出租车行业良好竞争机制的健康发展，让这个与人民生活密切相关的行业真正做到为人民服务。

有学者认为，再高明的社会操作，只有当它符合民意的价值取向所确定的目标时，它才是具有正面价值的；市场经济和民主政治本质上是“眼睛向下”的政治与经济，其越发达，民意的“口味”对于社会管理和社会决策的约束就越紧密。从这个意义上说，民意测验既是一种把握社会舆情的方法和手段，也是一种支撑民主政治和市场经济实现良性运作的基本社会构造①。

如果政府的决策没有充分听取各界意见，没有充分考虑民意和尊重民意，何谈将民意放在首位、为人民办实事？打车 APP 能够在市场上得到迅速推广，并得到民众的拥护，这表明在一定程度上确实提供了便利，政府部门出台限制使用政策需征求民意，从政府取信于民的角度看，更是值得去做的。交通问题是民生问题，民生问题的有关重大决策公众参与应成为必经的程序，政府部门应该通过公众参与、专家论证、集体讨论决定等程序方可做出，必要时应当召开听证会。将新生事物发展中的不完善逐步完善和发展起来，尊重民意，才能有效地规范市场。

（二）提升用户体验，提高服务质量

由新浪科技发起的“上海 3 月起早晚高峰禁用打车软件”调查中，截至目前 47% 的网友表示支持上海这一政策，认为在早晚高峰应禁用打车软件。同时，有 55.3% 的用户表示使用过打车软件，并且有 56.7% 的用户表示使用

---

① 喻国明．解构民意：一个舆论学者的实证研究［M］．北京：华夏出版社，2001：2

打车软件能够带来便捷①。

针对打车 APP 技术不成熟需要完善和改进的问题，不应只依靠行政权力。有 47% 网友支持就表明打车 APP 还是具有一定价值，笔者认为，不成熟的技术可以完善，对于不会使用软件的有需群体也可以特殊对待，例如：可以针对老年人设置专门的电召平台。同时，要进一步规范出租车司机的行为，如规定即使出租车司机可以装两种打车软件，但每次乘客只能用一种软件支付，规范了行为，也为打车 APP 延续生命力打下了基础。同时，也要加强产品体验和产品服务质量，这是司机用户以及乘客用户最为看重的两个方面。因此，打车 APP 要注重提升用户体验，提高服务质量，改进、完善打车软件，更好地为群众服务，才能在未来更好地发展。

四、结语

创新与监管的博弈始终在进行，新兴领域需要规范，也要不断成熟。政府职能部门要公平对待每一个市场主体，确保良善的市场秩序，尊重市场的创新精神，真正处理好政府与市场、社会的关系。如若对待自发出现的一些新探索，一出问题就“喊停”，一碰禁区就“封杀”，必然难以调动公众参与的积极性，更难以对接市场自发而生的技术创新。一个包容性的政策环境，肯定会比一个封闭性的行政手段，更能激发出创新的热情和潜力②。打车 APP 需要在更包容的环境里调动最佳管理方法，社会管理者必须跟上移动互联网发展的趋势，强化社会管理创新，同时要发挥民众的主动性和创造性，让其更好地为民众服务。

---

① 新浪科技 . http：//tech. sina. com. cn/i/2014-03-03/06549205718. shtml［E/OL］. 2014. 3

② 召车软件呼唤“包容性政策”. http：//news. xinhuanet. com/zgjx/2013 - 05/24/c _ 132405424. htm［E/OL］. 2013. 5

对“合肥市民眼中的医患关系”的舆情研究

谢小娟*
（安徽大学新闻传播学院）

“医生”这一职业一直以来被公众认为是“拯救生命的白衣天使”，承担着救死扶伤的高尚职责。但自2013年以来，关于医患纠纷的报道充斥着各大媒体版面，关于医患矛盾的讨论渐渐引起公众关注。医生这个职业，从拥有崇高地位的职业群体变成了“众矢之的”，甚至是高危人群。

2013年10月17日，上海中医药大学附属曙光医院发生粗暴打杂事件。起因是患者家属怀疑医院治疗不力，事件之后重症监护室一片狼藉。

2013年10月21日，广州医学院第二附属医院重症医学科主任熊旭明遭毒打。事件起因是一名患者经抢救无效死亡后，家属与医生就死亡通知时间和遗体处理问题产生分歧，随后双方发生肢体冲突。冲突中，熊旭明眼角受伤、脾脏破裂。

2013年10月25日，浙江省温岭市第一人民医院发生一起伤人事件，3名医生被一男子捅伤，其中耳鼻咽喉科主任医师王云杰因抢救无效死亡。起因是患者因患鼻炎在温岭医院进行了微创手术，但四五个月后复发，医生复诊确定无问题，双方因此而发生纠纷。

在2013年10月中的短短10天之内，全国共发生了6起患者伤医事件。就合肥本地而言，媒体也曾报道过医疗纠纷。2012年11月13日，安徽医科大学第二附属医院北楼13楼泌尿科，一男子持刀行凶，共有5人被砍伤，其中一护士长伤重身亡，其余两名重伤，两名轻伤。该男子是一名肾脏多发性结石患者，虽然此前主治医生已告知依据他的病情可能需要进行多次碎石治疗，但他在一次碎石治疗效果不佳后把不满宣泄到了医护人员的身上。

---

* 作者系安徽大学舆情与区域形象研究中心研究员。

来自国家卫计委的数据显示，2013 年全国医疗机构门诊接待数量为 73 亿人次，发生医疗纠纷为 7 万件左右。虽然医疗纠纷在就诊数量而言比例并不高，但由于 2013 年连续发生暴力伤医事件，媒体的大篇幅、持续报道一定程度上呈现并营造了当今医患关系的紧张局面。于是每一起医患矛盾的事件都使当今紧张的医患关系雪上加霜。针对这一情况，国家卫计委与公安部还曾联合发出医院安全指引，要求每家医院每 20 张病床至少配备一名保安，或保安人员总数不得低于医护人员的 3%。指引还呼吁医院安装报警按钮、保安门以及扫描仪器来杜绝致命武器，并增加监视摄像头及加强巡逻。

在这种情况下，了解合肥当地医患关系的现状，发现本区域的医患矛盾根源，广泛了解社会公众的就医体会和看法，是把握当下社会现实问题的关键，可以在一定程度上帮助寻找有效改善医患关系的措施。因此，安徽大学舆情研究中心根据舆情监控系统，就当前社会上最新的舆论热点——医患关系，展开了对合肥本地市民看待医患关系的电话访谈调查研究。

一、医患关系与舆论热点

所谓医患关系，便是指医务人员与病人在医疗过程中产生的特定医治关系，是医疗人际关系中的关键。著名医史学家西格里斯曾经说过，“每一个医学行动始终涉及两类当事人：医师和病员，或者更广泛地说，医学团体和社会，医学无非是这两群人之间多方面的关系”。

可以说，有医疗行为，就有医患关系。社会生活中各种关系纷繁复杂，何以医患关系成为 2013 年末的热门关键词？这与事件的连续性和巧合性、媒介传播的影响力、公众参与的自觉性相关。一方面医患纠纷的频发引起新闻人的重视，另一方面医患关系又由于与社会公众个体的密切相关性而促使公众自觉地参与到讨论中来。舆论有媒体舆论与公众舆论之分。根据“议程设置”理论，媒体对舆论走向有一定程度上的导向功能。但是，在新媒体环境下，由于公众的自主性空前增强，媒体的舆论导向作用也渐渐弱化。因此，媒体舆论只有彻底到达公众，那么，媒体的“议程设置”才在真正意义上得以实现。由此可见，在医患关系的问题上，真正起关键作用的舆情，还是很大程度上归功于大众。

大众对医患关系的判断、解读以及评价之类的舆论，反过来会对医患关系本身产生影响，或进一步激化双方矛盾，或退一步缓和两者关系。如今的大众舆论，又以网络舆论为主。所谓网络舆论，是指在互联网上传播的公众对某一焦点所表现出的有一定影响力、带倾向性的意见或言论[1]。

网络舆论突发突变，扩散迅速。在呈现出“观点的自由市场”的同时，又以“雪球效应”一样的模式推动舆论的议题向广泛、纵深的层次蔓延。并且，在“人人皆媒体”的今天，患者的“一家之言”可以通过网络终端到达“社会舆论”的范畴。此外，网络舆论在大多情况下理性缺席，常常以捕风捉影、道听途说甚至耸人听闻的方式来呈现事件。大众舆情，特别是网络舆情，一方面可以有效监督并且敦促医疗行业的发展；另一方面，由于缺乏理性和公正的立场，使得舆论往往偏向一方，造成判断失衡。

当下的舆论环境，形成了对患者一方的倾向，并将患者定性为理应得到更多支持和保护的“弱势群体”。每个人都有可能成为患者，且大多数人都具有同情“弱者”的心理，因而传统思维下的弱势方——患方在网络空间很容易得到舆论支持[2]。而医生一方，由于在舆论环境中缺乏“代入感”，因此显得被动而消极，在医患矛盾发生时，也被理所应当地认为是承担主要责任的角色。久而久之，这种以偏概全的言论愈演愈烈，不但丑化了医生群体的本质形象，甚至让大众先入为主地形成了“将责任归咎给医生”的思维定式，进一步加剧信任危机和医患矛盾。因此，对包括网络舆情在内的大众舆情进行调查与研究，便是从根本上为把握医患关系现状所做的铺垫。

二、合肥市民就医经历和对医患关系看法的调查

安徽大学舆情与区域形象研究中心围绕“合肥市民如何看待‘医患关系’”的问题进行了舆情调查。此次调查采用随机抽样方法，就个人的就医体会、对当前医患关系的总体评价以及对改善医患关系的建议与展望等方面，成功访问了532位合肥市民，覆盖全市7个行政区域。受访者涵盖了不同性别、年龄、教育程度、职业和收入，具有较为广泛的代表性。其中，男女比例较为平均，分别占48.68%（男）和51.32%（女）；19～39岁的受访者超过半数，达到55.26%；大专学历和本科学历的受访者占多数，分别为24.62%和28.57%；事业单位工作者和企业工作者是主要的受访来源，分别是16.73%和31.77%。

1. 合肥市民日常就医经历和满意程度调查

从某种程度上来说，对就医机构的选择体现着市民的就医偏好。现有的就医选择为：公立医院、私立医院、社区医院和私人诊所。调查发现，就合肥市民而言，国营体质的医疗机构在市民心目中仍然是第一选择（见图1）。

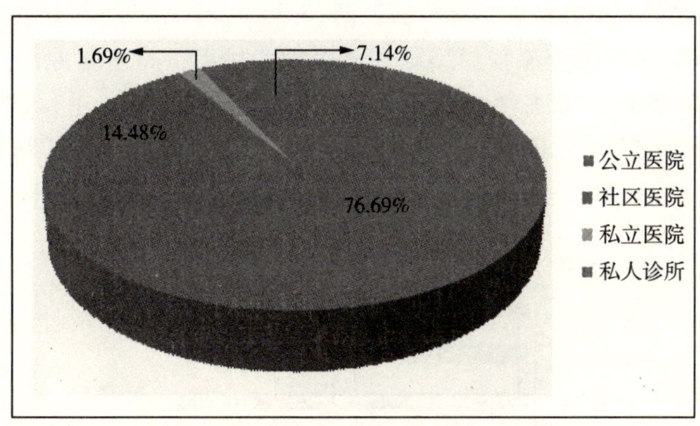

图1 被访市民日常选择医院的类型

76.69%的市民就医选择“公立医院”，占据了最高比例；其次是“社区医院”，有14.48%的市民作此选择；而选择去往“私人诊所”（7.14%）和“私立医院”（1.69%）的相对较少。这一方面显示了公立医院需求大，容易造成医疗资源紧张的情况；另一方面也表明医患关系主要集中于公立医院，应主要缓和公立医院医者与患者之间可能产生矛盾的地方。

患者的就医经历所带来的就医体会是其自身看待医患关系的最根本信息来源。关于合肥市民对就医经历的满意程度方面，总体来说，是处于中等偏上的状况（见图2）。45.68%的受访者感觉“一般”，接近一半的人数；其次是“比较满意”（31.21%）。而针对“未感到满意”的人群进行调查发现，有27.16%的人认为“医护人员态度不好”；其次，分别有19.32%的市民认为“开高价

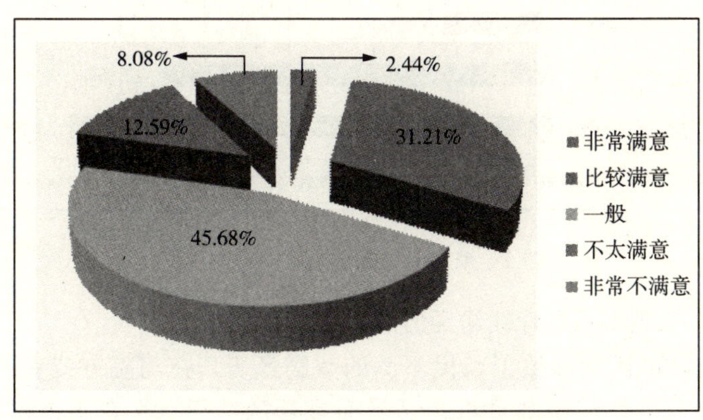

图2 被访市民对于就医的满意程度

药”和16.70%的市民认为“多余检查”；此外，还有“治疗无效”（11.07%）、“对诊断结果不满”（10.46%）和“收受红包”（7.24%）的原因（见图3）。综上

可见，由于医护人员导致的不满经历占据58.36%。其中，经调查数据进一步显示，“其他”中“医疗流程烦琐”和“医疗费用高”是主要原因，分别占举28.49%和22.85%；“医疗资源紧张”（19.85%）紧随其后；还有部分受访者认为，“医院环境差”（10.09%）和“报销难”（6.23%）也应归列其中（见图4）。

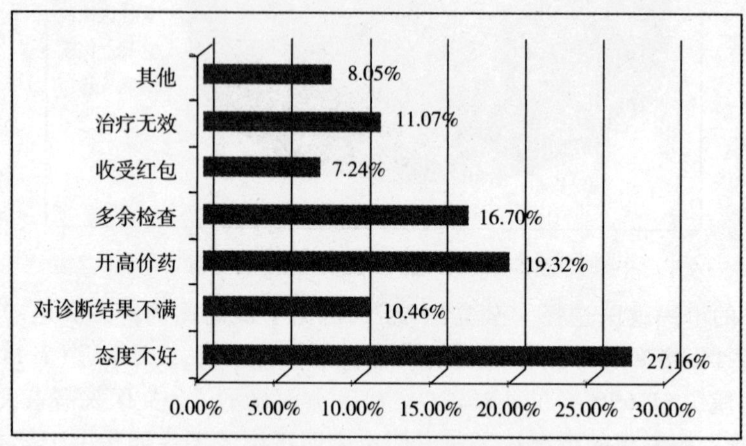

图3 受访者对医护人员不满的原因调查

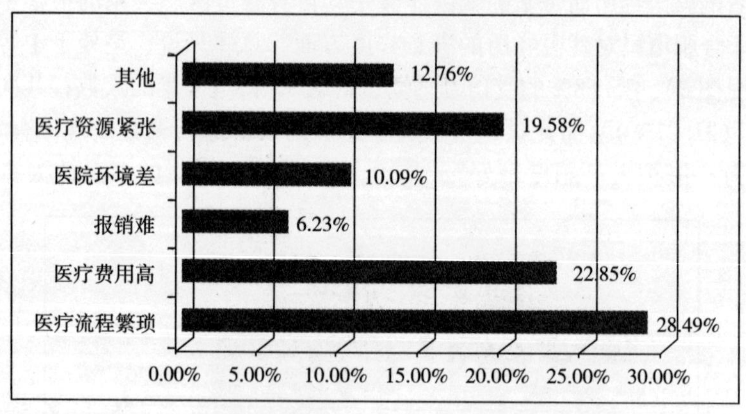

图4 被访市民就医不满的其他原因

2. 关于合肥市民医疗纠纷经历的调查

多种多样的因素导致了市民不满的就医经历。在与院方或者医生协调无果的情况下，医疗纠纷则是最为必然而直接的结果。在合肥市民的调查中，超过九成的受访市民没有亲身经历过医疗纠纷，在532名受访市民中占92.48%。可见合肥市区医患关系并未显现媒介舆论场中呈现的紧张状态。调查数据显示在为数不多的亲历过医疗纠纷的受访者中，男性比例（55%）略高于女性（45%）；月收入方面，“4000～6000元”是医疗纠纷高发群体；职业方面，企业员工（27.50%）和个体户（25%）经历过最多的医疗纠纷，公务员（2.50%）最少，学生群体则为零经历；年龄而言，“40～49岁”的市民经历过较多的医疗纠纷，占30%；而学历方面，“大专”遭遇过较多的医疗纠纷，比例达到30%，而“硕士及以上”则仅有5%。

在对医疗纠纷的解决态度上，合肥市民却有着不同的分化。在7.52%亲身经历过医疗纠纷的市民中，40%的人选择了“默默忍受”，他们大多数认为“没有必要”“争不过医院”；有27.50%和10%的人分别选择“和医院协商”和“法律程序”；也有2.50%的人选择“向媒体求助”；此外，同有5%的人分别选择“向相关部门投诉”和“暴力解决”。而在另外92.48%并未亲身经历的市民中，他们的选择与“亲身经历”的市民有着比较大的不同。仅有9.76%的人会选择“默默忍受”，他们大多认为“比较麻烦”“不忍受也没有用”；而仅有0.51%的人会选择“暴力解决”；大多数市民（40.04%）会选择“和医院协商”；另选择“法律程序”“向相关本门投诉”以及“向媒体求助”的市民分别有24.80%，13.62%和4.27%，相比于“亲身经历”的市民有所提高（见图5）。

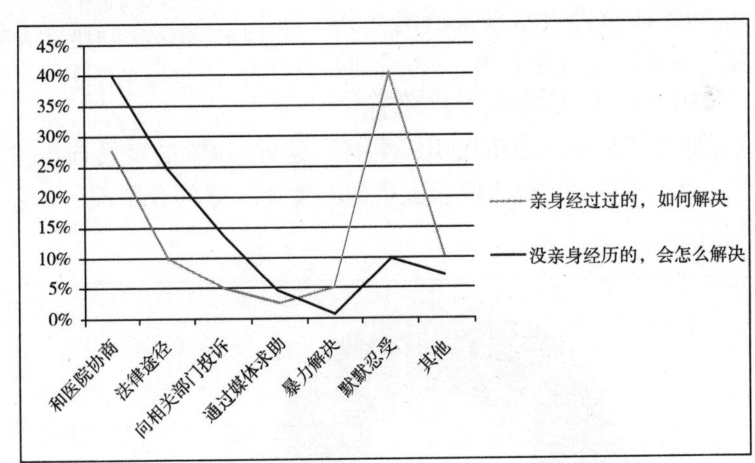

图5 医疗纠纷经历与纠纷解决方式的相关性分析

3. 合肥市民对医护人员的评价调查

传统的5分打分制度中，“5分”代表态度非常好，“1分”代表态度非常恶劣，依次递减。合肥市民也运用此对医护人员进行了打分与评价。调查结果显示，47.56%的市民选择了“3分”，占据最高比例；还有28.75%和8.08%的市民选择了“4分”和“5分”（见图6）。

相较于客观的评分制，词汇联想相对主观，但是却是更为开放式的印象反馈体系。合肥市民在对医护人员的词语联想上，“忙碌”“救死扶伤”和“高价药”占据较大比例，分别为14.2%、13.05%和10.24%；另外也有“白衣天使”（9.92%）和“冷漠”（9.09%）。其中，对医护人员评分为“1~3分”区间的市民中，44.19%的人选择了“冷漠”，35.64%的人选择了“忙碌”，33.62%的人选择了“高价药”，还有30.81%的人选择了“唯利是图”。由此可见，对医护人员态度评分偏低的合肥市民，在谈及医护人员时所联想的词汇也是相对负面的。

此外，合肥市民对医护人员的信任程度也因人而异。一般情况下，双方互信体现了医患双方良好的关系。但是，当一方失信于另一方的情况发生，便暗示着医患关系遭遇了瓶颈。数据显示，86.85%的市民对医生还是比较信任的，包括完全信任（41.17%）和半信半疑（45.68%）；而选择不信任的市民比较少，仅有2.26%；还有另外10.89%的市民表示不太清楚（见图7）。其上对医护人员评分为“4分”的市民中，有50.98%的人选择“完全信任”医生；在评分为“5分”的市民中，更有高达76.74%的市民选择“完全信任”医生。由此亦可见，认为医护人员的态度比较好的合肥市民，会在就医时更加信任医生。

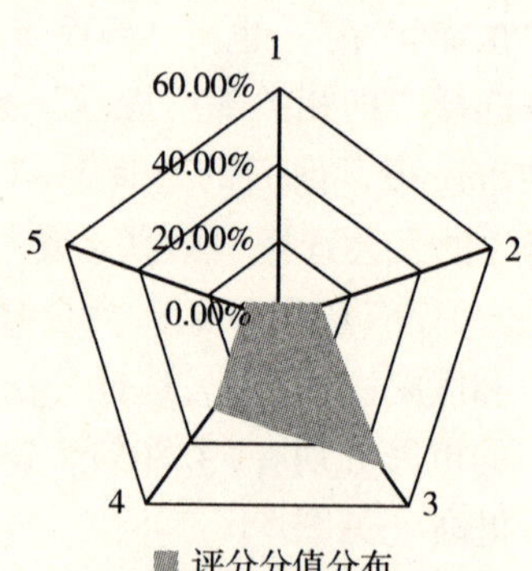

图6 被访市民对医护人员态度的评分

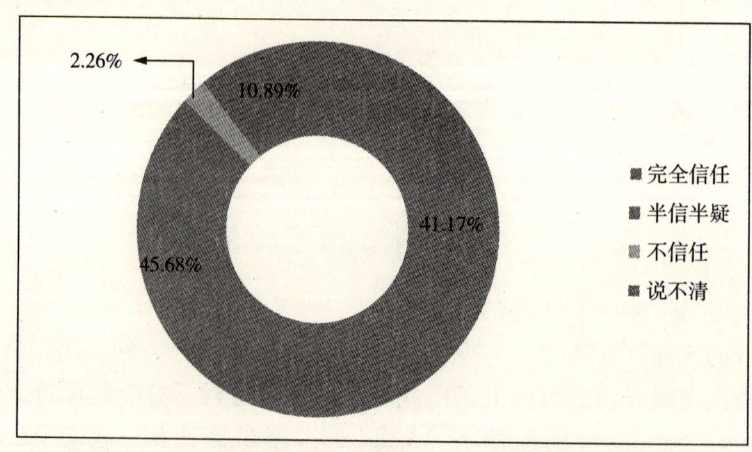

图7 被访市民就医时对医生的信任程度

三、合肥市民对当前医患关系的看法

评价医患关系，则是比评分制、词汇联想以及信任度更为直接的评判方式。对当前医患关系的看法上，有41.92%的合肥市民认为“一般”；其次是“紧张/比较紧张”，占27.63%；还有24.44%的人为“和谐/比较和谐”；此外，6.02%的市民表示不清楚（见图8）。总体来说，受访市民对合肥当前医患关系现状的看法偏向消极，医患关系亟待改善。

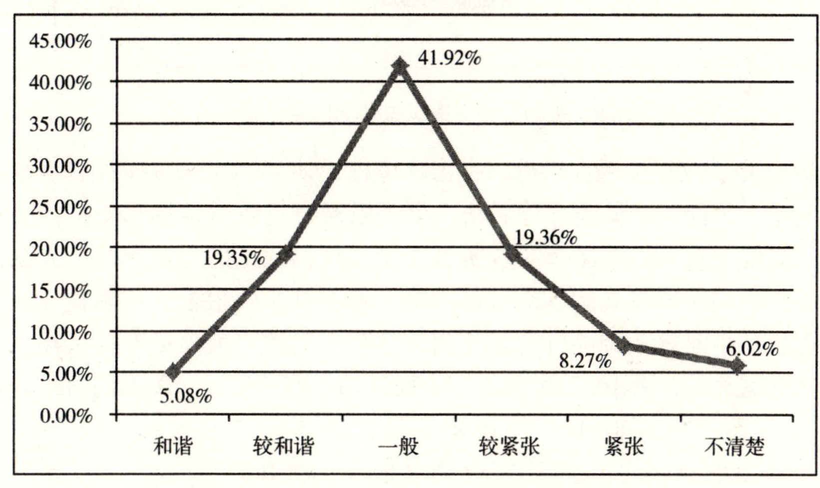

图8　被访市民对于当前的医患关系的看法

形成对医患关系的评价，有31.85%的市民是通过自身经历获得的，其中，近半数的市民认为当前的医患关系“一般”，还有四分之一的市民认为“比较和谐”；有22.50%是间接通过亲友经历；此外，另有30.22%的市民是通过新闻报道的渠道以及12.39%是经过网络发帖了解到的信息（见图9）。在这一部分通过媒体报道以及网络了解医患关系信息的市民中，50.55%的人认为当前医患关系“较为紧张”。由此可见，通过自身经历或亲友经历，从而对医患关系进行的评价是偏向积极的。但是通过新闻媒体报道和自媒体发帖了解到医患关系信息的市民，大多数还是认为当前的医患关系处于“紧张”状态，不容乐观。这也从侧面反映了当下市民对医患关系的看法与评价，在一定程度上是依赖于媒体的影响。

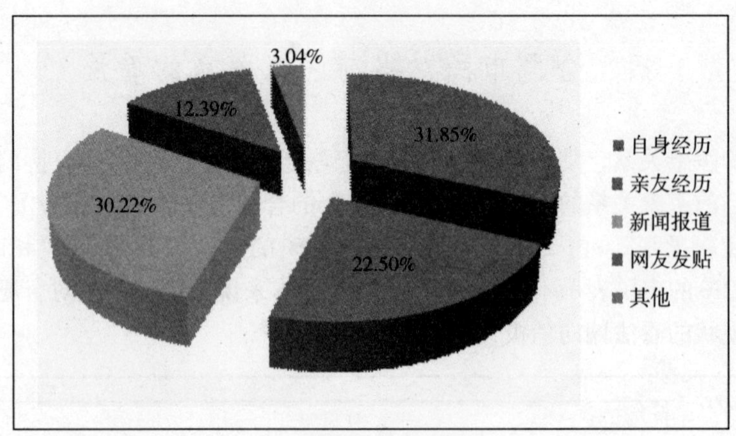

图9　被访市民对医患关系的印象产生渠道

1972 年，议程设置理论得以提出，该理论认为，大众传播往往不能决定人们对某一事件或意见的具体看法，但可以通过提供给信息和安排相关的议题来有效地左右人们关注哪些事实和意见及他们谈论的先后顺序。大众传播可能无法影响人们怎么想，却可以影响人们想什么。根据这一理论，新闻媒体在医患关系问题上所进行的舆论引导和议程设置，就显得有据可循了。此次调查数据显示，有 10. 71% 的合肥市民认为，媒体对医患关系的报道起到了积极引导的作用；40. 04% 的市民认为，媒体报道是客观中立的；另有 21. 43% 的市民认为媒体进行了夸大和扭曲（见图 10）。

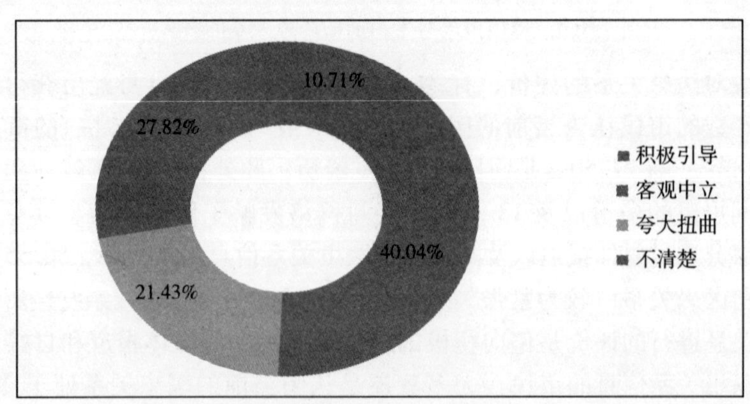

图 10　受访者对媒体报道“医患关系”的印象

既然当下合肥市民对医患关系的看法不容乐观，一方面或多或少地受力于媒体报道的影响，另一方面还在于确有其实的医患纠纷，从而导致负面舆情不断。究其根本，“沟通不畅”（21.57%）和“医疗体制不完善”（19.30%）当属主要原因。另外，还有院方态度强硬（14.17%）、法律不完善（13.79%）、患者缺乏理性（13.60%）、缺少仲裁机构（12.27%）以及包括医生道德、百姓收入、患者素质等在内的其他（4.87%）。

四、合肥市民对本地医疗环境的看法

一般而言，医患关系之所以复杂，是因为它不仅仰赖于人际沟通，还仰赖于包括环境、政策在内的医疗配套水平。在这一方面，对合肥市民进行调查的532个受访样本中，大部分受访者都指出本地医疗环境还存在很大改善空间（图11）。如其中23.59%的市民认为，本地医疗环境中尚且存在“医患沟通不畅”的问题；19.42%的市民认为“医疗资源分布不均匀”；18.57%的市民质疑“医德下降”；16.53%的受访者犀利指出“腐败现象”的存在；还有16.17%的市民认为，“医疗保障制度不合理”。此外，另有5.72%的受访者指出，就医难，医疗配备供不应求；医疗技术不进步；医生迫于压力从而态度不好，责任心缺乏。在此，有市民建议，医院分类应该细化，就医过程应该公开透明，并且推广预约挂号系统等一系列措施，从而缓解乃至解决合肥医疗环境中存在的问题。还有市民呼吁，政府应该给予就医指导。提及政府的力量，自当联想到医保政策。调查发现，对医保政策持“一般”态度的市民占了34.77%，紧接着是“比较满意”（28.76%）。由此可见，超过半数的合肥市民对本地的医保政策还是相对满意的。另有持“不太满意/不满意”态度的市民（21.80%），他们在不同程度上认为医保政策不完善：首先，地区间差异大，不同职业的医保水平不够公平；其次，医疗保障机制覆盖率狭窄，报销额度小，医保中个人缴纳的费用也比较多，医疗保障的深度和广度都不够；再次，医疗步骤烦琐，患者得不到实际利益。虽然持“不甚满意”态度的市民远远少于“满意”态度，但是医保政策是一项尽量惠及普遍民生的举措，因而，这一小部分声音也理应到达政策制定者之耳，成为他们改进、完善医疗保障机制的动力。此外，值得注意的是，尚且还有10.90%的市民不清楚医保政策，因此，加大医保政策的普及力度仍然是必要之举。

五、合肥市民对医患关系的改善措施与前景展望

放置当今，医患关系尚属复杂议题。不仅牵扯到包括人员、设备等硬性

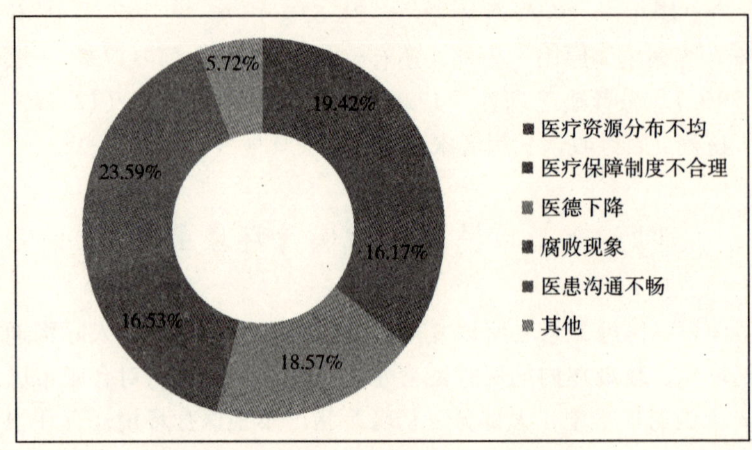

图 11 被访市民对于本地医疗环境的看法

配备在内的医疗水平，也关系到包括环境、政策等软性条件在内的医疗制度。各种各样的因素错杂交织，造成了合肥市民对当前医患关系的焦虑与不满。更为不乐观的是，现阶段的焦虑与不满会或多或少地延伸到对未来的展望中，阻碍医疗条件的进步与医患关系的改善。调查显示，有 34. 40% 的市民对未来医患关系的乐观程度表示“一般”；认为“很悲观/比较悲观”的市民达到 22. 74%；而觉得“很乐观/比较乐观”的市民占 34. 21%，并未超过半数。由此可见，大部分受访市民对未来的医患关系发展还持观望态度，对未来信心不足。

即便如此，仍然有市民对未来医患关系的改善提出了有力的建议。比例排在前四位的分别是“完善医疗体制”（18. 28%）、“加强医德医风建设”（18. 04%）、“建立良好沟通机制”（17. 22%）和“设立仲裁机构”（12. 79%），这四项建议涉及的主体都为政府卫生部门、医院以及医生；此外，还有 12. 46% 的市民认为“媒体客观报道”，以及 11. 59% 的市民认识到应该从自我审视，“提高患者素质”。总体看来，绝大部分市民认为改善医患关系的关键着力点还在于政府和医院，另外一部分市民却留意到，医患关系的长足发展还依赖于媒体和患者的积极配合。

六、总结与建议

在对此次的舆情调查进行分析与研判的同时，也因此可以得出一些全新的认知。

1. 总体而言，大多数合肥市民日常就医会选择公立医院，且合肥市民对于本地医疗机构的满意程度为中等偏上。

2. 医护人员的态度成为医患之间矛盾的主要来源，同时“医疗流程烦琐”“医疗资源紧张”也是被访市民不满的主要原因。此外，部分受访者认为医生开高价药和安排多余检查，从而导致了较高的医疗费用。因此，缓和当今医患关系的紧张局面需要医院和政府相关部门通力合作，一方面改善医护人员服务态度，另一方面合理安排各项医疗资源，解决挂号难、看病难等问题。

3. 被访市民对医护人员的评价主要集中在“3 分”与“4 分”，共占 76.31%，说明合肥市民对医护人员的评价在中等偏上。对医护人员态度评分偏低的合肥市民在谈到医护人员时，最常联想到的词也相对偏负面。而认为医护人员的态度比较好的市民在就医时会更加信任医生。这说明了医生的态度决定了医护人员总体形象的构建，也会影响患者对其的信任程度。

4. 超过九成的受访市民表示自己没有亲身经历过医疗纠纷，可见医疗纠纷在合肥地区并非常见现象。亲身经历过医疗纠纷的受访市民并未呈现出显著的人口学特征。在纠纷解决的方式上，大部分没有经历过医患纠纷的被访市民倾向于选择理性、积极的方式来解决问题，但在亲历过医患纠纷的样本中有 40% 的最终解释方式为消极承受，这其中数据的转变原因有待进一步深入调查。

5. 对于当前医患关系现状，将近一半的被访市民认为一般，尚可接受。值得注意的是，媒体对于医患关系的严峻程度的刻画对市民有一定影响，因为通过新闻媒体和网络发帖了解到医患关系的市民多认为当前的医患关系处于紧张状态。因此媒介应加强自律，正确反映客观现实，积极引导舆论的健康发展，而非夸大扭曲事实，激化矛盾。

6. 关于医患纠纷频发的原因，被访市民将矛盾的主要方面归结于院方和政府相关部门，认为沟通不畅和医疗体制不完善是主要原因，此外还有院方态度强硬、法律不完善、患者及家属的个人素质等方面原因。在对本地医疗环境的意见调查中，受访者同样也普遍认为合肥地区存在医患沟通不畅的现象。建议医院和政府建立健全良好的沟通机制，加强医患沟通渠道，完善相关的法律法规和仲裁制度。另一方面普及医学常识，提升全民素质，促进患者及家属对医院及医护人员的了解和理解，促进医患关系的和谐发展。

7. 对于未来医患关系，持乐观态度的受访市民并未超过半数。市民认为改善医患关系的关键在于政府和医院。受访者更多认为应在“完善医疗体制”“加强医德医风建设”“建立良好沟通机制”和“设立仲裁机构”等方面入手。与此同时，媒体和患者自身的反思也非常重要。

参考文献：

[1] 谭伟．网络舆论概念及特征［J］．湖南社会科学，2002（5）．

[2] 刘伶俐，文亚明．网络舆论对医患关系的负面影响及应对［J］．医学与哲学，2013（9）．

关系强度对政务微博扩散的影响研究

——基于安徽省教育厅政务微博的研究

李小军 孙春玉 邵 明*

（安徽大学新闻传播学院）

一、研究背景

政务微博近年来发展迅速，已成为政府社会管理创新的一大创举，政务微博有助于政府机构和公众开展对话和交流。在对话传播行为中，行为者关系强度不同，信息传播的效果也有差异。为了解在政务微博传播过程中，关系强度这一因素如何作用于政务信息扩散，本研究对“安徽省教育厅”政务微博的关系强度与信息扩散间的关系进行实证研究，提升政务微博传播的效果。

二、理论基础

关系强度的概念是由美国学者格兰诺维特提出，关系强度是一种人与人、组织与组织之间出于交流和接触目的而形成的纽带联系。他认为，关系的强度体现在“互动频率”“情感强度”“亲密关系”和“互惠交换”四个方面。如果互动次数多、感情较深、关系密切程度高、互惠程度高，就是强关系，反之则为弱关系。本研究将关系强度分为三个指标：微博互动数量、关系角色和评论情感支持。其中微博互动数量包括评论次数、转发次数、转发+评论次数。关系角色为政务微博管理者、粉丝、非粉丝、教育系统单位（含下属

* 李小军系安徽大学舆情与区域形象研究中心研究员；孙春玉系安徽大学新闻传播学院2011级本科生；邵明系安徽省教育厅政务微博负责人。

单位）。评论情感支持指的是通过分析微博评论内容判别对政务微博内容的情感支持度。

扩散行为：政务微博的扩散行为是指每个用户可以通过自发主帖、评论、转发、转发+评论等方式参与到信息的扩散传播过程中。信息的扩散性和影响力特征可以体现在转发数和评论数两个方面，转发数反映消息的扩散程度，评论数反映消息在扩散过程中所引起的反响程度，即影响力。因此不同的行为带来的扩散影响不同，转发带来信息扩散范围的扩大，评论带来影响力，转发+评论则是二者的综合。

三、研究对象——安徽省教育厅政务微博

安徽省教育厅新浪官方微博于2011 年6 月1 日开通，是国内第一家通过实名认证的省级教育行政部门微博，目前微博粉丝数 127 万。2011 年度新浪年度教育政务微博，2012 年度安徽最具影响力政务机构微博，2012 年度新浪中南大区十大政务微博。

四、研究框架

政务微博中的不同关系角色通过主帖、评论、转发实现与政务微博的互动交流，在交流过程中，不同关系角色发表不同情感支持（倾向）的评论，以及形成不同数量的联系强度，各行为主体与政务微博的关系强弱形成差异，在扩散的过程中，表现出来的行为和扩散的信息内容有差异。本研究选择安徽省教育厅2013 年11 月19—21 日3 天的微博进行统计分析。

五、研究假设

假设1：成为粉丝的时间越长，互动参与越活跃。

假设2：关系角色与互动参与程度显著相关，政务微博的粉丝更愿意参与政务微博信息的扩散网络中。

假设3：关系角色与扩散行为显著相关，政务微博的粉丝更愿意转发政务微博信息，非粉丝更愿意只评论不转发。

假设4：关系角色与评论情感支持显著相关，非粉丝在评论时更可能发表负面评论。

假设5：关系强度与扩散行为显著相关，关系强度越强，行为者更可能转发信息，关系强度越弱，行为者更可能参与到政务微博信息的评论中。

六、数据分析

1. 粉丝关注政务微博的时间与参与微博互动无显著性关联，假设1不成立。通过对安徽省教育厅1271860个粉丝的统计分析发现，粉丝关注政务微博的时间与参与微博互动无显著性关联，且往往关注时间越长的粉丝，参与积极性反而低于新加入的粉丝。

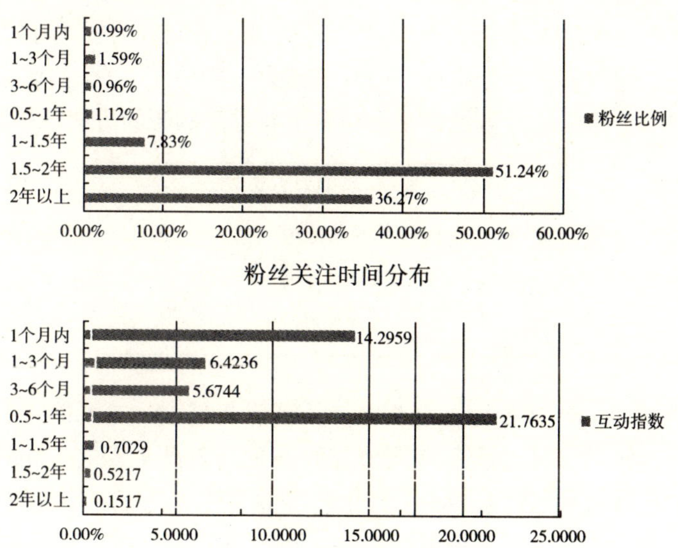

粉丝关注时间分布

关注时间与互动指数

2. 关系角色与互动参与程度显著相关，政务微博的粉丝更愿意转发政务微博，假设 2 成立。在对粉丝和非粉丝的扩散行为数据分析后，可以看出粉丝更有可能转发政务微博信息，特别是关系角色中的下属教育单位更积极转发评论安徽省教育厅微博。非粉丝倾向于只评论不转发（$P<0.07$，不显著相关，但接近于 0.05）。

根据卡方检验，我们得知，自由度 *df* 为 1，卡方 *X*2 等于 223.62，$P<0.01$（显著相关）。卡方作为独立性检验，当卡方值越大的时候，两者的成立有关系成立的可能性越大，两者的关联性越强，因而，关系角色与行为扩散显著相关，粉丝更愿意在信息传播中承担着消息传递者的身份，而非粉丝者则较为消极。

	发生数	未发生数	合计
一	75	75	150
二	565	22	587
合计	640	97	737

3. 关系角色与评论情感支持显著相关，非粉丝在评论时更可能发表负面评论，假设 3 成立。在对粉丝和非粉丝的评论内容的情感支持（倾向）数据分析后，可以发现非粉丝在评论时更可能发表负面评论。在发生负面信息时，非粉丝更倾向于去发表评论，而粉丝相对保守。

根据卡方检验，$n=72$，自由度 *df* 为 1，$P=0.05$（显著相关）。*P* 值为结果可信程度的一个递减指标，*P* 值越大，我们越不能认为样本中变量的关联是总体中各变量关联的可靠指标。*P* 值的结果小于等于 0.05 被认为是统计学意义的边界线，但是这显著性水平还包含了相当高的犯错可能性。

	发生数	未发生数	合计
一	36	19	55
二	7	10	17
合计	43	29	72

4. 关系强度与扩散行为显著相关，关系强度越强，更可能转发信息，关系强度越弱，倾向于参与政务微博信息的评论，假设 4 成立。在对行为者与政务微博的互动次数、关系角色和评论内容的情感支持三个指标数据分析后，可以看出与政务微博成强关系的行为者，更愿意转发微博（特别是关系角色处于下属单位的微博更加积极转发评论），使得政务微博信息得以扩散。但关

系强度相对较弱的，往往倾向于只发表评论而不转发扩散。

七、研究结论

1. 当前政务微博的互动极低，政府与公众之间缺乏有效的对话，还处于单向传播的状态，政务微博需要在运营策略上做出调整，提高公众的参与程度。在最近的30天内，安徽省教育厅微博127万的粉丝中，每天与政务微博互动的粉丝数大约在1200人，互动率在0.09%左右。

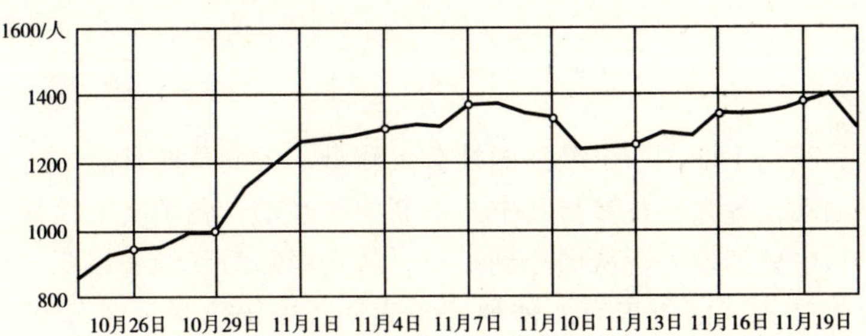

2. 政务微博的粉丝更可能参与到政务微博信息的扩散过程中，更可能转发政务微博信息。而非粉丝倾向于只发表评论，特别是负面评论。关系强者更可能转发政务微博信息，关系弱者倾向于发表评论。

在舆情危机出现时，处于弱关系的行为者往往更容易发表负面评论，将负面信息向网络扩散，且不转发政务微博的信息。因此，在日常的微博运营管理中，既要维护好与粉丝的良好关系，同时也要关注非粉丝的动态，这对舆情危机处置非常重要。

3. 成为政务微博粉丝的时间越短，往往活跃程度越高。微博用户主动添加政务微博为关注对象，成为其粉丝，一般出于某种新近的需求，这种需求促使政务微博的新粉丝在最初阶段活跃度较高，但随着时间的推移，粉丝的参与兴趣开始下降，大体上这个时间以1个月内最为活跃，衰减期大致在半年左右。因此，需要提升微博粉丝的参与积极性和黏性，保持和扩大政务微博有效传播的范围。

参考文献：

1. 刘利芳，欧阳莹莹．关系强度对政务微博扩散过程的影响研究——以新浪“成都发布”政务微博为例［J］．中国报业，2013（6）．

2. 聂芸芸．政务微博与新型政府公共关系构建［J］．新闻前哨，2012（6）．

安徽质检形象建构与维护研究

——基于对1000份调查问卷的统计分析*

刘　勇　汪礼亮**

（安徽大学新闻传播学院）

今天，我们正处在一个激荡的社会大转型、大变革时期。一方面，各种社会思潮涌动，各方利益参与其中并不断博弈互动，各类突发性事件更是频频发生，从中央到地方，从国企到私企，从政府部门到经济组织，涉及区域之广、影响之大，前所未有。种种迹象表明：中国已进入了真正意义上的“风险社会”，任何一个小概率事件都会被无限“放大”直至难以收拾。另一方面，伴随新媒体技术的日新月异，网络、博客、微博的大行其道，“人人都是麦克风”的时代业已来临。这种情形之下，形成了一种难以逾越的循环：越是与人们工作、生活息息相关的事件、领域就越能引起普通民众的关注，而普通民众越重视就越容易被大众传媒所聚焦，一旦被大众传媒聚焦，部门和区域形象的优点和缺点会被同时“放大”，而且时间间隔越来越短。

作为连接经济建设与社会稳定的重要政府机关，质检系统在保障质量安全、促进国家经济与社会发展中肩负着日益重要的职责，尤其是在“中国制造”频频出现问题的当下，质检系统常常又要承受因为相关产品质量问题而引发的民间质疑与不满。基于此，“如何在现代风险社会中，运用专业的方法打造一个专业高效、负责任的质检形象？”就成为质检部门无法回避且必须思考的命题。

---

* 基金项目：“安徽省质量技术监督局项目：质检形象维护研究”。

** 刘勇，博士，安徽省人文社科重点研究基地——安徽大学舆情与区域形象研究中心研究员，执行主任；新闻传播学院副院长，副教授；汪礼亮，安徽大学新闻传播学院2011级硕士研究生。

一、研究的背景与意义

2012年以来，国家质量技术监督局确立了“强质检要树新形象”的工作思路，要求在全系统范围内，逐步树立三大形象：亦即“刚正廉明的依法行政形象”“科学权威的技术执法形象”“可亲可信的人民质检形象”。本研究正是在这样的背景下展开的。

结合当今中国社会的基本特征以及质检工作的根本定位，我们认为，“质检形象维护研究”正逢其时，具有现实与理论双重意义。一方面，本研究的现实意义在于：立足质检工作的诸多现实问题，系统总结质检形象维护的经验与教训，尝试提出质检形象维护的理念、方法与路径，为实现树形象、强质检的根本目标提供实践指导。另一方面，近年来，组织与部门形象研究逐渐成为社会科学界的研究热点，本研究系统梳理中外学术界关于形象维护研究的最新成果，结合质检工作的独特性，尝试提出符合中国质检特色的工作理论，不仅能够为中国质检工作提供理论指导，也可以丰富质检形象研究乃至政府、组织形象研究。

二、研究设计

为了了解质检形象维护过程中存在的问题与困境，我们围绕质检形象维护的现状与风险防控情况进行了问卷调查，共发放了1100份问卷，回收有效问卷1000份。选取的样本具有广泛的代表性，以安徽省质检系统为主要调研对象，同时兼顾部分人大代表、政协委员、媒体记者、企业代表等。在安徽省质检系统内部选取的样本中，覆盖了不同部门、不同岗位、不同工龄的质检工作者，既有工作在质检窗口的工作人员，也有负责执法督查的质检工作者；既有从事食品质量安全监管的质检人员，也有负责特种设备安全监察的质检人员；既有在质检系统工作不到一年的科员，也有工作了十年以上的部门领导。

同时，除了问卷调查以外，课题组在进行小组座谈以及个案深度访谈的过程中也会兼顾到质检形象维护的现状与风险防控这一问题，力求通过科学、全面的调研找到维护质检形象的关键问题。

三、调查与分析

（一）质检工作者的自我认同

作为质检形象维护的主体，质检工作者的自我认同对于质检形象的维护至关重要。通过调研发现，质检工作者对于目前自身的工作满意度较高，选择“非常喜欢”的占34.1%，选择“比较喜欢”的占43.8%，选择“一般喜欢”的占17.0%，选择“不太喜欢”的占4.1%，选择“非常不喜欢”的占1.0%（如下图）。

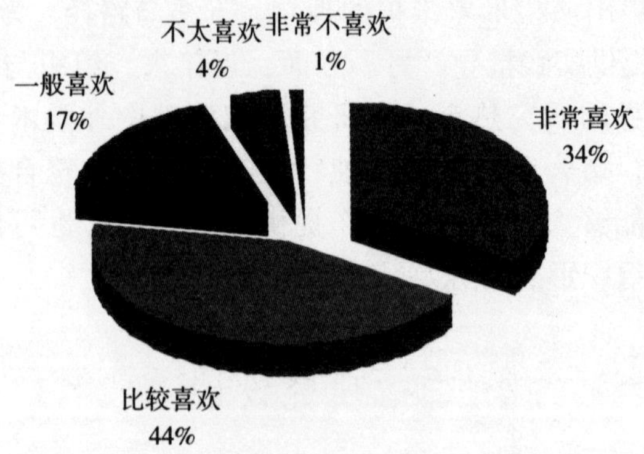

同时，为了了解质检人对于自身形象的评价，课题组设计了一道评分题，即“请您对目前的质检形象做个评价（5分代表非常满意，1分代表非常不满意，以此类推）”，结果选择“4分”的最多，占46.3%；其次是“3分”，占32.6%；而选择“5分”的占16.5%；选择“1分”和“2分”的仅分别占1.3%和3.3%，平均分为3.74，说明质检工作者对于目前的质检形象较为满意（如下图）。

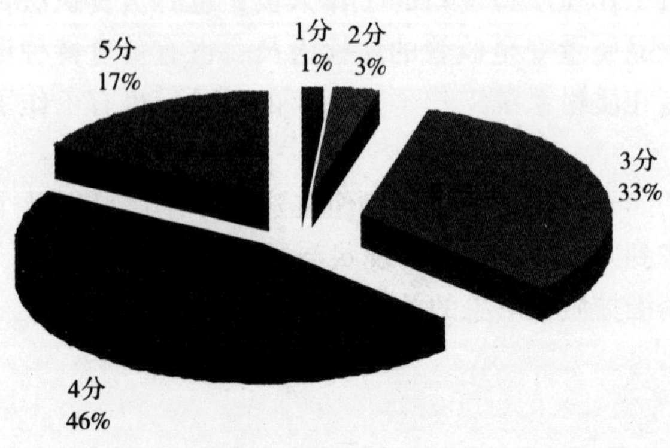

在访谈的过程中，课题组发现质检系统内部对于2012年全国质检工作会议上提出的“树立刚正廉明的依法行政形象、科学权威的技术执法形象、可亲可信的人民质检形象”认可度较高，普遍认为这三个形象基本概括了质检形象的内涵，应该从这三个方面来维护质检形象。调研过程中也发现，质检系统内部编制身份的复杂性一定程度上造成了部分质检人归属感的缺失，从而影响到质检人维护自身形象的积极性，但是总体上而言，质检工作者的自我认同感较高，说明质检形象的维护具有良好的基础和动力。

（二）质检形象维护的影响因素

对于影响质检形象建构与维护的因素而言，问卷调查的结果显示，主要集中在高效行政、技术执法、文明服务、强化与媒体沟通四个方面（如下图）。

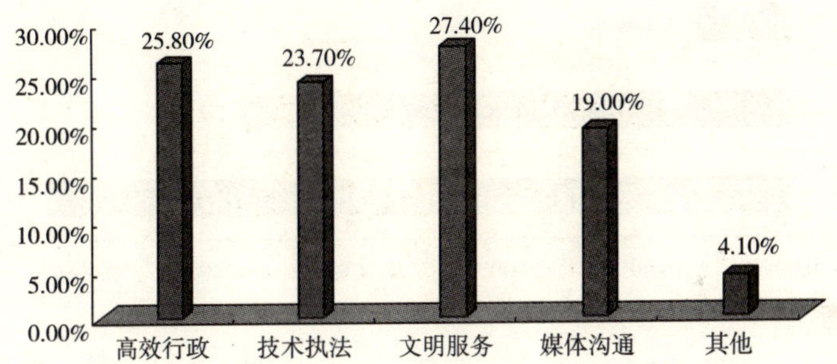

就这四个方面而言，高效行政、技术执法、文明服务都是从质检工作的自身职能出发维护质检工作者的依法行政形象、技术执法形象、人民质检形象，是从内部、从质检工作本身出发维护质检形象，而强化与媒体沟通则突出了质检形象维护中，外部媒介对于质检形象传播的重要影响。就哪个方面最能影响到公众对于质检形象的评价而言，选择一线质检工作人员的表现最多，占48.5%；其次是新闻媒体的报道，占28.0%；再次是质检部门的宣传力度，占18.8%；其他占4.7%（如下图）。

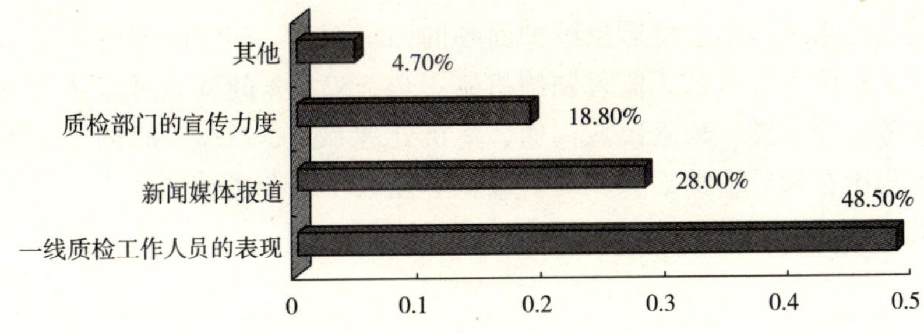

作为窗口行业，一线质检工作人员与公众的接触最多，最能直接影响到公众对于质检形象的评价，而新闻媒体的报道对于质检形象的社会评价影响最为广泛，毕竟大多数的公众与质检工作没有直接的接触，而媒体的报道成为质检形象传播的重要渠道，是社会公众了解质检工作的重要窗口。问卷调查显示，53.4%的调研对象认为新闻媒体对于质检形象的建构与维护非常重要，认为比较重要的占到39.3%，认为重要性一般的占6.4%，而认为不太重要或非常不重要的仅仅占0.9%（如下图）。

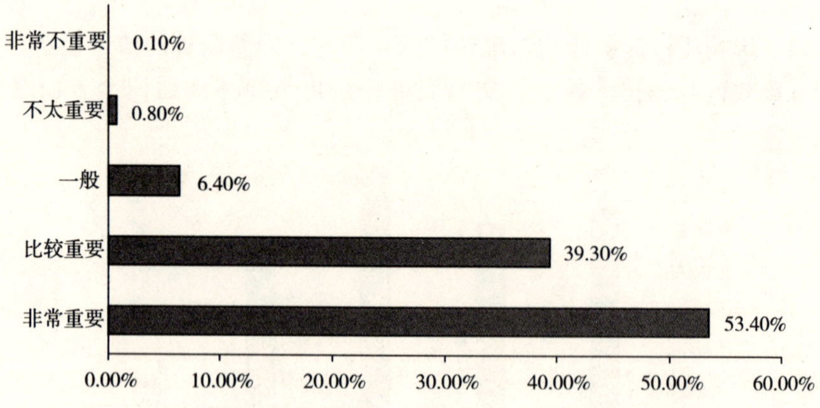

同时，对于新闻媒体的报道，认为非常客观的占3.7%，认为比较客观的占70.4%，认为不太客观的占25.1%，认为非常不客观的占0.8%，这反映出大家对于新闻媒体的认知较为理性，认为媒体的报道比较客观，但也存在问题。媒体一定程度上能够左右社会公众对于质检形象的评价，但是媒体报道与事实真相之间也会存在距离，这正说明了媒体报道对于质检形象维护的重要性。

（三）质检形象维护面临的困境

就质检系统内部质检形象维护面临的困境而言，39%的调研对象认为困境来自于执法不够规范、监督制约机制不全；32.3%的调研对象认为困境来自于政务公开不够、缺乏民意沟通、危机处理不当；25.8%的调研对象则认为困境集中在领导重视不够、员工意识不强以及职业道德的缺失；除此之外选择其他的共占到2.9%（如下图）。

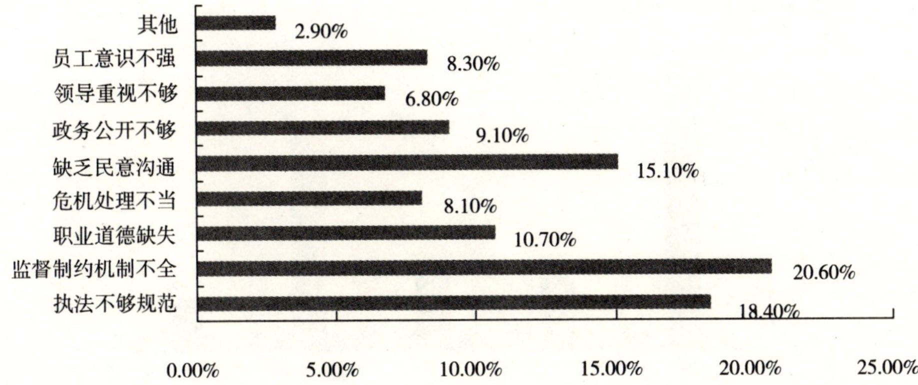

由此可见，就系统内部而言，质检形象维护面临的困境主要集中在监督制度层面的缺失、信息沟通不够完善、难以应对危机以及人员素质的参差不齐。

就社会外部质检形象维护面临的困境而言，34.1%的调研对象认为困境来自社会风险的增大、质量安全现状严峻、突发危机事故频频出现；32.8%的调研对象认为困境集中在公众对于质检工作的期待不断提高、传播渠道的多样化使得网络舆情压力增大；30.5%的调研对象则认为困境来自质检行业的社会认知度不强、分工不明确；除此之外选择其他的共占到2.6%（如下图）。

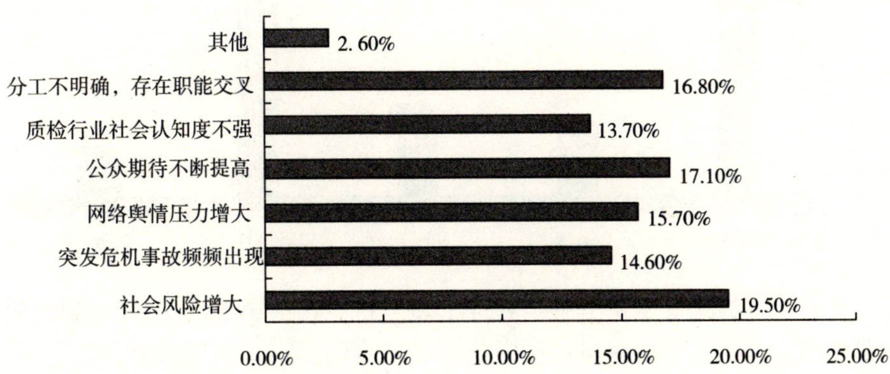

由此可见，就社会外部而言，质检形象维护面临的困境主要集中在社会风险的增大、公众舆论的压力以及质检行业社会认知度不高。

（四）质检信息的传播现状

课题组对质检信息的传播现状进行了调研，发现质检信息的发布渠道主要集中在官方网站和宣传内刊，分别占到42.5%和31.1%，而政务微博、论坛和其他共占到26.4%（如下图）。

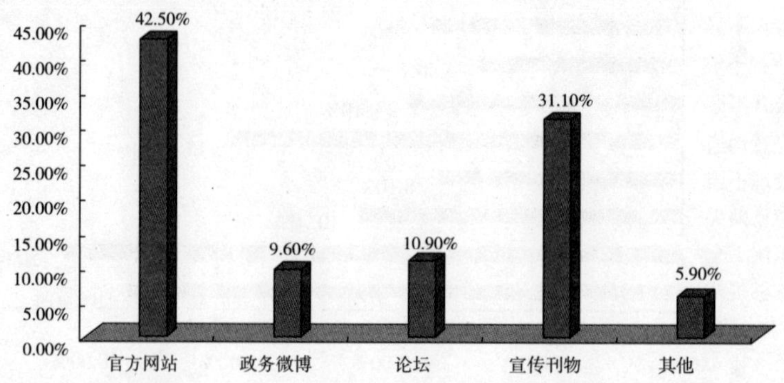

质检部门目前能够与公众进行沟通的渠道主要集中在投诉电话和官方网站，分别占到37.2%和38.3%，而政务微博、论坛和其他共占到24.5%（如下图）。

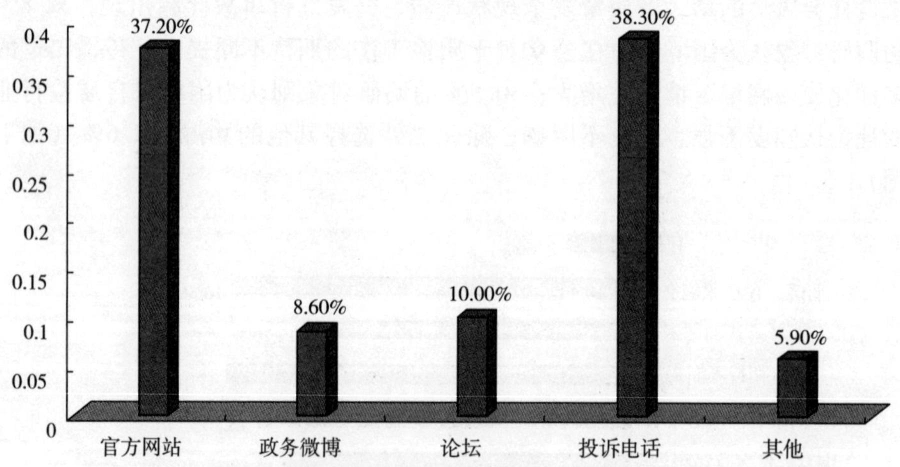

问卷调查的结果反映出一定程度上质检信息传播渠道的缺失。就质检信息的发布而言，官方网站与宣传内刊是最基本的渠道，内刊主要是集中在质检系统内部的宣传，可以促进质检信息的内部流通；官方网站是面向社会公众的，是公众了解质检信息的重要窗口之一，可是官方网站的信息传播速度以及影响并不及微博和论坛；就质检部门与社会公众的沟通而言，投诉电话和官方网站也是最基本的，但是其互动性远远不及微博和论坛。课题组对安徽省有关质检系统的微博进行了搜索，发现只有合肥庐阳区质监、铜陵质监、金寨质监三个以单位命名的微博，并且几乎没有发布信息，还有两个与质监相关的个人微博，信息量也很少。

作为窗口行业，其自身形象的建构更需要通过媒体来传播，信息的发布与沟通一方面体现的是官方的作为，一方面直接影响到窗口行业的形象，而信息发布与沟通渠道的选择与建立显得尤为重要，新媒体，特别是微博，具有影响力的论坛等，这些往往是公众舆论出现最密集的地方，因此对于质检部门而言，充分利用新媒体进行质检信息的传播有助于质检形象的维护。在这一点，公安部门的政务微博可以作为借鉴案例，公安部门的工作同样切实关系到社会的稳定与公众的利益，与老百姓的生活息息相关，同时公安的工作也最容易引起舆论。很多公安部门开通了政务微博，及时公开信息，让公众了解真相，同时进行必要的互动，既有助于公安工作的开展，又能够主动地面对舆论，甚至引导舆论，也在一定程度上维护了自身的公安形象。

（五）质检形象的媒体应对

质检形象的维护与媒体的传播密切相关，课题组对质检部门的媒体应对进行了问卷调查。有68.8%的调研对象所在的质检部门中有与媒体联络、沟通的专职人员；而31.2%的调研对象所在的质检部门没有专门的工作人员负责媒体应对。在具有专职媒体应对人员的质监部门中，会经常进行新闻传播、危机处理等方面专门培训的占25.7%，偶尔进行培训的占56.1%，从未进行过培训的占18.2%（如下图）。

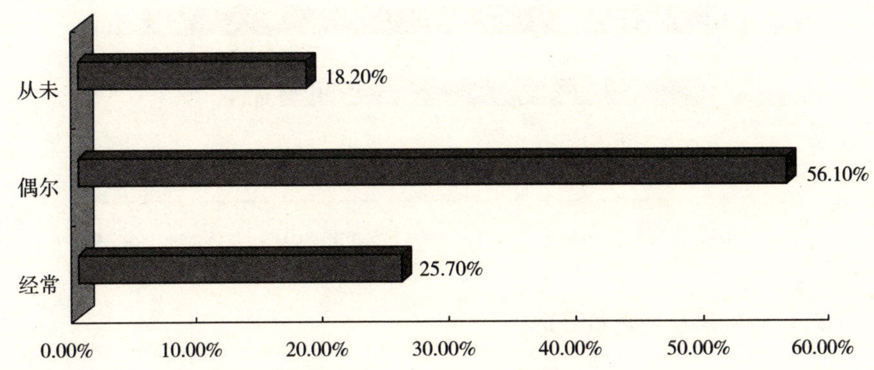

在有过专门培训的质监部门中，一年及以上举行一次培训的占34.3%，半年举行一次的占37.5%，三个月举行一次的占11.6%，两个月举行一次的占7.6%，不定期举行的占9.0%（如下图）。

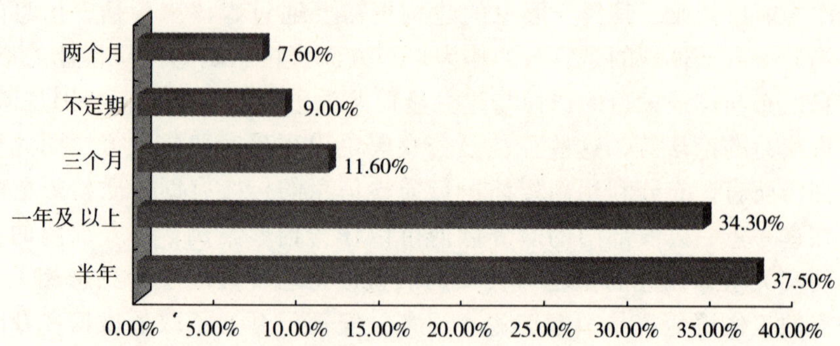

如果遇到媒体曝光，通常会选择何种方式去应对？占60.7%的调研对象选择直接找报道的记者沟通；选择找媒体的上级专管部门，给媒体施压的占4.6%；选择直接找媒体删稿的占1.8%；选择置之不理的占1.3%；选择其他的占31.6%。由此可见，当遇到媒体曝光时，一半以上的调研对象所在的质检部门注重与媒体记者的沟通，而不到10%的调研对象所在的质检部门通常采用比较强硬的手段，通过关系解决问题甚至直接忽视媒体的报道，而这种方式并不是媒体应对的有效手段。

在调研对象关注的媒体中，本地媒体最多，占40.1%；省级媒体次之，占30.4%；国家级媒体占25.5%；其他占4%（如下图）。

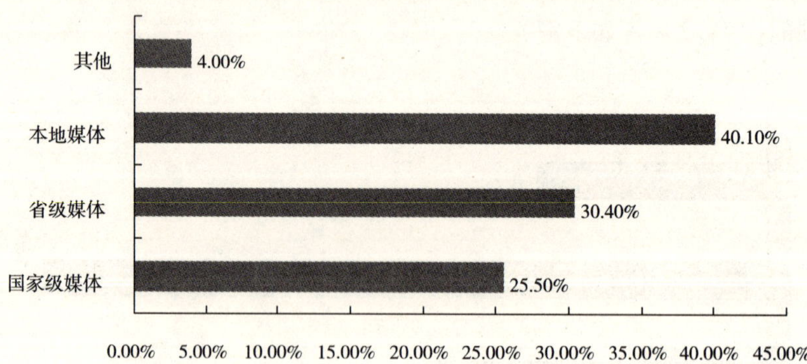

（六）质检形象的危机处理

危机的处理直接影响到质检形象的维护，课题组对此进行了调研。在质检工作中，69.5%的调研对象偶尔遇到过突发危机事件，经常遇到的占5.1%，从未遇到过的占25.4%。而遇到危机事件时，由分管领导去应对处理的占36.7%，由一把手去应对处理的占34.1%，由专业人员去应对的占25.0%，其他占4.2%（如下图）。

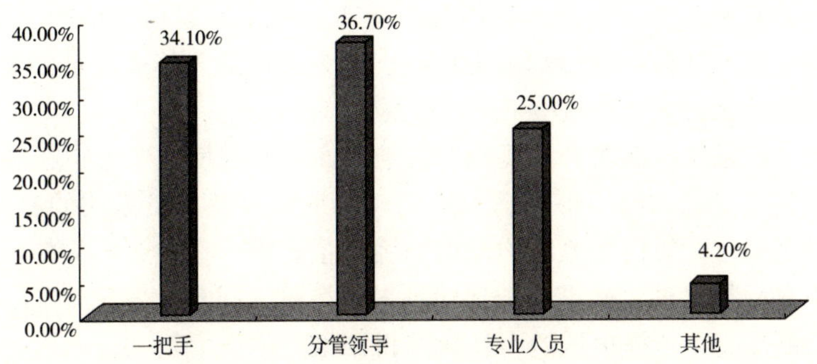

在危机公关时，面临的问题主要集中在危机处理经验不够、媒体的曝光、有效传播渠道的缺失以及来自网络舆情的压力（如下图）。

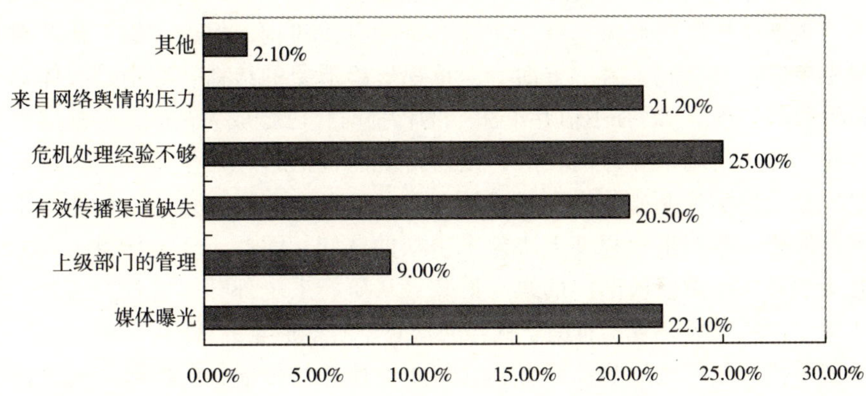

（七）总结与分析

课题组通过问卷调查，旨在了解质检形象维护的现状以及风险防控情况。作为质检形象维护的主体，质检工作者是课题组的主要调研对象，同时兼顾到部分人大代表、政协委员、媒体记者、企业代表等。

首先，就质检形象的维护现状而言，质检形象的维护具有良好的基础和动力。作为质检形象维护的主体，质检工作者的自我认同感较强，有利于质检形象的维护。质检工作者对于目前自身的工作以及质检形象满意度较高，同时，对于“树立刚正廉明的依法行政形象、科学权威的技术执法形象、可亲可信的人民质检形象”认可度较高，普遍认为这三个形象基本概括了质检形象的内涵，应该从这三个方面来维护质检形象。

其次，对于影响质检形象建构与维护的因素而言，主要集中在高效行政、技术执法、文明服务、强化与媒体沟通四个方面，除了自身的职能工作以外，质检工作者普遍认为新闻媒体的传播对于质检形象的建构与维护非常重要，对于质检形象的社会评价影响最为广泛。作为质检形象传播的重要渠道，媒体的报道是社会公众了解质检工作的重要窗口。

最后，就系统内部而言，质检形象维护面临的困境主要集中在监督制度层面的缺失、信息沟通不够完善、难以应对危机以及人员素质的参差不齐；就社会外部而言，质检形象维护面临的困境主要集中在社会风险的增大、突发危机事故频频出现、质量安全现状越来越严峻，同时，公众对于质检工作的期待不断提高，传播渠道的多样化使得网络舆情压力增大，而质检行业的社会认知度并不高。

因此，就质检形象维护的现状以及困境来看，质检形象的维护需要从自身的职能工作和质检形象的对外传播两方面着手，一方面在自身的职能工作中有意识地维护质检形象，进行质检形象的自我建构，促进质检工作者对于自身形象的自我认同；另一方面应当重视质检形象的传播，特别是媒体对于质检形象的呈现。“酒香不怕巷子深”的传播时代已经成为过去，传播渠道的多样化，尤其是网络媒体的发展，使得传统的传播理念发生了变化，形象不再是完全以现实为基础，媒介呈现给公众的形象，即媒介形象，可能并不是真实的形象，但却很大程度上决定了公众的认知，因此，现实形象与媒介形象互为因果，维护质检部门的媒介形象，从质检系统外部改善社会舆论，提高质检工作的社会评价，有助于社会公众对于质检形象的认同。

就质检形象的风险防控而言，这与质检信息的传播、质检形象的媒体应对以及危机处理密切相关。

首先，不管是质检信息的发布，还是与社会公众的沟通，质检信息的传播渠道都较为单一的集中在官方网站与内刊宣传中，从而反映出一定程度上质检信息对外传播渠道的缺失。以微博为代表的新媒体，传播速度快，互动性较强，公众舆论出现最为密集，目前在质检行业的信息发布与沟通中还没有被很好地利用。

其次，虽然超过一半的调研对象所在的质检部门中有专门与媒体联络、沟通的专职人员，但是对他们进行新闻传播、危机处理等方面专业培训的力度不够，大部分质检部门都是在半年或一年培训一次，导致还有近10%调研对象所在的质检部门遇到媒体曝光通常采用比较强硬的手段，通过关系解决问题甚至直接忽视媒体的报道，这就说明质检部门在媒体应对上存在制度上的缺失。客观、公正的新闻报道必然是需要事件各方的声音，因此建立新闻发言人制度对于质检形象的媒体应对尤为重要。

最后，在危机公关时，质监部门面临的问题主要集中在危机处理经验不够、媒体的曝光、有效传播渠道的缺失以及来自网络舆情的压力。危机应对的过程往往就是通过媒体争夺话语权的过程，而建立有效的危机应对机制至关重要。在危机处理的过程中，大部分调研对象所在的质检部门都是由领导直接应对处理，由专业人员去应对的仅占四分之一，因此，在质检系统内部还没有形成有效的危机应对机制，处理危机的过程中存在很多不确定性，只有应对机制的建立才能有效地规避风险。

四、质检形象维护的理念与策略

近年来的大量实践证明，社会大众往往把质检部门的“现实形象”等同于“媒介形象”，凡是“媒介形象”树立成功的质检部门，不仅能防患于未然，从容防范各类危机，而且能够科学、专业地化解各类危机，从而更好地推进各项事业的发展。

（一）防患未然：质检形象的日常维护

1. 在职能工作中维护质检形象

对于质检形象的维护首先应当从自身的职能工作入手，不管是刚正廉明的依法行政形象、科学权威的技术执法形象，还是可亲可信的人民质检形象，都应当具体落实到日常的质检工作之中。相对于人民质检形象而言，依法行政形象和技术执法形象更容易贯彻到质检行业建设与具体的工作中，比如加强法制建设，实施科技兴检，不断提升科研水平，深化技术机构改革，等等，而在人民质检形象的维护中，围绕为人民服务这一内涵，其外延较为丰富，同时，人民质检的形象又最容易在社会公众中进行传播。课题组在安徽省质检系统的调研中发现，安徽省质检系统通过不断丰富人民质检形象的内涵，从不同的角度诠释了人民质检形象，对于人民质检形象的维护有很好的借鉴意义。首先，安徽省质检系统全面开展“质量兴省”活动，服务地方经济，促进地方的社会经济发展，从而打造服务型质监；其次，安徽省质检系统进一步强化食品和特种设备的源头质量监管，着力保障两大安全，高度关注民生，维护人民的生命健康，从而打造平安型质检；再次，安徽省质检系统不断加强自身建设，提高质检工作者的素质，形成良好的政风、行风，在质检系统内部营造良好的文化氛围，有助于质检形象的自我建构，促进质检工作者对于自身形象的自我认同，从而打造和谐型质监。因此，不管是服务型质监、平安型质监，还是和谐型质监，都是在不断丰富人民质检形象的内涵，在职能工作中维护质检形象。

2. 建立有效的质检信息传播机制

我们在调研中发现，就社会外部而言，质检形象维护面临的困境主要集中在社会风险的增大、突发危机事件的频发、质量安全现状越来越严峻，同时，公众对于质检工作的期待不断提高，传播渠道的多样化使得网络舆情压力增大，而质检行业的社会认知度并不高，很多普通受访者根本就不了解质检部门的工作范围与具体职能。因此，建立有效的质检信息传播机制，从质检系统外部改善社会舆论环境，提高质检工作的社会评价就显得尤为重要且迫切。

首先，需要建立完善的质检信息传播渠道。我们在问卷调查中发现，不管是质检信息的发布，还是与社会公众的沟通，质检信息的传播渠道都较为单一，主要集中在官方网站与内刊宣传中，从而反映出质检信息传播渠道类型化与多样性的缺失。对于传播速度较快、互动性较强的政务微博以及具有影响力的网络论坛等，质检系统并没有将其作为自身信息的传播渠道，而这些渠道往往又是公众舆论出现最密集的地方，因此，充分利用以微博为代表的新媒体进行自身信息的传播对于窗口行业而言更加重要。

其次，在进行质检信息传播的过程中，应当注重信息传播的方式与效果，政务信息的全面公开、网站内容的快速更新、网上窗口的优质服务都能呈现出质检工作透明、高效、为民的良好形象。质检信息的传播应当贴近民生，避免一味的政务宣传，把老百姓关心的问题作为信息传播的热点，比如食品质量安全，制假售假，特种设备安全等，从而实现有效的传播效果，有助于社会公众对于质检形象的认同。

3. 日常维护的重点环节——如何运用新闻传媒展开宣传

在质检形象传播的过程中，新闻传媒扮演着重要角色，如何运用传媒展开有利于建构自身形象的宣传则理应成为质检形象日常维护的重点环节。我们在调研中发现，在以往的媒体应对中，质检系统十分注重新闻宣传，特别是通过传统媒体开展主题宣传，比如围绕“3·15 国际消费者权益日”，安徽省质监局策划了一系列宣传活动方案，尤其是与《新安晚报》、人民网安徽视窗合作的“消费者代表走进质检实验室现场见证食品和产品质量检测流程”活动，与安徽电视台《第一时间》栏目合作的“质检专家‘食话食说’”活动，均引起了社会公众的普遍关注和良好反响。课题组就近年来有关安徽质检的新闻报道进行了检索，发现在《安徽日报》、安徽广播电视台、《中国质量报》等媒体中不乏质检宣传的新闻报道，这说明质检系统对于传统媒体的宣传十分重视，并且也证明了与媒体记者进行良性互动的必要性。

同时，在问卷调查的过程中，课题组也发现了媒体应对中的一些问题。

第一，有31.2%的调研对象所在的质检部门没有专门的工作人员负责媒体应对，而在具有专职媒体应对人员的质监部门中，会经常进行新闻传播、危机处理等方面专门培训的只占到25.7%，偶尔进行培训的占56.1%，从未进行过培训的占18.2%。在有过专门培训的质监部门中，一年及以上举行一次培训的占34.3%，半年举行一次的占37.5%，三个月以内举行一次培训的只占到19.2%，不定期举行的占9.0%。这些都说明，质检系统内部并没有形成专门的媒体应对机制，就质检工作者的媒体应对素养而言，也缺乏专业的培训，这就意味着媒体应对风险的存在。

第二，课题组围绕“如果遇到媒体曝光，通常会选择何种方式去应对?”进行了问卷调查，发现一半以上的调研对象所在的质检部门注重与媒体记者的沟通，但还有近10%调研对象所在的质检部门通常采用比较强硬的手段，通过关系解决问题甚至直接忽视媒体的报道，比如“找媒体的上级专管部门，给媒体施压”“直接找媒体删稿”甚至“置之不理”，这些方式并不是媒体应对的有效手段，是需要避免的。

因此，媒体的应对需要建立完善的信息传播机制，需要配备专门与媒体联络、沟通的专职人员，并且需要通过专业的培训来提升质检工作者媒体应对的素养。

（二）转“危”为“机”：质检形象的危机应对

1. 培养危机处理意识

危机是指“危及个体或组织利益、形象、生存的突发性或灾难性的事故与事件”①。所谓“危机传播”（Crisis Communication）是指在危机前后及其发生过程中，在政府部门、组织、媒体、公众之内和彼此之间进行的信息交流过程。在这样一个危机无处不在、无时不有的“风险社会”里，在资讯高度发达的网络时代中，质检部门必须时刻准备应对各种意想不到的危机，学会在危机传播过程中既能及时有效地处理危机，又能以危机为契机，树立良好的“媒介形象”，进而为防范新一轮危机奠定基础。因此，培养危机处理意识至关重要，在质检形象的危机应对中，应当认识到舆论往往是引发危机的关键，而媒体则是舆论聚集的地方。那么，究竟要培养什么样的危机处理意识呢？具体来说就是“居安思危”的意识。

---

① 居延安. 公共关系学［M］. 复旦大学出版社，2003：353.

我们在问卷调查中发现，在处理危机时，质检部门面临的问题主要集中在危机处理经验不够、媒体的曝光、有效传播渠道的缺失以及来自网络舆情的压力。我们在深度访谈中也发现，很多质检人对危机总是心存忧虑，但又苦于没有更好的方法，常常是事到临头，仓促应对。事实上，按照危机的基本理论，现代社会就是一个“风险社会”，只要由人参与的工作，都可能产生危机，而危机的发生又常常难以预测，正所谓危机无处不在、无时不有。因此，质检部门的每一位工作人员都要树立居安思危的意识，并且将这种意识贯彻到日常工作的方方面面，时刻关注环境中的细微变化，对工作中可能出现的危机要有预判，在此基础上要形成处理危机的预案，这样一旦危机来临，不至于因缺乏心理准备而手足无措。

2. 建立危机应对机制

我们在问卷调查中发现，遇到危机事件时，由分管领导去应对处理的占36.7%，由一把手去应对处理的占34.1%，由专业人员去应对的占25.0%，其他占4.2%，这说明危机应对机制还不够完善。在危机处理的过程中，发挥作用的应当是健全的机制，而不能单靠领导出面。

首先，健全指挥处置机构，制定应急预案，加强日常监测预防。质监部门要对应急预案进行演练，对工作人员进行相关培训，进行组织程序上的准备，提高危机发生时的实际应对能力。通过建立完整的质量预警监测网络，发现并掌握质量安全信息。

其次，积极应对媒体，建立新闻发言人制度。一旦危机发生，应当第一时间掌握最真实的信息，并积极通过媒体改善舆论环境，在接受媒体的采访的过程中，应当由专门的新闻发言人来承担权威信息的传播。

最后，与新闻传媒建立合作关系。对于质检部门而言，媒体既不是敌人，也不是朋友，相反，我们应该将媒体视为合作伙伴。因此，在日常工作中，除了要做好自身网站、内刊、通联等工作，也要有专门机构、专门人员负责与媒体打交道，定期为媒体供稿。同时，一要树立“媒体无大小”的理念，维护好与主流媒体、长期合作媒体之间的关系，也不能忽视与网络媒体、地方其他媒体的关系。二要树立“新闻无小事”的理念，任何微小的新闻事件都可能转化为危机。因此，要安排专门人员定期收集、整理、研究关于本系统的重要新闻报道。

3. 危机中的形象维护与修复

如果说，在常态下，质检部门建构媒介形象的传播是一种“塑形传播”，那么在危机状态中，质监部门就则要致力于“重塑传播”，即维护、修复自身形象的过程。

（1）重视“媒介形象”的建构

“媒介形象”是通过大众传媒所彰显的基本形象。所谓政府部门的“媒介形象”则是指“政府通过大众传媒所展示和传播的形象。它是由政府的现实形象转化而来的。政府的现实形象是其媒介形象展现的基础和依据。所以，政府的媒介形象展现首先与它自身的现实形象有关，同时也与大众传媒的报道方式、传播方式有关，与社会公众的接受与认同有关”①。从这个意义上说，政府部门的现实形象是其媒介形象展现的基础和依据。但对社会公众而言，很多时候，政府部门的“媒介形象”就等同于其“现实形象”。今天，从传统的报纸、广播、电视到以网络为代表的新媒介，大众传媒无处不在，其影响力也不言自明，大量现实案例表明：政府部门形象的建构不仅与其政策是否反映和代表民意、决策，过程是否科学与民主，其官员是否高效廉洁等密切相关；与此同时，面对日益复杂的舆论环境，政府部门能否在运用传媒影响公众、开展工作的同时，构建其负责任、有担当的“媒介形象”，也显得尤为重要。

因此，对于质监部门而言，首先必须重视“现实形象”的建设，这自然包括政风与行风建设、人员素质培训等。与此同时，我们也必须清醒地意识到，不论你承认与否，在今天这样一个网络时代，在社会公众心目中，你的“媒介形象”就是你的“现实形象”。因此，质监部门必须重视“媒介形象”的建设，可以聘请媒体专家，帮助设计、定位基本的媒介形象，进行相关媒介知识的培训。

（2）不同危机阶段选择不同的传播策略

在危机研究领域，按照疾病“产生—治愈”的过程将危机分为“潜伏期、爆发期、延续期、痊愈期”，每一个阶段都具有不同的特点，因此，处理危机、修复形象的措施也会有所差异。具体来说：

潜伏期：质检部门为了构建良好形象应做的是树立预警性危机理念，并且要结合本地特征进行扎实的危机处理经验总结。在这个阶段的工作重点就是研究以往经验，分析危机的可能性，同时要做好平时的信息收集、整理与分析工作。

爆发期：这是时间最短但感觉最长的阶段，而且它对人们的心理造成最严重的冲击。危机瞬间爆发之时，公众的想法必然是“到底发生了什么”，对于这个问题的回答，质检部门应该掌握主动权，召开新闻发布会，通过大众

① 史安斌．危机传播与新闻发布［M］．南方日报出版社，2004：6.

传媒保证官方信息在第一时间公开，公布危机情况以及政府的对策，以稳定人心。西方公共关系学家早就看到“开诚布公”的重要性，“随着时间的推移，好消息和坏消息是会慢慢拉平的”，如果“在坏消息上是诚实的，那么他们在好消息上就更能得到信赖”①。

延续期：危机事件客观地存在着一个时间跨度，不会突然消失，这个阶段中持续时间可能较长，但如果危机应对得力，这一时间将会大大缩短。因此，在这个阶段，质检部门仍需要通过各种方式进行实时的危机信息公开，否则，就会造成谣言满天飞，无数经验表明：制服谣言最有力的武器就是公开、透明，多提供信息。因此，危机延续期要尤为重视对舆情的掌握。

痊愈期：危机事件解决后，质检部门还需要反思自己应对危机的成绩与不足，进行实事求是的经验总结，并且以一种平等公正的态度对待自己的得失，特别要勇于承认自己的不足，这样才能建立起一个负责任的“媒介形象”。

4. 掌握应对媒体、处理危机的基本技巧

危机传播的研究在我国是一个热门，然而起步比较晚。当有效的信息沟通在缓解危机方面所能发挥的巨大作用被认识到之后，危机公关的概念才逐渐被政府所接受。英国著名危机公关专家里杰斯在 Crisis Management（中文译为《危机管理》）一书中提出了著名的危机沟通“三 T”原则。一是以我为主提供情况（Tell your own tale）；二是提供全部情况（Tell it all）；三是尽快提供情况（Tell it fast）。② 这三个原则强调的是主动、全面、快速，可以涵盖危机公关中政府所应遵循的基本原则。

此外，要与媒体保持通畅且有诚意的沟通，不刻意回避甚至阻拦媒体的采访，不提供虚假信息，必须有专人负责联络媒体，不能出现多个发言人且口径必须保持一致。

总之，质检形象的塑造、传播、维护是一个系统工程，关涉质检系统的每一个人，既需要宏观层面理论的支撑和指导，更需要微观层面每个质检人的躬身实践，从而逐步实现“树形象强质检”的目标。

---

① 丁柏铨．论政府的媒介形象［J］．西南民族大学学报，2009（2）．

② ［美］格伦·布鲁姆，艾伦·森特，斯科特·卡特里普．有效的公共关系（第八版）［M］．华夏出版社，2002：273.

附录 1

“质检形象建构与维护”调查问卷

您好！本课题组承担安徽省质检形象建构与维护的研究项目，我们想了解作为质检人，您对于自身形象的一些看法，希望您能配合我们完成这份问卷，谢谢！

1. 您的工作部门：__________

2. 您的工作岗位：__________

3. 您在质检系统工作的时间？

A. 不到 1 年；B. 1 ~ 3 年；C. 3 ~ 5 年；D. 5 ~ 10 年；E. 10 年及以上

4. 您喜欢自己目前的工作吗？

A. 非常喜欢；B. 比较喜欢；C. 一般喜欢；D. 不太喜欢；E. 非常不喜欢

5. 您认为应该从哪些方面建构与维护质检形象？（可多选）

A. 高效行政；B. 技术执法；C. 文明服务；D. 强化与媒体沟通；E. 其他

6. 就质检系统内部来看，您认为目前哪些因素影响到质检形象的建构与维护？（可多选）

A. 执法不够规范；B. 监督制约机制不全；C. 职业道德缺失；D. 危机处理不当；E. 缺乏民意沟通；F. 政务公开不够；G. 领导重视不够；H. 员工意识不强；I. 其他

7. 就社会外部来看，您认为目前哪些因素影响质检形象的建构与维护？（可多选）

A. 社会风险增大，质量安全现状严峻；B. 突发危机事故频频出现；C. 传播渠道多样化，网络舆情压力增大；D. 公众对于质检工作的期待不断提高；E. 质检行业的社会认知度不强；F. 分工不明确，与相关行业、部门存在职能交叉；G. 其他

8. 请您对目前的质检形象做个评价。（5 分代表非常满意，1 分代表非常不满意，以此类推）

A. 5 分；B. 4 分；C. 3 分；D. 2 分；E. 1 分

9. 您认为哪个方面最能影响到公众对于质检形象的评价？

A. 一线质检工作人员的表现；B. 新闻媒体的报道；C. 质检部门的宣传力度；D. 其他

10. 您认为新闻媒体对于质检形象的建构与维护重要吗？

A. 非常重要；B. 比较重要；C. 一般；D. 不太重要；E. 非常不重要

11. 您认为新闻媒体对质检形象的呈现客观吗？

A. 非常客观；B. 比较客观；C. 不太客观；D. 非常不客观

12. 在质检工作中，您遇到过突发危机事件吗？

A. 经常遇到；B. 偶尔遇到；C. 从未遇到过

13. 需要进行危机公关时，您认为哪些问题是难以应对的？（可多选）

A. 媒体的曝光；B. 上级部门的管理；C. 有效传播渠道的缺失；D. 危机处理经验不够；E. 来自网络舆情的压力；F. 其他

14. 您所在的单位（部门）目前有哪些渠道可以发布信息？（可多选）

A. 官方网站；B. 政务微博；C. 论坛；D. 宣传刊物；E. 其他

15. 您所在的单位（部门）目前有哪些渠道可以与公众进行沟通？（可多选）

A. 官方网站；B. 政务微博；C. 论坛；D. 投诉电话；E. 其他

16. 您所在的单位（部门）有专门与媒体联络、沟通的专职人员吗？

A. 有；B. 没有

17. 如果有专职人员，那么，贵单位（部门）会对他们进行新闻传播、危机处理等方面专门培训吗？

A. 经常；B. 偶尔；C. 从未

18. 如果有培训，多长时间举行一次？

A. 一年及以上；B. 半年；C. 三个月；D. 两个月；E. 不定期

19. 如果遇到危机事件，您所在的单位（部门）通常会由谁去应对及处理？

A. 一把手；B. 分管领导；C. 专业人员；D. 其他

20. 如果遇到媒体曝光，贵单位（部门）通常会选择什么样的方式去应对？

A. 直接找媒体删稿；B. 找媒体的上级专管部门，给媒体施压；C. 直接找报道的记者沟通；D. 置之不理；E. 其他

21. 在日常工作中，贵单位（部门）最关注哪一类媒体的报道？

A. 国家级媒体；B. 省级媒体；C. 本地媒体；D. 境外媒体；E. 其他

22. 您对于质检形象的维护有哪些意见与建议？

附录2

深度访谈主要问题

1. 各地质检在实际工作中的问题与瓶颈有哪些?

2. 各地质检在形象维护方面各自独特的做法与措施有哪些?

3. 不同人员对质检形象的看法是什么?（应该是什么形象，哪些做到了，哪些没做到?)

4. 常态下，各地在建构质检形象的具体做法有哪些?

5. 危机中，各地如何应对? 如何在危机中维护形象?

6. 还有哪些具体的意见与建议?

外宣类政务微博的对话传播研究

——以“南京发布”为例

何怀志*

（安徽大学新闻传播学院）

摘　要：自2009年第一条政务微博开通以来，政务微博已经从单向发布信息走向对话传播的阶段。政务微博有助于将公众引入对话传播，从而建立组织—公众的对话关系。“南京发布”凭借多种对话传播手段，使自身的影响力一直排在外宣类政务微博前三位。本文从对话传播的视角，运用哲学对话理论和公关对话理论，将“南京发布”分为关注层、交流层、O2O层三个层面进行分析，考察了“南京发布”的对话传播现状，为政务微博如何进行有效对话传播提供借鉴。

关键词：政务微博；对话传播；南京发布

一、引言

CNNIC《第33次中国互联网络发展状况统计报告》显示，截至2013年12月，中国网民规模达6.18亿，全年共计新增网民5358万人，互联网普及率为45.8%。虽然报告指出，2013年微博的用户规模和使用率均出现大幅下降，较2012年底减少2783万，下降9.0%。但我国微博用户规模为2.81亿，用户基数依然庞大①。正如沈阳教授所说，微博是舆论演化的关键场域，微博作为超级社交媒体其实刚上路②。

---

* 作者系安徽大学新闻传播学院硕士研究生。

① CNNIC. 第33次中国互联网络发展状况统计报告［R］. 北京：中国互联网络信息中心，2014.

② 张东锋. 腾讯上新浪开微博“讨骂”［N］. 南方都市报，2014-3-22（A03）.

中国存在两个舆论场的说法由来已久，互联网的发达、思想的进步、言论的相对自由促使官方发言和民间声音一直存在和谐对立之中。自我边缘化、滞后的官方舆论，在人人都是麦克风的网络时代，显得与民间舆论场不协调。微博的匿名性、平民化促使政务微博必须缩小两个舆论场的差距，使友好的对话成为可能。

政务微博在社会管理创新、政府信息公开、网络舆论引导、倾听社情民意、接受网民监督、树立政府形象等方面起到了积极的作用。2013 年 10 月，国务院办公厅发布《关于进一步加强政府信息公开回应社会关切提升政府公信力的意见》，其中 7 处提及政务微博，规定各地区各部门应积极探索利用政务微博等新媒体，及时发布各类权威政务信息，尤其是涉及公众重大关切的公共事件和政策法规方面的信息，建设基于新媒体的政务信息发布和与公众互动交流新渠道①。

当前政务微博已经从单向发布传播信息向服务办事过渡，最后则是构建线上线下的互动平台，政务微博正向 O2O 模式迈进。当前政府发布存在一些问题，比如发布多于互动，宣传高于服务，政府向导优于公众向导。如何战略性地使用微博开展有效的对话传播，进而让政府与公众建立起良好的双向对话式关系至关重要。

本文选取“南京发布”作为外宣类政务微博研究对象，试图探讨外宣类政务微博如何通过有效的对话传播促进政府与公众的沟通互动，从而对政务微博发展中存在的问题提供合理的解决方法。

二、“政务微博”相关研究与“对话传播”理论

（一）“政务微博”

关于政务微博的研究论文非常多，涵盖了传播学、政治学、公共政策、公共管理、公共关系等诸多领域。根据需要，笔者主要选取传播学、政治学和公共关系学领域的相关文献进行综述。

曹艳在《从成都发布看地方政府微博的发布策略》中认为政务微博的功能定位应是政府或政府机构的微博，应该始终要定位于政府的基本职能，力

---

① 国务院办公厅．关于进一步加强政府信息公开回应社会关切提升政府公信力的意见［J］．电子政务，2013（10）．

争成为提升政府工作透明度和公信力、加强与公众互动交流、展示地方或部门特色的重要平台[①]。黄河教授和刘琳琳在《试析政府微博的内容主题与发布方式》中从内容分析的角度，将政务微博内容划分为以机构职责为基础的形象类内容；注重突发事件及生活辅助信息的公共服务类内容；积极评论与转发的关系类内容[②]。针对微博发布厅的兴起，曹丹《政务微博群内容特色与编辑创新策略探析》一文中分析了城市政务微博群的内容特色：生活服务资讯占主导，城市文化新闻是重点，新闻发布会信息优先，互动性内容做补充[③]。毛高杰则注意到政务微博娱乐化倾向，包括开设、内容、表达方式及评价的娱乐化，在《政务微博的“娱乐化”及其对策》中提出自己的建议[④]。

微博在民主监督中的作用是政治学关注的主要方面。网络问政的出现为社会提供了舆论的发出口，为民众提供了诉说渠道。蒋东旭、严功军在《微博问政与公共领域建构》中认为政务微博能够搜集民意，促进民主的进步，转变政府职能，加快服务型政府建设。微博问政是代表和网民各自的私人领域的作用在公共领域中的具体实践方式，网络新媒体推进了信息公开化和参与主体的多元化，有利于民主政治建设和公共领域构建[⑤]。有学者指出，网民不能等同于社会大众，网络舆情不能等同于民心民意[⑥]。冯晓淑关注到政务微博的思想政治教育问题，在《政务微博的思想政治教育功能初探》中，她认为政务微博应改进思想教育的方式，提高运营人员的整体素质[⑦]。

政府公关与企业公关类似，政务微博在提升政府或官员形象、改善公共关系以及危机公关发挥重要作用。唐嘉仪的《政府进行微博公关对政府形象的构建作用探究》一文提到政府形象的好坏主要取决于两个方面：一是政府的素质、能力和业绩；二是政府方面与公众的有效传播和沟通[⑧]。林伟豪、廖宇和翁晓玲发表的《政务微博政府品牌形象塑造策略》将政务微博品牌形象划分为理念系统、行为系统、视觉系统，分析认为，微博平台作为政府信息的统一出口能够保证服务理念的统一性和品牌形象输出的一致性。在政务微博中，政府理念系统主要体现在微博的服务目标和服务宗旨上，与政务微博

① 曹艳．从成都发布看地方政府微博的发布策略［J］．成都大学学报，2012（05）．
② 黄河，刘琳琳．试析政府微博的内容主题与发布方式［J］．现代传播，2012（03）．
③ 曹丹．政务微博群内容特色与编辑创新策略探析［J］．中国报业，2012（10）．
④ 毛高杰．政务微博的“娱乐化”及其对策［J］．新闻界，2012（07）．
⑤ 蒋东旭，严功军．微博问政与公共领域建构［J］．新闻研究导刊，2010（4）．
⑥ 刘乙，黄奇杰．试论微博盛行可能造成的社会文化危害［J］．新闻世界，2011（3）．
⑦ 冯晓淑．政务微博的思想政治教育功能初探［D］．华东政法大学，2013（4）．
⑧ 唐嘉仪．政府进行微博公关对政府形象的构建作用探究［J］．前沿，2011（20）．

的定位密切相关[①]。在《公关微传播——微关系》中，张宁提出政府从公共关系的四个传播维度，即关系维持（发布，公告）、关系加强（说明，解释）、关系缓和（引导，更正）和关系塑造（宣传，形象塑造）角度探讨政务微博的作用[②]。吴静认为政务微博延伸了政府形象的传播范围，打破传统媒体的信息垄断，有助于政府形象的修复与塑造。她在《政务微博对政府形象建构的传播研究》中认为政府应掌握新媒体规律，积极引导舆论，设置议程，提升官员的媒介素养[③]。孙振虎、张驰在《风险社会语境下政务微博的政府形象》中认为风险社会语境下，政务微博应快速响应，第一时间表明立场；注重资源整合，利用多种手段进行信息发布；利用交互性疏导舆论，注重信息编排缓解舆论塑造形象，提高信息发布技巧，避免负面评价[④]。杨洁琼在《风险社会语境中政务微博发展路径选择》中提出风险管理，政务微博应在危机的潜伏期、发生期、消退期制定不同公关策略，变危机为机遇[⑤]。

（二）关于对话传播的相关研究

研究对话传播的学者多数是根据西方的对话理论，探讨对话和传播的关系以及对话理论对传播的启示。具体到政务微博领域，则主要从沟通互动角度研究。

李忱在《对话——传播的本质回归》中认为传播的本质具有对话的特征，永远改变不了施者与受众对话的传播本质[⑥]。以现代科技为基础的大众传播其对话的本质特征是在更高的层面上回到了原点，对话与传播在构成要素、特点、存在方式方面都有契合点，所以袁文丽在《在对话中传播，在传播中对话》中提出传播应借鉴对话理论改善传播的效果[⑦]。项国雄、胡莹在《重构公共领域的对话传播理念》中则强调处理好危机、公共领域、对话的关系，构建良好的对话关系在应对危机的解决方面具有重要意义[⑧]。李莉在《西方对话理论视域下的网络传播研究》中指出“传播”的最初含义就是“交流”，网络对话不仅实现了布伯所说的个体间的“相遇”，维持了巴赫金所言的个体

---

① 林伟豪，廖宇，翁晓玲．政务微博政府品牌形象塑造策略［J］．东南传播，2012（9）．

② 张宁．公关微传播——微关系［J］．现代传播，2013（4）．

③ 吴静．政务微博对政府形象建构的传播研究［D］．南京大学，2013（4）．

④ 孙振虎，张驰．风险社会语境下政务微博的政府形象［J］．现代传播，2013（8）．

⑤ 杨洁琼．风险社会语境中政务微博发展路径选择［J］．新闻世界，2014（1）．

⑥ 李忱．对话——传播的本质回归［J］．现代传播，2004（3）．

⑦ 袁文丽．在对话中传播，在传播中对话［J］．山西大学学报，2008（6）．

⑧ 项国雄，胡莹．重构公共领域的对话传播理念［J］．新闻界，2005（5）．

性的“差异”和多种声音的交响，同时也实践了勃姆所倡导的意义汇集和分享[①]。郭静在《微博对话的情境分析》中认为微博对话属于“变异”的人际传播，是双向性的，互动频率高且公开[②]。

政府机构微博能为政民互动提供新渠道，但政务微博互动频率很低，在利用微博功能提升沟通效率方面有所欠缺，郑拓在《中国政府机构微博内容与互动研究》中通过研究表明，所有“自发信息”中，数量最多的为“政务信息”，最少的为“互动交流”[③]。李晓方将政务微博官民互动分为关注层、交流层、虚拟与现实换层三个层面，政务微博多扮演沉默的发言人角色，原创少，更新慢[④]。陈阳阳在《政务微博传播理念与互动策略研究》一文中则认为政务微博互动除了受众之外，也应注重与政府、大众媒体、微博运营商的互动，以形成规模效应[⑤]。

三、分析框架与研究思路

政务微博是一种组织—公众的对话模式，美国公关学者格鲁尼格认为：“公共关系是一个组织与其公众的传播管理，其目的是建立一种与目标公众相互信任的关系。”[⑥] 本文从公关传播的角度出发，运用马丁·布伯、巴赫金和伽达默尔的对话理论，利用格鲁尼格对话的双向对称模式路径，来探究政务微博对话传播的策略。

文章先分析了我国外宣类政务微博的现状，引入了本文的研究对象“南京发布”。第一部分是“南京发布”关注层研究，对它的关注群体和粉丝群体进行特征扫描；第二部分是交流层研究，侧重于“南京发布”的对话策略，包括对话角色扮演、发布信息类型、语言风格、更新的时间及频率、如何发起对话、怎么回应对话等；第三部分是O2O层研究，主要指它开展的活动，包括线上类和线下类。以对话理论为支撑，对“南京发布”的角色关系、语言姿态、语言内容、对话方式等进行归纳总结，为政务微博开展对话提供有益建议。

关于政务微博的研究，传播学、政治学、公共管理学等诸多学科的学者

① 李莉．西方对话理论视域下的网络传播研究［J］．新闻知识，2010（1）．

② 郭静．微博对话的情境分析［J］．新闻知识，2013（2）．

③ 郑拓．中国政府机构微博内容与互动研究［J］．图书情报工作，2012（3）．

④ 李晓方．以微博为媒介的官民互动特点分析［J］．电子政务，2011（9）．

⑤ 陈阳阳．政务微博传播理念与互动策略研究［D］．暨南大学，2013（4）．

⑥ 陈先红．以生态学范式建构公共关系学理论［J］．新闻大学，2009（4）．

和业界专家已有不少，但关于政务微博的对话传播研究很少，多集中于互动角度的描述性分析。本文的创新点在于通过选取对话传播比较有代表性的“南京发布”作为案例，试图探析中国政府微博的对话传播现状，为政府如何有效地开展微博传播、如何最大化地发挥微博的对话潜能，提供理论建议和实践指导。

四、外宣类政务微博

（一）政务微博现状

2014 年 3 月“新浪微博”改名“微博”，可以看出，新浪微博在微博领域的领头羊地位。据新浪 2013 政务微博报告统计，截至 2013 年 10 月底，新浪平台上的政务微博有 100151 个，其中包括机构微博 66830 个，公职人员微博 33321 个。相比去年同期增长 4 万余个，增长率超过 60%，保持了较高的发展速度。通过对 2013 年新浪政务微博数据进行回归分析，该报告预测新浪政务机构微博将可能在 2014 年底达到 97259 个，约为 2013 年同期的 1.5 倍；公职人员微博将可能达到 39985 个，约是 2013 年同期的 1.2 倍①。

政务微博在覆盖地域和层级上实现突破性发展，在形式创新和公共服务模式上不断变革更显多样化。我国政务微博不断创新发展模式，各地党政部门积极主动运用新媒体平台，与人民群众加强沟通，促进信息公开，为进一步提升党政机关形象和公信力，不断进行新的探索。微博已经成为政府与民间直接互动的窗口，政务微博敞开了信息公开的门窗，给公众开辟了反映问题的新路径。在微博这个“观点广场”上，公众对政务微博的围观，政府对网络热点的回应，本身就是政务公开、服务意识的培育过程。

新浪政务微博将党委宣传部、政府新闻办等政府官方微博归为外宣类，截止到 2014 年 3 月，新浪外宣类政务微博共有 2136 个。政府官方微博数量占比 13.4%，但影响力占比 33.0%。党政机构厅局级有 1898 个，数量上占比约 3%，但影响力是其他级别三倍以上②。所以厅局级的政府外宣类微博影响力非常大。

---

① 刘鹏飞，齐思慧等．2013 新浪政务微博报告［R］．人民网舆情监测室，2014.

② 新浪微博政务厅．政府外宣［EB/OL］．http：//verified. e. weibo. com/gov/zfwx/？ srt=3.

表1　外宣类政务微博分布

安徽	68	北京	259	重庆	112	福建	36	甘肃	63
广东	129	广西	18	贵州	55	海南	4	河北	85
黑龙江	38	河南	110	湖北	46	湖南	32	内蒙古	44
江苏	143	江西	65	吉林	23	辽宁	26	青海	20
山西	31	山东	73	上海	38	四川	135	天津	17
西藏	5	浙江	136	新疆	106	云南	127	陕西	92

数据来源：新浪微博政务厅。

从表格中可以看出，北京、江苏、浙江开通的外宣类政务微博数量占据前三位，三省市地区外宣类政务微博影响力最大的是“南京发布”。

（二）个案选择——“南京发布”

巴赫金对话理论提出对话由对话者、对话内容、对话方式等因素构成，传播学中对话者即传者和受众，对话内容即信息，对话方式则是指媒介。“巴赫金的对话理论提出任何话语都有内在对话性，它总是处在社会的、历史的言语文脉中，都希望被人聆听、让人理解、得到应答，都诱发和期待着他人话语的回应”①。在戴维·勃姆看来，对话所创造的意义不是水泥一般静止不动。“对话”能使交流的意义在其间不停地流淌，不断地创造出新的相互理解。“对话是观点的集合和讨论，通过对话，彼此可能超越自己的利益和立场，而不断创造出新共同点，从而达成某种一致或者向着一致的方面努力，这将为解决交流的根本困境提供出路”②。

鉴于微博是一个沟通民意、收集舆情的重要渠道，南京市委宣传部在2011年4月12日上线“南京发布”新浪微博，是全国宣传系统第三家、长三角第一家开通微博的大市，是南京市委宣传部适应时代要求、环境变化和百姓需求，与时俱进的一个新举措。

“南京发布”工作室由南京市委宣传部新闻处三个80后组成，成立有50多个各部门人员构成的联络员制度③。其在信息发布、生活服务、文化宣传和舆论引导等方面具有先进的经验，语言的生动活泼、信息的权威及时、活动的互动有趣都得到粉丝的赞许。

① 孙少晶．论巴赫金的对话传播思想［J］．国际新闻界，1999（4）．

② 戴维·勃姆．论对话［M］．北京：教育科学出版社，2004.

③ 庄庆鸿．政务微博背后的“80后”“90后”［N］．中国青年报，2012-10-9（03）．

2013新浪政务微博报告统计全国百大政务微博中，“南京发布”总得分0.0642，排名16。“南京发布”因为粉丝只有2860066，在外宣类政务人气榜微博中排名17。所以，“南京发布”的粉丝数和博文数在外宣类政务微博中并不占据优势，但凭借较高的活跃度、传播力和覆盖度，在新浪政府影响力榜月榜中一直保持前三[①]。所以“南京发布”的影响力并不仅仅是依靠自己的粉丝群体，更重要的是通过高质量的对话传播形成自己的优势。

对话的重要性就在于人们只有通过对话才能造成一种共同性，正如伽达默尔所说，“只有在谈话中才能互相成为朋友并造就一种共同性，在这种共同性中，每人对于对方都是同一个人，因为双方都找到了对方，并且在对方身上找到了自己。‘对话’是把‘灵魂’向对方敞开，使之在裸露之下加以凝视的行为”[②]。西方的哲学对话理论强调对话的主体性、真诚性、独立性和差异性，下面将从对话传播角度，选取“南京发布”部分微博样本来分析“南京发布”的对话特征。

在政务微博平台上，对话传播可分为三个层次：关注层、交流层和O2O层。第一个层面——关注是对话的基础，加关注将对方作为信源，为二者对话创造可能。政务微博的“关注”和“粉丝”反映了对话者的角色定位和关系；第二个层面——交流是对话的主要状态，对话的时间频率、议题选择、媒介形式、语言风格等决定了微博的转发、评论和赞，即对话效果；第三个层面——O2O是政务微博一种最高层次的对话，其影响已经超出网络的范围，影响到现实。本文交流层微博选取2月19—28日样本，O2O层微博选取2014年1—4月样本进行分析。

五、“我”和“你”：“南京发布”的关系定位

哲学家马丁·布伯在《我与你》中提出“关系本体论”，每个人都生活在双重的关系世界里，这种关系用两对人称代词表示即“我与它”的世界和“我与你”的世界。布伯把近代西方主客体二分的世界观归结为“我—它”关系，他认为“我—它”不是真正的关系，因为“它”（客体）只是“我”（主体）认识、利用的对象。“我与你”的世界则是一个相遇的、共生的、创新的、息息相关的世界。对话传播就是后一种世界的代表。它的第一个特征

① 新浪微博风云榜．政府影响力榜［EB/OL］．http：//data. weibo. com/top/influence/govern.

② 邓安庆等译．伽达默尔集［M］．上海：上海远东出版社，2003.

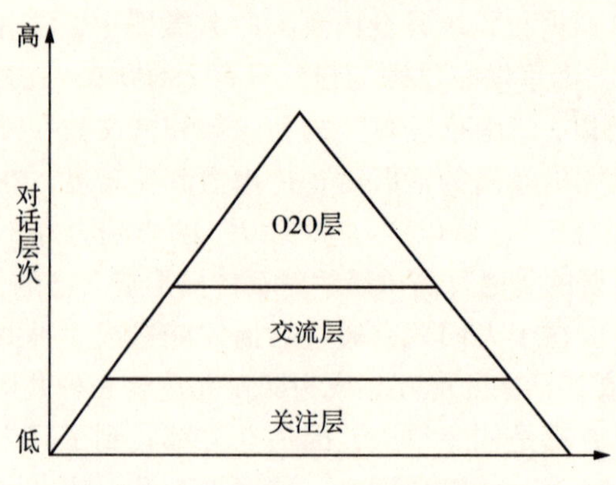

图1 政务微博对话传播模型

就是“直接性”，否定“关系”中的“中介”。第二个特征即“相互性”①。布伯把“我与你”的相遇和敞开心怀，称为“对话”。真正的对话就是“转向他人”，即 speak to 而不是 speak out。带着尊敬和自我尊敬，倾听他人的意见，看看他人都说了些什么。包括微博在内的电子政务是直接面向网友的，政府与网友的对话是一种组织—公众模式的对话，中间没有传统的大众媒体这个“中介”，网友可以直接与政务微博对话，进行交流。

（一）角色定位

政务微博中存在两种对话关系，即政务微博—政务微博和政务微博—粉丝，主要以政务微博—粉丝为主。以“南京发布”为例，简介为“六朝古都新天地，人文绿都新风貌，青奥南京新梦想，创业之城新发展……南京市委宣传部新闻发布官方微博——权威发布，清新服务，是您身边的一位好朋友”②。互联网上的简介就等同于现实生活中的名片，“南京发布”的“名片”前半部分是对南京的介绍，后半部分是对自己的介绍。“您”是“你”的一种尊称，“好朋友”则打破官民的传统关系，成为平等的、真诚的主体—主体关系。“南京发布”对自身的角色定位不是“我与它”，而是“我与你”，是一种相遇共生的、敞开心怀的角色定位。

（二）形象塑造

2013 年 12 月新浪微博数据中心发布的《2013 微博用户发展报告》数据

① 王怡红．对话研究及其方法论指向［J］．新闻与传播研究，2005（3）．

② 南京市委宣传部．南京发布官方微博［EB/OL］．http：//weibo.com/njfb.

显示，微博上整体用户男女比例大致相等，90后用户占比53%，成为主力军，而80后占比37%[①]。如何与众多80后、90后展开对话，考验政务微博的实力。“南京发布”运营者都是80后的身份，使官微缩小与粉丝的“代沟”，更容易发现双方的共同语言。女性的性别定位也为“她”参与90后的对话提供了便利，可爱、卖萌的女孩在网络上受欢迎度非常高。

另外，“南京发布”的口号是“权威发布，清新服务”，在强调信息的权威、真实的同时，也在强化服务的清新、贴近，从而在对话中扮演真诚的好朋友。

“南京发布”的Logo是一个绿色的“@”符号，把“a”变成了一片绿色的“枫叶”。焦点图选取的中山陵、奥体中心等5幅南京图片分别对应六朝古都、人文绿都、青奥南京的自笔者介绍。背景图则是手绘版的南京。

图2 “南京发布”Logo

在虚拟的空间中，符号是对话者的身份象征。符号由“能指”和“所指”构成，如何利用CI系统（企业形象识别系统）达到“所指”的目的，是形象塑造中的主要研究目的。

“南京发布”的主要粉丝对象集中于南京等江苏地区，VI系统（视觉识别系统）提供的元素均与南京有关，给人一种历史的、清新文艺又充满活力的印象。符号具有显示功能和交流的功能，视觉呈现的形象不仅仅是一种显示，而是一种交流对话。

（三）粉丝互粉

主体间性，指的是任何个体想要成为主体都必须以其他主体现实的或可

① 新浪微博数据中心.2013微博用户发展报告［R］.新浪技术有限公司，2013.

能的在场为前提，并且任何个体同时既是主体又是客体。主体间性最大的特点就是以交往互动关系的概念代替了主客体关系的概念，从而把社会中两个进行交往的独立的个体视为一种平等的关系①。

政务微博的对话传播虽然是一种组织—公众的模式，但具体到对话关系中，则是博主和粉丝的关系。政务微博如果不关注网友的兴趣或舆论动态，纯粹是单向线性的传播，那不是真正的对话。对话是交往互动，对话者是独立平等的。互粉为对话关系的建立提供可能，通过政务微博的互粉率可以看出粉丝的关注点和舆论动态。

“南京发布”关注了1929个账户，粉丝2860066，互粉比例在新浪外宣类四大政务微博中排名第一。厅局级的政务微博粉丝多数是上百万的，互粉率不可能达到100%。“南京发布”关注数达到1929，为建立更多的对话创造机会，也有助于及时了解微博网友的关注点和特征。

表2　新浪外宣类四大政务微博对比

账号	关注数	粉丝数	互粉比例（1∶10000）
上海发布	1653	447万	3.7
成都发布	796	583万	1.4
南京发布	1929	286万	6.7
中国广州发布	371	338万	1.1

六、深度对话：“南京发布”的交流模式建构

本文选取“南京发布”2014年2月19—28日的博文为样本，之所以选择这10天是因为本文研究指向并不仅仅是危机对话，还包括日常对话。这10天是“南京发布”较新的对话样本，能代表它的日常对话模式。本节通过数据统计和定性研究相结合的方式，分析“南京发布”的对话传播策略。

（一）微博更新频率

“南京发布”在2月19—28日共发布微博236条，平均每天接近24条。

① 唐新发．论文学的主体间性和意义生成［D］．厦门大学，2002（4）．

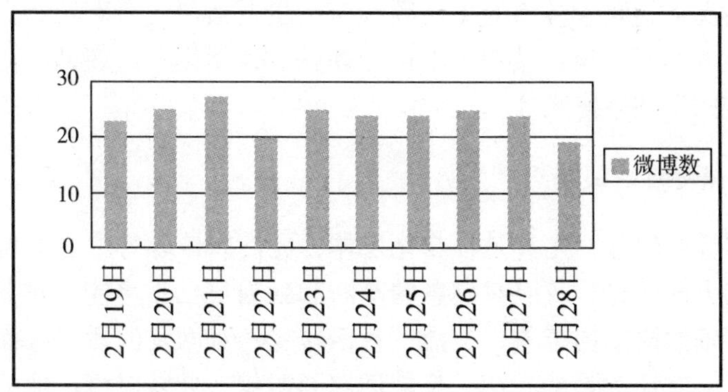

图3 “南京发布”2014年2月19—28日微博数对比

微博更新没有上下班和节假日休息的时间概念，双休日与工作日一样照常更新，而且每天微博数围绕24条上下做微小浮动。2013新浪微博用户行为报告显示，用户刷微博的时间并不固定，多是利用自己的零碎时间。“南京发布”微博发布时间并不集中，而是零散分布，很好地抓住了粉丝的零碎时间。而且不会因频繁出现而给粉丝造成“刷屏”的印象。

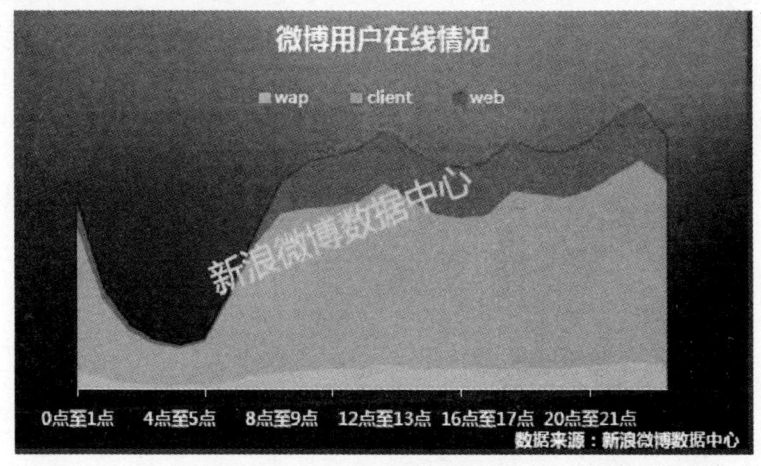

图4 新浪微博用户在线时间

新浪微博数据统计发现，日均用户时间上呈现早8点到晚23点的用户高峰期，其中，12点到13点、16点到17点、22点到23点有三个峰值。“南京发布”微博发布时间主要集中于7：35到23：00之间，微博发布时间节点不固定，在每一个小时段都有微博发布。除突发事件外，更新频率比较稳定。很好地契合了网友的微博使用习惯，为建立对话关系奠定基础。

一般情况下，政务微博的更新频率与产生对话回访具有正相关关系，访客每次阅读的都是出现在其主页上的更新帖。每阅读一条新帖，访客就回访了一次对应的发帖微博账号。

（二）保持对话回路

网络媒介的崛起，尤其是社交化媒体，促使以传者为中心的传播向以受者为中心的方向转化。政府对信息的垄断和独霸早已不可能，政务微博由单调教化、灌输的语态向分享、交流、对话转变。对网友的话语视而不见，甚至拉黑会关上对话关系的大门。反馈回路是组织—公众对话传播的起点。一个完整的对话回路允许公众提问，并需要组织能回应公众的关注、问题和需求。

“南京发布”对所有网友开放，任何网友都可以在微博下面评论、赞或转发，即使有负面评论，官微也不会把评论删除或把对方拉黑。

（三）微博信息内容

以受者为中心的传播时代，满足受众的兴趣和需求是取得良好传播效果的必要条件。传播内容作为对话传播的“What”，是5W 理论中必不可少的因素，微博信息的选择决定了对话的效果。微博的评论、转发和赞的功能则是对对话传播效果的最好证明。

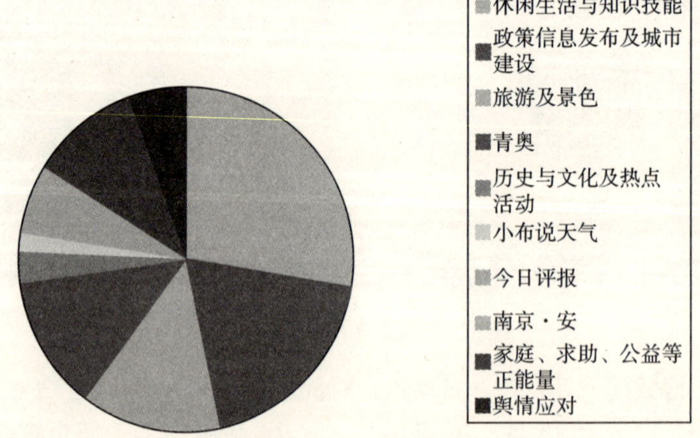

图5 “南京发布”微博内容分布比例

“南京发布”微博内容可分为十类，其中固定栏目有三个，即#小布说天气#、#今日评报#和【南京，安】，其他的有休闲生活与知识技能（28%），政策信息发布及城市建设（19%），旅游及景色（14%），青奥（13%），历史与文化及热点活动（11%），家庭、求助、公益等正能量宣传（3%），舆情应对（1%）。

通过对比发现，“南京发布”除了“休闲生活与知识技能”一项没有具体指向外，其他各项均是关于南京的信息内容，占比72%。

其中，“政策信息发布及城市建设”主要围绕道路交通和绿化、南京高校生就业考研等；“休闲生活与知识技能”主要是生活常识、健康饮食、计算机和手机技巧等，多转发自“人民日报”和“央视新闻”。关于正能量的微博和政府非民生的政策的微博数量很少，从而摆脱说教意味、防止灌输价值观、减少政绩宣传。

所以，“南京发布”的微博硬信息并不多，多是旅游、美景、历史、语言、文化习俗、运动、交通、天气、知识等服务性、软性信息，这类信息贴近网民生活，实用价值大，符合网民的兴趣和需求，彰显了“权威发布，清新服务”的微博定位。

（四）微博信息对话形式

微博的对话不是日常生活中声音的对话，而是以文字、图表、视频等多媒介形式为载体，用感叹、疑问、祈使、陈述等语气传达信息，发起对话的。经过加工润色后的信息能否留住访客、促进网友参与，是判断对话关系建立的重要因素。

1. 对话身份与关系

通常来说，政务微博的对话关系是组织—公众的对话模式，政务微博代表政府发布信息，是组织形象的塑造者。而“南京发布”更多的是把这种组织—公众的传播变成变异的个人—群体传播，有时具有人际传播的特性。微博对话发生在个人与个人之间，双向性强，互动频率高，是一种非制度化的传播等。如“南京发布”与“大爱美拉”“青奥石头哥”的对话。

政务微博，即南京宣传部和微博运营者（小编）。“南京发布”既是党委、政府的发言人，又是运营者现身说法的平台，幕后的小编走到前台，谈论自己的真实感受和体会，拉近与网友的距离。比如“自己不怎么发短信、大学回忆、表格技术差、身上只揣现金、脑仁疼”等描述自己的语言，不是政府权威、正式的形象，而是在你身边的、活灵活现的一个人。“南京发布”开通三周年之际，小编发了一篇长文《我，一个小布》，对小布的描述为“貌美如花、活泼可爱、聪明伶俐、大事不糊涂的MM”，文中说小布自己是天秤座，每天关注着微博网友，感谢网友的批评指正。把自己形容为一个厨师，每天因顾客对菜品的评价而高兴或忧虑[①]。"南京发布"淡化了政府的古板、单调的组织形象，赋予更多个人化的色彩，使政务微博不仅仅是信息沟通，更包含了思想沟通和情感沟通。

当政务微博发布的信息直接面对粉丝时，只有一重对话关系，即官微（小编）—公众；当政务微博发布的信息提到其他微博账号时则存在双重对话关系，第一重是官微（小编）—官微或个体，第二重是官微（小编）—公众。"南京发布"一重对话关系和双重对话关系所占比重相当。

所以，政务微博对话的对象可分为政府、大众媒体、组织团体、个体、网友，其中以网友为主。不同对象对话的内容是不同的，但最后都面向网友。比如"健康金陵""人民日报""南京档案""大爱美拉"和"青奥石头哥"等。

2. 发起对话

伽达默尔注意到现代技术的发展使人们的对话能力变得羸弱甚至丧失，笔者们往往会看到他人对继续对话的无能为力，即"和你没什么好谈的"。一方面它是"主观的无能为力，即无能力倾听"，另一方面则是"客观的无能力"，其基础就是"不存在共同的语言"，是科学独白状态下的技术控制和舆论垄断[②]。但是，微博的出现一定程度上打破了"客观的无能力"，官方无法垄断舆论。如果政务微博主观上有能力倾听，政府的对话能力就能重新获得。

政务微博发起对话的方式主要有提问、祈使、@、回复，这些方式是诱发公众参与的有效方法，纯粹的陈述和感叹往往是自说自话，是独白而不是对话。

（1）微博语气使用

伽达默尔在《真理与方法》中提到了在当代技术社会中由语言操纵所带来的一种对语言本性的遗忘现象，运用科学的语言与思维构成了一种日益增长的趋势，但这种趋势并非合理的。"科学的语言与思维最终可归结为一种陈述句及其逻辑构造，由此带来的是一种自近代以来的独白式的话语言说方式，而独白是以一种无前见的绝对自明性为起点的科学陈述"[③]。但在现实中存在的说话方式并非仅仅是陈述句，至少还有疑问句及另外一种逻辑即问答逻辑。

---

① 南京市委宣传部．我，一个小布．［EB/OL］2014－4－12. http://weibo.com/2097024354/AFfbSluN1? mod=weibotime.

② 伽达默尔．真理与方法［M］．北京：商务印书馆，2007.

③ 伽达默尔．真理与方法［M］．北京：商务印书馆，2007.

表 3 “南京发布”微博语气使用次数

语气	提问（是吗、你呢等）	祈使（转、扩散、收藏等）	感叹、陈述
微博数	67	14	155

从表中可以看出，提问和祈使语气的微博占比34%，近1/3的微博是主动请求回应的，这类微博存在于对话的语境中，回应量也高于其他微博。

（2）@功能使用

在236条微博的样本中，“南京发布”使用@功能102次，包括转发和@。其中，和“青奥石头哥”互动最多。这也是“南京发布”区别于其他政务微博对话传播的一大特色。

在“南京发布”双重对话关系中，“青奥石头哥”是最亲密的对话伙伴，共有17条微博是和“青奥石头哥”的对话。在一定程度上，他们的对话成为网络人际传播，两者在相互理解、相互信任的对话中达到“视野融合”。

（3）网友评论与回复

“南京发布”微博转发、评论、赞的数量多数在50～200之间，知识性、技能性微博回复量一般在200以上，所以，政务微博的知识技能性内容应该排在第一位才能获得更高的影响力。

虽然“南京发布”的转发、评论、赞的数量很多，但是回复的很少，比例不到1%，也就是说“南京发布”并不是每条微博都有回复。所以一般两者的对话只有一个回路，而不是循环往复的。在“南京护士被打”事件的舆情应对上，回复的功能也没有充分发挥它的作用，但是却很好地体现了巴赫金的复调小说理论。

（4）舆情应对

巴赫金针对托尔斯泰的“独白小说”，认为陀思妥耶夫斯基笔下的人，是破碎的完整体。作品中有众多各自独立而不融合的声音和意识，每个声音和意识都具有同等重要的地位和价值，这些多音调并不要在作者的统一意识下层层展开，而是平等地各抒己见。每个声音都是主体，议论不局限于刻画人物或展开情节的功能，还被当作是另一个人的意识，即他人的意识，但并不对象化，不囿于自身，不变成作者意识的单纯客体①。

“南京发布”在样本中共转发关于“南京护士被打”事件的3条微博，评论转发总数是1253条，其中回复了2条，回复率不到0.2%。但是，情感值

① 胡艳兰. 20世纪西方对话理论初探［D］. 扬州大学，2005.

却由负能量向正能量转变。

图6 “护士被打”事件微博情感值分析

（来源：知微传播分析工具）

复调理论认为，小说中不是众多性格和命运构成一个统一的客观世界，在作者统一的意识支配下层层展开；而是众多地位平等的意识连同它们各自的世界，结合在某个统一的事件之中，互相间不发生融合。人作为一个完整的声音进入对话。他不仅以自己的思想，而且以自己的命运、自己的全部个性参与对话。巴赫金认为复调的实质恰恰在于：不同声音在这里仍保持各自的独立，作为独立的声音结合在一个统一体中，这已是比单声结构高出一层的统一体。如果非说个人意志不可，那么复调结构中恰恰是几个人的意志结合起来，从原则上便超出了某一人意志的范围①。

“南京发布”没有过多参与网友的回复，一是因为具体事实自己无法证明，只能以相关部门的鉴定为标准；二是在负面舆情中“解释就是掩饰”“解释就是狡辩”的心态占据上风，保持沉默是让更多不同的声音参与进来，变劝服为理解。

值得一提的是，“南京发布”虽然较少回复，但负责人以私人账号在微博下面与网友互动，向网友解释“南京发布”的苦衷，纠正一些网友对“南京发布”的错误猜测，从而提升情感值。

3. 对话媒介形式

媒介形式随着技术的进步而不断丰富，传递的信息表现的方式也越来越多样。尤其是大数据时代，让人们进入了视图的世界而兴奋不已。政务微博的对话媒介形式不再仅仅是文字，也包括图片、图表、表情符号、视频、链接等。这些形式强化了人们的感官刺激，营造了一种轻松、活跃、愉快的氛围，类似于一场狂欢节。

狂欢节，狭义上是指某一特定的节庆日，它是一个时间概念。在这个特定的时间里，人们可以纵情欢乐，摆脱日常的等级长幼尊卑观念的束缚，平等地、亲昵地交往。狂欢节上形成了整整一套表示象征意义的具体感性形式

① 李彬．巴赫金的话语理论及其对批判学派的贡献［J］．国际新闻界，2001（6）．

的语言，从大型复杂的群众性戏剧到个别的狂欢节表演。人们在狂欢中都是积极的参加者，人们过着狂欢式的生活。它有三个特点：

（1）亲昵的接触：人们相互间的任何距离，都不再存在；平日里各种形态的畏惧、恭敬、仰慕、礼貌等已不被看重，人们之间随便而又亲昵的接触，决定了狂欢具有坦率的语言。

（2）插科打诨：人的行为、姿态、语言，从在非狂欢式生活里完全左右着人们一切的种种等级地位中解放出来，因而从非狂欢式的普通生活的逻辑来看，变得像插科打诨而不得体。

（3）俯就：一切被狂欢体以外等级世界观所禁锢、所分割、所抛去的东西，复又产生接触，互相结合起来。狂欢式使神圣同粗俗、崇高同卑下、伟大同渺小、明智同愚蠢等接近起来、团结起来。“南京发布”通过多种媒介形式，营造出一种狂欢化的语境，政府的严肃性因滑稽化、漫画化而荡然无存。当然，权威发布信息的时候除外①。

表 4 “南京发布”媒介形式使用次数

媒介形式	图片（图表）	表情符号	链接	视频	文字
次数	232	143	7	2	236
比例	98%	61%	3%	0.8%	100%

从表中可以看出，“南京发布”微博除了文字，基本上都配了图。而且勤于原创，将许多信息制成清新风格的图表，转发分享量大，获得粉丝的好评。图片选择方面，注重美感和趣味，漫画和景色图较多。

表情符号的运用达到 61%，这是微博打破文字古板单调的一种创新，代替面对面交流的表情和神态。“南京发布”多以笑脸、爱心等表情符号为主，结合幽默搞笑、插科打诨式的语言，使微博内容变得丰富、轻松，给人一种亲昵的愉悦之感。

巴赫金在《陀思妥耶夫斯基诗学问题》一书中，向往着这种自由的感受、交往与对话。这时的人具有了自己的独立自主的思维，享受到一种自由的感觉。巴赫金说：“一切有文化之人莫不有一种向往：接近人群，打入群众，与之结合，融合于其间。不单是同人们，是同民众人群，同广场上的人群进入特别的亲昵交往之中，不要有任何距离、等级和规范，这是进入巨大的

① 白春仁等译．陀思妥耶夫斯基诗学问题［M］．北京：三联书店，1988.

躯体。"①

七、从线上到线下："南京发布"的对话策略

（一）政务 O2O

O2O 即 Online To Offline（线上到线下），这一概念最早源于美国，指将线下的商务机会与互联网结合，让互联网成为线下交易的前台。它的概念外延非常广泛，只要涉及线上线下，就可通称为 O2O。复旦大学王有为教授认为商务 O2O 是销售，政务 O2O 是服务。

最早把 O2O 概念引入政务微博的是武汉大学沈阳教授，他认为政务微博已经由宣传主导向服务主导方向转化，评价指标从纯粹的追求转评量转移到追求博主和粉丝的互动数、线下活动量和问题的解决数；政务大厅逐步探索搬入政务微博，政务微博将向政府的移动官网发展；政务微博对粉丝的挖掘、分析和互动将愈加重要②。

（二）"南京发布" O2O 活动

本文选取了"南京发布" 2014 年 1 月到 4 月举办的所有活动，共有 14 次，包括线上、线上和线下相结合两种。

表 5　"南京发布" 2014 年 1—4 月组织的活动

活动名称	时间	O2O	类型
小布带你逛大院	1 月	线上线下	政务宣传
暖冬行动	1—2 月	线上线下	公益
最南京，全民拍	1 月至今	线上线下	旅游宣传
让红包飞	1 月	线上	粉丝激励
新年许愿	1 月	线上	粉丝激励
砳砳去哪儿	2 月	线上线下	青奥会
砳砳 PS 大赛	2 月	线上	青奥会

① 白春仁等译．陀思妥耶夫斯基诗学问题［M］．北京：三联书店，1988.

② 沈阳．政务微博进入 O2O 时代［EB/OL］．http：//weibo. com/1652867473/AAFK2uhgS.

（续表）

活动名称	时间	O2O	类型
樱花树下邂逅	3 月	线上线下	旅游宣传 微信推广
城市环境曝光台	3 月至今	线上	环保问题
相约仙乐	4 月	线上线下	旅游宣传 微信推广
长江国际音乐节转发抽奖	4 月	线上	粉丝激励
《格格屋》转发得门票	4 月	线上	粉丝激励
先锋书店互动	4 月	线上线下	粉丝激励
奥运追梦者征集	4 月	线上线下	青奥会

从表格中可以看出，“南京发布”举办活动很频繁，平均每月 3 次。活动主要围绕城市宣传、青奥会、粉丝激励和城市环保问题展开，通过设置奖品和线下小布的参与，吸引大量粉丝参加，增加了核心粉丝的黏合度，使其参与到城市建设中，推动城市的发展，也宣传了城市的网络形象。尤其是配合微信的推广，微信在商业领域是 CRM（客户关系管理）的重要工具，在移动互联网时代简称 SCRM（社会化客户关系管理）。政务 O2O 时代，微信将与微博一道促进官民对话传播的有效展开。

没有深度互动交流的政务微博不仅粉丝数难以增长，还缺乏高质量的核心粉丝，而高质量的核心粉丝在信息传播及舆情危机中有着积极重要的作用。线下活动可以与粉丝面对面地交流，增强了粉丝对政务微博的认同感，而且也有利于粉丝间的交流，加深了粉丝间的情感，有利于加强粉丝与粉丝、粉丝与政务微博的多方凝聚力。通过网友对线下活动的微直播，成功塑造了其良好的城市网络形象。

不管是线上活动还是线上与线下相结合的活动，从公共关系的对话角度看，是一种政府公关的方法。政府公共关系是指政府为了塑造良好形象而采取的专项公关，从广义上讲，它是政府主动与媒体及社会公众开展双向互动，以塑造政府良好形象，提高政府美誉度和民众向心力，争取公众对政府工作的理解和支持的公关活动。

中国人民大学胡百精教授通过对公关发展历史的考证认为公共关系的“元理由”就是“对话”。著名公关学者格鲁尼格提出公关的四种模式：新闻宣传模式、公共信息模式、双向不对称模式、双向对称模式。双向对称模式通过调研来促进理解和沟通，对话取代劝服成为公共关系的主要目标①。

双向对称模式的最终目的是实现组织和大众之间的共赢。组织通过系统性、科学化的研究去获取有关公众的态度和需求，继而促进组织机构管理层根据公众需求修订其服务策略并改善。有利于加强组织与公众之间的相互理解，它的基本假设是：组织利益与公众的利益从根本上是一致的，组织越重视对公众利益需求的满足，越能得到大众的认可，也就越能加速组织的发展壮大。

“南京发布”的对话公关是在了解粉丝的态度和需求后，通过将组织利益和公众利益相结合的方式，利用粉丝激励的手段，促进公众对自己工作的支持，从而达到双方相互理解的目的。

八、结语

新媒体传播已经从以技术为导向的、独白式的传统线性传播模式，转向以关系为导向的、对话式的全息传播模式。从以上研究中可知，“南京发布”每天不间断的20多条微博的更新频率均得到公众的响应，转发回应量多达50次以上，向笔者们展示了政务微博作为官民对话的平台地位。

“南京发布”把自己定位为网友身边的一位好朋友，以“我”和“你”的关系保证对话的独立性。用普通人交流式的语言，通过内容贴近、形式活泼的配图和丰富的表情符号，使微博更容易被对象接受。在舆情应对方面，不轻易与网友争论，不以劝服的姿态说道理，保持理性而不失个性，宽容善待网友的激进情绪。

线上活动善于借势得力，根据热点和网民兴趣开展活动；线下注重与媒体、社会团体合作，形成合力，扩大自身的影响力。面对面与网友对话，增进二者的黏性，减少分歧，促进相互理解。

但另一方面，政务微博强大的对话功能尚未被充分发挥，“南京发布”多数微博都是单向发布，很少有对话回路，虽然转发评论量高，但这些反馈行为并没有得到回应，主体间性是对话的核心，“南京发布”还有待加强。

政务微博具有对话传播的功能，这就需要政府微博编辑有专业的传播技巧，知道如何选择话题，如何发起有效对话、解决问题；在帮助公众了解组织的同时，帮助组织了解公众。只有这样，有效的对话才能产生，并持续发

① 胡百精．公共关系学［M］．北京：中国人民大学出版社，2008.

展成一种长期的、良好的关系类型。政务微博应把自己定位为贴近粉丝、在乎粉丝体验的“产品经理”，把网民当成“客户”，根据网民的需求，展开对话。

没有完美的政务微博对话传播体系可供借鉴。“南京发布”也只是一种对话模式，而不是标杆。正如彼得斯在《交流的无奈》中所说，交流转向的基本路径不是以自我为中心，而是以对方为中心；不是按照自己的喜好和形象去改造他人，影响他人，而是认识他人的特性；不是固守自身思想的传递，而是选择一种能让对方理解的说话方式。“完美交流是乌托邦，重要的是彼此的关爱”①。

① 何道宽译．交流的无奈［M］．北京：华夏出版社，2003.

大建设浪潮与中国城市想象

——以《合肥晚报》《新安晚报》房地产广告为个案

刘 丽 李 璐*

（安徽大学新闻传播学院）

摘 要：作为正在建设中的区域中心城市，安徽省会合肥的发展在中国城市化进程中具有重要的典型性。本文以2006—2013年《合肥晚报》《新安晚报》的头版房地产广告为研究样本，分析与解释近年来作为“社会文化符号”的房地产广告在对城市的空间结构、市民身份、文化价值等维度上的媒体呈现，初步探讨和反思近年来的“建设话语”所体现出的一些问题。

关键词：《合肥晚报》；《新安晚报》；房地产广告；建设话语

21世纪的前10年，中国各大、中城市正为“大建设”浪潮所席卷。合肥市作为中部欠发达省份的省会，自2006年开始大规模地推进城区改造建设的步伐，“建设现代化滨湖大城市”的口号经媒体广泛报道而家喻户晓。在大建设浪潮中，作为大建设“推行者”身份的政府在不断地通过专家意见、媒体报道的方式向民众进行相关政策的宣传，他们是关于“大城市”观念的重要“编码者”。在这种编码中，最为突出的特征是强调经济“扩张”与区域“中心”的概念。新闻文本往往会对这种意图进行最直接的、清晰的阐述：

“合肥作为安徽省省会，现有城市规模明显偏小。目前城区（指人口和产业密集的城市建成区而非行政区，下同）面积大致是150平方公里，常住人口约为130万人，GDP 300多亿元，与合肥应有的区域经济中心地位很不相称。随着我国工业化、城市化的快速推进，依托本地区比较优越的发展条件，完全可以作这样的设想：经过大约30年的努力，使合肥城区扩至450～500

* 刘丽系安徽大学舆情与区域形象研究中心研究员；李璐系中国科技大学科技传播与科技政策系硕士研究生。

平方公里，人口增至500万左右，GDP达3000亿元以上。届时，合肥城区人口虽只占全省人口的8%左右，但经济实力显著增强，合肥将真正成为较大区域的经济中心。"①

在省级媒体类似的城区改造与建设的报道或评论中，经济扩张要求在话语中往往与"省会中心地位"等传统政治意念相联系，这就不难理解为什么房地产业是近10年以来中国发展最快的产业；以"老城改造"和"新城扩张"为特征的"大建设"浪潮中，作为大建设"执行者"之一的房地产业的发展步伐与城市建设规划者的实践往往同步。可以说，作为"城市"观念编码者之一的房地产开发商们同样参与到了对于"大城市"观念的建构中，而媒体对于这种"大城市"观念的重要呈现就是房地产广告。我们特别关注，在作为公共话语平台的都市报的头版房地产广告中（它们与重大新闻占有同样甚至更多的版面），"城市"观念究竟是如何呈现的？

选择报纸头版刊登的房地产广告作为研究样本，分析这种对于"城市"观念的符号化的呈现，或许可以从新的视角重新审视当今中国的建设话语。

一、研究方法与分析维度

（一）研究方法

以合肥市为中国城市样本，以合肥市出版的《新安晚报》和《合肥晚报》（2006.1.1—2013.10.3）头版刊登的房地产广告为文本样本作归纳分析。

本次研究选取《合肥晚报》和《新安晚报》两份都市报作为分析对象，主要基于以下理由：《合肥晚报》曾经是中共合肥市市委机关报，自2009年10月12日改版后，该报定位为面向合肥本地市民的都市报。《新安晚报》是安徽省出版的发行量最大的都市报，是由安徽日报主办的省级综合性晚报，1993年1月1日创刊，是安徽省发行量最大、读者面最广、影响力最强、广告额最多的综合类报纸，2009年广告营业额逾2亿元，为安徽报业之首。两报均为安徽省报纸发行量前三名以及广告投放量前三名，具有影响力大、覆盖范围广等特点，同时由于两报的读者分布与身份均具有差异（面向本地市民和全省居民），选择两份报纸可以避免样本的同质性。

自2006年初合肥市提出"大建设"的口号后，开展了老城区改造、建设

---

① 王傲兰．将合肥建成现代化滨湖城市［N］．安徽日报，2003-11-24（A1）．

南部滨湖新区、经济开发区等步骤的城市发展浪潮①。因此，本研究选择报纸样本从2006年1月开始，截止到2013年10月底，“大建设”时间范围及其宣传已开始7年，时间范围是：2006年1月—2013年10月。

采取结构化抽样。以2006年1月2日报纸为第一个随机样本，以后隔20日抽取一个样本，以此类推，因春节、国庆停刊等因素，《新安晚报》的有效样本为121份，《合肥晚报》有效样本为137份。针对研究目的的有效样本，《新安晚报》共40份，《合肥晚报》共34份。

（二）分析维度

根据对房地产广告的研究，本文对房地产广告中的“大城市观念”的构建，主要从空间结构、价值诉求、市民地位这三个维度来衡量：

1. 空间结构：“大城市”应当由哪些部分构成？结构封闭还是开放？

现有城市学的相关理论认为，城市空间结构一般表现在城市密度、城市布局和城市形态三种形式。研究一般有三个层面的空间尺度：一是城市内部空间，研究以主城区为主的各个功能区之间的关系；二是城市的外部空间层次，研究包括城市的郊区卫星城、专业镇、各种飞地及其周围的广大农村，这是城市扩张的外围地区；三是从城市群体空间的角度，看待城市所处区位及其与其他城市间的相互关系②。而无论是城市生态学派（如芝加哥学派的著名的同心圆理论）还是新韦伯主义，无不将城市视为社会——空间系统。

从微观的角度看，当一处土地开发成为某个楼盘时，可能存在着相似的类型结构。被开发的楼盘，事实上是一个小型的城市社区，其中的房屋类型、周边设施、社区建设的社会结构等，即为本文所指的“空间结构”。

表1 房地产广告中的空间结构框架及其解释

序号	空间结构	解释
1	城区位置	楼盘在哪个地段——房屋外部空间
2	楼房类型	楼盘是多层还是高层——房屋内部空间
3	周边公共设施	周边是否有车站、大型超市分布——与城市的关系
4	自然	绿地——与乡村的关系
5	社区结构	社区与其他社区的关系——封闭或开放

---

① 合肥市城乡规划发展报告（MP 65-66/112）. 合肥市规划局，2006.

② 何海兵. 西方城市结构的主要理论及其演进趋势［J］. 上海行政学院学报，2005（6）：5.

2. 价值诉求："大城市"的市民应当持有何种价值观？是相互疏离还是融合？

媒介文本的表现形式主要是文字与图片。本文在这里将分析房广文本中的文字与图片。其中将广告中出现的多幅图片分为主图和辅图。当两张以上的图片大小相差无几的时候，它们共同作为分析该广告主导性文化价值的依据，否则以主图（即在大小上明显超过其他图片的图片）作为分析依据。同时，因为在有的广告图片中可以辨别出不同的几个价值类别，本文会试图寻找其中最具主导性的价值。

表2　房地产广告分析中使用的文化价值框架及其解释①

序号	主导性文化价值	价值解释
1	便利	强调房地产所在处的交通条件的方便，或者与一些公共性服务机构（如商店、饭店或学校）相邻或距离比较近
2	经济	强调房屋价格的便宜
3	家庭	强调家庭生活情景、生活场所或家庭成员在家庭氛围中生活的舒服，甚至直接宣称房屋是婚姻的开始
4	自然	突出植物、自然物质等来强调人与自然的平衡和谐
5	现代性	强调新近的、当代的、时新的、走在时间前面的
6	安全	强调物业管理的可靠和安全的本性
7	品味	强调艺术等对人内在修养方面的内容，强调"独特"
8	国际化	使用外国人物形象或者国外视觉符号，强调房地产与国外人士或国外文化之间的关联
9	竞争	通过露骨的或暗示的对比，将该产品与类似的产品区别开来
10	尊贵	广告中使用视觉符号表明或暗示购房者的身份尊贵

① 冯丙奇．北京地区市民报纸房地产广告图片主导性文化价值的转变——以《北京晚报》为例［J］．现代传播，2006（2）：107-109.

3. 市民地位（城市主体）：我们是谁？“大城市”的市民身份应当如何？

由上述两个框架的分析，我们开始思考这样一个问题：针对“城市”观念进行分析，其对象除了物化的社区结构、观念结构之外，更应包含社会基础的部分。在今日的中国城市，具有差异的多元社会力量正在同一个“市场空间”中进行不同层次的交往。“城市的居民”是市民，更是社会行动者。在“大城市”的特定空间结构下，在由“大城市”意念设置出的价值观的作用下，作为社会基础的市民将会如何思考自身？“大建设”观念中的“大城市市民”如何能够经由上述两个层次的作用而形成一个真正的共同体？从本研究来看，问题则可以集中为：媒体呈现中的“我们”究竟是谁？

三、结果及分析①

（一）现代“城市”是由高楼大厦、社区安保、交通设施等部分构成的封闭结构

表3 《合肥晚报》与《新安晚报》头版房广中呈现的城市空间结构

年份	报纸	城区位置	楼房类型	公共设施	自然	社区结构
2006	合肥晚报	老城区的商业中心与站前区	多层，小户型	强调传统商业圈	无	无
	新安晚报	老城区的商业中心与新站区（在建二环）	多层、小户型（车库、保安、健身房、小区超市等）	强调公共交通便捷与社区本身设施	重视社区内部生态	无

① 本研究将直接售卖房屋或商铺的广告视为房地产广告，不包括房地产中介广告。本次研究发现，2006—2012年，《合肥晚报》使用约17.64%的头版版面来刊登房地产广告。2006—2011年，《新安晚报》的头版广告中至少有约25%的头版版面让给了房地产广告。其中80%是针对市民（城市人）居住为使用目的的房地产广告。《新安晚报》头版刊登房广多采取全版或者1/2版形式，头版广告所给版面较大。两报的广告雷同率约为13%。其中，《新安晚报》抽样中，2011年1—10月未能抽到合格样本。

（续表）

年份	报纸	城区位置	楼房类型	公共设施	自然	社区结构
2007	合肥晚报	站前区（在建城市二环附近）	高层、大户型	首次强调大型超市入驻		家庭
	新安晚报	新站区（二环）	多层、大户型	无	重视社区内部生态	无
2008	合肥晚报	滨湖新区（合肥141战略的重点发展区域）；市中心	高层、大户型	强调社区本身的设施（车库、保安、小区超市等）	“花园房产”概念，重视社区内部的生态	成熟社区与商业街组成的大社区
	新安晚报	中心城区	多层、大户型、别墅	强调社区内部设施	“花园社区”，重视社区内部生态	楼盘与商业街构成的社区
2009	合肥晚报	政务新区（合肥141战略的重点发展区域）	高层、大户型	弱化公交，强调社区自身设有车库	重视小区内部的生态	相对封闭的新兴社区（首次出现“房产”一词）
	新安晚报	经济开发区与中心城区	高层、大户型	强调周边农贸市场	无	“生活样板区”，相对封闭的新兴社区
2010	合肥晚报	经济开发区（合肥141战略的重点发展区域）	高层、小户型	无	会所，强调房屋周边生态	无人打扰的私人空间
	新安晚报	滨湖区、经开区与政务区	别墅	无	无	私人空间

（续表）

年份	报纸	城区位置	楼房类型	公共设施	自然	社区结构
2011	合肥晚报	经开区	别墅、多层	无	“度假房”概念，强调周边生态	无人打扰的私人空间
	新安晚报	经开区	别墅、多层	无	同上	同上
2012	合肥晚报	经开区与北城区	别墅、多层	强调“成熟商圈”概念，强调周边地铁建设	无	投资居住“两用”产品
	新安晚报	经开区与北城区	公寓、多层	强调周边地铁	重视社区周边景观	居住与投资品
2013	合肥晚报	经开区与高新区	别墅、多层	强调周边地铁	无	无
	新安晚报	高新区与中心城区	别墅、多层	强调景观	强调社区周边景观	居住与投资品

从文本来看，两份报纸的房广每隔两年便“自然地”呈现出一个周期，每个周期对于城市空间的内容描述上具有相似性。2007 前的第一个周期，房地产广告中的城市建筑是多层为主，多以接近商业中心、公共设施完善为主要诉求，这与中国城市建设步伐同步，此时的“社区”概念尚未成型，市民生活多以家庭为单位组织。而 2008 年之后的第二个周期，随着建设步伐的推进，社区的概念也开始逐步成型，广告文本在此时，从空间上给我们揭示出这样一个典型的中等规模的中国城市随处可见的城市构想：

楼层越来越高，居住者越来越依赖于社区内部设施的完善；从私家车车库的建立与不断强调可以看出公共交通在设计者的观念中正逐步被弱化，而社区内部逐渐开始发展出超市、保安系统、健身房以及娱乐设施，由此社区日益趋向于“自给自足”，最终成为相对封闭的新兴社区；此外，这种封闭性还体现在对于社区内部生态而不是周边环境的重视；体现在对于私人空间的不断强调而非对于公共空间的重视。

（二）价值诉求：资源稀缺条件下的奢华与享受

表4 《合肥晚报》与《新安晚报》头版房广的价值诉求

年份	《合肥晚报》价值诉求	《新安晚报》价值诉求
2006	缺乏明确诉求，广告还没有对于城市价值观整体性的描述与想象	功能诉求（自然、便利、家庭、安全）
2007	功能诉求（城市边缘地带的购物便利等）	功能诉求（自然、经济）
2008	对土地这种稀缺资源的占有	对土地这种稀缺资源的占有
2009	城区位置带来的尊贵的身份	稀缺资源与教育的关联，及其与家庭未来的关联
2010	高端地产带来的尊贵的生活方式	现代化、国际化、尊贵
2011	高端地产带来的尊贵的生活方式	无
2012	居住方便、转手便利的投资	可以带来长期的回报和收益的“一步到位”的投资
2013	高端地产带来的“中心”地位	居住环境带来的“中心”地位

仍然是每两年呈现为一个周期，2006—2007年间，两报房广对于所售商品的定位仍是“房屋”或“商铺”；2008—2009年间，随着政策推进、建设开发的大规模展开，土地开始成为稀缺资源。在这一时期，广告对于商品的主要诉求开始从功能性（自然、经济等）转向对占有资源的宣称。2009年之后，更是直接宣称可以通过占有土地资源，进而获得教育资源等关系家庭和个人未来发展的重要资源。值得注意的是，由于国家在房地产政策上的宏观调控等原因，2012年和2013年的房广宣传进入一个转折期，媒体上开始公开强调商品房作为投资品的特征，将购买房产定位为一种纯市场行为或投资行为，将“转手便利”和“一步到位”作为吸引投资的营销策略。

可以说这一时期的典型的中国城市的价值诉求是：作为市民，自我实现是通过更快地占有社会稀缺资源来完成的。良好的生活方式就是通过占有资源获得高人一等的尊贵身份，得到高人一等的享受体验。

此外，文本之中可以看出，在自然、便利之外，“国际化”和“尊贵”日益成为今天中国城市观念中的主要的价值诉求。有趣的是，广告文本中所呈现的“国际化”并非直接与生活方式的“现代化”相联系，而是紧密地与社会身份的不平等（如“尊贵”）相联系。

（三）市民地位："我们"是资源稀缺造就的优越阶级

表5 《合肥晚报》与《新安晚报》头版房广的市民身份定位

年份	《合肥晚报》	《新安晚报》
2006	房屋的购买者（明确的表达） 只是介绍户型与面积，并无城市构想	城市定居者
2007	城市定居者 "开始新生活"的人（模糊的表达） 以城市定位为主，是一种探索中的对"城市人应该如何"的描述	商铺投资者 首次招商
2008	房屋的拥有者即"拥有明天"的人 真正开始定位"大城市"，具体描述"大城市"的所有功能需求——或者说，对"我们"应该如何的要求	投资者 首次出现"学区房"
2009	地产的拥有者（明确的表达） 首次对"市民"身份进行建构：买楼意味着成为城市居民；购买、房产权利与身份直接挂钩等	有产者
2010	有产者（明确的表达） "合肥人"一词首次出现在房产广告中，意味着城市内部认同的加强	"高层"人士 "安徽人"一词首次出现在房产广告中，由于报纸发行范围更大，更关注更大范围的市民认同
2011	地产投资者，有产者（明确的表达） 侧重对"合肥人"身份的建构	同上
2012	地产投资者（明确的表达） 侧重对于"合肥人"身份的建构	投资者 由于地铁在建，地铁周边房屋成为投资热点
2013	"合肥中心"一词频繁出现 "合肥人"的身份具有多层次含义	"合肥中心"与地铁紧密联系起来

2006—2007年间，广告文本中多将市民定位为广义的消费者——他们是

一群面目模糊的房屋、商铺购买者，是准备定居于城市、开始新生活的人群。2008 年后，房产广告主要诉求从“房屋”转向“土地”，市民身份被形象鲜明地定义为“拥有明天的人”，房产广告真正开始定位“大城市”，并以视觉符号具体描述“大城市”的所有功能需求。同时对市民提出了“我们应该如何”的要求：我们应该买房，我们应该在绿地环绕、接近学校等公共设施的地区买房，我们应该拥有这样的房屋，如此才能拥有明天。当然，这里所指的“我们”并不十分清晰。

2009 年，市民身份被明确地表达为“地产的拥有者”。从房屋拥有者到房产拥有者，土地的重要意义凸显。广告话语与观念形态中都开始出现“学区房”的概念，“地段决定优势”的口号开始响彻全城。值得注意的是，广告首次开始对普遍性的“市民”身份进行重新建构：买楼意味着成为一个城市的居民；城市的居民（即市民）意味着生活“快乐”，地位“高层”。于是，购买行为、房产权利与市民身份甚至人生价值直接挂钩。正因如此，拥有房产的城市居民，成为一个“新阶层”的形象被逐渐塑造起来，这种塑造天然地与土地、房产紧密结合在一起。

进入 2010 年后的第三个周期，两份都市报的广告不约而同地开始以“我们”的视角来进行市民形象的描绘。其中“合肥中心”一词在 2013 年的频繁出现，显示出合肥人身份建构的多层次性。伴随地铁 2 号线的修建、中心城区的逐步扩张，“合肥人”的意涵一方面随着城区的行政区划的扩张而扩张(如巢湖地区目前被纳入合肥，周边县区的众多移民亦开始步入“合肥人”行列)；但另一方面，媒体内容中对于“合肥中心”的强调显示出这一时期的文化指向，即以“合肥人”“安徽人”等语词试图为市民中的有产者建构规模更小众、指涉更具体的地域社会认同。

四、结语

从上述中国城市想象的叙述中，或许可以发现当今中国城市建设话语中的两种倾向：

1. 从社区建设的层次来看，“扩张”成为社区建设的主流。在当今的城市建设中，社区建设已经开始进入公众视野。然而，从人文地理学的角度理解社区的概念，社区应当是集中在固定地域内的家庭间相互作用所形成的社会网络。近年来，中国的城市建设与规划者往往单一地将“建设”理解为“中心扩张”，着眼点是力图使得新建中的边缘城市社区能够自给自足，进而脱离旧城相对完善的公共设施。所谓社区建设往往是着眼于建造一个由高楼大厦、社区安保、内部设施、私人化的交通工具等部分构成的封闭结构。笔者认为应当慎重考虑这种封闭型社区正在日益造成的社区之间的分离问题。

2. 从社群认同的层次来看，资源占有不均下的所谓“社会认同”召唤缺乏强有力的观念基础。处于共同体之中的个体，能够“认识到他属于特定的社会群体，同时也认识到作为群体成员带给他的情感和价值意义”①。即是说社会认同是社会成员共同拥有的信仰、价值和行动取向的集中体现，本质上是一种集体观念。与利益联系相比，注重归属感联系的社会，其认同更加具有稳定性。关于“我是谁”这样的认知主要可以根据个人所属的或所确认的群体的立场来回答。但从上述对于价值诉求的分析来看，诉诸资源稀缺条件下的少数阶层享乐主义的价值理念，很难想象会在社会中唤起广泛的价值认同。以此观察近年来社区业主集体“维权”屡遭挫折的现象：现实中，业主之间的集合相对松散，难以联合对抗组织外的各种压力，这显示出在很大程度上是由于生活于社区的市民的身份主要是通过资源占有、彰显身份来进行自我认同的，很难与其他社会群体形成社会学意义上的共同体（community）。

有趣的是，恰在政府着手调控房地产业的2010年，大众传媒开始努力以“本地人”作为口号，试图唤醒一种全新的地域认同、城市认同。众所周知，地区认同的基础是文化认同与情感价值认同。在现实中，判断市民是否是“本地人”的并非他与其他市民有没有共同的文化认同或情感认同，而是他（她）有没有购买本地的房产，或是有没有成为某一个楼盘的消费者。这种消费主义式的价值认同难以成为集体观念的基础，可以想见这样的媒体口号式的“认同”能够起到何种效果。

在现代社会，如何在大政府与小个人之间形成一个有力的公民共同体，应是社会学家着力关注的事情。然而，在今日中国城市的大建设话语中，却愈来愈多地呈现出一种“社群分离”的倾向，这应当引起研究者的警惕。“大建设”浪潮席卷的并不是一两个城市的问题，而是整个中国发展的趋向。伴随着现代化进程的加剧，这种大建设话语中的倾向值得研究者进一步进行反思：城市建设的未来何在？

① Henri Tajfel. Experiments in intergroup discrimination. Scientific American，1970：223.

新传播革命视域下政府形象建构的路径选择

——以安徽省三大政务微博为例*

刘 勇 黄 颖**

（安徽大学新闻传播学院）

摘 要：本文基于新传播革命的视域，立足媒介与社会变迁的整体性理路，着重从传播学维度来展示安徽省三大政务微博在常态下和危机中的表现，力图探讨的核心问题是：作为政府形象“窗口”的政务微博实存状态究竟如何？能否建构与“美好安徽”目标一致的政府形象？在此基础上，探寻新传播环境下政府形象建构的新路径。

关键词：政府形象；政务微博；常态；非常态

人类传播的历史表明：每一次传播媒介的革命都会从根本上改变人类接收信息的理念与方式。按照媒介环境学派的代表人物加拿大传播学者麦克卢汉的观点，即可化约为“媒介即信息”。如果将媒介视为一个自足的系统，那么，媒介在制约人类传播方式的同时，也潜移默化地影响着我们生存的现实之地——社会生态环境。所谓社会生态环境是由政治、经济、文化等各个子系统建构而成。换言之，媒介会以其内在的逻辑与社会生态环境的各个子系统产生互动，进而影响乃至改变整个社会的基本架构、执政基础。这即是政府形象塑造必须着眼于媒介环境变迁的根本原因。本文试图跳脱以往同类研究纯行政性框架，立足媒介与社会变迁的整体性理路，选择新传播革命的重要媒介形态——政务微博作为研究对象，着重从传播学维度来展示安徽省三大政务微博的实存状态，进而探讨政府形象建构的新路径。

---

* 基金项目：“安徽大学青年骨干教师培养对象选拔与培养计划”（项目代码：33010036）。

** 刘勇，博士，安徽省人文社科重点研究基地——安徽大学舆情与区域形象研究中心研究员，执行主任，新闻传播学院副院长，副教授；黄颖，安徽大学新闻传播学院2012级硕士研究生。

一、新传播革命——政府形象建构的新挑战

关于现时代的传播特征，国内外学者都给出了大致相似的阐释。按照我国新闻学者李良荣先生的解读，人类诞生之日起，历经了文字、印刷术、电报和互联网四次传播革命。而所谓新传播革命，即是指互联网技术的推广与使用，相比于前三次传播革命，不仅在传播载体、传播介质上更加先进，实现了数字、语言、文字、声音、图画、影像等多种传播方式的统一数字化处理，更以其交互性传播模式，使得传者与受众之间的传统关系面临巨大转变，传播权力面临深层次的结构调整①。

美国媒介环境学派代表人物保罗·莱文森则从媒介演化的角度将人类历史上出现的各种媒介统一分为旧媒介、新媒介和新新媒介三种形态。其中，互联网诞生之前的一切媒介都是旧媒介（old media），它们是“空间和时间不变的媒介，比如书籍、报刊、广播、电视、电话、电影等”。新媒介（new media）是指互联网上的第一代媒介，滥觞于20世纪90年代中期，其特征是“一旦上传到互联网上，人们就可以使用、欣赏，并从中获益，而且是按照使用者方便的时间去使用，而不是按照媒介确定的时间表去使用”。新新媒介（new new media）则是指互联网上的第二代媒介，滥觞于20世纪末，兴盛于21世纪，其特征是：“消费者即生产者；其生产者多半是非专业人士；个人能够选择适合自己才能和兴趣的新新媒介去表达和出版；新新媒介一般免费，付钱不是必需的；新新媒介之间的关系既互相竞争又相互促进；新新媒介的服务功能胜过搜索引擎和电子邮件；新新媒介没有自上而下的控制；新新媒介使人人成为出版人、制作人和促销人”②。

总而言之，新新媒介引发了新传播革命，新传播革命带来了新新媒介的繁荣。这些都昭示了“三千年未有之大变局”的到来：传统由政府主导的传播“渠道霸权”时代被公民的“自我赋权”所取代，公民的知情权、表达权、参与权和监督权得到前所未有的强化与落实。与此同时，互联网业已成为社会运动的策源地，从“微观”到“围观”的大众政治时代已经到来，“主流”与“民间”两个“舆论场”正逐渐形成，社会、个人与国家之间的信息博弈与话语争夺日趋激烈，政府的执政能力不断受到来自各方的检视与

① 李良荣、郑雯：《论新传播革命——新传播革命研究之二》，《现代传播》2012年第4期。

② 参见保罗·莱文森：《新新媒介》，何道宽译，复旦大学出版社，2012年版。

考验。变亦变，不变亦变。近年来的实践表明：政府形象关乎国家形象，政府部门必须从“疲于应付”的被动状态中跳脱出来，切实解决好“本领恐慌”的问题，主动应对新传播革命的挑战，方能在增强治理国家和管理社会的能力中建构政府形象。

二、政务微博——检视政府形象建构的“窗口”

微博是微博客（MicroBlog）的简称，是一个基于用户关系信息分享、传播以及获取平台，用户可以通过WEB、WAP等各种客户端组建个人社区，以140字左右的文字更新信息，并实现即时分享。作为一种新新媒介，微博具有低门槛、便捷性、即时性、原创性、交互式传播、影响力广泛等特点，从2009年新浪网推出微博产品至今，我国网民微博的崛起已成为一个不争的事实。据中国互联网络信息中心发布的最新统计数据显示：截至2013年6月底，我国微博网民规模为3.31亿，较2012年底增长了2216万，增长7.2%。网民中微博使用率达到了56.0%，较上年底增加了1.3个百分点[①]。这些数据的背后，既表明微博已成为网民获取信息的重要途径之一，更为关键的是，作为一种社交平台，微博已经成为公民参与国家政治的舆论平台，3亿多网民也使“微博问政”“微博反腐”成为可能。

面对井喷式的“民意洪流”，传统管控舆论的方法显得越来越乏力、越来越难以奏效。“如何直面挑战，专业而有效地打造‘官方舆论场’”成了为政者必须认真考量、迫切需要解决的问题。近年来的实践表明，开设政务微博的重要性、可行性与紧迫性正逐渐为各级政府所重视。据中国微博大会发布的《2012—2013年微博发展研究报告》数据显示：2012年，新浪微博平台中，党政机构微博数为34539个，较2011年增长202.97%，党政官员微博数达25525个，较2011年增长183.61%；腾讯微博平台上，党政机构微博数为45030个，较2011年增长了294.31%，党政官员微博数达25054个，较2011年增长230.53%[②]。而据新浪微博联合人民网舆情监测室共同发布的《2013上半年新浪政务微博报告》显示，新浪认证的政务微博总数已超7.9万，发博总数超过6000万条，被网友转评总数约3.6亿次。相比去年年底，发博数

---

① 中国互联网络信息中心：《第32次中国互联网络发展状况统计报告》，2013年7月，www.cnnic.cn.

② 王译萱：《政务微博数量成倍增长渐成民声响应渠道》，2013年6月16日，中国新闻网www.chinanews.com.

和被网友转评数增长率分别高达73%、177%，显示出今年上半年新浪政务微博活跃度、传播力、影响力仍继续高速增长①。

目前，“政务微博”有广义和狭义之分。广义的政务微博不仅包括用于政务公开和网络问政的政府部门和机构的认证微博，也包括在上述机构的公务人员开通的用于政务工作和沟通交流的个人认证微博。狭义的政务微博，则是指政府部门和机构的认证微博，不包括政府官员的微博。与其他传播渠道相比，政务微博的优点在于：“1. 政务微博扩大了网络世界中的公共领域，延伸了政府形象的传播范围；2. 多方发声打破信息垄断，弥补传统媒体的不足；3. 高效便捷的信息传播，有助于政府形象的及时修复与塑造”②。换言之，“政务微博”既是政府及其工作人员发布政务信息、倾听民意、与民众互动交流、疏导社会舆论的桥梁，也是政府及其工作人员展示其执政能力、建构其形象的重要途径之一。一旦政府部门开通“政务微博”，那么，在社会公众心目中就将其视为检视政府形象的“窗口”。

三、研究设计

2012年以来，“美好安徽”成为安徽政府工作的“根本指针”，也反映了民众对安徽各政府部门的根本诉求。基于此，安徽省各级政府形象也应循着这个目标来建构。那么，作为政府形象“窗口”的政务微博实存状态究竟如何？能否建构与“美好安徽”目标一致的政府形象？本文选取粉丝数量前三名的安徽省省级政务微博为案例，通过考察政务微博在常态下和突发事件中的表现，试图在回答上述问题的基础上探寻新传播环境下政府形象建构的新路径。

根据上述的标准，我们经过搜索发现，安徽地区经过新浪认证的政务微博共有742个，大部分为地方政务微博，涉及大致11个部门或行业：

表1　安徽省政务微博类型及数量统计

政务微博类型	政务微博数量（个）
政府	108
公安	300

① 人民网舆情监测室：《2013上半年新浪政务微博报告》，2013年7月，人民网。

② 吴静：《政务微博对政府形象的构建传播研究》，中国知网，中国优秀硕士学位论文全文数据库，www. CNKI. com.

（续表）

政务微博类型	政务微博数量（个）
交通	8
医疗	14
市政部门	15
司法部门	32
工商	13
团委	73
招商	10
旅游	42
其他机构	127

粉丝数量排名前三位的是："安徽公安在线"（4468723）、"安徽省教育厅"（1250390）、"安徽发布"（585304）。这三大微博即构成了本研究的样本库。其依次是安徽省公安厅的官方微博、安徽省教育厅的官方微博、安徽省互联网信息办公室官方微博。同时，我们随机选择三大微博在 2013 年 7 月的微博文本进行具体分析。

四、常态下，三大政务微博的传播行为分析

所谓常态，是指政府行政正常运作状态下的政府形象传播。此时的政府，一方面要严格履行自己的社会职能，为社会公众提供优质的公共服务，另一方面，还必须及时向社会公开政府行为和相关信息①。那么，三个样本微博在常态传播中表现到底如何？我们选择活跃程度、主题分布和消息来源三个指标来考察以下三个问题：

1. 政务微博活跃程度如何，是否起到了应有的作用？
2. 政务微博的文本体现了何种主题，是否符合自身的定位？
3. 信息源来自哪里，呈现出怎样的模式？

① 刘小燕、丁学梅：《政府形象传播的类型及方法》，《国际新闻界》2005 年第 4 期。

（一）活跃程度

微博平台上每天都有海量信息，要让自己发布的微博进入粉丝的视线，必须要保证一定的数量。一个微博的活跃程度最直接的表现就是其发布微博的频率和数量。在我们随机抽取的2013年7月1日到7月31日的时间范围内，三个样本微博分别发布了如下数量的微博：

表2　2013年7月样本微博发布消息总数统计

微博名称	微博总数（条）
安徽公安在线	238
安徽省教育厅	80
安徽发布	451

"安徽公安在线"一个月共发布微博238条，平均每天发布8条；"安徽省教育厅"一个月共发布微博80条，平均每天发布3条；"安徽发布"一个月共发布微博451条，平均每天发布15条。

通过观察，三个样本微博都能做到每天发布微博。同时也能保持适当的频率，基本是间隔两三个小时发布一条，因为发布的时间过于集中会造成"刷屏"现象，让人觉得受到干扰。比如安徽公安在线每天都有几个固定的发布时间及主题，如"早安说说"和"下午茶"等。

（二）主题分布

通过对三个样本微博文本内容的分析，我们将其主题概括为四类：专业信息，即发布与其部门职能相关的信息；社会新闻，即各类社会新闻及相关动态；求助互动，即与公众之间的互动以及对相关问题的回应；文化休闲，即一些生活贴士及哲理名言等。

表3　"安徽公安在线"微博文本的主题类型及数量

主题类型＼数量	主题数量（条）	百分比
专业信息	122	51.26%
社会新闻	34	14.29%
求助互动	14	5.88%
文化休闲	68	18.57%

表4 “安徽省教育厅”微博文本的类型及数量

主题类型 \ 数量	主题数量（条）	百分比
专业信息	67	83.75%
社会新闻	4	5.00%
求助互动	2	2.50%
文化休闲	7	8.75%

表5 “安徽发布”微博文本的类型及数量

主题类型 \ 数量	主题数量	百分比
专业信息	180	39.91%
社会新闻	104	23.06%
求助互动	24	5.32%
文化休闲	143	31.71%

通过表3、4、5可以看出，在三个样本微博的文本内容中，跟专业职能相关的信息都占了最大的比重，“安徽省教育厅”发布的专业信息更是占到了所有文本的83.75%。因此，样本微博所体现出来的主题分布情况符合各自的身份定位。“安徽公安在线”和“安徽省教育厅”都是相关政府部门的官方微博，作为展现政府形象的重要窗口，最基础的就是要做好本职的工作，在它们发布的文本中，主要都是围绕自身的职能，但两者各具特色，“安徽公安在线”主要是提供与安全有关的各种知识，具有较强的普法和科普的意味，“安徽省教育厅”的微博则多为最新信息，具有较强的时效性。

“安徽发布”自身的定位是“对外宣传阵地，传递信息平台，服务民生渠道，展示形象窗口”。它的主要职能就是对外塑造“美好安徽”的形象。在这三个样本微博中，该微博在一个月内的发布数量最多，达到451条，平均每天发布15条，发布的微博内容涉及安徽省经济发展、精神文明建设等各个方面，体现了其作为外宣窗口的基本职能。

值得注意的是，三个样本微博都注意根据主题进行集纳编排，将不同内容置于不同的话题之下。譬如，“安徽公安在线”就设置了#安徽公安#、#安徽警方#、#微心语#和#下午茶#等几个固定的话题，“安徽发布”专门辟有#传播江淮#、#敬请关注#、#生活贴士#等话题，这样，网友通过话题名称基本就能看出发布内容的基本范畴。

（三）消息来源

我们将“消息来源”这一指标大致分为三类：原创，指自主创作、发布的微博；转发，即转发其他微博的内容；来自媒体，指标明来自其他纸质或网络媒体的微博。经过统计得出以下结果：

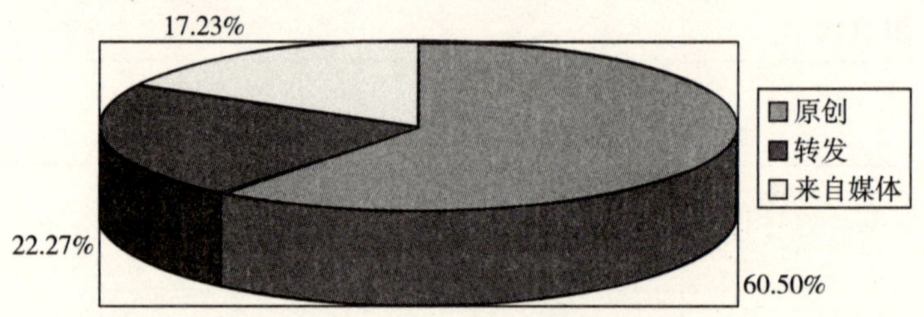

图 1　“安徽公安在线”微博消息来源比例

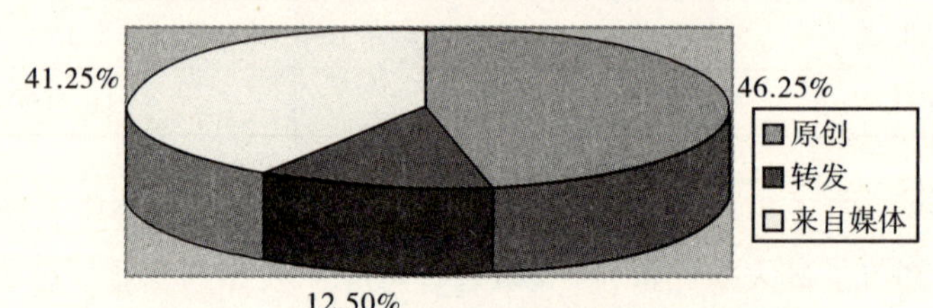

图 2　“安徽省教育厅”微博消息来源比例

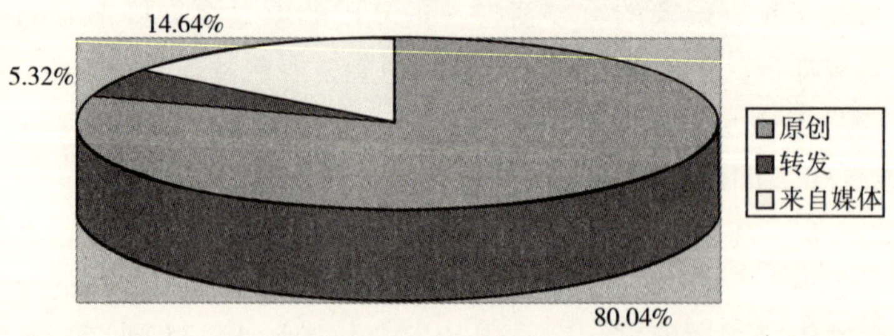

图 3　“安徽发布”微博消息来源比例

在“安徽公安在线”7 月发布的 238 条微博中，原创微博共 144 条，占 60. 5%；转发微博 53 条，占 22. 27%；来自媒体的消息 41 条，占 17. 23%。

在“安徽省教育厅”7 月发布的 80 条微博中，原创微博共 37 条，占 46. 25%；转发微博 10 条，占 12. 5%；来自媒体的消息 33 条，占 41. 25%。

在“安徽发布”7月发布的451条微博中，原创微博共361条，占80.04%；转发微博66条，占5.32%；来自媒体的消息33条，占14.64%。

可见三个样本微博发布的文本中，“原创微博”都占据了最大比例，这有利于塑造自身的权威性，作为政务微博，本身就应该做到及时、准确地发布官方消息。另外，三者的“转发微博”内容基本都来自其他政务微博。转发自媒体的微博，内容来自相关新闻网站，都注明了链接，比较规范和可靠。这也展现出了政府部门注意打造负责任、专业和权威的形象。

（四）接近性

这一部分考查的是在常态下，三个样本微博发布的消息是否有关安徽省，内容是否“接地气”。我们将内容分为安徽相关和其他两个部分，具体统计数据如下：

表6 “安徽发布”微博内容的类型及数量

主题类型＼数量	主题数量	百分比
安徽相关	329	72.9%
其他	122	27.1%

表7 “安徽省教育厅”微博内容的类型及数量

主题类型＼数量	主题数量	百分比
安徽相关	72	90%
其他	8	10%

表8 “安徽公安在线”微博内容的类型及数量

主题类型＼数量	主题数量	百分比
安徽相关	53	22.3%
其他	185	77.7%

可见，“安徽发布”和“安徽省教育厅”所发布的所有微博中，与安徽相关的占据较大比例，分别为72.9%和90%，“安徽发布”微博中关于安徽

的内容包括社会新闻、发展成就、政府动态等多个方面，“安徽省教育厅”主要是发布与教育事业有关的新闻、政策，总体上做到了内容上的接近性。

五、非常态下，三大政务微博的传播行为分析

非常态更多地表现为危机状态。所谓危机是指“危及个体或组织利益、形象、生存的突发性或灾难性的事故与事件”[①]。在今天这样一个风险社会中，危机无处不在，无时不有。一旦发生，其危害有时甚至是致命的。近年来，许多起初看似微不足道的“网络爆料”或点滴小事，最终酿成了难以收拾的大危机，政府部门常常“疲于应付”，有的甚至“慌不择路”。事实上，只要预判准确，处理得法，应对及时，往往能够转“危”为“机”。在此，我们随机抽取了2011年以来发生在安徽省境内、影响较大、关涉社会治安、教育、地方形象（与我们选取的三大政务微博有直接关联）的三起突发性事件予以考察。这三起事件分别为：“合肥少女毁容案”“桐城市‘3·12’在建楼倒塌事故”“潜山县小学校长性侵案”。

（一）政务微博在突发性事件中的表现

“合肥少女毁容案”发生于2011年9月17日，于2012年5月宣判。犯罪人陶某与被害人周某（未成年人）系同学关系，两人在交往过程中产生矛盾，陶遂产生报复心理。2011年9月17日18时许，双方在周家发生争执。陶某把打火机油泼洒在周某的面颈部及身上，并用打火机点燃。后经法医鉴定：被害人周某面颈部及左耳烧伤，所致损伤后果构成重伤，颈部及左手功能障碍构成重伤。被害人伤残等级综合评定为五级。

这起案件由于案情重大并涉及未成年人，在社会上引起了很大的影响。以“少女毁容”为关键词在三个样本微博中进行搜索，“安徽公安在线”于2012年2月24日发布了一条微博，但是“安徽省教育厅”和“安徽发布”均没有发布相关微博。

“安徽公安在线”发布的微博见图4。

此次事件由“合肥论坛”上的帖子首先曝光，随后，帖子被转发到了新浪等网站的微博上，引起了无数转发和评论。当天，合肥几家网络媒体派出视频和文字记者，制作了视听丰富的节目助推“毁容事件”升温。一边是如

① 居延安：《公共关系学》，复旦大学出版社，2003年版，第353页。

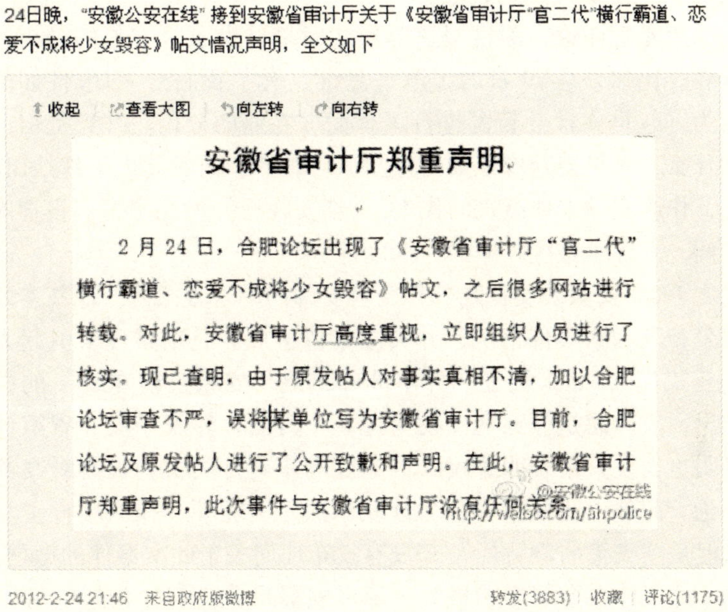

24日晚，"安徽公安在线"接到安徽省审计厅关于《安徽省审计厅"官二代"横行霸道、恋爱不成将少女毁容》帖文情况声明，全文如下

↑收起 | 查看大图 | 向左转 | 向右转

安徽省审计厅郑重声明

2月24日，合肥论坛出现了《安徽省审计厅"官二代"横行霸道、恋爱不成将少女毁容》帖文，之后很多网站进行转载。对此，安徽省审计厅高度重视，立即组织人员进行了核实。现已查明，由于原发帖人对事实真相不清，加以合肥论坛审查不严，误将某单位写为安徽省审计厅。目前，合肥论坛及原发帖人进行了公开致歉和声明。在此，安徽省审计厅郑重声明，此次事件与安徽省审计厅没有任何关系。

@安徽公安在线
http://weibo.com/ahpolice

2012-2-24 21:46 来自政府版微博　　转发(3883) | 收藏 | 评论(1175)

图4　"安徽公安在线"的微博

花似玉的女孩被重度烧伤，一边是顶着"官二代"头衔的犯罪嫌疑人，再加上网帖中所描述的公安机关不及时进行司法鉴定、犯罪嫌疑人家属态度蛮横、不支付医药费用等，"少女毁容案"迅速发酵升温，点燃网络和现实双重世界里的愤怒之火，成为裹挟着汹涌民意的网络话题和公共舆论事件。一些网友在转发、评论时，纷纷谩骂。谩骂声中，出现了一些相对理性的网友，他们一边观察事件，一边小心求证。但是，这样的声音非常少，而且这类声音出现后，很容易引起"群殴"式的抨击，或者很快湮没在无边的网络暴力中。(《是谁点燃了我们?》，《新安晚报》2012年2月29日）作为典型的网络事件，政务微博本应该在当中发挥作用，但是三个样本微博都选择了沉默。

相比之下，本地的都市报却积极主动，发挥了传统媒体的优势。比如《新安晚报》。从事件曝光开始，《新安晚报》在2012年2月25日至3月2日之间关于此次事件共有大小报道11篇。事件初始，关注点集中在"官二代"上，《新安晚报》2012年2月25日至27日的前三篇报道对事件进行了详细报道，并没有刻意渲染这一热点，而是对双方都进行了了解和报道，做到了及时客观。比如3月27日的报道《"求助帖"为何5个月后发出？"花季少女被男同学烧伤"案当事双方详解此事的前因后果》对事件的双方都进行了采访，通过事件当事人的叙述还原事件真相，也借由对犯罪嫌疑人父亲的采访，否定了嫌疑人是“官二代”的说法。

此后采用专家评论、深度报道等形式对事件做了全方位的分析，成为舆论的引导者。比如2月29日的报道《是谁点燃了我们?》对事件如何在网络中发酵成为一起重大社会新闻进行了全面、专业的分析。并且提出问题：我们应该做什么？对于公众应该如何理性面对媒体，面对此类事件给出了建议。整体来看，作为安徽本地纸媒的代表，《新安晚报》做到了把握报道时机，引导舆论走向，发挥了传统媒体的“深度优势”。

相比之下，“安徽公安在线”作为公安部门的官方微博，最基本的任务应该是及时公布准确的案件情况，并关注案情进展。此次案件中引起大家关注的热点“官二代”，后来被证明并不准确，但“安徽公安在线”的微博并没有及时做出回应，而是等到案件发生近5个月后才转发了安徽省审计厅的声明，此声明也仅仅只是表明嫌疑人的家庭与审计厅无关，没有对案情做任何报道或评论。此外，此次案件因为涉及未成年人犯罪，作为教育主管部门理应关注，但是“安徽省教育厅”却没有发布任何关于此次案件的微博。同时，应该看到，此案件在全国影响极大，牵涉安徽形象，但作为外宣窗口的“安徽发布”也没有任何反应，实在错失了形象修复的最佳时机。

“桐城市‘3·21’在建楼倒塌事故”发生于2013年3月21日20时许，桐城市盛源广场工程在浇筑主楼中庭5层屋面梁柱混凝土过程中，模板支撑系统失稳坍塌，造成8人死亡、6人受伤。新华网、凤凰网、人民网、新浪网等网络媒体都在第一时间进行了报道。在样本微博中进行搜索，“安徽发布”在2013年3月22日发布一条相关微博：

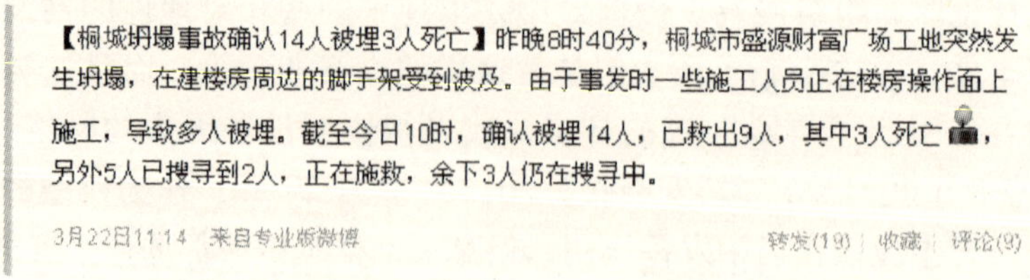

【桐城坍塌事故确认14人被埋3人死亡】昨晚8时40分，桐城市盛源财富广场工地突然发生坍塌，在建楼房周边的脚手架受到波及。由于事发时一些施工人员正在楼房操作面上施工，导致多人被埋。截至今日10时，确认被埋14人，已救出9人，其中3人死亡，另外5人已搜寻到2人，正在施救，余下3人仍在搜寻中。

3月22日11:14 来自专业版微博 转发(19) | 收藏 | 评论(9)

图5 “安徽发布”的微博

“安徽公安在线”于3月22日发布两条微博（见图6）。

在此次事件中，由于事发于晚间，所以两个微博都在第二天发布了准确消息。但是，随着营救工作和调查工作的展开，伤亡人数一直在变动，直到4月26日，安徽省官方才通报了最后的调查结果，但是在这1个月中，两个样本均没有对此发布追踪消息，也没有发布最后的调查结果。总体看，与此事件有关联的“安徽公安在线”和“安徽发布”两个政务微博反应都比较

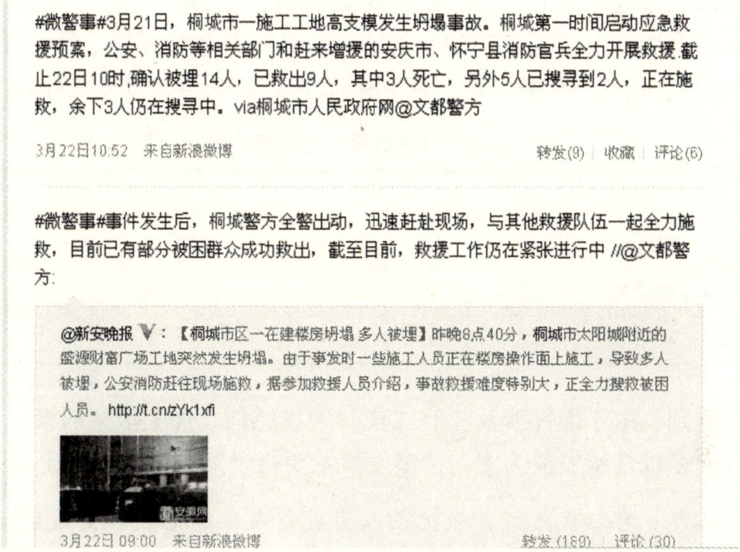

#微警事#3月21日，桐城市一施工工地高支模发生坍塌事故。桐城第一时间启动应急救援预案，公安、消防等相关部门和赶来增援的安庆市、怀宁县消防官兵全力开展救援.截止22日10时,确认被埋14人，已救出9人，其中3人死亡，另外5人已搜寻到2人，正在施救，余下3人仍在搜寻中。via桐城市人民政府网@文都警方

3月22日10:52 来自新浪微博 转发(9) | 收藏 | 评论(6)

#微警事#事件发生后，桐城警方全警出动，迅速赶赴现场，与其他救援队伍一起全力施救，目前已有部分被困群众成功救出，截至目前，救援工作仍在紧张进行中 //@文都警方:

@新安晚报 V：【桐城市区一在建楼房坍塌 多人被埋】昨晚8点40分，桐城市太阳城附近的盛源财富广场工地突然发生坍塌。由于事发时一些施工人员正在楼房操作面上施工，导致多人被埋，公安消防赶往现场施救，据参加救援人员介绍，事故救援难度特别大，正全力搜救被困人员。http://t.cn/zYk1xfi

3月22日 09:00 来自新浪微博 转发(189) | 评论(30)

图6 “安徽公安在线”的微博

及时。

“潜山县小学校长性侵案”发生于2013年5月15日，潜山县某小学校长杨启发，在长达12年的时间中先后对9名女童实施性侵。被性侵时，最小的受害者年仅6岁；而最大的受害者，今年已经20岁。这一案件案情恶劣，新华社、人民网、搜狐、腾讯等媒体都进行了报道，以“潜山”“性侵”为关键词进行搜索，三个样本微博均没有发布任何微博。此次案件涉及未成年人防侵害教育、社会治安、安徽形象等问题，公安部门、教育部门、外宣部门理应在第一时间做出回应，但是三者的政务微博都未对此案件做出任何报道或评论。

（二）政务微博在非常态下的传播效果

勒庞在《乌合之众》一书中对群体进行了全面的分析。他认为，群体总是冲动、易变和急躁的。群体的情绪是夸张和单纯的，他们不允许怀疑和不确定，他们的感情总是走极端。在信息不透明不及时的情况下，公众舆论容易变为舆论暴力，所以非常态下的传播关键在于引导舆论走向，利用媒介资源来塑造理性的舆论环境，微博这种媒介形式由于具备了便捷、传播速度快、范围广等特点，成为转“被动”为“主动”的有效工具，那么在以上三起突发性事件中，政务微博的传播行为带来了怎样的传播效果？是否起到了转危为机的作用？以下分别抽取4条微博的评论进行分析，其中对微博内容进行

直接评论的记为有效样本，以此来考察微博的传播效果。

关于“合肥少女毁容案”的一条微博，共有评论1173条，为了更好地研究评论内容，抽取后50条评论，其中有效样本为38条，具体统计如下：

表9　评论数量及主题统计

主题类型	数量
理性评论事件	3
质疑政府相关部门作为	4
情绪发泄	31

可以看到，由于事件涉及“官二代”等敏感词，加上信息的模糊和缺失，受众的反应多以情绪发泄为主。情绪发泄主要指谩骂、讽刺等。比如：

雪山孤郎：官二代是好，能把杀人变成伤人，能把强奸变成嫖娼，能把黑的变成白的，能把死刑变成活刑（或花钱找人顶罪）。

萧景徽：把它们都烧死，刨个坑埋了，反正没有关系，不会有人管的！

更有甚者将当事人的个人信息在评论中公开，对此“安徽公安在线”并没有进行回复或者任何互动。

值得注意的是，在参与评论的受众之间存在“圈内互动”。比如：

时光已过：回复@jacky有骨气：现在的人都各司其职，每个人都怕受牵连，能说是谁的过错，还是那些人过于倒霉？这个世界很复杂，也很简单，或许我还不适应这个世界的生活方式。

微博的粉丝之间进行了相互的回复和评论，这种“圈内互动”也是舆论形成和扩大的基础。

在“桐城市‘3·21’在建楼倒塌事故”中“安徽发布”发布了一条相关微博，共有评论9条，有效样本为8条，具体统计如下：

表10　评论数量及主题统计

主题类型	数量
理性评论事件	3
质疑政府相关部门作为	0
情绪发泄	4

在这起事故中，由于没有直接牵涉政府部门，信息发布的也比较及时准

确，评论主要是对事故表示哀悼，对事件的评论也集中在对伤亡人数和原因的询问。此外值得注意的是，“安徽发布”自己也对此条微博进行了评论：

安徽发布：截至今天下午2点，事故确认被埋14人，已救出13人，其中7人死亡，余下1人仍在搜救。由于事故现场坍塌严重，救援难度很大，事故原因正在调查中。

此条评论报道了事件的最新进展，不仅是信息的补充，也是一种互动。

在“桐城市‘3·21’在建楼倒塌事故”中“安徽公安在线”共发布2条相关微博，第一条微博共有评论3条，有效样本2条。具体统计如下：

表11 评论数量及主题统计

主题类型	数量
理性评论事件	2
质疑政府相关部门作为	0
情绪发泄	0

第二条微博共有5条评论，有效样本4条。

表12 评论数量及主题统计

主题类型	数量
理性评论事件	2
质疑政府相关部门作为	0
情绪发泄	2

情绪发泄主要是认为信息发布的不准确，如：

哎小春：搞数字游戏么，就是共14人被埋，3人死，其中14人中，9人被救，2人抢救中，3人失踪中。

对此“安徽公安在线”并没有做出回应，也没有发布其他微博进行后续报道。

通过对评论的分析可以看出，由于在突发性事件中的“缺失”，3个政务微博在非常态下的传播行为存在一定的问题，应该看到，尽管上述三起危机事件都不是由政府部门引起，但由于事件本质关涉了教育、社会治安、地方形象等诸多问题，这些问题又与政府有着千丝万缕的联系，倘若政府部门的政务微博能够第一时间发布权威的信息，不仅有利于事件的解决，消除社会的恐慌和不满情绪，而且也有利于负责任、亲民的政府形象的建构。

六、反思与前瞻：政务微博如何建构政府形象

新传播革命打破了传统依赖掌控信息渠道来垄断舆论的方式，带来的是公民的“自我赋权”、信息面前人人平等的舆论新格局以及消解权威、丧失中心等的新问题，新传播革命的视域下，我们更应该运用传播的理念与方式来解决传播的问题。

作为政府部门，当然应该及时掌握传播新技术，主动融入新传播革命的洪流，尊重民意，真诚地与民众进行信息互动与沟通。政务微博不应该仅仅追求粉丝量的增多，也不是运用所谓网络语言去争夺受众的注意力资源，其核心竞争力是“权威和公信力”，这是在良莠不齐的网络环境中最应该珍视的“资源”。因此，政务微博不能成为时髦的摆设，必须强化信息的权威、及时的发布，强化对民众关心问题的专业化解答，强化在危机中不回避、不粉饰、敢发言、会说话，放下架子，倾听民意，传播正能量，规避负效应，进而才能建构一个负责任、有担当的政府形象。当然，至于建立一套完善的传播机制、规范传播行为也是非常重要的，但那是另外的话题了。

幸福在哪里?

——以合肥成为“中国最幸福城市”为例解读当下幸福感

黄伟迪　开薪悦*

摘　要：伴随着经济增长和社会发展，“幸福感”一词越来越受到人们的关注和重视，它的被重视体现出人们在追逐物质外化的过程中，对精神层面的回归和重新认知。本文从梳理国内外的幸福感研究出发，解析“幸福感”的内涵与意义，并以合肥成为“中国最幸福城市”为例，探讨当前社会语境下幸福感的呈现与评测，进而立足于合肥幸福感调查，关照幸福感问题中所涵盖的民生问题，最后提出对幸福感研究的几点反思。

关键词：幸福感；合肥；民生；城市

你幸福吗?在现实生活中，面对这一问题，人们的感知和判断往往千差万别、莫衷一是，因为幸福就像一双穿在自己脚上的鞋，舒服与否只有自己知道。幸福，是人们对现实世界的主观反应，它既同人们的客观实际生活相关联，又体现了人们的心理需求和价值判断。普遍意义上认为，幸福感是个人对自己的生活素质或状况的满意程度，并由此而产生的积极性情感占优势的心理状态。伴随着社会快速地发展和进步，“幸福感”一词越来越受到人们的关注和重视，它渐渐成为和国内生产总值一起，衡量一个国家或者地区发展进步的新指标，而它的被重视，也体现出人们在追逐物质外化的过程中，对精神层面的回归和重新认知。

而当下从个体到社会对幸福感的高度关注恰恰也反映了一个问题，即在现代化文明的进程中，人们对幸福感的体验缺失。正如哈贝马斯所说，理性化的推进导致对“生活世界的殖民化”。伴随着经济增长与社会发展而来的是

* 黄伟迪系安徽大学舆情与区域形象研究中心研究员；开薪悦系安徽大学新闻传播学院2012级硕士研究生。

生态失衡、环境污染、资源流失等各种社会问题的层出不穷，而在精神层面上，人们受到快速发展的社会环境的压迫，内心积聚焦虑、恐惧、忧郁、孤独等复杂的情绪难以排泄，这不禁让我们思考，陶渊明身无分文乞讨借米，但依旧写得出“悠然见南山”般怡然自得的年代对我们来说是否已经遥不可望？社会在进步发展并创造更大财富的同时为何没有带来精神上更多的幸福感？我们需要对“幸福感”这一概念多元、意义丰富且耐人寻味的词语进行更深层次的解读。

一、国内外关于幸福感的研究概述

幸福是哲学、伦理学、经济学、社会学的中心问题，幸福感则是心理学的科学命题。在现代心理科学中，对于幸福感的研究，主要有主观幸福感、心理幸福感和社会幸福感三种研究取向。

纵览国内外关于幸福感的研究，学者们早期集中青睐于对“主观幸福感”的探讨。主观幸福感是个体主观上对自己已有的生活状态正是自己心目中理想的生活状态的一种肯定的态度和感受[①]。目前大多数心理学家都同意主观幸福感的结构包括生活满意度和情感体验两个部分，在这种意义上，决定人们是否幸福的并不一定是实际发生了什么，关键是人们对所发生的事情在情绪上做出何种解释，在认知上进行怎样的加工，也就是人们对其生活质量所做的情感性和认知性的整体评价，这一概念包含了人们对自己客观生活的评价，也包含了对自己主观精神生活的体验。而心理幸福感的研究强调人生价值与自我潜能的实现所伴随的心理体验[②]。心理幸福感的提出与主观幸福感研究的深入有关，许多心理学家不满主观幸福感从快乐与否来界定幸福，从而为弥补其理论缺陷提出新的理论模型，其中引起普遍关注的是幸福感的六维度模型，即自我接受（self-acceptance）、个人成长（personal growth）、生活目标（purpose in life）、良好关系（positive relation with others）、环境控制（environment master）和独立自主（autonomy）。主观幸福感和心理幸福感都将其考察重点置于个体层面，而社会幸福感则将考察视角置于个人与社会的关系之上，是指个体对自己与他人、集体、社会之间的关系质量以及对其生活

① DienerE. Subject Well-Being：The Science of Happiness and a Proposal for a National Index［J］. American Psychologist，2000，55（1）：34-43.

② 邢占军，黄立清. 西方哲学史上的两种主要幸福观与当代主观幸福感研究［J］. 理论，2004（1）：32-35.

环境和社会功能的自我评估[①]，有学者提出其应包括社会整合（social integration）、社会贡献（social contribution）、社会和谐（social coherence）、社会认同（social acceptance）以及社会实现（social actualization）五个方面。由于学界尚未有统一的概念界定，关于幸福感的探讨仍处在不断变化发展之中，即幸福感的内涵是开放性的，我们对幸福感的解读却是历史性的。

国内关于幸福感研究，有学者在框架整合的基础上，编制了《综合幸福感问卷》。苗元江在《幸福感：指标与测量》[②] 一文中对幸福感测评模式进行了梳理，认为早期的幸福感评估被两个方向所引导，一个是社会学研究者在生活质量研究与实践中发展起来的认知测评模式，即生活满意研究，另一个方向是视幸福感为一种情绪平衡的情绪测评模式，即开创性研究；现代幸福感评测已经建立起庞大的技术体系，以问卷测量为主体，结合其他评估技术，以正面评价为主，兼顾负面指标，从人格、社会以及其他情景之间的交互关系来思考与了解、测量与评估幸福感；作者还提出综合化趋势是现代评测模式的重要表现，即认知与情感的综合，主观幸福感与心理幸福感的综合，幸福感评估从数据导向和理论导向的综合，幸福感评测已经成为一个动态的整体框架。

上述对幸福感内涵的论述主要基于西方心理学中的幸福感理论，而在西方心理学体系下的理论框架是否适用于中国本土幸福感研究，一直受到国内学者的质疑。张晓明在《主体幸福感模型的理论建构》[③] 一文中，提出虽然本土科学心理学对幸福感的研究在测量方法、研究工具上都有某种程度的改进，但其理论框架仍来源于西方科学心理学，透露着西方心理文化属性，所以并没有很好地反映出中国人幸福感的独特特征，没有对中国人幸福感的深层心理形成机制予以有效的解释。

除了对幸福感的内涵研讨，关于幸福感的评测及影响因素也是国内外学者们集中关注的问题。早在18世纪，英国著名的功利主义哲学家杰里米·边沁曾从“追求最大多数人的最大幸福”原则出发，解释个体与社会的利益调整以及个人的行为选择问题。他认为，特定的行为能否给个人和社会带来幸福，可以计算人们从中体验到的快乐和痛苦情感的量来加以判断。他还设计了一套完整的计算方法来度量个人的苦乐状态及社会的苦乐趋势[④]。2006 年

① Keys C. L. M. Social Well-being［J］. Social Psychology Quarterly，1998（61）：121-140.

② 苗元江．幸福感：指标与测量［J］．广东社会科学，2007（3）：63-68.

③ 张晓明．主体幸福感模型的理论构建——幸福感的本土心理学研究［D］．吉林大学，2011.

④ 邢占军．中国城市居民主观幸福感量表的编制研究［D］．华东师范大学，2003.

美国联邦政府聘请诺贝尔经济学奖得主之一的丹尼尔·卡尼曼设立衡量人们幸福感的指标，他与普林斯顿大学艾伦·克鲁格一起编制的国民幸福指数，“使它与国内生产总值（GDP）一样成为一个国家发展水平的衡量标准”①，国外早期从生活质量、心理健康和心理发展三种意义上着手研究，而我国大致沿袭了国外同类的研究思路和方法。我国当代对主观幸福感的研究开始于20世纪80年代中期②，李志、谢朝晖在《国内主观幸福感研究文献述评》③一文中进一步提出新世纪至今是我国主观幸福感研究飞速发展的时期，并基于对国内主观幸福感的文献研究，总结出我国在这方面研究采取的主要方法有测量方法、文献综合法、比较研究法和统计方法等，影响人们主观幸福感的主要因素有：社会因素、家庭因素、人口变量学因素和个体心理因素。

与此同时，在梳理国内外对于幸福感的研究中我们不难发现，不同时期、不同专业领域的学者基于不同的幸福感建构模型，尝试着从哲学、经济学、心理学、伦理学、社会学等不同角度去探讨这一问题，即幸福感的内涵在单个领域学科内的概念莫衷一是的同时，对于不同学科领域而言，也有着不同的意义理解。随着社会的变革与发展，幸福感在当下中国社会已然成为一个热点词汇，人们对幸福感的关注带来了更大范围的幸福研究热潮。特别是改革开放以来，中国整体变革带来了传统文化与现代文化之间的相互碰撞与融合，中国正处于激荡的社会转型期之中，一方面西方的文化凭借其理性与科学的保障深刻地改变着正在变革中的中国社会，而在本土文化绵延发展的环境里，人们必然又受到血液里文化命脉潜移默化的影响。面对这样的文化根基，中国的幸福感其内涵必定更加复杂多元，而它的呈现方式也千姿百态。基于当下中国社会的复杂性，面对概念多元的“幸福感”，我们在寻觅其开放内涵的同时，不应只停留在表面的意义探寻，也应该深入其骨髓，思考幸福感缘何倍受重视？而它的被重视又在引导我们关注些什么问题？本文拟将以合肥成为“中国最幸福城市”为例进行深入探讨。

---

① 陈新英．经济增长与幸福指数［J］．科学管理研究，2006（8）：43-45.

② 邹琼．主观幸福感与文化的关系研究综述［J］．心理科学，2005，28（3）：632-633.

③ 李志，谢朝晖．国内主观幸福感研究文献述评［J］．重庆大学学报（社会科学版），2006，12（4）：83-88.

二、幸福感的呈现与评价：以合肥成为“中国最幸福城市”为例

纵览近些年国内对于“幸福感”的研究，除了学术层面的理论性探讨，更多了一些实践层面的微观探索。而在越发强调以人为本、尊重个人价值的今天，当下中国幸福感的呈现语境也似乎正在从宏大的理论叙事向着微观的现实语境不断渗透。例如近些年倍受社会各界关注的幸福城市排名，就是一些研究机构基于对城市居民幸福感的调查进行综合性研判得出的结果，还有媒体采用最直接的方式对人们进行幸福感的随机采访，这一直接的幸福呈现也引起了社会的广泛讨论。不同的机构通过不同的方式尝试为公众呈现幸福感的内涵。

1. 研究对象的选择

以中国幸福城市排名为例进行探讨，一是因为这在当下的幸福感呈现中最受关注与争议，二是多家机构皆对这一问题进行了持续的研究，三是在当下的现实语境中，幸福城市排名能够充分体现在城市化进程中，在西方文化与中国传统文化碰撞之下的中国幸福感；而选择合肥这一座城市作为研究对象，一是由于它在多家机构发布的多次排名中名列前茅且不止一次被赞为“中国最幸福城市”；二是因为合肥近些年城市发展速度惊人，合肥人也亲身经历着城市的转型与变革；三是因为合肥作为中部发展中的城市，经济实力远不如沿海发达城市，但却能屡次成为中国最幸福城市，这恰是“幸福悖论”的体现，即为什么更多的财富并没有带来更大的幸福。

2. 合肥成为“中国最幸福城市”的媒体呈现与评价

2012 年 7 月 11 日，中国城市竞争力研究会公布了“2012 年中国最具幸福感城市排行榜”，合肥位列第二十七；2012 年 9 月 19 日，中国公共经济研究会和国家行政学院经济学部联合发布了中国幸福城市排名，合肥名列全国第一。2012 年 8 月 19 日，2012 中国幸福城市市长论坛在拉萨举行，论坛发布了中央电视台《CCTV 经济生活大调查》结论：全国幸福城市省会城市中合肥排名第三；2013 年 3 月 7 日，该调查公布了 2012—2013 年度全国 31 个省、市、自治区 104 个城市的幸福指数，合肥跃居第一位，成为“最幸福城市”；2014 年 3 月 5 日，该调查公布 2013—2014 年幸福城市排名，安徽的合肥、黄山、滁州和亳州四城市登“幸福榜”，其中合肥已经是连续 3 年荣登该幸福榜前十强。

合肥持续蝉联幸福城市排行榜前列这一事实，吸引了全国媒体特别是本地媒体的广泛关注，但对于这一结果媒体的表现则大相径庭。

（1）以宣扬政绩为主的正面评价

《决策》杂志针对全国几大机构公布的合肥幸福度排名结果进行了专题报道，在《合肥：造就“幸福高地”》一文中，该报道在肯定幸福感排名的结果之上，针对“合肥的幸福指数为什么会节节攀高”这一问题进一步展开报道，从全局宏观的角度分析了合肥就业创业、社会保险、人力人才、劳动维权近些年的规划及实施状况，以宣扬政绩成果的方式来说明合肥的高幸福感源于城市社会发展的全面保障。

（2）以质疑为主的批判与反思

来自中安在线网站的一篇题为“中国幸福城市排名合肥第一　市民感觉‘被幸福’”的报道称，一些市民虽对此结果表示深有体会，“但也有人忍不住对这个结果‘吐槽’：‘交通很糟糕，下个暴雨就能淹到可以划船，上下班高峰堵车堵到花谢，打车打到手抽筋……’”；来自万家热线网站的题为“十大最具幸福感城市合肥排名第三　网友调侃‘被幸福’了”的报道中选取了一些合肥网友对此事的态度，不少网友也表示“我又被幸福了”，在另一篇“幸福城市合肥排第一　我们幸福着谁的幸福?”的评论文章中，作者犀利地指出“幸福不是被量化的，那些死板的统计数据，究竟有多少可信度能够真正反映百姓的幸福感”？“不同的机构针对同一指标的发布结果不尽相同，这究竟要把百姓引导至何处?”安徽大学社会学系副教授王云飞在面对媒体时表示，幸福感与心理预期有关，幸福是一种相对的满足感，有时候你伸伸懒腰也会觉得幸福，但是，如果仅仅是靠一道主观题的答案来评选，其结果并不太具有科学性。

3. 对“幸福感”内涵与调查的多元评价

与此相关，在2012年的国庆前夕，中央电视台推出了一档《走基层 百姓心声》特别调查节目。“幸福是什么?”央视走基层的记者们分赴各地采访了包括城市白领、乡村农民、科研专家、企业工人在内的几千名各行各业的工作者，而采访对象面对的都是同样的问题：你幸福吗？幸福是什么呢？从节目呈现来看，接受调查的人说自己幸福的占据了绝大多数。新华报业网一篇题为“央视随机调查‘你幸福吗’再次撩拨国人‘幸福神经’”的报道，认为“央视的幸福街访，终于让‘幸福’回归‘个人’表达”，“让‘幸福’以个人体验的形式呈现——不代表别人，也不被别人代表。正是这种带着体温体味的真人表达，让观众又有了嬉笑怒骂的激情。不能不说，这是‘幸福调查’的突破，也是‘幸福’的回归”。而来自荆楚网的一篇题为“央视调查‘你幸福吗?’有点避重就轻”的文章称:“本来幸福多是个人感受，与实际情况可以出入很大，一个人可以很穷但并不妨碍到他的幸福感。钱钟书先生就说过，‘一切幸福的享受都属于精神’，幸福本身是不可以量化的，也没有可考量的标准。因而单纯地问别人幸不幸福，也就没有多少的意义，也不可能对决策带来什么实质性的参考价值。况且幸不幸福只是系于一时的感觉，没有一个人永远幸福，也没有一个人永远不幸福。”

对待当下各种有关幸福的调查，不同的媒体有着不同的呈现方式，与此相关的舆论也莫衷一是。

4. 幸福感调查的评测体系

据“中国幸福城市评价研究”课题组组长韩康教授介绍，中国公共经济研究会和国家行政学院经济学部在人民网联合进行的“中国幸福城市评价体系课题”和中国幸福城市排名的研究，在评测时引入了三项需求的概念，即低收入人群比例约为40%，他们的需求称为基本需求；中等收入人群比例也为40%，他们的需求称为发展需求；高收入人群比例为20%，他们的需求称为享受需求。通过三个适应不同人群的需求指数来比较分析城市发展满足大多数人需求的状况，最后对全国33个大城市进行中国幸福城市排名，合肥的幸福指数为43.40分，排名第一。

而中央电视台携手国家统计局、中国邮政集团公司、北京大学国家发展研究院、北京第二外国语学院、中国闲暇经济研究中心进行的“CCTV经济生活大调查”涉及全国104个城市300个县的10万户家庭，围绕“居民幸福感”等核心话题开展为期一年的调查，其影响因素主要包括：收入水平、健康状况、婚姻或感情生活状况、社会保障、人际关系、道德风气、事业成就感、环境卫生、自身性格等。

面对合肥成为“中国最幸福城市”抑或几乎人人回答“我幸福”这些调查结果，有些公众嗤之以鼻，甚至不少人觉得自己生活在“被幸福”的世界里，这显然与调查的结果形成鲜明的对比。但从实践层面我们能够发现，人们对幸福感的感知和评价体现出社会价值取向多元化的发展，因而带来对幸福感的种种争议。并且，在微观上人们探讨的幸福感概念或者对幸福感进行的调查，反映出其内涵与民生问题息息相关，这也为我们当下研究幸福感提供了一个切入点。我们与其去争议合肥是否是最幸福的城市，抑或去争辩你是否真正的幸福这些问题，不如立足于幸福感，去关照它所涵盖的民生问题。

三、从幸福感系列调查探讨合肥市民的幸福感

面对百花齐放的学术理论探讨，面对浩瀚纷繁的调查数据和结果，我们无法给予“幸福感”一个明晰的轮廓，但却能够把握其发展的脉络，即在当下的幸福感研究中，我们可以从现实语境出发，将民生问题作为一个研究视角进行探讨。

合肥，作为中部安徽的省会城市，从综合实力上来看，属于正在快速发展中的二线城市，整体发展实力与沿海发达城市相去较远，但是在各类幸福城市排名中却居高不下。根据安徽大学舆情与区域形象研究中心一项针对合肥市民幸福度的调查，在505位受访者中，回答“您目前的生活幸福吗?”这题的结果显示，选择非常幸福的占18.02%，选择比较幸福的占43.76%，31.29%的受访者表示一般，4.95%的受访者觉得不太幸福，0.40%的受访者觉得非常不幸福。总体上来说，在随机调查的合肥市民中仅有5.35%的受访者觉得并不幸福，这一结果取向与其他机构的调查结果取向基本符合。

但是个人对客观生活条件的幸福度感知是一个错综复杂的概念，特别是城市发展与个人幸福度之间的关系更加扑朔迷离。

1. 影响合肥市民幸福感的民生因素

所谓民生，主要是指民众的基本生存和生活状态，以及民众的基本发展机会、基本发展能力和基本权益保护的状况等。基于这个概念范畴，安徽大学舆情与区域形象研究中心在幸福感系列调查中，设置了一些与民生息息相关的影响因素，请受访市民就该因素对幸福感的影响程度打分，5分代表非常有影响，1分代表完全没有影响。这些因素分别为：“就业”“医疗状况”“房价”“社会治安”“家庭关系”“收入水平”“职业”和“休闲娱乐”。访问结果显示，受访市民普遍认为“家庭关系”和“社会治安”对幸福感的影响程度最大。对于“家庭关系”，有69.31%的受访者打了5分，认为“非常有影响”；而认为“社会治安”对幸福感“非常有影响”的比例也占到了受访市民的47.72%。随着影响程度的降低，之后依次是“收入水平”“医疗状况”“就业”“房价”“职业”“休闲娱乐”，除了这些因素之外，还有人们普遍关注的“物价水平”“居住条件”“食品药品安全”“空气质量”“交通出行状况”等与民生息息相关的诸多因素。

(1) 家庭关系

家庭对个体主观幸福感的影响是持续的，影响时间最长①。而调查结果显示，影响合肥人最重要的因素则是家庭关系，这说明家庭关系在合肥市民认知幸福感过程中占据着相当重要的地位。而根据该中心该调查结果表明，55.05%的受访者表示家庭关系非常和谐，认为家庭关系比较和谐的占34.06%，认为家庭关系一般的占9.31%，1.38%的受访者认为家庭关系不太和谐，0.20%的受访者选择保密，同时，没有一名受访者认为自己的家庭关系非常不和谐。正是因为合肥市民普遍认为家庭关系对幸福感的影响最大，而近九成的合肥市民认为自己的家庭关系非常和谐或比较和谐，从这方面来看，我们不难理解合肥市民幸福感的普遍存在。

合肥作为中部的省会城市，其地理环境较为封闭，且并不属于国内一线发达城市，城市流动人口和外来人口比例相对北京、上海、广州这些大城市较低，从另一方面来看，传统家庭结构方式保留较为完整，家族之间的关系连接也相对较为完整和紧密，对影响幸福感时间最长的家庭因素具有一定的维护作用。

根据中心“关于合肥市民如何度过国庆假期的舆情调查”，在收集的563份有效样本中，选择在家休息的市民有268位，比例最高，占到47.60%；有17.05%的被访者是在加班中度过国庆长假的，其中70.27%的加班者是由于行业或岗位的需要，20.72%是出于领导的安排，选择“避开出行高峰”和“国庆期间加班费高”的仅为2.70%和0.90%。除了在家休息和加班之外，17.41%的被访者选择了探亲访友，选择黄金周旅游的被访者占到13.50%，还有少数人选择了充电培训、市内休闲或者其他方式，比例分别为1.24%、1.07%和2.13%。从这一项调查结果中我们发现，在度过长假的方式中，合肥市民选择在家休息的人数最多，而之所以选择假期在家休息，“出行拥堵”和“陪伴家人”是被访市民主要的考虑因素，共占到64.31%。从这一个侧面，也反映出合肥市民对家庭关系的重视程度，而对家庭的重视也是中国人的传统幸福观念之一。

(2) 社会治安、食品药品安全与空气质量

民生安全是确保人们幸福生活的必要条件。民生安全类目繁多，当下人们普遍关注的主要包括“社会治安”“食品药品安全”和“空气质量”。根据

① 李志，谢朝晖．国内主观幸福感研究文献述评［J］．重庆大学学报（社会科学版），2006，12（4）：83-88.

安徽大学舆情与区域形象研究中心一项调查显示，当被问及生活在合肥的安全感时，觉得非常有安全感的占16.44%，比较有安全感的占51.68%，表示一般的占23.76%，4.95%的受访者觉得不太有安全感，仅有2.38%的受访者表示没有安全感，还有0.79%的受访者表示“不清楚”。

表1　民生安全满意度调查

	满意度（%）	一般（%）	不满意度（%）	不清楚（%）
社会治安	51.29	24.94	19.29	4.47
食品药品安全	20.70	24.71	43.30	11.29
空气质量	20.94	30.12	48.00	0.94

在考察民生安全状况的这三类指标当中，“社会治安”的满意度居首位，达到51.29%，超过五成，“食品药品安全”“空气质量”的满意度一般，分别为20.70%和20.94%（见表1）。虽然市民不太满意空气质量、食品药品安全，但这些问题也是全国性的问题，而一个地区的长治久安是区域内部发展的根基，是地区源源不断发展进步的坚实保障，社会治安是合肥人除了家庭关系之外格外重视的民生问题，两次调查得出的合肥社会治安满意度均超过了50%，调查结果再次契合了高影响因素对应高满意度的结果，合肥的幸福感在一定程度上再次充分得到体现。

合肥人对社会治安的较高满意度其原因一方面也脱胎于家庭因素，对家庭关系的重视和维护是保障社会治安稳定的基础，传统的家庭结构以及比例相对较低的流动人口也为社会治安提供了一份保障；而另一方面，近些年合肥在工业化、城市化快速推进过程中，大力度改革、超常规发展按常理说可能会带来一些社会不稳定隐患，但社会稳定风险评估体系的建立在一定程度上将不稳定的隐患因素减少了，并且这种评估已经逐渐扩展到自然灾害、群体性事件、公共安全事件、防恐反恐等多方面，调动民意舆情，强调立法、司法，在一定程度上对社会治安的保障起到了积极作用。尽管市民在“食品药品安全”“空气质量”等其他问题上存在一定的抱怨，但从整体评价上来说，仅有不到8%的市民觉得生活在合肥这座城市缺乏安全感。

（3）收入水平与物价水平

幸福研究表明，随着经济的不断发展，人们的生活条件逐步改善，单纯的经济发展与人们的幸福感之间，关系并不如想象中明朗。一组来自世界幸福数据库、美国商务部经济分析局和人口统计局的调查数据表明，在1946—

1991年间，美国的人均收入从1.1万美元增加到2.7万美元，增加了1.5倍，但幸福水平反而从2.4下降到2.2[①]。根据安徽大学舆情与区域形象研究中心的调查显示，超过半数的受访合肥市民认为“收入水平”对幸福感的影响较大，其中，认为合肥收入水平对幸福感非常有影响和比较有影响的受访者分别占被访人数的33.47%和26.34%；认为一般和不太有影响的，分别占26.73%和7.72%；5.34%的受访者认为完全没影响。此外，表示“不清楚”的占0.40%。然而合肥市民对收入状况的满意度并不是很高，其中，选择满意的占28.94%，一般满意的占31.76%，而31.06%的市民并不满意目前的收入。

在前两年央视的经济生活大调查中，收入水平一直是影响人们幸福感的最重要因素之一，但近些年收入水平对幸福感的影响在减弱。中国城市竞争力研究会评价“城市幸福感”的主要特征是：市民普遍感到城市宜居宜业、地域文化独特、空间舒适美丽、生活品质良好、生态环境优化、社会文明安全、社会福利及保障水准较高等，他们把城市幸福感归结为城市市民主体对所在城市的认同感、归属感、安定感、满足感，以及外界人群的向往度、赞誉度。从这个评价标准出发，收入对幸福感的影响并不那么突出。

收入水平与物价水平息息相关，调查结果显示，18.12%的合肥市民对合肥的物价水平表示满意，51.29%的受访者表示满意度一般，即五成以上的受访者认为合肥物价水平一般。从总体上来看，虽然收入水平对合肥市民幸福感有一定的影响，但合肥市民对收入水平和物价水平的满意度一般。

（4）就业与职业

根据安徽大学舆情与区域形象研究中心的调查表明，合肥市民认为“就业”对幸福感非常有影响的受访者占总人数的36.63%；认为比较有影响的受访者占21.19%；认为“就业”对幸福感完全没影响的受访者占8.32%。此外，打3分和2分的，即认为一般和不太有影响的，分别占26.73%和5.15%，表示“不清楚”的占1.98%。当被问及关于合肥市民是否存在着“就业难”的问题，72.28%的受访者表示不存在；18.81%的受访者认为存在该问题，但可以解决；5.94%的受访者不但认为存在该问题，而且认为问题严重，难以解决；另有2.97%的受访者表示“不清楚”（见图1）。也就是说，在受访的合肥市民中，绝大部分认为并不存在“就业难”的问题，而一部分认为存在就业难问题的市民也并不觉得该问题无法解决。自2009年初合肥市

① 娄伶俐．主观幸福感的经济学理论［D］．复旦大学，2009.

被人社部正式批准为首批国家级创建创业型城市以来，参与创业人数与日俱增，就业规模不断扩大，一定程度上对城市就业起到了良好的推动作用。

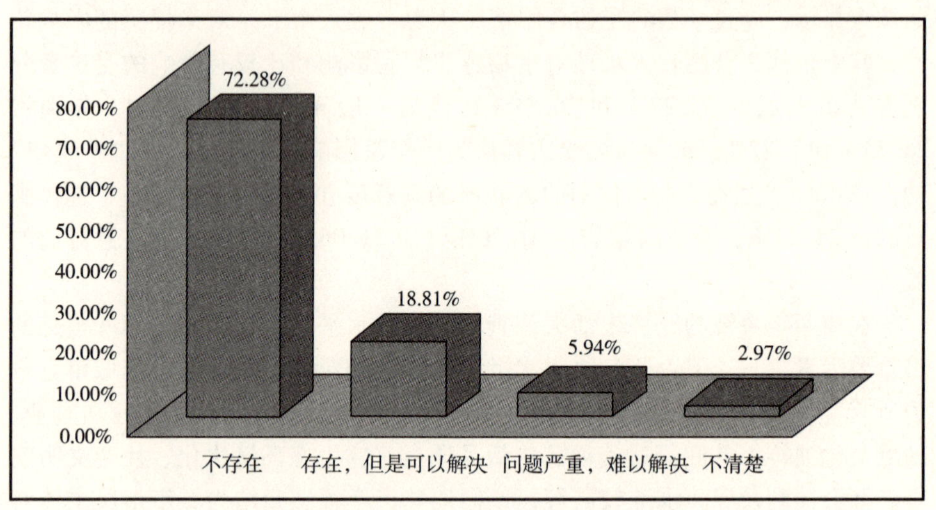

图1 合肥市民“就业难”问题的现状调查

在实现就业需求之上是对就业质量的要求。据调查，在“职业”对幸福感的影响程度中，认为“职业”对幸福感影响一般的市民最多，占受访者总数的30. 50%；认为比较有影响的受访者次之，比重为27. 33%；16. 63%的受访者打了5分，认为非常有影响。此外，11. 88%的受访者打了2分，认为不太有影响；11. 49%的受访者打1分，认为完全没影响；表示“不清楚”的占2. 17%。而合肥市民对“工作情况”的满意度调查中，41. 65%的受访者对工作情况表示满意，23. 06%的受访者表示一般，7. 77%的人表示不满意，还有0. 94%的受访者表示“不清楚”。从结果中我们不难发现，合肥市民除了对就业需求较为满意之外，对自己的工作情况满意度也较高，而“就业”和“职业”问题是个人生存的基本保障之一，对基本生存状况的满意，也是幸福感的体现之一。

（5）房价与居住条件

很多人认为大城市的高房价是扼杀幸福感的一个重要原因。而对合肥市民而言，认为“房价”对幸福感非常有影响的占34. 85%；认为比较有影响的占19. 80%；打3分和2分的，即认为一般和不太有影响的，分别占25. 74%和7. 92%；此外，7. 92%的受访者打1分，认为“房价”对幸福感完全没有影响；表示“不清楚”的占3. 77%。这说明与许多大城市一样，房价对合肥市民的幸福感存在一定的影响。而根据另一项对合肥市民“居住条件”

满意度的调查结果显示，48.70%的合肥市民认为目前居住条件满意，32.71%的人认为一般满意，而仅有17.65%的人不满意现在的居住条件，另有0.94%的人认为“不清楚”。而其中有48.71%的受访者表示有住房，并且没有房贷；23.96%的受访者有住房，房贷压力不大；10.89%的受访者表示房贷压力较大；12.08%的受访者租房居住；0.20%的受访者不愿意透露目前自己的住房状况；4.16%的受访者选择了“其他”，比如目前住在学校的宿舍、住在亲戚朋友家里等。

合肥的城市发展程度不如发达城市，因而在吸纳流动人口和外地人口的能力上不如发达城市，但也正因如此，本地居民占据相当大的比例，而这些居民大多拥有固定的居住环境，而又因合肥房价相较于周边省会城市相对适中，对于正在还房贷的市民而言，压力也并不算太大，因而总体上由居住条件带来的幸福感也较高。

（6）休闲娱乐

在了解“休闲娱乐”对幸福感的影响程度调查中，打3分和4分的受访者最多，分别为总人数的35.05%和23.96%，即多数市民认为“休闲娱乐”对幸福感的影响一般或者比较有影响。15.64%的受访者打了2分，认为不太有影响；14.65%的受访者打了5分，认为非常有影响；9.11%的受访者打1分，认为完全没影响；表示不清楚的比重为1.59%。而在“休闲娱乐”指标中，有6.59%的受访者认为，合肥的休闲娱乐设施非常满足他们的休闲需求；29.88%的受访者认为能够“基本满足”；19.53%的受访者认为满足度一般；选择“不能满足”的占到受访人数的23.53%；选择“非常不满足”的受访者占6.82%；还有6.35%的受访者表示自己平时没有什么休闲娱乐活动。虽然合肥市民对休息满意度的评价总体一般，但在影响合肥市民幸福感的因素中，这一项指标并不占据重要影响。

（7）城市基础设置和社会服务

良好的城市基础设施和优质的城市社会服务，是城市发展必须具备的条件，是城市中顺利进行各种经济活动和其他社会活动的保障。人们普遍关注的城市基础设施和社会服务主要包括“交通出行状况”“城市绿化”“市容环境”“医疗服务”“政府工作服务”“养老服务”“教育服务”等。根据安徽大学舆情与区域形象研究中心关于“合肥市交通状况的意见态度调查”，关于合肥道路绿化的评价问题，选择“比较满意”的占受访市民的36.65%；选择“满意”的有26.12%；选择“非常满意”的有8.97%，以上三项占受访市民总量的比例合计为71.74%。根据另一项关于“合肥市民生活现状满意度的调查”，市民对“市容环境”的满意度也较高，达44.23%，对“教育服务”满意度为31.06%；在“政府部门的办事效率”的指标评价中，合肥市民的不满意度高于满意度，在“政府部门的工作态度”的指标评价中，满意度与不满意度基本持平，而对“交通出行状况”及“养老服务政策”的满意度较低，分别为25.64%和20%。其中，对于“医疗服务”的不满意度最高，达到了37.88%，而在“合肥市交通状况的意见态度调查”中，“交通出行”这一项中选择“非常不满意”的人数占20%，居该调查所有指标中“非常不满意”评价之首，而交通问题的根源是由于近些年的合肥城市大建设，市区内的一些路段经常出现施工围挡、公交改线、道路拥堵、环境污染等问题，针对这些问题，79.53%的受访市民表示能够理解；29.24%的受访者表示“非常理解”；50.29%的受访者表示“比较理解”；5.07%的受访者表示“不太理解”；1.17%的受访者表示“非常不理解”（见表2）。

表2　城市基础设置和社会服务满意度调查

	满意度（%）	一般（%）	不满意度（%）	不清楚（%）
教育服务	31.06	22.82	28	18.12
交通出行	27.53	18.35	27.53	1.65
医疗服务	25.64	25.65	37.88	10.82
养老服务	20	21.88	12.47	45.65
城市绿化	58.58	26.35	14.59	0.47
市容环境	44.23	35.06	18.59	2.12
政府部门办事效率	17.41	21.18	26.83	34.59
政府部门工作态度	20.94	27.53	19.53	32

相较于其他指标，合肥市民对城市基础设施和社会服务的满意度相对较低，其中，医疗服务和交通出行状况存在的问题较多。例如，在医疗服务方面，市民集中反映一些基础设备还不够完善、医患关系不够融洽、医疗人员配置不够合理等；在交通出行方面，有市民表示合肥的出租车难打，车站附近黑车太多无人管理，公共交通不发达，然而也有很多受访市民认为合肥目前的大建设虽然导致交通拥堵，但从长远来看是利大于弊的举措，市民对此的理解程度很高，因此这对他们的幸福感影响并不大。

2. 合肥市民的主观幸福感来源

正如前面所提到的，主观幸福感的个体表现在一定程度上并不一定是对现实状况的反应，关键是个体对所发生的事情在情绪上做出何种解释，在认知上进行怎样的加工，也就是人们对其生活质量所做的情感性和认知性的整体评价。就像有的人认为物质上的富有就是一种满足的生活状态，而有些人则认为精神上的富足才是一种优质的生活状态，对客观生活的不同认知构成的幸福感体验也不尽相同。对客观生活条件的现有感知以及对未来生活的精神憧憬共同构成了合肥市民主观幸福感的来源。

（1）心理预期

心理预期对主观幸福感有着重要的影响。在问及对合肥未来发展的信心时，受访的市民中，选择“非常有信心”的有30.59%，选择“比较有信心”的有50.82%，两项总和超过受访者的八成。对于城市发展信心的来源，受访市民给出了许多答案：1. 国家整体经济形势向好，合肥大建设给城市未来发展打下好的基础；2. 合肥市委市政府务实发展，领导决策有大格局；3. 合肥大学众多，教育资源丰富，科技人才储备足；4. 土生土长的合肥人，对自己的家乡有情感，有信心；5. 合肥区位优势突出，未来发展有前景；6. 中部崛起，让安徽省与合肥市的形象和美誉度不断上升。而基于对城市发展的积极心理预期，在考察“发展前景”指标中，受访的合肥市民对自己发展前景“非常满意”的有33.41%；选择“比较满意”和“一般”的占28.24%，三项总和超过半数；选择“不太满意”和“非常不满意”的人总计17.41%；另有20.94%的受访对象选择了“不清楚”这一项。这说明市民的心理预期基于城市发展现状，而对城市的发展信心让合肥市民拥有了更多积极的心理预期与暗示，这在很大程度上影响着人们主观幸福感的程度。

（2）生活节奏

对生活节奏的感知也是具有浓厚主观意识的判断。在“生活节奏”的指标中，7.53%的受访者觉得自己在合肥的生活节奏“非常适宜”；选择“比较适宜”和“一般”的受访者分别占59.06%和22.12%，占据了半数以上的比例；选择“不太适宜”的受访者占6.12%；没有受访对象觉得合肥的生活节奏“非常不适宜”。合肥正处于经济迅速增长、城市快速发展变革的时期，但相较于一线城市的生活压力仍然较小，城市个体间的竞争感较弱，在生活节奏上较为稳定适宜的感受带给合肥市民更多感知生活、享受生活的精力，更容易让人体验到主观幸福感。

（3）人情味

“人际关系”对幸福感的影响程度考察中，受访市民打3分的最多，占总人数的31.88%，即认为“人际关系”对幸福感的影响一般；其次，有29.11%的市民打了4分，认为比较有影响；打5分的受访者占24.16%，认为非常有影响。此外，9.11%的受访者打了2分，认为不太有影响；5.34%的受访者打1分，认为完全没影响；表示“不清楚”的占0.40%。而当受访者被问及“您觉得合肥人情味是否浓厚”时，选择“非常浓厚”的受访者占3.06%；选择“比较浓厚”和“一般”的受访者分别占31.29%和42.82%；17.41%的受访者觉得合肥“没什么人情味”；2.13%的受访者认为合肥“非常没有人情味”；另有3.29%的受访者对这一问题的回答是“不清楚”。从总体上来看，合肥市民心中对“人情味”的感知程度较高，而家庭关系也是人际关系的体现之一，在之前的调查结果中，合肥市民对家庭关系重视程度之高，在一定程度上也影响到他们对人际关系的整体感知，影响着市民对主观幸福感的判断。

3. 基于幸福感调查对合肥幸福感的总结研判

根据安徽大学舆情与区域形象研究中心的一系列调查结果，超过60%的受访市民认为自己目前的生活非常幸福或比较幸福，不足5%的受访者觉得不太幸福，觉得非常不幸福的受访市民不到1%。说明合肥市民的幸福感普遍较强，这也是合肥“幸福城市排名”靠前的主要原因。

在与民生息息相关的问题上，合肥市民认为家庭关系和社会治安对幸福感有着最为重要的影响，这说明合肥幸福感的存在主要来自家庭关系以及生活在当今风险社会下的安全感。首先，近九成的合肥市民认为自己的家庭关系非常和谐或比较和谐，说明来自家庭的幸福感普遍存在；其次，生活在合肥，安全感的普遍存在说明市民对于社会治安较为满意；再次，不管是在就业、就医方面，还是在住房问题上，并没有普遍存在难以应对的压力；最后，尽管收入存在着差别，合肥市民的生活幸福感却大致相同，可见经济收入以外的其他因素在市民生活的幸福感体验中发挥着更大的作用。

除了民生因素之外，合肥市民积极的心理预期对主观幸福感的影响较为明显，对政府的信任、对城市的认同，并由此而对个人和城市未来发展产生了较强的信心与希望；并且人情味的普遍存在一定程度上反映了合肥市民人际关系较为和谐；适宜的生活节奏给予了合肥市民更多的闲暇时间去享受生活、感知幸福。

四、幸福感研究背后的反思

对幸福感的研究是众多呈现中国社会发展样态的方法之一，能够丰富我们对现实社会的认知与思考，我们在研究它的同时需要不断反思才能不停地发现新的突破。

其一，当下我们重视幸福感研究，并且不断地基于此对城市幸福感进行排名，目的是为了将个体感受与社会现实相连接，更好地把握社会的整体性发展，媒体在呈现它的时候不应将其视作一个标准答案去宣传性解读，而需要在排名中找寻城市发展缺失的部分，思考幸福感的意义何在。如前所述，幸福感与一定的社会条件或结构性背景相关，因此对其研究就必须与相对性的社会现实相结合，对城市幸福感排名的研究反映出当下社会语境的转变，我们对幸福感的研究应处在动态变化中去把握，才能把对它的研究发挥出最大的利用价值。

其二，国内对幸福感的研究框架来源于西方心理学，基于西方后工业社会模式下的幸福感研究并不一定适用于当下的中国，中国因其特殊的历史时期和复杂的历史问题，幸福感问题在农村与城市之间、在不同地域之间和不同群体之间都存在巨大差异，需要区别对待。

其三，不管是国内各大机构进行的城市幸福度排名，还是以合肥为例进行的幸福感调查，都是运用问卷调查及统计分析技术对幸福感进行范式研究，这是受科学主义及美国主流社会学量化研究的影响，也是目前对幸福感研究运用的普遍方式，但这种操作方式在很大程度上却忽略了作为情感的幸福感问题的丰富性与复杂性，甚至有时候非但不能揭示问题反而遮蔽了事实的真相。对于幸福感研究的方法论仍然需要我们不断探索。

从文化资源到文化资本：文创产业中“怀旧”因素的应用

——台北与无锡的比较

周 彤*

（安徽大学新闻传播学院）

摘 要：当今世界间城市的竞争，越来越聚焦在软实力上，近几年两岸都提出要大力发展文化创意产业。两岸文创发展中都有一个共同现象：将怀旧元素大量应用于文创景观和文创产品。这种应用，顺应了现代人心中怀旧的情愫，在实际操作中，创意在历史文化中汲取灵感，加以现代主义的包装，营造了一个崭新的世界。但这种做法如何把握“度”，在城市文化传承与文化创新中如何利用好城市的文化资源，并将其转变为文化资本，是两岸文创发展中需要共同面对的问题。

关键词：文化资源；文化资本；怀旧

前 言

2002 年台湾“行政院”正式将“文化创意产业”纳入《挑战 2008：国家发展重点计划书》之中，确定“文化”“创意”“软实力”作为产业未来的发展方向；2009 年“行政院”将文创产业确立为重点发展的六大新兴产业之一，5 月 14 日公布《创意台湾——文化创意产业发展方案》，以“立足台湾开拓大陆市场、进军国际”为策略，打造台湾成为亚太文创产业汇流中心；2010 年“立法院”通过《文化创意产业发展法》。

大陆文化创意产业也在经历发展期，十七届六中全会确定将大力发展文

---

* 作者系安徽大学新闻传播学院 2014 级博士研究生。

化产业作为经济社会发展的重要工作。大陆长期以来在“文化搭台，经济唱戏”的指导思想下，把文化产业当作吸引投资、拉动经济的“外衣”。近些年来，有人提出“经济搭台，文化唱戏”，即加大经济投入，大力发展地方文化事业，并注重文化内涵，使之成为城市的无形资产和城市名片。

从政策层面上可以看出，两岸大力发展文化创意产业已成为潮流。在实际操作中，有一个有趣的现象，无论大陆还是台湾，文创产业中都大量运用怀旧意象。如大陆文创产业园区的三种主要模式：新天地模式（利用老建筑改造成时尚消费地、文化艺术聚集区）、1912 模式（修旧如旧或者仿造旧建筑，民国建筑居多，打造成酒吧、娱乐聚集区）、工业遗产改造模式（利用废旧厂房、仓储基地，改造成文创艺术工作室），都是在老旧厂房、历史古迹基础上改造的，与台湾的文创产业园区的建设路径相似。

一、研究问题

本研究试图依循文创产业发展与怀旧议题融合的角度，思考“怀旧”的理论内涵，探讨“怀旧”为文创带来了怎样的发展契机，文创该如何更好地运用怀旧主题。具体有以下几个方面：

1. 何为怀旧？现代性理论视域中的怀旧和后现代理论视域中的怀旧有什么不同？通过文创展示出来的怀旧主题到底是唤起了人们心灵、情感的共鸣，还是让人置身其中感觉是一个用现代技术包装起来的光怪陆离的世界？

2. 从布尔迪厄的文化资本理论出发，给予城市文化资本合理解释。

3. 思考怀旧之于城市的文化资本而言意义何在？进而思考，一个城市的文创该怎样表达出属于这个城市的怀旧主题，思考城市营销中该如何使文化资源转变为文化资本，对比两岸的发展，提出合理的意见和建议。

二、“怀旧”的弥散式传播

（一）怀旧的定义

从词源学角度看，“怀旧（nostalgia）”一词来源于希腊文中的两个词根：“nosta”和“lgia”，前者意指“回家”，后者指“思慕回家的痛苦状态和焦灼感”。这个词直到17世纪晚期由瑞士医生 Johnnes Hofer 在他的一篇医学论文中首次合成，专指一种在当时的瑞士雇佣兵中常见的强烈思乡病（JoLyons，

2006）。从19世纪开始，这个词在语义上逐渐发生变化，因为随着病理解剖学的发展人们认识到它根本不是什么生理疾病，而主要是一种心理问题。等到20世纪之后，怀旧作为一个心理学术语被正式确立下来。由于它的意义从空间上的思乡变为时间上的怀旧，这也就意味着它从一种可治愈的生理疾患演变为无法治愈的心理状态，因为逝去的时光永远不可能像远离的故土一样有被返回的可能。

20世纪中后期，随着科技发展和社会变迁的加快，“怀旧”从无论定义成身体疾病还是心理疾病的指代转变成一种普遍的社会情绪，渗透到人类文化与艺术生活中，成为当下流行的创作风格。

（二）为何怀旧？——交往革命与怀旧的流行

怀旧的本初定义，是一种“乡愁”性的疾病。中国古代人的乡愁表现在对故土家园的思念，往往因为入仕为官、从商游历而离开故乡，衣锦还乡、叶落归根成了中国人共同的文化心态。而彼时的“故土家园”，还是少时离开的模样，这种“家”的味道并没有因时光流逝而做多大的改变。

相比古人的思乡，现代人的思乡更为复杂，此时的怀旧不仅仅是对传统意义上“家”的思念，还夹杂着身份认同、情感归属的寄托。这种转变是与急剧变革的时代紧密联系的，与工业化和社会的现代化发展脱不了关系。科技日益进步，交通工具、网络、信息的爆炸式传播，改变了人们过去对时间、空间的观念，也改变了人际沟通的方式，原本意义的怀旧，思念的是一个客观存在的地方。现代人生活状态的漂泊不定，怀旧本意中的“家”在现代人心中被指代成“风雨世界中的港湾，疲惫心灵的寓所”。相比古人，乡陌田间的家乡早已换了模样，人际情感也可能因世事变故变了味道。

吉登斯在《现代性的后果》中总结现代性的一大动力是时空分延性。马克思在总结交往革命时，概括本质是“时间战胜空间”，从传播学角度看现代人怀旧的流行，是源于信息爆炸、时空缩短、飞速变化中，人们对“无根”状态的反抗。

（三）怀旧什么？——怀旧的类型

陈忆萱（2010）引用Baker和Kennedy将怀旧分类为“真实怀旧”（real nostalgia）、“虚拟怀旧”（simulated nostalgia）与“集体怀旧”（collective nostalgia）三个层次来探讨：

1. 真实怀旧：是自己回忆过去所经历过的直接经验，需要以真实为基础，才能引发怀旧。

2. 虚拟怀旧：是对个人出生前的时光由间接接触所产生的一种想象，这是以历史时间为基础的憧憬，“虚拟怀旧”可以用来解释我们在博物馆对古物所产生的怀古情绪。当游客参访博物馆时，游客根据真实怀旧，从个人经验延伸，这些个人的经验或是群体源自于分享记忆的经验，也被称为“文化怀旧”。

3. 集体怀旧：是某一群体对其文化或国家过去的渴望，形塑出一种时代的、集体的想象，它类似于社会认同理论，会影响到个人的怀旧倾向与怀旧行为（卓贞男，2012）。

（四）怀旧与文创

从“怀旧”定义的历史演变中不难看出，“怀旧”从一种心理病症转变成社会情绪；从怀旧的类型可以看出，“怀旧”可以是对自己逝去曾经的追忆；同时，国家、集体也可以通过对“怀旧”的运用，营造一种仪式感，强调群体的认同与增进成员价值归属的认知。

综上，笔者认为的现代人的怀旧是人类精神渴望有一种深植深处的、有所归宿的心理感受，是在急速变动社会中形成的情感需求与精神冲动。人们通过个人怀旧，渴望得到那些失去的甜蜜记忆抑或得到某种心灵慰藉；通过集体怀旧，能加深对在地文化的认同，增进群体价值的认知。文创产业中“怀旧”因素的应用，是顺应现代人心中的这种情愫，体现出来的正是处于社会经济重构、全球流动性造成的身份危机，借由“怀旧”来找寻稳定的认同与自信。

三、从文化资源到文化资本

（一）文化资本的概念

“场域”是布尔迪厄社会学中一个关键性概念，是围绕着特定资本类型（如经济资本、政治资本、文化资本、社会资本等）被不断建构的空间隐喻；“权力”则是一定场域中主体影响和支配他人的能力或形式。在布尔迪厄的权力观中，文化资本指的是可以赋予权力和地位的累积文化知识的一种社会关系，它能让某个人在社会上获得较高地位的优势。对于布尔迪厄来说，资本在一个交易系统中扮演着一种社会关系，而且这一词并延伸至指所有不论是物质性的或是象征性的商品，那些商品是稀有的且在特定的社会组成之下是值得去追寻的（戴维·斯沃茨，2011）。不过，布尔迪厄的文化资本概念更多指的是个人在社会中的自我建构的一方面，在他的原意中将文化资本局限在学校、家庭环境下的知识习得以及教育制度中的文化凭证。

伴随着“文化资本”的概念的流行，它很快就运用到当代文化研究中，和文化资源、文化权力、文化生产、文化市场等一系列至关重要的概念建立起内在关联（张鸿雁，2010）。有学者给文化资本重新定义：文化资本是通过对文化资源的优化配置形成的文化产业形态及文化产品和文化服务，最终以货币化的物质财富和精神慰藉等具体形式表现出来而实现文化经济价值的累积。

笔者试图将布尔迪厄的文化资本概念延伸，用于分析城市的资本构成。从资本的本身意（预计未来能带来收益的资产）出发，冠以“文化”，就是指城市中存在的精神文化、物质文化、制度文化的资本属性，它能以无形资产的形式作为城市增加收益的动力源泉。

城市不仅是人类物质财富的集中地，而且是人类精神文化的大容器（张鸿雁，2010）。雄州雾列，俊彩星驰，城市的魅力在于城市独特的历史、文化、风俗，纵然可以以经济水平衡量城市发展，但城市吸引人的还是各自迥异的文化内涵。不难看出，城市本身就具有文化属性，芒福德说：“用象征性符号贮存事物的方法发展之后，城市作为容器的能力自然就极大地增强了，它不仅较其他任何形式的社区都更多地集聚人口和机构、制度，它保存和流传了文化……这种为着在时间或空间上扩大社区边界的浓缩作用和贮存作用，便是城市所发挥的独特功能之一。”（刘易斯·芒福德，1989）文化是过去式也是现在式，它的魅力在于传承。创意是现在式也是未来式，它的魅力在演变。因此，将城市的文化资源与创意结合，是将其转变为城市文化资本的可行路径。

（二）从文化资源到文化资本的转变

伴随着城市的发展历程，城市留下片片记忆，这些城市“记忆”成为一种历史的象征，勾勒出城市的发展脉络，成为城市文化资本的形式。城市“记忆”的物质显现是各种历史遗存，而人们又会通过这些遗存去解读城市的文化，感知城市的气质。随着人们的解读与定义，这些“记忆”会成为其所在城市的文化符号，与在地文化融为一体。

而怀旧的三个面向含有现代人对个人和集体文化认同的经验与感受，怀旧提供了不断变迁的时代生活一个稳定和规范的安全区域。以怀旧风格营销在地文化，将地域特有的共同记忆加以复制、重现，让消费者了解和体验这样的文化资产，重新审视“怀旧”加上“创意”后的文化景观，可能会产生新的感知。

因此，在发展文创产业中，许多人把目光转向那些老旧建筑，包括闲置的厂房、破旧的民居，以寄从中寻找创意的灵感。从历史文化传承发展来说，一座具有历史的建筑物，蕴含着丰富的文化资产价值，是一个地区发展的见证，利用老建筑把它发展成文化产业的创新载体，无疑为其提供了好归宿。本文试图从文化与怀旧的角度思考两种典型的产业模式：一种建立在工业遗产上的文创园区，以文创工作室为主要载体，进行文创产品营销；一种是依托连片老旧住宅进行改造，以体验式观光为吸引点，进行文创产品营销。笔者分别取台北松山文创园与大陆无锡市清明桥历史文化街区为个案样本。

四、案例简介

（一）松山文创园区

1. 历史沿革

松山文创园区位于台湾台北市信义区，建于1937年，前身为台湾日治时期“台湾总督府专卖局松山烟草工厂”，1945年更名为“台湾省专卖局松山烟草工厂”，1947年又更名为“台湾省烟酒公卖局松山烟厂”，1998年停止生产，2012年，松山文创园区被定位为“台北市的原创基地”。（引自松山文创园官方网站）

2. 人文景观

松山文创园转自工业遗存——松山烟厂，按台北市规划，将原有厂区中的办公厅、制烟工厂、锅炉房、一至五号仓库为古迹本体，将莲花池、运输轨道及光复后新建仓库一并纳为古迹保存范围。松山烟厂作为台湾第一座现代化的卷烟工厂，为台湾创造了相当高的经济产值，可以称作台湾工业化的坐标。

3. 创意卖点

按照台北市规划，松山文创园区不只是一个创意与创新能量的展现平台，而是更积极成为可激发及培育创作精神之平台，以“创意实验室”“创意合作社”“创意学院”和“创意橱窗”四大策略，逐步落实以达到成为台北市原创基地之目标。

松山文创园是台湾创意生产的工作坊，让创意生产直接呈现给观光客，使之成为市民接触文创、了解文创的休闲公园。

（二）无锡清名桥历史文化街区

1. 整体介绍

核心区位于无锡老城南门外古运河与伯渎港交汇处，以古运河为中轴、清名桥为中心。因古城区中，古运河和伯渎港两条历史文化轴在这里交汇碰撞，形成了清名桥核心区独特的自然属性和艺术性格，至今保持着路河并行的双棋盘城市格局，“小桥、流水、人家”充分展现了幽深古巷的江南水城特色。

2. 人文景观

古运河两岸基本保留了江南水乡古朴的建筑，加之处于市中心，成为都市快节奏中慢生活的休闲区。以“运河绝版地，江南水弄堂”为景观打造指南，发展在地特有的“码头文化”“水乡生活文化”“名人故居文化”，发展特色休闲观光产业。（引自无锡清明桥管委官方网站）

3. 创意卖点

对古运河两岸的老建筑修旧如旧，引进餐饮、娱乐休闲品牌，使消费者在古建筑中体验现代休闲的轻松、快乐。沿街店铺以怀旧餐厅、怀旧商店、怀旧商品为卖点，以怀旧风格设计出一系列的产品与服务，为消费者提供别样的感官与情感体验。

五、文创产业中“怀旧”因素运用评析

（一）历史景观的创意再造

古运河作为中国古代重要的交通通道，承接南北，运河边的城市因运河而兴。随着交通工具的发展，运河早已失去了往日的繁华，众多运河城市也失去往日荣光。在古迹保护转为文创体验和消费区域时，清明桥管委会采取了专家建议，保护性修复并开放了两岸丝织业和陶瓷博物馆，试图清晰地呈现本地历史文化传承的脉络，表达对过去运河商贸文明的礼赞。即使如此，满街的观光客流连民居里的酒吧、餐厅、山寨产品商店，少有人进入博物馆一探究竟，对于“梦江南”的广告文宣，可能仅是一种想象。

台湾松山烟厂转变文创园中，将旧机器、生产线移出，利用的仅是旧厂房和仓库，将其转变成展览平台和创意工作坊。游客徘徊其间，多数人会给这里贴上“艺术的”“小资的”“怀旧的”的标签。对于外地观光客来说，若不是听介绍或是看到泛黄的照片，很难将其与松山烟厂相联系。

让消费者在文创园区欣赏到怀旧的创意景观抑或购买到怀旧创意商品时，如能感悟在地的文化脉络与生活历史的变迁，无疑给一段艺术的怀旧之旅增色不少。文创园区置身的怀旧情境是静态的，而情境中的人却是动态的，活化故事性的怀旧情境，让整个怀旧情境洋溢故事性牵引的张力，就会使消费者带着好奇心走入时光隧道，清晰地触摸历史，感知往昔生活，这样更能感悟到创意艺术所表达的文化内涵。因此，在历史景观改造过程中，可以作“圈层”设计（范剑才，2010），以“历史文化核心区”逐步向外扩展，在创意改造中区别对待，以达到历史与现代共存下人文气息的彰显。

（二）怀旧、创意与商业的结合

基于古建筑改建而来的文化创意园区，不同于博物馆、文物古迹，它是经过现代创意包装的独特景观。笔者不得不思考，游客来这里真的是怀旧的吗？它“旧”吗？“旧”的踪迹除了斑驳的外墙、图像影片的介绍，哪里还有“旧”的踪迹？松山烟厂里展出的是前卫的设计，江南民居里卖的是星巴克，到处充斥的是现代的酒吧。古典主义的外貌气息变成了时尚的包装、创意灵感的来源和商业利润管道。在后现代学者詹明信看来，历史和传统除了

作为支离破碎的类像出现于后现代“七拼八凑”的文化大杂烩中以外，再无其他踪迹可循。(詹明信，1997)

文创园区中行销的文化产品把我们以往的记忆以怀旧风格再度展现出来，虽然栩栩如生，但却仅是以诱人的美感风格取代了真实历史的厚重，使得我们只能通过历史的仿像感应历史，那真实的历史早已遥不可及。我们又在意这些吗，即使扣上“虚假怀旧”的帽子？在意，又如何呢？社会的大潮，后现代主义处处表征于现代社会，人类本身就生活在这类像与仿像重生的世界，虚拟就是现实，现实也是虚拟，我们无从逃避。与其说当代人们的怀旧是对过去生活的追忆，对共同历史的追寻，不如说是个人抑或集体对过去曾经经历的，那种温馨甜蜜的惆怅罢了。

在后现代主义大潮下的文创产业积极利用怀旧元素，让人在枯燥快节奏的现代生活中品味这种甜蜜，是文创与怀旧元素结合的应有之义。然而商业、文创、怀旧如同“力”的三个维度，只有在平衡中才能找到共生之道。

（三）怀旧符号与符号消费

文化经济学提到消费的目的在消费符号，而商品的生产则是在创造符号价值。符号消费最大的特征就是表征性和象征性，消费的不是物体，而是理念。即通过对商品的消费来表现个性、品位、生活风格、社会地位和社会认同，或者说符号消费就是将消费品作为符号表达的内涵和意义本身作为消费的对象（葛彬超，2012）。

怀旧消费作为符号消费的典型代表，某种程度上说怀旧消费就是对怀旧意象所表达的内涵和意义的消费，怀旧与文创的结合就是试图更好地展现出这种“旧”的内涵与意义。经过创意包装的“旧”成了流行的符码，符码的背后有无限的引申义。它可以是身份、品位的象征，可以是共同记忆的代表，可以是群体识别的标志，等等。符号消费的诉求在情感上，怀旧的符号消费的流行是现代性的后果，是人们在快速变迁的社会生活中寻找到心灵安全感的慰藉，文创利用怀旧元素就是在迎合这种普遍存在的社会心理。

六、两岸文创的比较与思考

文创产业如同大树，它的发展需要土壤的滋养，而这土壤就是城市的文化氛围、文化气质和市民的文化素养。文创的发展最终要落实到“人”的因素。这不仅需要大量文创产业精英，更需要在社会中培育文化氛围，使之成为市民文化的重要组成部分。台湾的捷运站中经常可以看到各种画展、摄影展；松山文创园的展览厅中可以得到志工细致的讲解和热心的服务；文创展览的文宣随处可见，点点滴滴都可以看出台湾在培育文创发展的社会土壤，在涵养这个城市的文化水土。

台湾文创较之大陆先进，最重要的一点是厚植民间力量。台湾的文化发展落实在基层，无论政府推动的社区总体营造的方式，还是文化局的辅助政策，每一项文创政策的推动依靠的都是民间的智慧力量，政府发挥的是“加把油，推把劲”的作用。大陆文创发展走的是“由上到下，政府主导”的道路，以政府建设、城市拆迁、招商引资的形式推动。文化产业具有经济属性，但不同于一般的经济产业，规模宏大的大剧场、文创园、展览厅能迅速建好，却缺乏市民的参与互动。文创产品能在精英企业中生产出来，却少有人问津。兴建的历史文化街区，到处洋溢古色古香的明清风情，引进的各种娱乐品牌，全然割断历史的联系，沦为一个光怪陆离的世界。

“十年树木，百年树人”，文创发展是一步步累积的结果，台湾文创发展中的“小而美”，通过细致入微的文化建设，让文化艺术之风涵养这片土地；大陆文创发展有“大跃进”的痕迹，处处模仿却不得精髓，这种精髓就是文化生活的平民化、创意艺术的生活化，台湾文创之美应是庶民的文化之美。

结 语

怀旧是人们在经历人生沉浮时不可避免的心理症状，但身处后现代氛围的人们却最易受其困扰。这一方面是因为社会从未像今天这般喧哗和躁动，身心俱疲的人们渴望有个宁静的心灵家园。另一方面，后现代世界早把仿像和真实之间的界限完全打破，能指与所指割裂并无限关联，人们看似身处历史真实，实则是模拟真实。正如鲍德里亚所说：“所有能做的事情都已被做过……世界已经毁掉自身。它解构了它所有的一切，剩下的全都是一些支离破碎的东西。人们所能做的只是玩弄这些碎片。玩弄碎片，这就是后现代。”

后现代无法逃避，文创利用怀旧的元素表达后现代的观念无可厚非。文化的传承与文化的创新都行进在文化的脉络中，文创的想象有商业的考量，更要有文化保存与延续的思考。虽然怀旧的文创中处处带有后现代的印记，但在文创发展中应留一片天地还原原汁原味的历史真实。后现代的光怪陆离与历史真实的厚重之间会形成张力，既给每一位身处其中的人们以思考的空间，也为现代城市的发展增加文化资本。

网络舆论研究历史与现状之检视（2003—2013）

——基于新闻传播学四份期刊的考察

罗　锋　王琇婷　李　鲛*

（安徽大学新闻传播学院）

一、引言

随着互联网的发展繁荣和新媒体的普及与运用，越来越多的人选择通过网络参与公共事务的讨论，网络舆论作为社会舆论的焦点，越发受到关注。近年来，在国内外大小事件中，无不看网络舆论在其中的作用与影响，对事件本身和社会都产生强大的冲击，甚至于改变事件原有走向，如“马加爵案件”中网络舆论对刑事审判影响，从“表哥门”事件看网络舆论监督作用的发挥，最终导致表哥杨达才落马，以及其他一系列网络反腐事例。由此说明，网络舆论的影响已经发展到政府、媒体、全社会都无法忽视的地步。

2007 年在中国网络监督史上是最重要的一年，有媒体将它称为“网络公共事件元年”，在这一年里，重庆“最牛钉子户”事件、山西“黑煤窑”事件、厦门 PX 项目事件和陕西“华南虎”事件都得到了政府、传统媒体、网络媒体和全体公众的关注。在国际、国内各大事件中，网民以及网络舆论都没有缺席，网络已然成了公众表达社会认识、发表意见和参与公共事务的重要平台。2007 年网络舆论爆发的强大力量，引发了众多学者对网络舆论引导以及舆论监督的思考，此方面的研究取得不少成果，有学者还系统梳理了中西舆论监督的发生、发展及其特点。①

* 罗锋系安徽大学舆情与区域形象研究中心研究员；王婷婷、李鲛系安徽大学新闻传播学院硕士研究生。

① 李良荣，李彩霞. 2007 年中国新闻学研究回顾［J］. 新闻大学，2008（3）：21.

现在中国正处于社会转型期，矛盾凸显，国内环境变动加速以及突发事件的增多，网络舆论爆发频率也是大为提高。2008 年拉萨“3·14”事件到“5·12”汶川地震，面对突发事件网络舆情大量涌现，政府和媒体的态度开始有所转变，通过汶川地震报道可以看到，媒体反应迅速、政府信息公开的理念得到彰显。2008 年 6 月，胡锦涛总书记在人民网同网友在线交流，2009 年 2 月，温家宝总理来到中国政府网与网友在线交流，政府重视以及网上舆论的巨大影响力，进一步激发了相关学者的研究热情。

基于此，越发多的学者开始以“网络舆论”为研究对象，研究其发生发展之基本规律或者探讨其根源等。笔者在这里选取《国际新闻界》《新闻与传播研究》《现代传播》《新闻大学》四份新闻传播学期刊为样本，以 2003—2013 年为时间跨度。该选择有两点缘由，其一：这四份刊物普遍受到学界的认可，发表在这些学术期刊上的文章往往代表学者的最新发现，可以说这四份刊物一定程度上代表新闻传播学的研究方向；其二：选择 2003—2013 作为时间跨度，是基于这样的考虑，2003 年“孙志刚事件”的发生最终导致了中国存在已久的收容遣送制度的彻底终结，让国人第一次看到网络舆论对主流社会的重大影响，2003 年亦被称为“网络舆论年”。进入 2013 年，政府加大了网络管理力度，“薛蛮子”事件让微博大 V 遭遇沉重打击，“陈永洲”事件也给了公众和媒体舆论监督一面镜子，要求重新审视网络舆论和网民情绪。从 2003 到 2013 年 10 年的跨度，“网络舆论”自身的发展有着太多的变化，比方说载体形式的演变由以前的论坛社区转变为今天的微博，所以在这样的时间跨度上梳理对“网络舆论”的研究，显得更为全面和客观。

因此，本文以 2003—2013 年 10 年为时间跨度，以新闻传播学四大核心期刊中关于“网络舆论”方面的论文为研究对象，意在展呈这些年已成“显学”的网络舆论研究的内在脉络。

二、网络舆论研究计量统计

关于“网络舆论”论文研究，以 2003—2013 为时间跨度，“网络舆论”为主题，通过 CNKI 进行搜索。根据搜索结果，符合“网络舆论”研究的论文共 68 篇，其中《国际新闻界》11 篇、《新闻大学》13 篇、《现代传播》24 篇、《新闻与传播研究》20 篇。这 10 年，“网络舆论”相关论文的研究数量和年份，不同年份的不同研究热点都有不同体现。

第一，如引言提到 2003 年作为“网络舆论年”是本文研究时间的起点，而2008年之后是网络舆论研究趋向成熟的阶段，重大事件的发生使得网民参与社会事件呈井喷式发展。如表1所示，以2008年为节点。从数据统计显示，2008年之后，网络舆论的研究呈增多的趋势。

表1

	《国际新闻界》	《新闻与传播研究》	《新闻大学》	《现代传播》
2003—2008	4	3	3	4
2009—2013	7	17	10	20

第二，如上表所示，四大核心期刊2008年以前很少有论文研究“网络舆论”，通过CNKI搜索可发现，2003年到2008年期间，四份期刊上的论文大多集中在2007、2008两年，2007年以前关于“网络舆论”的论文只有3篇，而2009—2013年的论文数量明显更多，且呈不同的分布趋势。如表2所示。

表2

	2009	2010	2011	2012	2013
《国际新闻界》	4	2	0	0	1
《新闻与传播研究》	0	3	5	2	7
《新闻大学》	0	3	1	2	4
《现代传播》	2	4	4	8	2

第三，“网络舆论”论文研究中，关于“舆论监督”论文数达到10篇，占到总数的七分之一。与“舆论引导”相关论文数目也达到6篇以上，由此可看出对于“网络舆论”的研究大多还是集中在政治与社会层面的监督与维稳。而从其他论文来看，网络舆论主体研究、网络舆论过程研究、网络舆论意见领袖研究等方面研究，最后均提出如何对“网络舆论”进行恰当的引导，如何净化网络舆论环境使之最大程度上进行强有力的舆论监督。所以，笔者得出结论，对于“网络舆论”的监督依旧停留在政府建言献策层面，意识形态色彩浓重。

三、网络舆论研究热点

综观2003—2013年《新闻与传播研究》《国际新闻界》《新闻大学》和《现代传播》四大期刊中关于“网络舆论”研究的历史进程，学术成果颇为丰富，将众多学者研究热点归纳总结，分为以下几种视角：

（一）网络舆论主体研究

网络舆论的主体，是指参与到公共事务讨论中的网民。学者将目光对准网民，分析这个群体的行为模式，对网络舆论形成所产生的影响。

一种观点是，针对网络“群体极化”现象的研究。网络集群行为作为社会冲突现象，已成为当前中国重要现实问题。民众在虚拟场域发表观点，组成“意见同盟”，形成强大的舆论场和群体性意见，进而转换为网络集群行为。赵宬斐通过对“价值累加理论”的分析，研究群体行为发生、发展以及如何化解等问题，为人们提供了一个新的认知维度与解释框架①。韩敏提出论坛中的“沉默螺旋”效应，认为论坛并非是异质群体交流对话的平台，而是弱势群体或者声称公平与正义维护者所构建的“壁垒化论坛”②。此外，也有学者对“群体极化”现象的根源做分析。其中有两种观点较多，其一刘正荣指出根源来自群体心理，群体心理具有感染性、从众性、情绪化三大特点，基于三大特点所形成的情绪化舆论借助开放的网络环境，形成了非理性的网络舆论③。还有一种观察点则是从社会学角度出发，部分学者对于网络舆论主体非理性行为的缘由分析提出社会根源一说，具体表现网络民粹化倾向的泛滥，陈龙指出网络舆论中的民粹化倾向导致了传播的非理性，他认为民粹化倾向的产生是基于“力比多”④ 释放带来的心理根源，而这种心理与社会现实所存在的不平等、不公正相结合引发了文化政治对抗心理，最终引起民粹化倾向的产生⑤。

另一种观点，与上面提到的“群体极化”恰恰相反。刘朋认为“作为网络政治舆论的主体的公众不再是勒庞笔下的乌合之众”，让群体构成从整合转变为集合，也就是说在网络上，个体都乐于表达自己的观点，即使有过讨论也很少有达成一致的局面，所以在这个过程当中它只是起到聚集舆论，并不

---

① 赵宬斐．“网络集群行为”与“价值累加”——一种集体行动的逻辑与分析［J］．新闻与传播研究，2013（8）：67.

② 韩敏．商议民主视野下的新媒体事件［J］．新闻与传播研究，2010（3）：80.

③ 刘正荣．从非理性网络舆论看网民群体心理［J］．现代传播，2007（3）：167-168.

④ 力比多是由大师弗洛伊德提出，指的是本我中的本能和动力，它是人的心理现象发生的驱动力。论文中提到网络技术提供的空间与现实中青年“力比多”过剩相结合，引发了民粹化的草根传播，进而带来一系列的问题。

⑤ 陈龙．Web2.0时代“草根传播”的民粹主义倾向［J］．国际新闻界，2009（8）．

能起到整合舆论的作用，所以并不是非理性的从众①。另外反对“群体极化”观点的学者通过对网民个体性特征的调查，来讨论在网络舆论过程中所发挥的作用。其中谢耘耕在《新媒体环境下突发公共事件的信源管理研究》一文中，提到了如今的信源主体已经从传统媒体扩展到每个公众个体，通过对2009、2010年发生的132起国内影响较大舆情热点事件进行质化和量化的分析研究，提出政府加强突发公共事件信源管理的建议②。王艳玲、何颖芳则认为网民个体性因素带有主观性，用户原有认知结构会导致信息的偏离，以及对信息的理解能力和信息行为习惯的不同，这对网络舆论的发生和走向都能提供解释。邓秀军和刘静结合了时下热门话题——微博反腐，基于对新浪微博“表哥”事件的社会计算分析，来研究微博反腐舆论生成中的用户行为模式，不同类型微博用户发布信息和彼此间互动，推动了传统媒体跟进报道，形成强大的社会舆论压力进而推动线下调查，直至官员最后落马。

（二）网络舆论演变过程研究

关于“网络舆论演变过程”研究，大多数论者就“网络舆论”如何发生、发展、高潮到结束的过程进行研究，在过程当中出现这样或那样的问题，需要如何引导和调整。吴小君、张丽、龚捷等人提出从网络热点到网络群体事件的过程是存在一定的舆论转化机制的，文中将舆论转化过程归纳为诱发、发展、激化、消散四个阶段，这与田卉所提到的舆论过程形成四阶段有着相似和重合的地方，她认为网络舆论形成过程分为：舆论潜伏期、舆论突发期、舆论蔓延期、舆论终结期，即与舆论过程所对应的“舆论事件发生—焦点事件（事件引起人们的注意）—舆论开始出现（多种意见表达）—舆论逐步整合（意见分布趋于稳定，出现舆论群体）—舆论事件结束或退出舆论中心”③。他们都是基于议题事件的发现、意见的争锋（其中意见领袖作用凸显）、意见的整合或激化、最后归于平静，所以这里除了第三个阶段有所区分，结果分别为“趋于整合的阶段”与“走向流言四起的激化阶段”，这里的区分是发生舆论转变的开始。

除了对“网络舆论”整体发生到结束过程进行研究外，还有学者专门针对“网络舆论”不同阶段做细致分析。其中对“网络舆论”发生阶段研究的

---

① 刘朋．网络政治舆论主体的特征：乌合之众的反叛［J］．现代传播，2010（11）．

② 谢耘耕．新媒体环境下突发公共事件的信源管理研究［J］．新闻与传播研究，2011（4）：58．

③ 吴小君，张丽，龚捷．从网络热点到网络群体事件的舆论转化机制［J］．现代传播，2012（11）．

学者颇多。李红、董天策《网络环境下的舆论召唤——“故宫窃案”的符号学分析》一文用符号学方法分析舆论是如何被召唤出来的，将网络舆论的过程解析为复杂符号互动，以及是充满符号所指的对立、偏离和回归，体现出更多的逻辑思辨，从而避免仅仅从经验、实证和管理的角度对舆论的探讨①。网络中公民权利议题的产生与传播也很值得深究，刘娜以公民权利议题的讨论作为研究对象，分别从权利抗议、社会动员、议题协商以及事件解决三个阶段，对公民话语的生成机制，及其与媒体和政府的动态博弈进行分析。而王艳玲、何颖芳则根据自己的研究发现提出“黑匣子”② 一说，他们认为网络舆论的生成至少包括两个要素：一是舆论的议题来源与大多数公众相关；二是舆论的议题能被制造。基于议程设置理论，二人提出了网络舆论生成的循环机制，剥开了网络舆论形成前的议题设置源头即“黑匣子”，他们认为网络舆论都是由“黑匣子”设置，并且不是指向公众，而是通过舆论影响公众③。

除此之外，研究还集中在网络舆论传播规律以及总体趋势方面。钟瑛、余秀才通过对 1998—2009 重大网络舆论事件整体呈现特征进行分析，揭示网络舆论事件的传播规律④。安珊珊基于四个中文 BBS 论坛的探索性研究，尝试解析网络舆论生成的总体趋势，及不同论坛舆论生成的内部趋势⑤。李卫东、贺涛在论文中应用复杂网络分析方法，构建微博舆论传播的复杂网络拓扑结构模型，分析其结构特征和演化机制。无论是针对网络舆论事件，还是舆论产生平台论坛和微博，学者对网络舆论过程的定量分析，通过数据呈现，来厘清网络舆论生成中各参与因素在其中所发挥的作用。这里值得一提的是随着网络舆论载体形式的转变，研究也开始逐渐从论坛转移到微博上来，但本质依旧没有改变，大多还是分析网络舆论传播的复杂结构，得出结论也是千篇一律，无外乎网络舆论的巨大影响力，且如何加以正确引导，等等。

---

① 李红，董天策．网络环境下的舆论召唤——“故宫窃案”的符号学分析［J］．新闻大学，2011（3）：128.

② “黑匣子”是指能引起网络舆论的议题来源，是网络舆论爆发时能追溯的源头，是分析舆论议题的重要组成部分，主要包括各种利益群体、个人以及网络媒介本身。

③ 王艳玲，何颖芳．论网络舆论生成的三要素［J］．现代传播，2011（4）．

④ 钟瑛，余秀才．1998—2009 重大网络舆论事件及其传播特征探析［J］．新闻与传播研究，2010（4）：45.

⑤ 安珊珊．网络舆论生成中的要素及其互动影响机制——基于四个中文 BBS 论坛的探索性研究［J］．新闻与传播研究，2012（5）：56.

（三）网络舆论“意见领袖”研究

对网络舆论中“意见领袖”的研究很值得关注，从初期对于论坛中舆论领袖声望及其这种现象产生的探讨，到在微博中新意见领袖大显身手对网络舆论发挥不可或缺的影响力，再到如今“薛蛮子”事件后微博大V遭遇沉重打击，对于“意见领袖”的讨论一直没有停止①。

余红对网络“意见领袖”做了详细研究，探讨论坛舆论领袖，将其分类为舆论领袖、靶子型人物、焦点人物和议题扩散者，从而构建“网络论坛舆论领袖筛选模型”。对网络舆论领袖地位稳定性的讨论，分为稳固型、稳定型、动荡型和流星型，以此剖析网络论坛舆论领袖更替现象，并在此过程中寻找网络舆论领袖测量方法。薛可、陈晞也同样关注BBS中的“舆论领袖”影响力传播模型的研究，还分析了突发事件下，什么样的用户在社群舆论圈中具有更高的影响力，以此来探讨舆论领袖的管理、监管和培训。

此外，近年来“新意见领袖”已成为研究热点，韩运荣、高顺杰利用社会网络分析方法系统考察微博中意见领袖的地位、作用与“权力”，认为意见领袖占据了网络中制高点，控制社会网络资源并掌握较强话语权②。李良荣“新传播革命”系列研究之新意见领袖论中，提出新意见领袖作为一股全新社会力量，借助新媒体，依托公众追捧，把握话语权，发挥着左右舆论的作用，并且认为新意见领袖的产生是“去中心化——再中心化”的必然结果③。

（四）网络舆论功能分析

关于网络舆论功能的研究，主要分为两类，一是网络舆论正向功能，二是网络舆论负向功能。

关于正向功能，王艳玲、孙卫华、唐淑倩分析了网络论坛公众政治参与的特点、网络舆论监督功能，以及建构公共领域的不同方式，这种方式为公众参政议政提供平台，有利于民主政治建设。刘娜也认同这样的观点，认为网络舆论、媒体报道、公权力互动讨论，共同推动议题，公民参与权利议题

---

① 李良荣，张莹．新意见领袖论——“新传播革命”研究之四［J］．现代传播，2012（6）：32.

② 韩运荣，高顺杰．微博舆论中的意见领袖素描——一种社会网络分析的视角［J］．新闻与传播研究，2012（3）：61.

③ 李良荣，张莹．新意见领袖论——“新传播革命”研究之四［J］．现代传播，2012（6）：32.

讨论寻求一个更加有序、安全和正义的精神世界。

近年来，正向功能主要体现在一个很重要的方面——舆论监督，网络舆论监督突破以往传播模式局限的性能，扩大舆论监督的主体、客体，增强了舆论监督的时效性和影响力①。邓秀军、刘静分析了微博反腐中微博用户之间的有效互动，让当时任陕西省安监局局长的杨达才成为焦点的微博舆论，从最初的道德审判延展到腐败揭露，最终实现了腐败行为的惩治。杨秀在论文中探讨网络案件舆论对案件本身、社会政策、司法机关的影响，起到公正的监督的作用，司法机关对网络案件舆论中公众诉求的积极回应，能够对网络舆论进行正面的引导，从而推动良性、和谐的司法舆论生态的形成②。

网络舆论的负向功能，很多学者也有所研究，主要表现在网络事件背后的网民情绪、舆论暴力、舆论失控直至雪崩、虚假信息的传播等方面，还有学者认为网络舆论的形成是不同主体不同利益诉求的表现。

我国处于社会转型期，国际风云变幻、国内多突发事件、社会两极分化、贫富差距较为悬殊，在突发事件中易引发极端民族主义和民粹主义情绪，韩敏探讨了网络舆论暴力现象，认为这违背了商议民主精神，中国新媒体事件所表达的网络民意与真实的民意或许还有相当距离③。而网民观点表达处于失控期时易导致“舆论雪崩”现象出现，赵雅文剖析社会舆论的生成背景、运行特征及演变规律，寻求应对“舆论雪崩”的方法策略④。王冬冬、张亚婷以刘翔伦敦奥运会失利为例，分析微博中不同言论话语主体的意识形态属性及话语特征，认为这只是社会矛盾冲突下，不同社会阶层利益驱动下所带来的话语狂欢⑤。孙燕比较日本地震和温州动车事故之后的两次谣言风暴现象，认为危机传播中谣言的产生围绕着一种集体情绪，体现一种群体行为。

“网络舆论功能研究”除去正负功能的解读外，还包括其他功能性解读，这里李贞芳、古涵、杨孟丹通过分析百度指数提供的331家网络媒体的媒体关注度和受众关注度，得出网络媒体具备议程设置功能，能够引导网络公众舆论。论文中指出，网络舆论分为两种信息源，一种是来自传统媒体由网络媒体所发布的网络新闻及评论，另一种则是由网民自助创造，由非大众化的

---

① 郭志蓉．我国大陆网络舆论传播研究现状分析［J］．青年记者，2010（8）：26.

② 杨秀．浅析网络案件舆论的功能、意义及特征［J］．新闻大学，2013（4）：95.

③ 韩敏．商议民主视野下的新媒体事件［J］．新闻与传播研究，2010（3）：78.

④ 赵雅文．和谐社会背景下“舆论雪崩”的控制与疏导——辩证法三大规律对社会舆情转化及引导的启示［J］．新闻与传播研究，2011（3）：106.

⑤ 王冬冬，张亚婷．微博中有关刘翔伦敦奥运会比赛失利事件各方意见的意识形态分析［J］．新闻大学，2013（1）：53.

网络传播方式所传播的信息。对于两种信息源，前者有信任度可以引起受众关注并引导舆论方向，而后者则有较低的信任度，不能赢得多数网民的信任，不能成为网络舆论的主导力量。所以得出结论信息源是前者的网络舆论具备议程设置的功能，但该功能其实还是局限于传统媒体带来的权威性。而后者则不能代表网民整体意见，不能成为主流，不具备议程设置的功能①。

（五）网络舆论引导研究

“网络舆论引导”，从字面解读可以发现，这里提到“网络舆论引导”这一个概念是否可以做两个层面的解读：其一，网络舆论如何引导它者？（这里的“它者”可指主流舆论、社会舆论等）；其二，网络舆论应当如何被它者引导？（这里“它者”可指政府、社会、主流媒体等）基于此，可发现前者的解读“网络舆论”处于主动地位引导众多它者，后者则是处于被动被它者引导。笔者从样本中发现“网络舆论引导”的论文大多指的是后者，大多就“网络舆论”现象研究，提出如何正确引导网络舆论，营造健康和谐的网络舆论环境，为政府建言献策。

关于第一个层面的研究“网络舆论如何引导它者”，崔蕴芳、沈浩在《网络舆论如何有效引导主流舆论》一文中选取国内主流网站代表人民网“强国论坛”关于“汶川大地震”的网络舆论引导，以此分析“网络舆论”应该如何有效地引导主流舆论。论者认为网络舆论有效引导主流舆论的首要前提是还原网络舆论的多元化特性，只有在多元化的舆论环境中网民自由的发言、交流互动，才能形成共同意见，起到引导主流舆论的作用。网络舆论以其独有的论坛发帖跟帖、博客更新及评论等形式，信息传播之迅速也加快了舆论形成的过程，论者最后指出只有广泛的民众参与、多元的意见讨论、科学合理的管理以及政府形象的良好塑造才能有效地引导主流舆论②。

第二个层面的研究“网络舆论如何被它者引导”，该议题是学者关注的焦点，也是诸多“网络舆论”论文的最后落脚点。这一层面的研究论文大多是对策性研究，描述现象、呈现问题、如何解决，大多遵循这样的思路操作。赵宬斐对网络集群现象进行探讨，解释其诱发的缘由和发展过程，提出控制和引导的相关建议。一些学者还将目光集中在如何通过“意见领袖”来引导舆论的问题。薛可、陈晞研究 BBS 论坛舆论领袖的筛选及特征，探讨舆论领

---

① 李贞芳，古涵，杨孟丹．网络媒体的舆论功能解读［J］．国际新闻界，2008（10）．

② 崔蕴芳，沈浩．网络舆论如何有效引导主流舆论——以“强国论坛”的网络舆论引导为例［J］．现代传播，2008（12）．

袖的管理，如何利用舆论领袖影响力来更好地引导网络舆论。费爱华《新媒介背景下政府舆论引导》一文中提出新媒介背景下的政府应该如何引导舆论，指出根据现有情况分析主要有两种思路："严控"和"技术"。"严控"被认为是一种倒退，所谓"防民之口甚于防川"，压制民众舆论只会带来反作用的效果。而"技术"思路，虽然一定程度上能够帮助政府解决一些突发性的舆论问题，但并不能从根本上解决政府危机事件的发生。最后论者从政治学角度提出政府应当如何转变政府理念，改变政府行为，发展政府传播，做到融入其中、平等对话，才能积极发挥舆论引导作用①。

随着微博应用的加快，微博已成为如今重要公共舆论事件的策源地和发酵地，对网络舆论的引导体现在对微博的运用和剖析上。谢耘耕、荣婷基于30起重大舆情事件微博热帖的实证分析后认为，微博关键节点发挥着等同于意见领袖的作用，是舆情汇聚地和信息散播中心，通过关键节点来引导微博舆论②。曹继东明确指出，我国政府应学会利用微博引导网络舆论，具体做法包括在突发事件网络舆论"场域"中建立政务微博群，利用社会动员能力，鼓励志愿者协助政府做好突发事件应急处置工作等③。除了微博，网络舆论的发生地还包括官方主流新闻网站、各大商业门户网站和网络论坛，蒋忠波、邓若伊关于舆论引导的研究视角更为新颖，认为媒体能够为受众成功设置议题，那么在一定程度上能左右舆论，这一情况也适用于网络舆论的形成和引导，通过对各个网络媒体具有的议程设置能力效果的研究，以期提升网络舆论引导力。

关于网络舆论的引导和控制，这一课题的研究不仅具有理论价值更具有实践意义。李良荣在《理论之痛，实践之难——中国当下新闻学界、业界的困惑》一文中提出在国家的一元要求和社会的多元诉求之间，舆论引导作为一个全新课题具有重要意义，媒体要与时俱进，改变观点，要学会在矛盾的夹缝中把握其掌度之艺和平衡之术。虽然众多学者提出许多对策性建议，但面对网络舆论的复杂多元、瞬息万变、易陷入无序混乱的状态，这些问题表明当下关于网络舆论的引导仍是一个实践难题。

---

① 费爱华．新媒介背景下政府舆论引导——基于政府再造视角［J］．现代传播，2012（1）．

② 谢耘耕，荣婷．微博传播的关键节点及其影响因素分析——基于30起重大舆情事件微博热帖的实证研究［J］．新闻与传播研究，2013（3）：5.

③ 曹继东．我国政府利用微博引导突发事件网络舆论的初探［J］．新闻与传播研究，2013（4）：112.

四、网络舆论研究方法

10 年来，我国网络舆论研究的文章数量增长很快，关于网络舆论研究历史与现状，笔者发现，部分学者选择通过定量分析方法呈现。

蒋忠波、邓若伊为调查网络媒体议程设置效果，根据网站影响力大小从排名靠前的网站中随机抽样，时间框设定为一个月中每天中午半小时，不仅对各网站主页采集，还对新浪、网易的新闻点击评论排行页面、人民网舆情频道的网络论坛热帖页面进行采集，进而研究。夏雨禾基于新浪微博的实证研究，探讨突发事件中的微博舆论的形成，以“抚州爆炸案”和“增城聚众滋事事件”背景下新浪微博中的 6 个样本微博和 550 个消息样本为基础，对突发事件中微博舆论的分布形态、构成要素、生成机制和模式等问题进行了深入探究。内容分析法同样还被学者孙燕在关于灾难事件后的网络舆论危机现象的研究中使用，以日本地震和温州动车事故之后的两次谣言风暴现象为例，对谣言风暴的形成与衰变、媒介角色、谣言的文本特征和受众态度进行深入探究。以立意抽样法来确定研究对象，选取日本地震和温州动车事故之后的两次谣言风暴现象进行研究，通过对 20 例谣言样本的分析，对谣言风暴的形成与衰变、媒介角色、谣言的文本特征和受众态度进行深入探究。

钟瑛、余秀才在《1998—2009 年重大网络舆论事件及其传播特征探析》中通过对重大网络舆论事件整体呈现特征分析，数据呈现来揭示网络舆论事件的传播规律，力图对政府网络舆论引导提供有效参照。余红对论坛舆论领袖及其地位稳定性的讨论，根据其特征进行分类，筛选出模型，探讨出一种关于网络舆论领袖研究的方法。余红的研究中，多运用了定量分析方法，如在筛选论坛舆论领袖过程中，是在国外学者提出“影响力扩散模型”基础上，首先计算出中日论坛每个发帖者的论坛影响力，分离出论坛活跃分子，然后以“论坛声望”作为分类指标对活跃分子进行聚类分析，从中筛选出论坛舆论领袖，从而构建了“网络论坛舆论领袖筛选模型”。余红认为，国内关于网络舆论领袖研究未给出明确操作性定义和测量方法，既有研究中舆论领袖的确定多依赖主观判断，研究结论在信度和效度上有很大局限；而国外关于传统舆论领袖研究丰富、成熟。

另一些学者选择文本分析方法，描述网络舆论研究的历史和现状，列出当下网络舆论所面临的挑战与困难，随即提出个人建议，以期引导和适当控制网络舆论，多为描述性文章。赵雅文在《和谐社会背景下“舆论雪崩”的控制与疏导——辩证法三大规律对社会舆情转化及引导的启示》中讨论关于舆情的控制与疏导，从唯物辩证法对立统一、质量互变和否定之否定三大规律入手，深刻剖析当下中国社会舆论的特殊而复杂背景、舆论运行特征及演变规律，并提出预防、控制和疏导“舆论雪崩”的方法策略。而何溢诚在论述具有中国特色舆论场之构建的问题中，先点出舆论监督与舆论引导的功能属性及其内涵和外延意义，提出要建立具有中国特色的舆论场，并对现状进行分析，找出问题之所在，提出建议，认为具有中国特色的舆论场建立了从网络到媒体再到政府的议程设置流程，而在各种舆论场融合共生的传播情境中，相对开放、也最受期许的网络舆论场，理应愈加努力实现公共领域的可能性。

五、关于网络舆论研究的审视

网络舆论研究一直是新闻传播领域的研究热点，不仅如此，它还逐渐被其他学科所重视，政治学、社会学等越来越多的学科对互联网引发的舆论革命报以极大的关注度。通过对新闻传播学四份刊物 10 年研究做的梳理可以发现，网络舆论研究的重点依旧单一，这里的单一不仅仅包括研究内容的单一，还包括研究方法和学科应用的单一。主要体现在以下几个方面：

1. 研究目的多为替政府建言献策，是关于网络舆论管理经验的讨论。就目前的研究成果，不仅仅需要考虑如何教政府引导网络舆论，更要从更大的范围内研究网络舆论，研究对象不是仅局限于对突发事件的舆情分析，对论坛发帖、微博转发评论等进行逐一研究，更应把视野放得开阔一些，这方面应多借鉴国外相关研究成果，比如美国有关于政治选举类的网络舆论分析，一直以来，其研究成果都颇为丰富且达到相当高的水准。

2. 目前的研究对象大多与新媒体挂钩，将论坛、微博等网络发声称之为民意，概括为网络舆论对其进行分析和研究。正如陈力丹所言，微博上的言论是否能被称为“舆论”，目前还没有科学的测量手段，但多数研究不证自明将微博视为公共空间加以研究，舆论学的相关理论被引进微博研究。2014 年 3 月，网络上“东莞，挺住！”一度作为微博热门话题榜在头条位置，对于东莞扫黄事件，网友纷纷倒向东莞一边，而线下的民意却并非如此，甚至截然相反。所以，对于网络舆论基本概念的讨论依旧缺乏深层次的探讨。

3. 有关网络舆论的研究太过分散化，不成体系。目前我国网络舆论研究的成果虽然较为丰富，但是过于分散，一段时间的研究热点集中在某个方面，然而热度一过，研究兴趣也就过去了。学者对于研究什么、怎样研究、研究方法等没有形成系统，而且对于“舆论”和“舆情”的概念也较为混淆，虽然对于某一概念不同学者观点不同，但是至少要做基本的区分性研究。

4. “唯实践论”。包括网络舆论主体的研究、舆论领袖的研究、舆论监督的研究等等，结尾部分均提到舆论引导的重要性及决策性建议。可以看出关于网络舆论引导的课题确实具备了现实意义，但是在这个过程中，由于其过于具备现实意义，导致大多论者走向了“唯实践论”的误区，而忽略了根源性的研究，且论文也大多缺乏新意，都是以“现状—问题—对策”的框架模式去架构论文，提出的决策性建议也都是包括网民、媒体、政府在内的全套模式，少有论者根据某一方做深入性研究，并提出更具理论性和现实性相结合的建议。

5. 学科研究单一。从新闻传播学的角度来看，研究“网络舆论”势必是与该学科的理论相结合做深入研究，多数学者也都是循着这个路子做了。但是问题在于，现今学科研究已走入多学科融合的模式，很多本学科的内容是本学科的理念解释不清的。尤其我们提到“网络舆论主体研究”，这是关于个体和群体态度、行为的研究，始终绕不开心理学和社会学当中的某些经典理论。所以走多学科的研究路数才是解决疑难杂症的根本。

参考文献：

[1] 王艳玲，何颖芳．论网络舆论生成的三要素［J］．现代传播，2011（4）

[2] 邓秀军，刘静．主体关系视域下微博反腐舆论生成中的用户行为模式研究——基于对新浪微博“表哥”事件的社会计算分析［J］．新闻与传播研究，2013（12）

[3] 吴小君，张丽，龚捷．从网络热点到网络群体事件的舆论转化机制［J］．现代传播，2012（11）

[4] 田卉，柯惠新．网络环境下的舆论形成模式及调控分析［J］．现代传播，2010（1）

[5] 刘娜．网络空间的话语抗争与议题协商——以网络事件中公民权利议题的讨论为例［J］．新闻大学，2012（3）

[6] 李卫东，贺涛．微博舆论传播的复杂网络拓扑结构模型及其演化机制［J］．新闻与传播研究，2013（11）

[7] 余红．网络论坛舆论领袖筛选模型初探［J］．新闻与传播研究，2008（2）

[8] 余红．网络舆论领袖地位稳定性探悉——以人民网强国社区《中日论坛》为例［J］．新闻与传播研究，2008（6）

[9] 余红．网络舆论领袖测量方法初探［J］．新闻大学，2008（2）

[10] 薛可，陈晞．BBS中的“舆论领袖”影响力传播模型研究——以上海交通大学

"饮水思源" BBS 为例 [J]. 新闻大学, 2010 (4)

[11] 薛可, 陈晞. 突发事件下网络论坛用户声望的影响因素研究: 跨层次的分析 [J]. 新闻大学, 2012 (4)

[12] 王艳玲, 孙卫华, 唐淑倩. 网络论坛: 一种全民的民主政治参与新形式——以"强国论坛"和"天涯杂谈"为例 [J]. 新闻与传播研究, 2013 (6)

[13] 孙燕. 谣言风暴: 灾难事件后的网络舆论危机现象研究 [J]. 新闻与传播研究, 2011 (5)

[14] 赵宬斐. "网络集群行为"与"价值累加"——一种集体行动的逻辑与分析 [J]. 新闻与传播研究, 2013 (8): 67

[15] 蒋忠波, 邓若伊. 网络议程设置的实证研究——以提升网络舆论引导力为视阈 [J]. 新闻与传播研究, 2011 (3)

CATI 调查方法在舆情调查中的应用效果分析

——以 11 项舆情调查为例*

周春霞**
（安徽大学新闻传播学院）

摘　要：本文以安徽大学舆情与区域形象研究中心 11 项舆情调查为例，分析 CATI（计算机辅助电话调查方法）调查方法在舆情调查中的应用过程，总结了这种方法在舆情调查中存在的问题，提出改进调查效果的措施，在对比多种舆情调查方法的前提下，指出专业的舆情研究机构必须通过科学的调查方法解读社会舆情的特点和演变机制，以便为社会自我关照和决策者对社会现实的把握提供更加深刻和科学的研判成果。

关键词：电话调查；舆情；效果分析

所谓舆情，是由个人以及各种社会群体构成的公众，在一定的历史阶段和社会空间内，对自己关心或与自身利益紧密相关的各种公共事务所持有的多种情绪、意愿、态度和意见交错的总和①。舆情是“社会的皮肤”，也被称为“社会时势的晴雨表”。作为社会的守望者，中国的舆情研究机构，应当运用科学的调查方法获取信息，倾听社情民意，打捞“沉没的声音”，务求客观、全面、准确地反映各方利益诉求。CATI（计算机辅助电话调查方法）调查方法在 20 世纪 70 年代出现以来，经过了近半个世纪的发展，已经趋于成熟，在今天中国的舆情调查中发挥着越来越重要的作用。

* 本文为 2013 年安徽大学校级质量工程教学项目（“‘广告调查’课程‘四维一体’实践教学模式研究”）成果之一，项目编号：JYXM201259。

** 作者系安徽大学舆情与区域形象研究中心研究员。

① 刘毅：《网络舆情研究概论》，天津人民出版社 2007 年，第 51 页。

一、CATI 调查方法在舆情调查中的应用

安徽大学舆情与区域形象研究中心于 2012 年 2 月至 2013 年 11 月在合肥市利用 CATI 调查方法开展了 11 项调查，大致分为两类，第一类是民生热点问题领域的调查，包括"'合肥少女毁容事件'的本地舆情调查"（2012 年 2 月）、"合肥市民关于'毒胶囊'事件的意见态度调查"（2012 年 4 月）、"合肥市民'幸福感'及'生活现状'的舆情调查"（2012 年 11 月）、"合肥市民生活现状满意度的舆情调查"（2013 年 3 月）、"合肥市交通状况的意见态度调查"（2013 年 1 月）、"关于合肥市民如何度过国庆假期的舆情调查"（2013 年 10 月）、"合肥市民如何看待'医患关系'的舆情调查"（2013 年 11 月）。第二类是涉及国家与社会发展的重大问题，包括"合肥市民对 2012 年安徽省两会关注情况调查"（2012 年 2 月）、"合肥市民关于安徽精神、形象态度调查"（2012 年 4 月）、"合肥市民对'钓鱼岛'事件国民行为的意见态度调查"（2012 年 9 月）、"合肥市民对 2013 年十八届三中全会关注情况调查"（2013 年 11 月）。

可以看出，小到民众的衣食住行、大到国家的宏观发展，舆情调查所涉及的事件/话题都与现实社会问题紧密联系，如果这类调查能够反映社会现实，准确把握"老百姓在想些什么、盼些什么、烦些什么"，不仅能为公众提供表达自身需求和意见的机会，还给决策制定者提供民意的信息资源和专业的咨询评估。

那么，舆情调查是否适合应用 CATI（计算机辅助电话调查系统）方法，CATI 在城市此类调查中使用效果如何？以下将具体讨论 CATI 在舆情调查应用过程中存在的问题，分析其原因并提出相关建议。

从 2012 年 2 月至 2013 年 11 月的电话调查选择合肥市七个行政区域，调查对象为工作或生活在该区的 15 岁以上的合肥市民，每次调查平均人数为 511 人。11 项舆情调查的平均应答率为 36.8%，从表 1 数据可以看出，影响调查效率主要原因依次为：空号（41.4%）、无人接听（34.4%）、拒访（13.7%）、占线（2.6%）。

---

① 调查设计的应答率公式为：应答率 $=\frac{\text{成功样本}}{\text{成功样本}+\text{拒访样本}}$。

表1 电话号码拨打状态分布

拨打状态	总拨打电话数量	r/%
空号	29935	41.4%
无人接听	24898	34.4%
拒访	9912	13.7%
占线	1854	2.6%
成功样本	5751	7.9%
小计	72350	100%

1. 影响电话调查的应答率的主要原因为拒访（占13.7%）。历次调查都属于民意调查，所问问题较少也较简单，而且涉及的话题也都是老百姓较关心的问题，因此拒访率还不算是很高。开始拒访反映了合肥市居民对调查的合作程度，经过访谈访问员了解到主要是：①接电话后直接拒访；②说明打电话的目的后，被访者直接以没有时间、不方便等理由拒访；③其他理由间接拒访。再有一个现象就是中途拒访，其拒访时间往往是出现在问题的转接处，或者是答案选项比较复杂的问题上。如问题“今年三个机构发布的‘中国幸福城市排名’中，合肥的排名分别是第1、第3和第27，你认为合肥的排名应该是排在第几?”答案分别是第1、第3、第27、其他排名，很多市民不知道幸福城市排名的事，也不知道哪些城市参与了排名，调查员需要解释几项排名如何来的，被访者往往觉得不耐烦而终止电话。中途拒访原因分析提示我们，进行类似电话调查时，最好围绕一个领域，而且问题与答案设置一定要简单明了，不需要向被访者解释问题设置的来由。

2. 空号所占比例最大。几乎每次调查空号所占的比例都较高，平均达到41.4%，如果这部分号码所对应的个体分布与调查总体分布存在显著差异，则必然出现调查的系统性偏差；由此可以看到，要使访问取得更好的效果，完善的号码过滤系统是非常必要的。

3. 无人接听所占比例居于第二位。无人接听在历次调查中平均的比例占到34.4%，约占拨打次数的三分之一，因而无人接听也是电话调查效果的重要影响因素。在对调查过程的观察和与访问员的交流中了解到18：30～20：30这个时间段接听率比较高，访问的成功率也比较高，但也要考虑到这个时段不在家的人是否会使样本产生较大的偏差。

二、舆情CATI调查的质量控制

舆情调查促进了公共政策的科学化和民主化，但如果舆情调查的动机不纯，或者违背了科学性的要求，这必然要影响到舆情调查的信度和权威性。2011 年由《小康》杂志社与新浪网联合进行的一项调查中，对于“您如何看待社会上发布的各种民调结果”这一问题，受访者中表示“比较信任”和“非常信任”的比例仅为 7.0% 和 0.8%①。因此，必须明确舆情调查的结果不论是否和相关部门的倾向或意图一致，都是提供了重要信息，发挥舆情调查的积极作用。再者，一定要在技术的层面保障调查的科学性和规范性。

1. 确保样本的代表性

样本的代表性是确保舆情调查准确性的关键。设计电话访问抽样方案时，需要一个能代表总体的抽样框，舆情研究中心的 11 项调查都是以 15 岁以上的合肥市民作为调查对象，以电脑随机生成的固定电话号码作为抽样框，抽样框的不完备使电话访问的代表性存在一定的问题。

当前，我国居民家庭呈现出一个趋向使用移动电话而不是固定电话的特点。以调查所在的合肥市为例，到 2013 年底，合肥市本地固定电话用户 176.61 万户，比上年减少 12.52 万户，而移动电话用户 703.32 万户，增加 74.98 万户②。相对比 761.1 万的常住人口，显然以移动电话用户作为抽样框比用固定电话用户号码作为抽样框更具有代表性。多项调查表明，以移动电话号码作为调查框实施抽样调查前，编制了内容适当的调查告知信息，利用短信群发功能发送给调查范围内所有移动电话用户，可有效提高调查应答率及访问成功率。

目前的 11 项调查都是以合肥市民作为调查对象，还没有进行特定群体的调查，例如大学生、农民工、公务员等。这是因为进行特定群体的调查，则更需要有确定抽样框时所需的普查数据和专项数据。而这些数据往往是由政府管理，不予公开，高校民意调查机构想利用它，无论通过行政系统办手续或是以商业方式购买，都很难获取。而且，至今我国也没有相应的法律或制度规范这方面的工作。因此，通过和有关政府部门沟通协调，搜集政府部门提供的各类基础数据（如普查资料、户口资料等）是提高舆情调查样本质量的必要途径。

再者，以电话号码作为抽样框其特点是产生较高的空号、无人接听、拒访、调查对象不符合要求等情况，所以，在进行舆情研究时，要通过寻找代替样本和加权等其他方法来减少抽样误差。

---

① 参见鄂璠：《从“民意不可违”到“公开征集民意”——决策者与民意调查》，《小康》2011 年第 7 期。

② 资料来源：《合肥市 2013 年国民经济和社会发展统计公报》。

2. 明确舆情调查的选题思路

随着中国市场经济体制的建立和进一步完善，不同行业、不同层次人群的利益需求和政策需求日趋多元化，公众舆论表达与政府决策的关系越来越密切。开展舆情调查对于促进政府部门的科学决策、民主决策、依法决策将起到积极作用，这就需要按照“公众关心、政府关注”的选题思路，围绕构建和谐社会的主要目标，致力于客观、准确、及时地反映公众舆论。

从已经完成的11个舆情调查的选题可以看出，大多是选取当时的舆情热点问题随机展开调查，选题带有很大的随意性，缺乏合理的选题设计，这导致舆情的调查选题缺乏连贯性，对舆情的分析也就只能就事论事，难以对舆情发展的趋势做出客观的归纳，更不用说舆情预警机制的建立。

舆情调查的选题应当包括这样两大类类，一是研究民众对经济社会发展的感受与评价。舆情研究中心11项调查中关于“合肥市民‘幸福感’及‘生活现状’的舆情调查”、“关于合肥市民如何度过国庆假期的舆情调查”等，相关的调查结果发布后，合肥市各大新闻传媒均以较大篇幅刊播，包括人民网等主要的新闻网站也纷纷转载，并且还得到了主管领导的肯定，认为调查结果真实，反映了合肥城市发展特点。因此，通过舆情调查及时了解市民对所居住地区经济社会发展状况的评价与感受，可以为有关部门改善和提高社会发展水平、找准方向构建和谐社会提供及时的信息资料。

二是研究民众对民生热点问题的评价与感受。涉及民众切身利益的问题，如就业、医疗、教育、环境保护、社会治安、干部工作作风建设等始终是舆情调查的重要内容。诸如“毒胶囊”“医患关系”“雾霾天气”等一系列事件引发了民众的舆论热潮，也得到政府部门高度重视的问题，促使其不断加大民生投入力度，通过解决民生问题，促进舆论的转向。因此，在社会利益格局不断调整，民众思想观念发生深刻变化的今天，通过舆情调查就民众对民生热点问题的看法与需求定期进行追踪调查和研究，可以为政府和有关部门有效解决问题，维护社会稳定提供具有价值的参考资料。

3. 注重调查问卷的设计

科学的问卷设计和合理的样本抽选一样是保证调查结果科学性的基础和前提条件。在设计CATI的调查内容和问卷时，应该换位思考，考虑被访者的兴趣与关注点，问被访者愿意回答的问题，或者说，用被访者乐意听到的词汇和句法问问题。在全部11项舆情调查中，“毒胶囊”事件意见态度调查的舆情调查主题关注度最高，达到76.26%，而关于安徽精神、形象态度调查的舆情调查主题关注度最低，只有13.5%。这说明只有当调查内容与被访者利益相关性较大，且被访者认为自己的意见有价值时，他们才乐于表达。因此在调查主题和内容的设计上既要兼顾到舆情研究的科学性也要设法调动被访者对调查内容的兴趣。

用于 CATI 的调查问卷必须遵循简明性原则。用词上要简明扼要，尽可能用一句话说明问题，并不出现歧义。整个问卷的时长也尽量控制在 15 分钟以内以提高访问的成功率。在此基础上，还应通过对已有的国内外成熟的舆情调查问卷的对比分析，以使舆情调查问卷题项反映的问题更贴近于调查地区的真实情况，从而最大限度地发挥舆情调查的作用。

在调查过程中，要注意比较调查问题的不同陈述方式，由于调查问题的陈述方式不同，同一时间进行的两种舆情调查可能产生完全不同的结果。《纽约时报》就同一问题进行的两次调查仅仅由于陈述问题差异却又不同结果。问题一：是否支持宪法修正案“禁止堕胎”？支持者 29%，反对者 67%。由此，多数美国人承认堕胎的自由。问题二：是否支持宪法修正案“保护胎儿生命”？则拥护者为 60%，反对者降至 39%。由此，半数以上的美国人却反对堕胎了[①]。

4. 调查过程的控制要严格规范

舆情调查多数是测量人们的态度、看法、意见，等等，这种意向水平和愿望水平本身是一种主观感受，关于这种主观感受的测量，很容易受调查实施过程各种外在和心理因素的干扰，包括受访问员态度和诱导的影响。安徽大学舆情调查中心作为独立于政府的研究性调查机构，具有较高的可信度，且开展的调查也多为学术研究性质，故拒访率相对商业性的调查较低，较少出现听完介绍直接挂断的情形。但以大学生为主的访员本身对国家政治时事、对社会热点问题极为关注，往往有他们自己的独立的思想和价值判断，在调查实施过程中很可能构成对受访人的某种诱导或倾向性的影响。因此，在访问员培训中突出强调这一“中立”态度的重要性是十分必要的。

调查对象的个体差异也增加了调查过程的难度。在舆情调查中，不同的被调查者之间价值观念、性格特征、心理偏好、知识结构以及闲暇时间安排上差异极大，这也必然对调查工作的实施提出了更高的要求。而大量的无应答、空号、错号，使完成一次调查所需的拨号次数巨大，这也耗费了调查访员大量的时间精力，容易产生懈怠的情绪。因此，挑选访员后，充分的培训十分重要，有助于提升整个调查的质量。

---

① 董海军、周强：《我国民意调查的机构类型、问题与发展建议》，《中国国情国力》2011 年第 7 期。

三、舆情调查中 CATI 方法运用的优势与劣势

1. 三种舆情调查方法的比较

CATI 调查作为舆情调查的一种途径，可以通过与其他舆情调查方式的比较来发现它的独特性。从调查对象接触的方式上，目前国内外舆情调查采取的比较多的调查方式主要是面对面访问、电话访问和在线网络调查三种方式。

面对面访问是指调查员将事先设计好的问卷当面向受访者进行访问，其优点第一是调查的人群范围最广、样本的代表性最高；第二是访问的内容可以设计较多，访问时间较为宽裕；第三是调查得到的数据和资料质量较好。其缺点也很明显，就是调查所需费用较高、时间相对较长。

而在线网络调查的优点首先是迅速，不仅单份调查的时间短而且项目的整体执行周期短；再者就是调查内容可有更多样的表现形式、更中立的回答。对于某些敏感性话题，受访者在没有访问员的情况下更容易回答真实的答案。在线网络调查缺点包括：（1）由于网络调查依赖于网站，所以在一些大城市进行网络调查是没有问题的。但是在一些偏远山区及小城市没有网络这个环境，就没有办法运行。（2）网民的年龄一般在 15 ~45 岁之间，其中年轻群体居多，所以相对适合于调查对象以年轻人为主的问卷项目。

电话调查，尤其是目前采用的 CATI 调查方式相比较面对面的访问，具有节省经费和时间的优点，但其缺点也很明显，主要是样本的代表性有质疑、调查内容有限、受访者缺少接受访问的诱因。因此，可以说，运用 CATI 技术的舆情调查更适合热点问题或突发性问题的快速调查、关于特定问题的消费者调查、针对特殊群体的调查等。

2. 现实社会舆情的 CATI 调查与网络舆情分析系统的比较

当下，通过网络来表达观点、传播思想，进而产生巨大的舆论压力，达到任何部门、机构都无法忽视的地步。相比较发展较早的 CATI 舆情调查技术，近几年才兴盛的网络舆情分析系统还处在不断发展和完善的阶段。国内已经有市场化的网络舆情分析系统产品，如方正智思舆情预警辅助决策支持系统、谷尼互联网舆情监控系统等。网络舆情分析系统一般包括热点、敏感话题识别、舆情主题跟踪、自动摘要、舆情趋势分析、突发事件分析和舆情报警等功能①。

现有的网络舆情分析系统在研究方法上还存在不少问题。第一，各种舆

① Goonie. Goonie 舆论情报专家［EB/OL］.［2012-12-10］. http：//www. goonie. cn/.

情软件在前段界面呈现的方式同质化程度较高，采集、检索和分析三大模块中基本都是采用基于统计和关键词的方法进行数据抓取，并且大多只是抓取重点网络站点，数据量有限，舆情分析也仅仅是“对网民表达的话语表层分析，缺乏对话语表达背后的社会关系呈现、社会心理描绘、社会诉求预测等多方面、多向度的研究”①。

第二，当下的各类网络舆情调查系统在实时的数据挖掘技术还不发达，缺乏网上舆情量化指标体系，这导致基于的网上舆情应急处置和引导系统不完善，不能在出现网上舆情的第一时间做出判断并形成应急处置方案。

第三，从社会统计学的视角看，网络舆情并不能代表社会舆情。

网络舆情调查涉及的民众样本和CATI调查样本还是存在较大的差异。比如，网民不等于社会大众群体，因为截至2013年12月，中国网民规模达6.18亿，这意味着还有54.2%的民众为非网民②，他们的意见不能通过网络的渠道充分表达。且基于“沉默的螺旋”理论，网络上的“大众意见”可能只是舆论领袖的声音，不能代表全体网民。

网络舆论挖掘是否可以替代传统基于随机抽样的小数据调查？有学者认为就意见表达的独立自主性而言，相对于其他管制严密的表达渠道（如传统媒体、政府机构），网络是中国现阶段唯一一个相对比较真实、比较开放的表达空间，因此它更能够反映老百姓真实的声音。

从安徽大学舆情调查中心运用CATI舆情调查和网络舆情分析系统对同一舆情主题的调查对比研究可以看出，线上舆情与线下舆情还是存在差异。例如2012年2月在举行有关“合肥少女毁容事件”的本地舆情调查同时也进行了网络舆情调查。电话调查显示合肥市民认为这起舆论事件背后所反映的社会问题主要集中在“家庭教育”（35.61%）和“青少年心理健康”（34.83%）两个方面，选择“‘官二代’问题”的只占12.59%，而网络中媒体新闻报道（819篇）中显眼的“官二代”标签，使得此事件从涉法个案演变为民众与“官二代”的抗争，引发舆情高潮。这反映出网络舆情一个明显的特征就是情绪化。当网民在网络空间发言时，其所表达的内容与方式完全可能与线下接受问卷调查时不同。网民个人在现实生活中的境遇，对社会问题的片面认识等，都有可能导致他们追求更为偏激的表达，并表现出感性化和情绪化的倾向。这种群体心理特征具有极强的感染性，容易导致非理性舆论的产生。

---

① 喻国明主编：《中国社会舆情年度报告》（2013），人民日报出版社2013年6月，第3页。

② 中国互联网络信息中心（CNNIC）：《第33次中国互联网络发展状况统计报告》，www.cnnic.net.cn/hlwfzyj/2013-12-31。

有鉴于此，线上网络舆情调查和线下现实社会舆情调查的关系研究有待进一步推进，这也是安徽大学舆情调查中心的新的研究方向之一，通过实证方式检验社会化媒体平台（如搜索引擎指数、微博意见）与线下 CATI 问卷调查所呈现的舆情分布的异同，梳理两种舆情的交互引导和激发机制，使舆情发展过程清晰可辨。我们相信，通过这样扎根本土经验的研究路径，一定可以在未来产生更多有价值、有意义的实践成果，推动舆情调查技术和理论的新发展。

参考文献：

1. 喻国明主编：《中国社会舆情年度报告》（2013），人民日报出版社 2013 年版。

2. 张春华著：《网络舆情社会学的阐释》，社会科学文献出版社 2012 年版。

3. 刘建明：《当代舆论学》，陕西人民教育出版社 1990 年版。

4. 陈力丹：《舆论学——舆论导向研究》，中国广播电视出版社 1999 年版。

5. 周葆华：《突发事件中的舆论生态及其影响：新媒体事件的视角》，《中国地质大学学报》（社会科学版）2010 年第 3 期。

合肥市民对2012年安徽省两会关注情况的舆情调查

研究中心课题组*

2012年2月15日安徽省两会圆满结束，为第一时间了解合肥市民对安徽省两会的关注情况以及市民最为关心的两会议题，安徽大学舆情与区域形象研究中心于2月16日晚7：10—9：10、2月17日上午10：10—12：10和下午1：20—4：20，进行了“合肥市民对2012年安徽省两会的关注情况的舆情调查”。我们希望通过调查，呈现出安徽省两会期间的舆情，为政府的工作提供及时有效的决策参考。

本次调查采用随机抽样方法，运用国际先进的CATI（计算机辅助电话访问）调查设备，安徽大学新闻传播学院的23位访问员成功访问了500位年龄在15周岁以上的合肥市居民，覆盖了全市7个行政区域。

本次调查的被访者涵盖不同性别、年龄、教育和职业的市民，具有广泛的代表性。其中性别方面，男性占42.6%，女性占57.4%；年龄方面，15～19周岁的被访者占3.2%，20～39周岁的占49.8%，40～59周岁的占31.4%，60周岁及以上的占14.2%，1.4%的受访者不愿透露年龄；学历方面，高中（中专）及以下文化程度的被访者占44%，大专学历的占26.6%，本科及以上的占29.4%；职业方面，公务员占2%，事业单位工作者占10%，企业工作者占34.8%，个体户占10.4%，学生占5%，其他占37.8%。

一、合肥市民对安徽省两会的关注度和获知信息的媒体渠道

调查结果显示，合肥市民对于安徽省两会的总体关注度不高，当被问及“您对安徽省两会的关注程度如何?”时，表示“非常关注”或“比较关注”的受访者占17.8%，表示“一般”的受访者占25.2%，表示“不太关注”和“完全不关注”的受访者占57%。（见图一）

我们对关注度和受访者的个体特征进行了相关分析。分析结果表明，关

* 课题组成员：姜红、黄伟迪、汤菁、熊裕娟

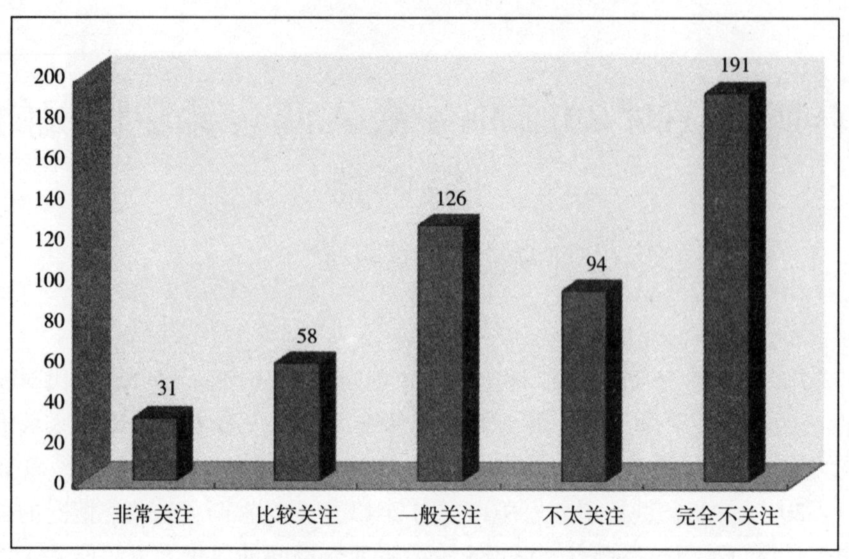

图一　合肥市民对安徽省两会的总体关注度

注度和受访者的受教育程度以及职业显著相关，而和年龄无显著相关。在受教育程度方面，总体上受教育程度越高的合肥市民对于安徽省两会的关注度越高；在职业方面，公务员和事业单位工作人员对于安徽省两会的关注度较高，企业职工次之。

在获取安徽省两会信息的媒体渠道方面，电视占 40.25%、报纸占 31.03%、网络占 18.87%、手机占 5.24%、广播占 4.61%。(见图二)

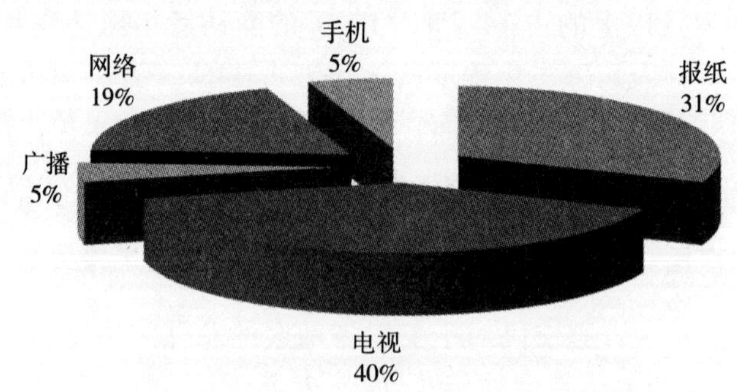

图二　合肥市民关注安徽省两会的媒体渠道

由此看出，合肥市民获取安徽省两会信息最主要的媒体渠道是电视媒体，报纸次之，以网络和手机为代表的新媒体没有成为市民获取两会信息的主要渠道。

二、合肥市民最关注的两会议题

在调查合肥市民最关注的安徽省两会议题中，我们将议题分为民生、经济、政治三个方面。

在民生议题的关注度方面，食品安全占 30.10%、医疗改革占 29.77%、教育公平占 15.86%、交通出行占 11%、其他占 13.27%。（见图三）

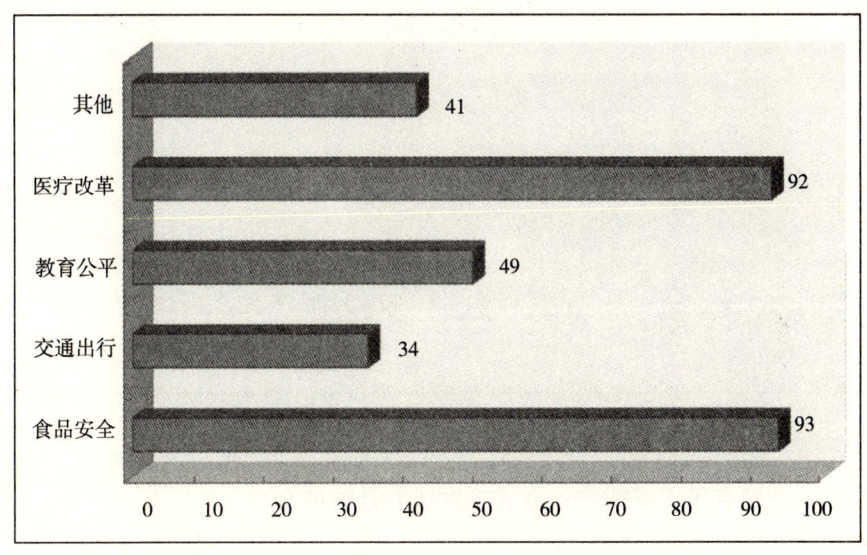

图三 合肥市民最关注的两会民生议题

在经济议题的关注度方面，物价占 38.19%、房价占 28.48%、收入分配占 20.71%、个人所得税占 5.50%、其他占 7.12%。（见图四）

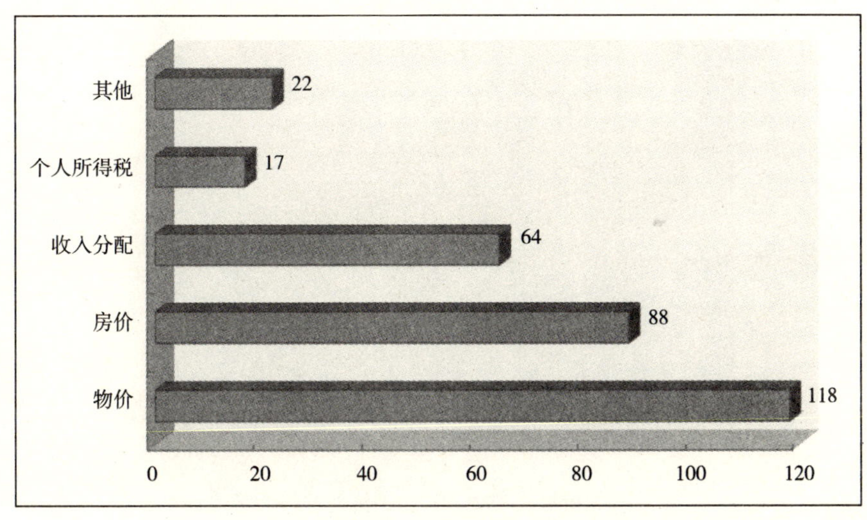

图四 合肥市民最关注的两会经济议题

在政治议题关注度方面，反腐倡廉占35.93%、司法公正占23.95%、民主监督占11%、户籍改革占11%、其他占18.12%。（见图五）

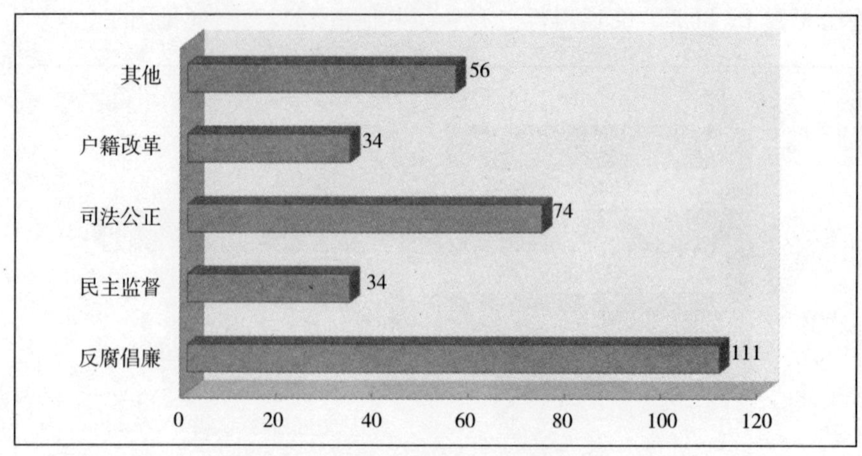

图五　合肥市民最关注的两会政治议题

三、合肥市民对安徽省社会经济发展前景的信心

在安徽省两会召开的背景下，我们设计了一道关于合肥市民对安徽省社会经济发展前景信心的问题，调查结果显示，非常有信心的占28.20%，比较有信心的占45.60%，一般占20.60%，不太有信心的占3.20%，完全没信心的占2.40%。（见图六）

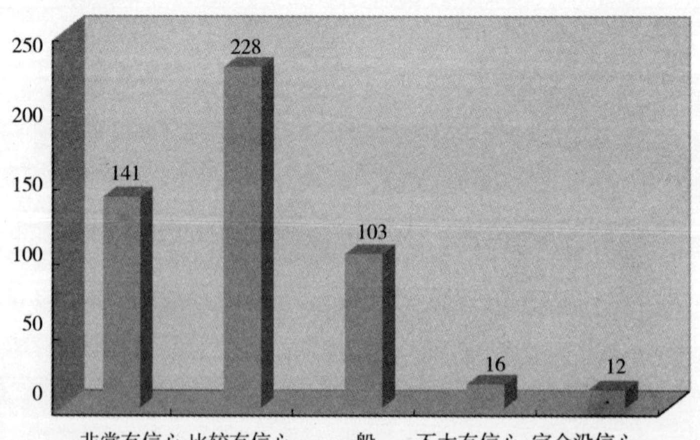

图六　合肥市民对安徽省社会经济发展的前景信心

这说明，大多数合肥市民（73.80%）对于安徽省社会经济发展的前景持

乐观态度，对于政府的执政较为认同。

四、合肥市民的期望

在调查问卷中，我们设置了一道开放题："在新的一年里，您最关心什么民生话题？最期待政府在什么问题上有所改善？"通过对500份问卷的统计，大致可以分为以下几个方面：

1. 住房问题：希望政府能够对房价进行调控，并进一步改善廉租房政策；
2. 物价调控：物价增长速度过快，希望政府予以调控，能够增加居民收入；
3. 社会保障：希望通过推进医疗体制改革，改善老百姓的医疗服务条件；
4. 交通出行：希望改善公共交通环境，问题集中在城市交通拥挤，公交数量满足不了需求，打车困难，道路维修时间太长影响出行等；
5. 教育问题：主要集中在教育公平，幼儿教育收费过高等方面；
6. 食品安全：希望政府加大食品安全的监管力度；
7. 反腐倡廉：希望政府加大对官员贪污和生活作风问题的整治力度；
8. 社会治安：希望政府加强社区治安管理，建设平安合肥。

五、分析研判

1. 通过调研发现合肥市民对于安徽省两会的总体关注度并不是很高，提请相关部门重视，加大媒体对两会的宣传和报道。

2. 合肥市民获取两会信息的媒体渠道主要集中在电视和报纸两大传统媒体，以网络和手机为代表的新媒体并不是合肥市民获取两会信息的主要途径，说明传统媒体在两会这样的严肃时政类新闻报道中占有优势。

3. 在安徽省两会议题中，合肥市民对于食品安全、医疗改革、物价、房价、反腐倡廉、司法公正等议题的关注度较高，说明这些议题与老百姓最直接、最真实的生活息息相关，反映出百姓对特定社会问题的关注和焦虑。一方面，这与近年来在食品安全、医疗、物价、房价等方面频繁出现的社会问题有着密切的关系，另一方面，反腐倡廉、司法公正反映出老百姓对于提升政府廉洁度和公信力的期许。以奶粉、地沟油等为代表的食品安全问题越来越多地出现在老百姓的生活里，医疗纠纷背后反映出现行医疗体制不能满足老百姓对医疗服务的需求，物价与房价直接影响着老百姓的生活质量，飞涨的房价一直是人们关心的话题，尽管经历了一年多的"史上最严房地产调控"，一些城市的房价开始出现下跌，合肥市民对于安徽房价的关注仍持续升温。

4. 合肥市民对于安徽省社会经济发展的前景持乐观态度，这说明，近年来安徽经济社会建设取得了良好成效，政府的执政能力获得市民的认可与信任。

合肥市民关于“毒胶囊”事件意见态度调查

研究中心课题组*

【内容摘要】

2012年4月15日央视《每周质量报告》曝光河北一些企业制作工业明胶，卖给浙江新昌县药用胶囊生产企业，最终流向药品企业，从而迅速引发药品安全问题，成为公众关注的舆论热点。安徽大学舆情与区域形象研究中心于4月24日下午17：00—20：00，进行了“合肥市民关于‘毒胶囊’事件的意见态度调查”。调查采用随机抽样方法，运用国际先进的CATI（计算机辅助电话访问）调查设备，成功访问了514位合肥市居民，覆盖了全市7个行政区域。

现将本次调查的主要发现摘要如下，以供有关部门领导决策参考：

1. 通过调研发现，合肥市民对于“毒胶囊”事件的总体关注度较高，他们了解该事件的媒体渠道主要集中在电视和网络两大媒体，报纸次之。

2. 就“毒胶囊”事件而言，86%的受访市民对于涉案企业的处理方式并不满意，72%的受访市民表示不会继续服用涉案企业生产的药品，同时受访市民对药品安全的态度并不乐观，平均信心指数为1.92分（5分为满分，代表对药品安全依然非常有信心，0分代表完全没有信心），如何快速有效地解决此类问题，重塑市民对食品以及药品安全的信心显得尤为重要。

3. 分别有45.15%和31.12%的受访市民认为国家药监局和药品生产企业最应该负责；而受访市民认为药品安全问题频发的原因主要集中在政府监管不力，其次是生产者盲目追求利润；同时，超过一半的受访市民认为只有政府加强监管和完善相关法律才能杜绝此类事件的发生。

4. “毒胶囊”事件发生之后，政府采取了督促企业召回问题胶囊、问责相关官员、确认公安部立案调查等应对措施，但近一半的受访市民仍对政府的举措表示“不满意”，面对政府的应对措施依然存在不满情绪；同时，

* 课题组成员：姜红、黄伟迪、汤菁、胡焱、陈明惠

14.29%的受访者表示不知道政府在“毒胶囊”事件后采取了哪些措施，提请相关部门重视，加大媒体的宣传和报道。

2012年4月15日央视《每周质量报告》曝光河北一些企业制作工业明胶，卖给浙江新昌县药用胶囊生产企业，最终流向药品企业，从而迅速引发药品安全问题，成为公众关注的舆论热点。为第一时间了解合肥市民对该事件的关注情况以及市民对于药品安全问题的意见态度，安徽大学舆情与区域形象研究中心于4月24日下午17：00—20：00，进行了“合肥市民关于‘毒胶囊’事件的意见态度调查”。

本次调查采用随机抽样方法，运用国际先进的CATI（计算机辅助电话访问）调查设备，安徽大学新闻传播学院的48位访员成功访问了514位合肥市居民，覆盖了全市7个行政区域。

本次调查的被访者涵盖不同性别、年龄、教育和职业的市民，具有广泛的代表性。其中性别方面，男性占49.67%，女性占50.33%；年龄方面，18周岁以下的被访者占3.89%，19～29周岁的占23.54%，30～39周岁的占25.10%，40～49周岁的占20.23%，50～59周岁的占8.75%，60周岁以上的占18.49%；学历方面，初中及以下的占21.01%，高中（中专）的被访者占25.49%，大专学历的占21.40%，本科的占22.57%，硕士及以上的占4.86%，选择保密的占4.67%；职业方面，学生占5.45%，公务员占1.56%，事业单位工作者占12.84%，企业工作者占27.82%，个体户占7.39%，无业占9.14%，离退休占17.51%，自由职业占9.92%，其他占4.09%，保密占4.28%。

一、合肥市民对“毒胶囊”事件的关注度和获知信息的媒体渠道

调查结果显示，合肥市民对于“毒胶囊”事件的总体关注度较高，在回答“您对这一事件的关注程度如何?”时，表示“非常关注”或“一般关注”的受访者占76.26%，表示“不关注”的受访者占23.74%。(见图一)

我们对关注度和受访者的个体特征进行了相关分析。分析结果表明，关注度和受访者的受教育程度以及年龄显著相关，而和职业无显著相关。在受教育程度方面，总体上受教育程度越高的合肥市民对于“毒胶囊”事件的关注度越高；在年龄方面，总体上年龄越大的合肥市民对于“毒胶囊”事件的关注度越高。

在获取“毒胶囊”事件的媒体渠道方面，电视占33%，网络占32%，报纸占24%，广播占4%，手机占3%，他人告知占4%。(见图二)

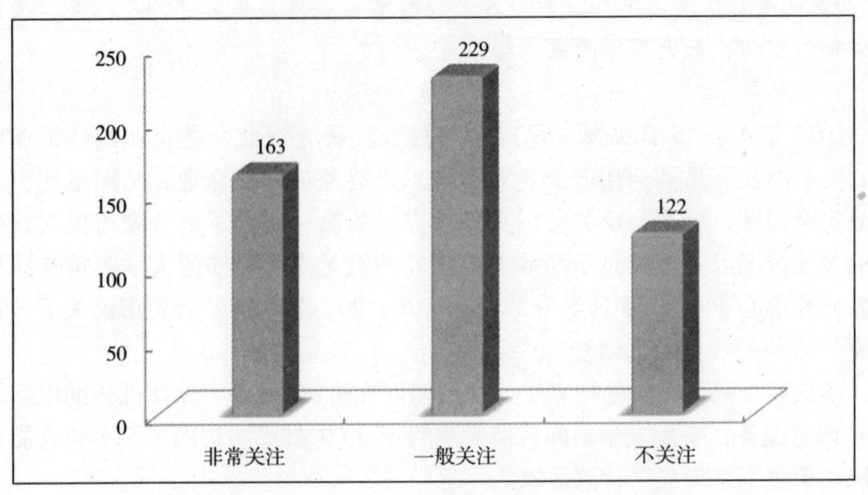

图一　合肥市民对“毒胶囊”的总体关注度

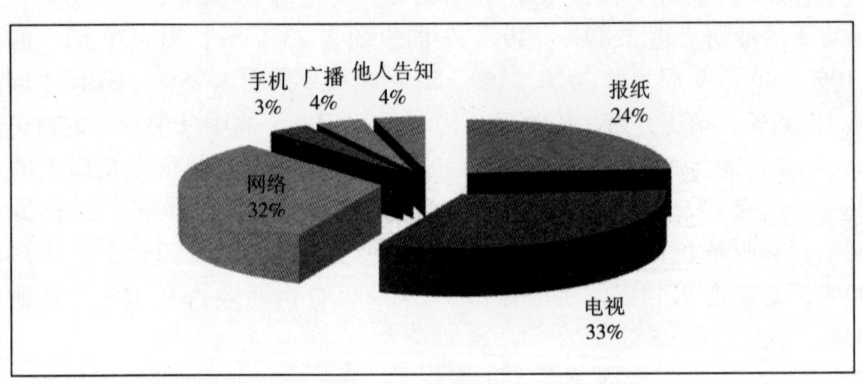

图二　合肥市民关注“毒胶囊”的媒体渠道

二、合肥市民对药品企业的态度

在“毒胶囊”事件发生后，为了了解合肥市民对于涉案药品企业的态度，我们设置了两道问题包括对涉案企业处理方式的满意度和今后是否还会服用涉案企业生产的药品。

对于涉案企业的处理方式，在受访的合肥市民中表示“不满意”的占86%，表示“非常满意”和“一般”的分别占1%和7%，有23名（6%）受访者不清楚企业的举措。（见图三）

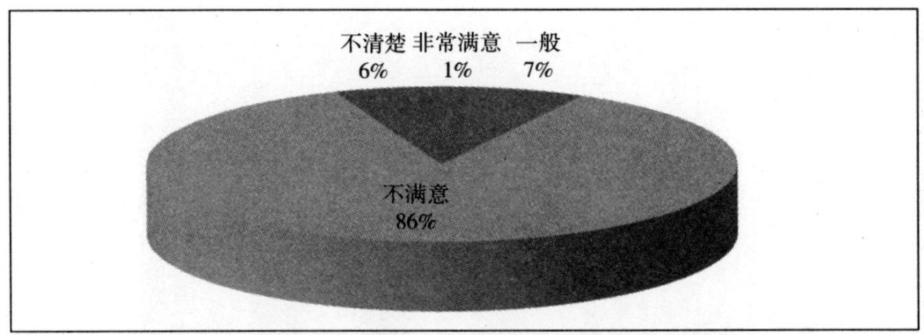

图三　合肥市民对企业处理问题的方式的满意度

对于今后是否还会服用涉案企业生产的药品，72%的受访者表示不会再服用涉案企业生产的药品，12%的受访者表示依然会考虑服用涉案企业生产的药品，16%的受访者选择“不清楚”。(见图四)

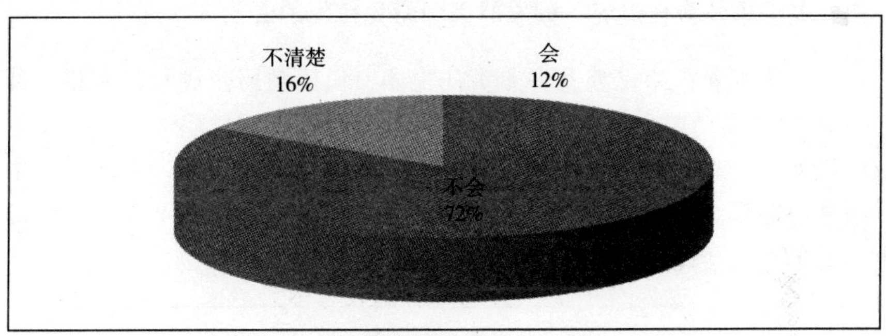

图四　合肥市民对涉案企业生产药品的态度

通过调查发现，大部分市民对于涉案企业处理方式并不满意，并且不会继续服用涉案企业生产的药品。

三、市民对药品安全的信心指数

药品安全关乎民生，那么此次“毒胶囊”事件发生后，市民对药品安全的信心如何呢？在这道题的设计中，我们请受访市民给自己的信心打个分，5分为满分，代表对药品安全依然非常有信心，0分代表完全没有信心。

其中，有27.04%的受访者打了0分，表示很难有信心；3.83%的受访者打5分，表示相信政府会采取有效措施，事情会有好转。另外，打4分的受访市民占9.18%，打3分和2分的，分别为26.53%、23.47%，打1分的比重为9.95%。受访市民对药品安全信心的平均信心指数为1.92分。(见图五)

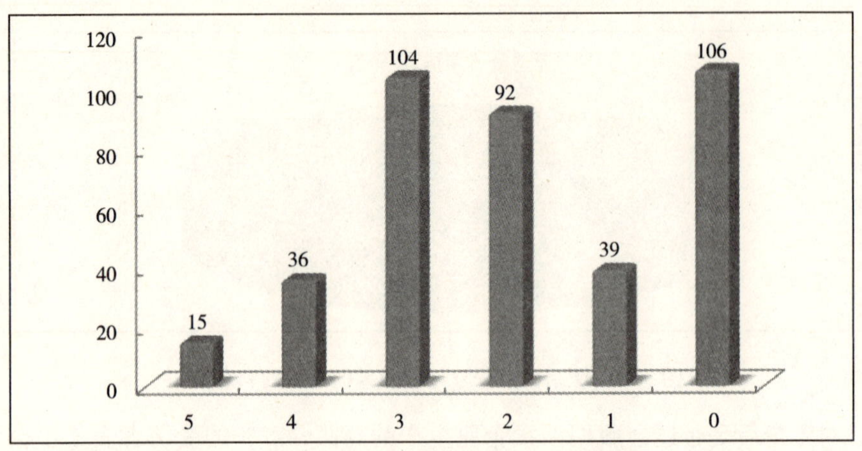

图五　合肥市民对药品安全的信心指数

四、关于事件责任追究、频发原因和避免措施的看法

此次“毒胶囊”事件涉及多方责任主体，包括制药企业和政府相关部门等。45.15%的受访民众认为国家药监局最应该负责，31.12%认为药品生产企业应该承担主要责任，而认为其他责任主体最应该负责的，如地方卫生部门、国家卫生部，比重分别占到6.63%、6.38%，另外表示不清楚的受访者比重为3.57%。（见图六）

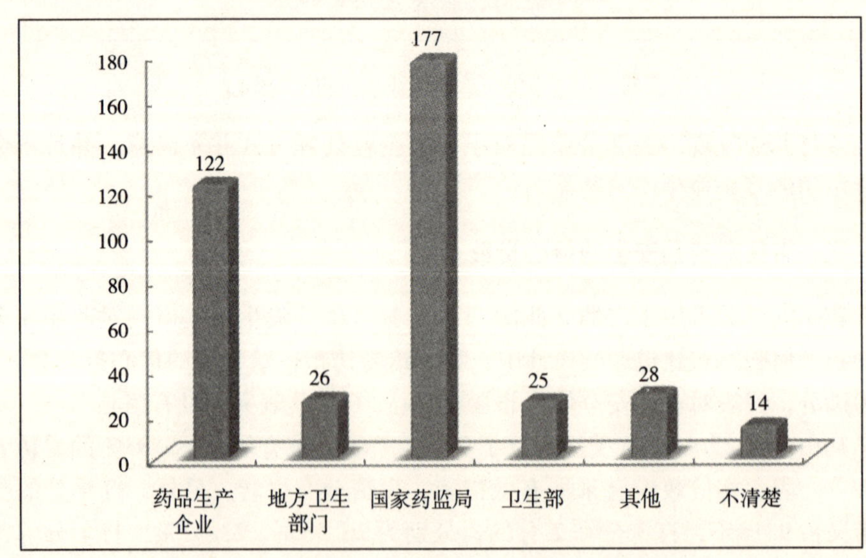

图六　合肥市民认为最应该为此事负责的单位

近年来，从食品安全问题到药品安全问题，发生了多起事件，牵动国人心弦。关于此类事件频发的原因是多方面的，我们设计了一道多选题。调查显示，在所有的选项结果中，“政府部门监管不力”这一原因占31.11%，“生产者盲目追求利润”占25.02%，“相关法制不健全”占21.49%，认为这类事件中存在部分官员腐败或不作为的原因占比重为20.51%。另外，有些受访者给出了其他的原因，比如明星盲目代言及媒体广告对公众消费的误导，国民素质低下，公民维权意识不强，日常关注不够以及社会风气不正等。（见图七）

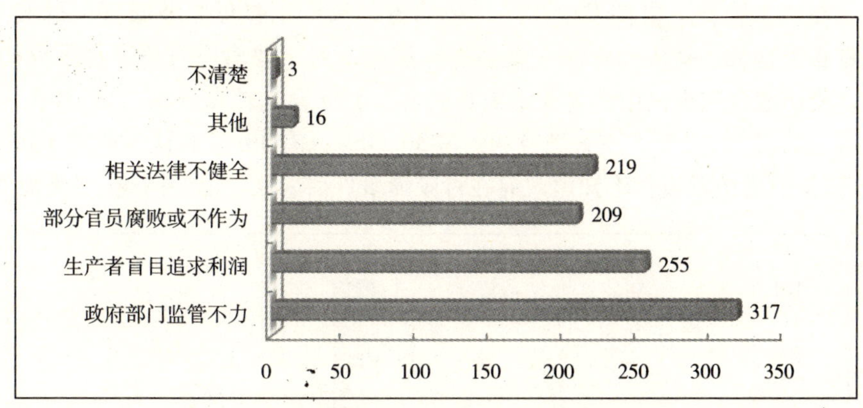

图七　合肥市民认为药品安全问题频发的原因

相应的，社会主义和谐社会要不断寻求发展，此类事件必须得到最大的避免，其中亦涉及社会方方面面的举措。在此，我们也设计了一道多选题，来收集市民对如何才能杜绝此类事件发生的建议。其中，认为政府应加强监管的比重为28%，完善相关法律法规的比重占24%，要求企业加强自律的比重占到18%。还有市民认为媒体需加强舆论监督，以及知情者应积极举报，比重分别是16%、14%。（见图八）

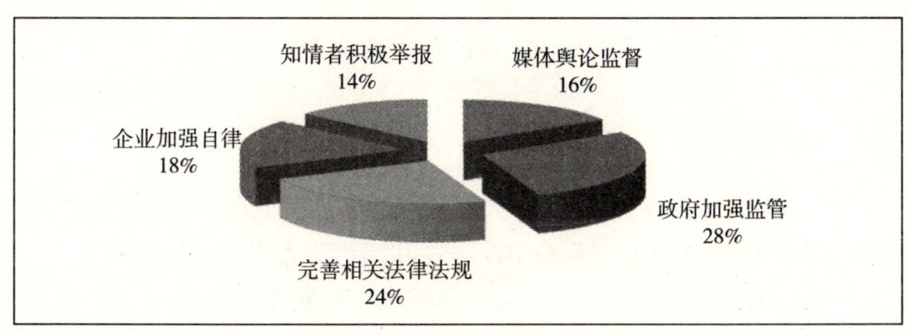

图八　合肥市民认为避免类似事件的有效的防范措施

综合这三个方面的调查结果来看，相比较于制药企业，受访市民更看重政府相关部门的作为和责任。就“毒胶囊”引发的药品安全问题而言，关系到国计民生，作为公共利益的维护者，政府自然成为舆论的焦点，同时反映了公众对政府的期望，期待政府能够通过监管有效预防以及杜绝此类事件的发生。

五、合肥市民对政府应对“毒胶囊”事件所采取措施的态度

在“毒胶囊”事件发生之后，政府方面采取了督促企业召回问题胶囊、问责相关官员、确认公安部立案调查等措施，对于政府应对该事件采取的措施，受访的合肥市民中认为非常满意的占2.55%，比较满意的占15.31%，一般满意的占18.62%，不太满意的约占30.10%，有19.13%认为非常不满意，14.29%的受访者表示不知道政府在毒胶囊事件后采取了哪些措施。（见图九）

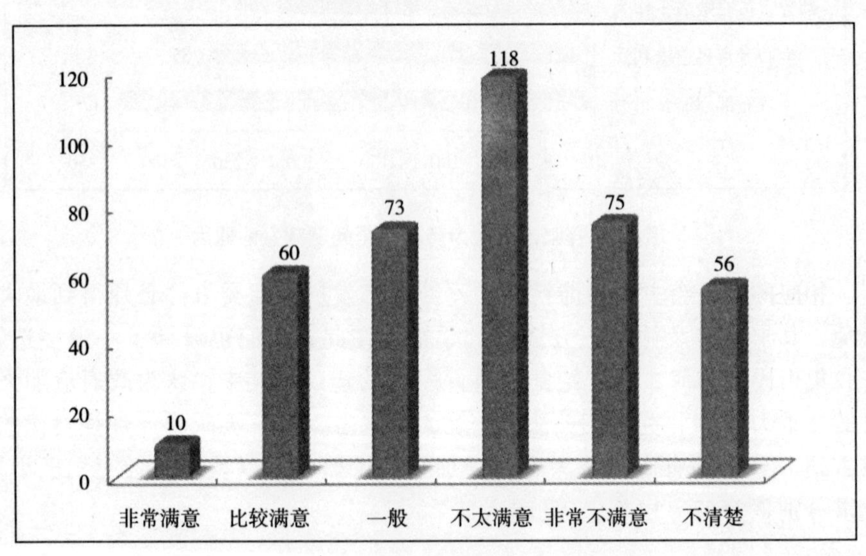

图九　合肥市民对政府应对事件的措施的态度

六、分析研判

1. 通过调研发现，合肥市民对于“毒胶囊”事件的总体关注度较高，他们了解该事件的媒体渠道主要集中在电视和网络两大媒体，报纸次之。

2. 就“毒胶囊”事件而言，86%的受访市民对于涉案企业的处理方式并不满意，72%的受访市民表示不会继续服用涉案企业生产的药品，同时受访市民对药品安全的态度并不乐观，平均信心指数为1.92分（5分为满分，代

表对药品安全依然非常有信心，0 分代表完全没有信心），这说明“毒胶囊”事件在公众看来已经不是一个个案，“毒胶囊”事件引发的药品安全问题成为公众关注的焦点，这与近年来发生的医药安全事件以及食品安全有一定的关系。因此，如何快速有效地解决此类问题，重塑市民对食品以及药品安全的信心显得尤为重要。

3. “毒胶囊”事件发生后，引发药品安全问题，舆论迅速升温。分别有 45. 15% 和 31. 12% 的受访市民认为国家药监局和药品生产企业最应该负责；受访市民认为药品安全问题频发的原因主要集中在政府监管不力，其次是生产者盲目追求利润；同时，超过一半的受访市民认为只有政府加强监管和完善相关法律才能杜绝此类事件的发生。对处在舆论中心的政府和制药企业，受访市民更看重政府相关部门的作为和责任。就“毒胶囊”引发的药品安全问题而言，关系到国计民生，作为公共利益的维护者，政府自然成为舆论的焦点，同时反映了公众对政府的期望，期待政府能够通过监管有效预防以及杜绝此类事件的发生。

4. “毒胶囊”事件发生之后，政府采取了督促企业召回问题胶囊、问责相关官员、确认公安部立案调查等应对措施，但近一半的受访市民仍对政府的举措表示“不满意”，主要有以下几方面原因：一方面，此类公共危机事件的屡发影响了政府在公众心中的形象，从而面对政府的应对措施依然存在不满情绪；另一方面，也体现出公众的质疑，很多受访市民认为预防措施更加重要。同时，14. 29% 的受访者表示不知道政府在“毒胶囊”事件后采取了哪些措施，提请相关部门重视，加大媒体的宣传和报道。

合肥市民关于安徽精神形象的态度调查

研究中心课题组*

【内容摘要】

2012年4月23日，《新安晚报》推出“我说安徽精神”专栏，从不同侧面深入挖掘安徽精神内涵，彰显安徽历史文化底蕴。“安徽精神”话题的开辟立刻引起了全省市民的关注，掀起了“安徽精神”大讨论的热潮。安徽大学舆情与区域形象研究中心于5月31日上午9：30—11：30和下午15：00—18：00两个时段，进行了“合肥市民关于安徽精神形象的态度调查”。调查采用随机抽样方法，运用国际先进的CATI（计算机辅助电话访问）调查设备，成功访问了567位合肥市居民，覆盖了全市7个行政区域。

现将本次调查的主要发现摘要如下，以供有关部门领导决策参考：

通过调研发现，合肥市民对“安徽精神大讨论”的关注度较低，仅占27.69%，同时发现，皖籍市民对安徽精神的关注度低于非皖籍市民。由此可见，政府对于安徽精神的宣传在深度、力度、广度上有待加强。合肥市民了解该事件的媒体渠道主要是通过电视，其次是网络和报纸。

本次调查，大部分市民认为“市民素质”是“影响安徽精神的基本要素”和“新时期培育安徽精神”的关键。市民对于安徽精神、形象建设的关注聚焦在市民个人的道德素质上，但又同时提出此方面有待加强。因此，培育新时期的安徽精神重点应落在市民素质。

调研发现，受访者对安徽精神的代表人物没有形成统一的认识。问卷中，选择包拯的比例最高，也只占到26.96%，总体上，市民更偏向于熟知的历史人物。

合肥市民认为最能体现安徽精神的是“黄山松精神”，其次是“徽商精神”，而徽文化是最能体现安徽精神的一种地域文化。黄山松精神经过长期的宣传，在市民中已经产生了一定的影响，徽商精神、徽文化有着深厚的历史积淀，可以为安徽精神的建构提供新的文化内涵。

* 课题组成员：刘勇、黄伟迪、汤菁、胡焱、汪礼亮、洪金梅、包育晓、王丹、周彤

在市民对安徽精神的定义中，“包容”“淳朴”“敢为人先”等出现频率最高的词汇，集中体现了合肥市民对于人文品质的认同。

2012年4月23日，《新安晚报》推出“我说安徽精神”专栏，从不同侧面深入挖掘安徽精神内涵，彰显安徽历史文化底蕴。“安徽精神”话题的开辟立刻引起了全省市民的关注，掀起了“安徽精神”大讨论的热潮。安徽大学舆情与区域形象研究中心于5月31日上午9：30—11：30和下午15：00—18：00两个时段，进行了“合肥市民关于安徽精神形象的态度调查”。

本次调查采用随机抽样方法，运用国际先进的CATI（计算机辅助电话访问）调查设备，成功访问了567位合肥市居民，覆盖了全市7个行政区域。

本次调查的被访者涵盖不同性别、年龄、受教育程度、职业和收入的市民，具有广泛的代表性。其中性别方面，男性占43.92%，女性占56.08%；年龄方面，18周岁以下的被访者占2.29%，19~29周岁的占38.98%，30~39周岁的占21.87%，40~49周岁的占19.40%，50~59周岁的占7.05%，60周岁以上的占7.58%，2.83%的人年龄选择保密；学历方面，初中及以下的占14.81%，高中（中专）的被访者占21.87%，大专学历的占25.4%，本科的占30.16%，硕士及以上的占4.94%，选择保密的占2.82%；职业方面，学生占6.35%，公务员占4.23%，事业单位工作者占10.58%，企业工作者占37.04%，个体户占11.11%，无业占8.47%，离退休占7.94%，自由职业占5.47%，其他占3.53%，保密占5.28%；月收入方面，2000及以下的占25.93%，2000~4000元的占37.39%，4000~6000元的占9.52%，6000及以上的占10.58%，保密的占16.58%；此外，被访者中84.13%是皖籍市民，15.87%是非皖籍市民。

一、合肥市民对安徽精神大讨论的关注度及获知信息的媒体渠道

调查结果显示，合肥市民对于“安徽精神大讨论”事件的总体关注度很低，在回答“您对这一事件的关注程度如何?”时，表示“非常关注”和“比较关注”的受访者占8.64%，表示“一般关注”的占4.41%，表示“不太关注”和“完全不关注”的受访者占86.95%。

我们对关注度和受访者的个体特征进行了相关分析。分析结果表明，关注度和受访者的年龄、收入、受教育程度以及职业显著相关，且呈正比例。皖籍市民对安徽精神的关注度占24.11%，非皖籍市民占46.67%，皖籍市民对安徽精神的关注度明显低于非皖籍市民。

在获知“安徽精神大讨论”事件的媒体渠道方面，电视26.47%，网络

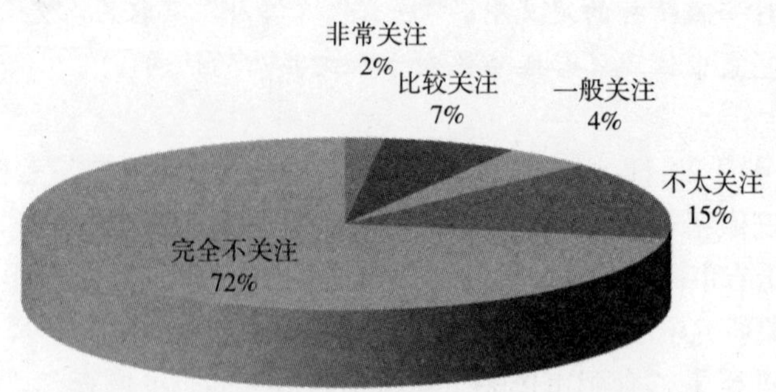

图一 “安徽精神大讨论”的市民关注度

占24.51%，报纸占21.08%，广播占2.45%，手机占11.27%，他人告知占14.22%。

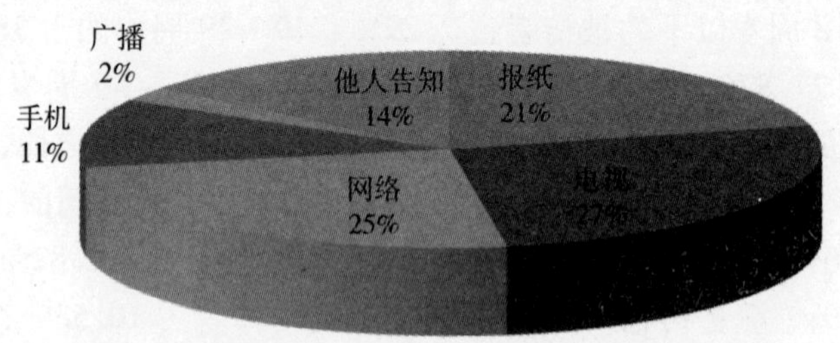

图二 市民了解到此事的媒体渠道

由此看出，合肥市民了解“安徽精神大讨论”事件的媒体渠道主要通过电视、网络以及报纸。

在此次调查的受访者中，皖籍市民了解“安徽精神大讨论”主要通过电视、网络和报纸；非皖籍市民对于“安徽精神大讨论”的关注则通过手机与电视，通过报纸了解的仅占8.51%。

二、合肥市民对安徽精神基本要素的看法

被问及“您认为影响安徽精神的基本要素有哪些?”时，24.75%的受访者认为“市民素质”是影响安徽精神的主要因素，“社会经济”占14.31%，“历史积淀”占12.04%，“城市风格”占11.96%，“民俗文化”的占11.28%，“风土民情”占10.60%，“自然地理”占8.25%，“不清楚”占5.98%，“其他”占0.83%。

对于新时期在哪些方面培育安徽精神，我们从思维观念、体制机制、创业环境、市民素质、生活环境等方面对市民进行了相关访问。选择“市民素

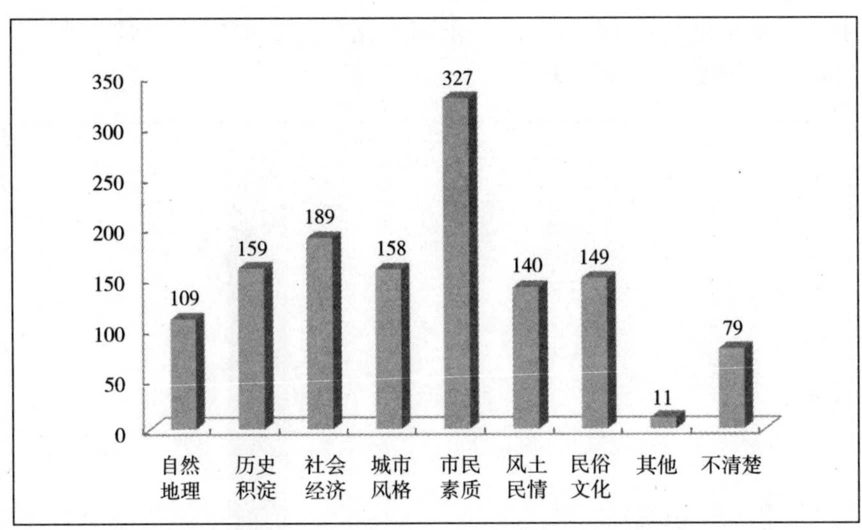

图三 市民认为影响安徽精神的基本要素（此题多选）

质提高”的受访者占27.91%，“优化创业环境”占18.73%，“改善生活环境”占17.2%，“思维观念革新”占15.14%，“体制机制灵活”占15.98%，“不清楚”和“其他”各占2.52%。在“其他”的选项中，多数市民表示社会经济、基础教育和政府执政能力有待加强。

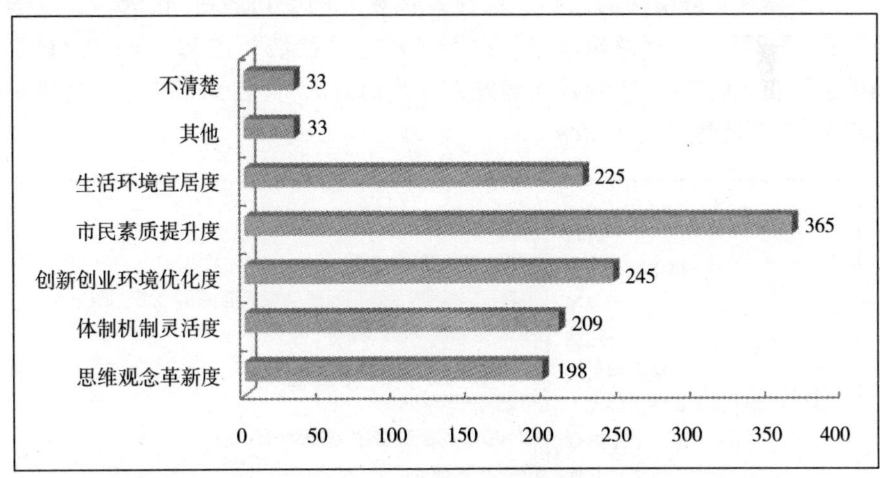

图四 市民认为新时期培育安徽精神还需要加强的方面（此题多选）

三、合肥市民认为最能体现安徽精神的地域文化与人物

安徽文化中，以淮河文化、皖江文化和徽文化三种区域文化最为显著。

其中，“徽文化”占69.31%，“淮河文化”占8.47%，“皖江文化”占7.59%，“不清楚”占10.93%。

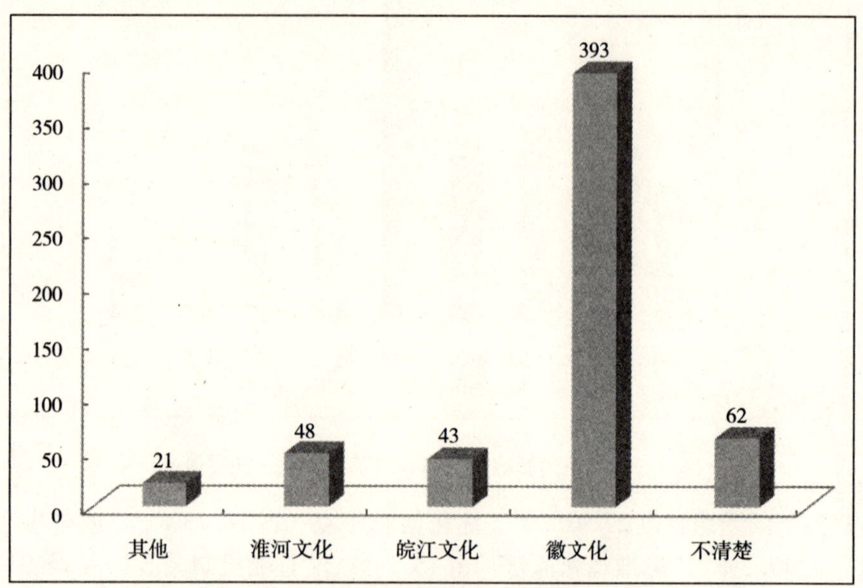

图五　市民认为最能突出安徽精神的地域文化

对于体现安徽精神的人物，选择“包拯”的受访者占26.96%，“李鸿章”占17.27%，“徽商胡雪岩”占13.67%，“沈浩”占12.56%，“科学家杨振宁”占10.99%，“当代安徽好人（磨店好人）”占6.93%，“其他”占6.37%，“不清楚”占5.26%。

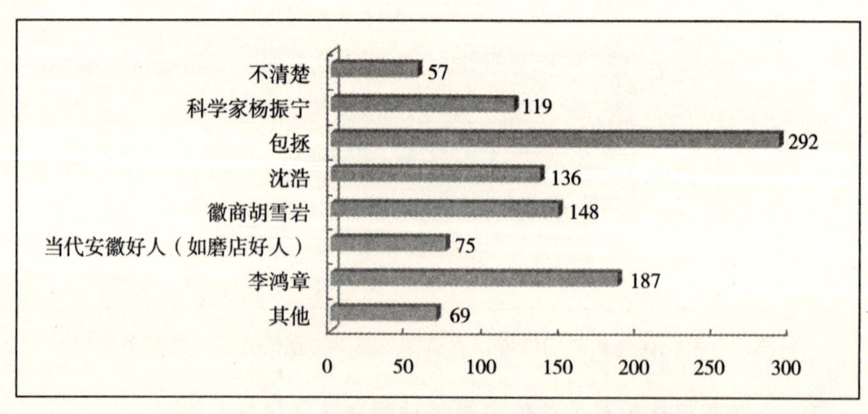

图六　市民认为最能体现安徽精神的人物（多选题）

调研发现，在选择体现安徽精神的人物时，市民偏向熟知的历史人物，对于近代或当代的人物较少选择；选择“包拯”（26.96%）、“李鸿章”（17.27%）以及“徽商胡雪岩”（13.67%）的比例也没有显著差别；在6.37%的“其他”中，市民自主提供的人物也较为多样化：刘铭传；以老子、桐城学派、胡适为代表的文学教育家；胡锦涛、李克强等国家领导人。由此可见，在市民心目中，并没有相对突出的人物能够集中凸显安徽精神。

四、合肥市民对安徽精神基本内涵的看法

被问及“您认为安徽精神中比较突出的是哪种精神?”时，选择“黄山松精神”的受访者占24.16%，“徽商精神”占21.13%，“大包干精神”占14.64%，“奉献精神”占14.12%，“企业精神”占13.08%，“王家坝精神”占5.13%，表示“不清楚”和“其他”的分别占6.69%和1.05%。

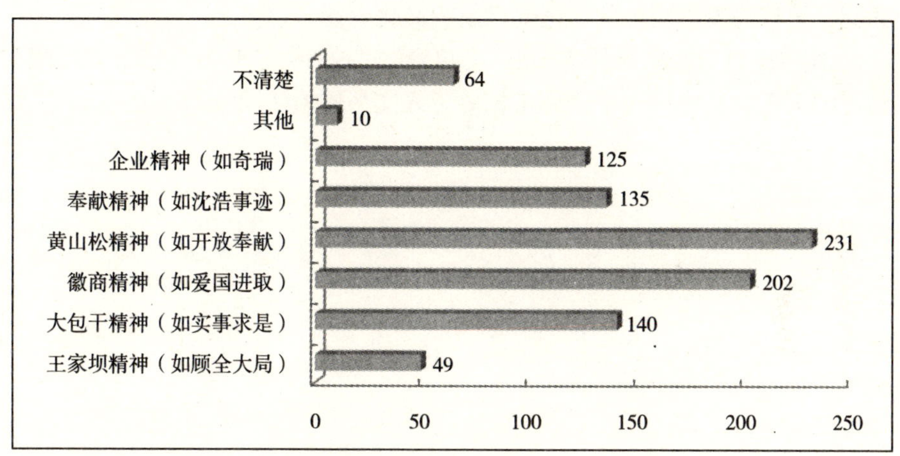

图七 市民认为比较突出的安徽精神（此题多选）

五、合肥市民对安徽精神的定义

在调查问卷中，我们设置了一道完全开放题：“如果让您来定义安徽精神，您会用哪些关键词来表示?”对567位合肥市民的有效访问中，66.84%的受访者提出自己的看法，33.16%的受访者表示“不清楚”。通过对问卷的统计，我们发现“包容”“淳朴”“敢为人先”等关键词出现的频率最高。

六、分析研判

1. 通过调研发现，合肥市民对“安徽精神大讨论”的关注度较低，仅占27.69%，同时发现，皖籍市民对安徽精神的关注度低于非皖籍市民。由此可

见，政府对于安徽精神的宣传在深度、力度、广度上有待加强。合肥市民了解该事件的媒体渠道主要是通过电视，其次是网络和报纸。

2. 本次调查，大部分市民认为“市民素质”是“影响安徽精神的基本要素”和“新时期培育安徽精神”的关键。市民对于安徽精神、形象建设的关注聚焦在市民个人的道德素质上，但又同时提出此方面有待加强。因此，培育新时期的安徽精神重点应落在市民素质。

3. 调研发现，受访者对安徽精神的代表人物没有形成统一的认识。问卷中，选择包拯的比例最高，也只占到26.96%，总体上，市民更偏向于熟知的历史人物。

4. 合肥市民认为最能体现安徽精神的是“黄山松精神”，其次是“徽商精神”，而徽文化是最能体现安徽精神的一种地域文化。黄山松精神经过长期的宣传，在市民中已经产生了一定的影响，徽商精神、徽文化有着深厚的历史积淀，可以为安徽精神的建构提供新的文化内涵。

5. 在市民对安徽精神的定义中，“包容”“淳朴”“敢为人先”等出现频率最高的词汇，集中体现了合肥市民对于人文品质的认同。

合肥市民对钓鱼岛事件国民行为的意见态度调查

研究中心课题组*

【内容摘要】

钓鱼岛是中日之间的历史遗留问题，自20世纪70年代以来，中日两国因为钓鱼岛问题纷争不断。2012年8月以来，钓鱼岛事件的不断升级，国内的舆论反应也日益强烈。同时，全国多个城市发生了抗议示威的游行活动，并且不断有打砸抢烧暴力行为的发生，在钓鱼岛事件中，国民的抗议行为也逐渐成为舆论热点。

安徽大学舆情与区域形象研究中心于9月21日晚上5：30—9：00，进行了“合肥市民对钓鱼岛事件国民行为的意见态度调查”。我们希望通过调查，能够了解合肥市民对此事的意见和态度，实现民意上达。

本次调查采用随机抽样方法，运用国际先进的CATI（计算机辅助电话访问）调查设备，安徽大学新闻传播学院的43位访问员成功访问了572位合肥市居民，覆盖了全市7个行政区域。

现将本次调查的主要发现摘要如下，以供有关部门领导决策参考：

1. 合肥市民对“钓鱼岛”事件的知悉度很高，且多数受访者表示对该事件一直保持关注，他们了解该事件的媒体渠道主要集中在电视和网络。

2. 关于钓鱼岛事件中我国国民的不理性行为，多数合肥市民持反对态度，并且认为此类暴力事件的发生是由于“社会情绪不稳定”“部分国民素质偏低”等社会原因。更多的市民表示，在自己遇到此类情况时，会采取更加理性的行为。

3. 在谈到以后会采取哪些方式表达自己的情绪时，44.85%的市民选择“抵制日货”，选择“在网络上发表意见”的其次，而选择“参加游行示威”的最少。

* 课题组成员：姜红、黄伟迪、周彤、陈明惠、胡焱、王丹、王佳、张蕊

4. 在谈到该如何解决钓鱼岛争端时，有超过半数的合肥市民认为应积极同日方协商解决，还有部分市民表示“应先协商，协商不成再武力解决”“优先和平解决，但决不放弃武力”。

5. 合肥市民对政府的应对处理基本满意，在5分制的评分中，打4分和打5分的市民分别占26.27%和25.14%，平均分为3.6分。

本次调查的被访者涵盖不同性别、年龄、受教育程度、职业和收入的市民，具有广泛的代表性。其中性别方面，男性占50.52%，女性占49.48%；年龄方面，18周岁以下的被访者占5.07%，19～29周岁的占24.65%，30～39周岁的占24.48%，40～49周岁的占15.21%，50～59周岁的占10.13%，60周岁以上的占16.96%，3.50%的人年龄选择保密；学历方面，初中及以下的占26.75%，高中（中专）的被访者占23.43%，大专学历的占20.63%，本科的占20.80%，硕士及以上的占3.15%，选择保密的占5.24%；职业方面，学生占7.52%，公务员占2.45%，事业单位工作者占8.39%，企业工作者占26.05%，个体户占9.62%，无业占5.24%，离退休占15.21%，自由职业占7.87%，其他占10.49%，保密占7.16%；月收入方面，2000元及以下的占29.55%，2000～4000元的占26.57%，4000～6000元的占9.44%，6000及以上的占5.77%，保密的占28.67%。

一、合肥市民对钓鱼岛事件的知悉度以及获知信息的媒体渠道

根据本次调查数据显示，有533位合肥市民知道“钓鱼岛事件”，占93.18%。只有39位受访者“不知道”此事件，仅占总受访者人数的6.82%，且不知道此事件的这些人年龄在60岁以上的占38.46%。而且“您知道最近发生的钓鱼岛事件吗”存在统计学意义上的显著差异。趋势是初中以下“不知道”的比例最大，“知识沟”或“信息沟”现象非常明显。

在回答“您对钓鱼岛事件关注了多长时间?”时，在知道钓鱼岛事件的市民中，选择“一直关注”的占67.92%，选择“最近关注”的占18.20%，“偶尔关注”的受访者占到13.88%。可以看出，大部分合肥市民不仅知道钓鱼岛事件，而且关注度也很高（见图1）。18岁以下回答“一直关注”的受访者占同组比例最小，而回答“一直关注”比例最高的组为“30～39”岁组。

在获取钓鱼岛事件相关信息的媒体渠道方面，电视占34.14%，网络占29.14%，报纸占18.62%，手机占8.36%，通过广播关注钓鱼岛事件的占3.36%，他人告知占6.38%。据此可知，大部分市民主要是通过“电视”“网络”“报纸”三种渠道了解钓鱼岛事件，这三种媒介共占81.9%，其中传

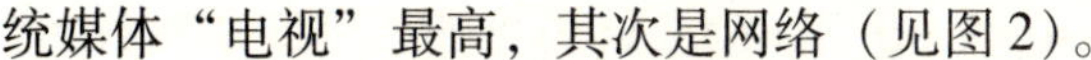

统媒体“电视”最高，其次是网络（见图2）。

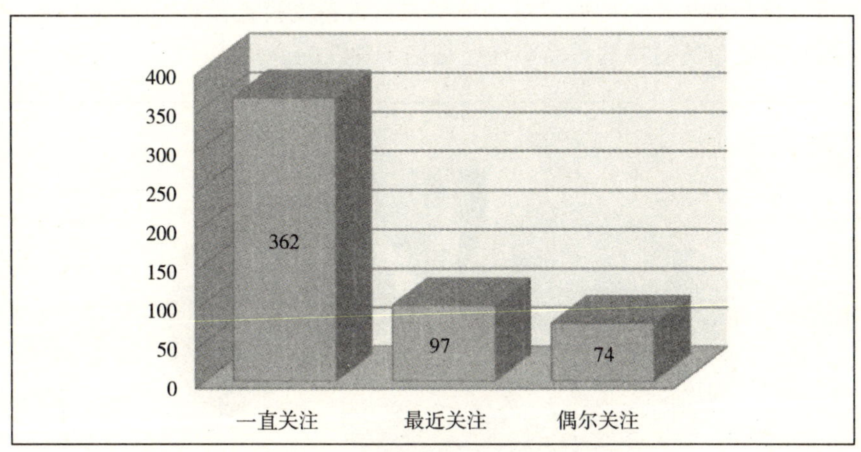

图1　合肥市民对钓鱼岛事件的关注度

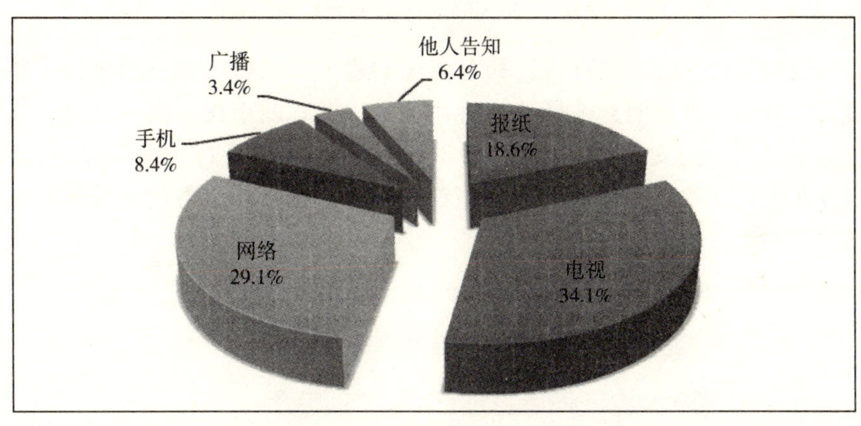

图2　合肥市民了解钓鱼岛事件的媒体渠道

二、关于钓鱼岛事件合肥市民理性程度的调查

在钓鱼岛事件引发的游行示威活动中，部分地方出现了一些打砸抢烧的不理性行为。据此，我们做了一个关于合肥市民对钓鱼岛事件的情绪表达理性程度调查。

受访者在回答“对近期国民不理性行为的看法”时，调查结果显示，持“反对，行为过激”态度的人占58.72%。“不赞同，但理解”态度的人占32.46%，而对不理性行为持“支持，应该这样”态度的人占6.19%，此外，还有2.63%的人表示无所谓（见图3）。由此可以看出，大部分的合肥市民对国民的不理性行为持反对态度；其次，有1/3的人认为虽然不赞同这种行为，但是可以理解那些暴力行为，对这种暴力行为持支持态度的仅占6.19%。整体来看，合肥市民对待钓鱼岛事件还是趋于理性的。

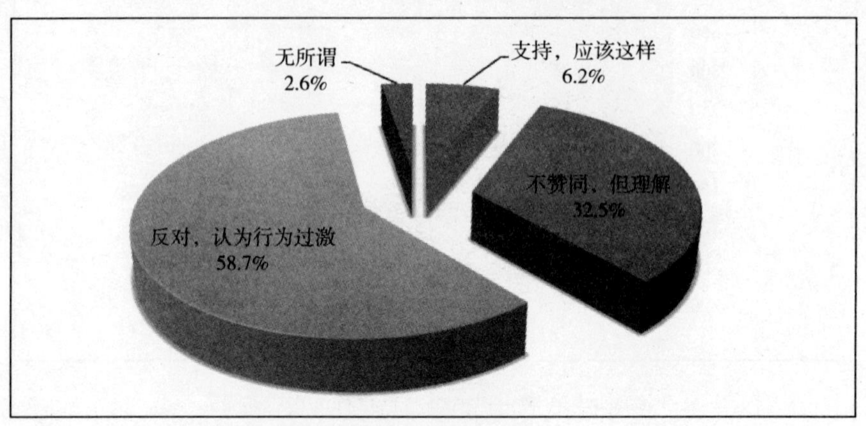

图3 合肥市民对部分国民不理性行为的看法

我们对受访者的受教育程度和对国民的暴力抗议行为的态度进行了相关性分析，分析结果表明，选择“支持，应该这样”的市民以高中及以下文化程度为主，共达到支持者总数的84.84%；而选择“反对，认为行为过激”的市民在不同受教育程度的受访者中都存在，占到受访人数的六成左右，且分布较为平均（见图4）。

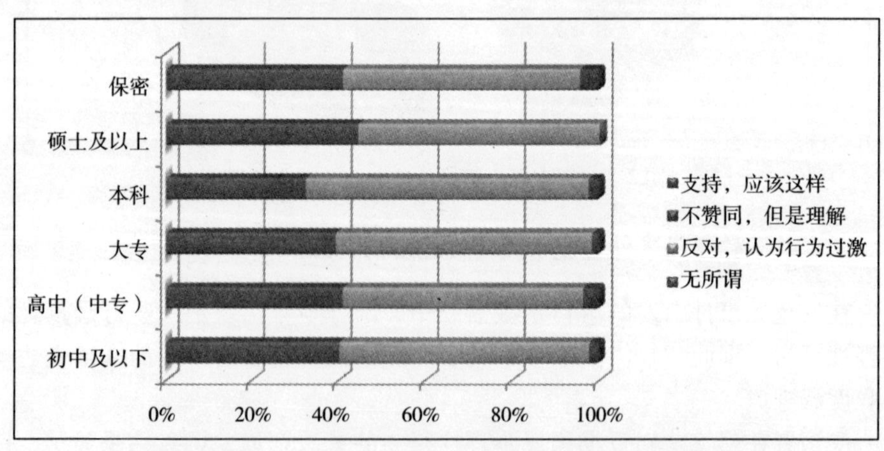

图4 不同受教育程度的受访者与其意见表达行为的相关性分析

在“国民的这种不理性行为反映了什么问题?”的回答中，572名受访者共给出了857个答案，根据题目中的选项，认为“社会情绪不稳定”的人占29.29%，认为“部分国民素质偏低”和“缺乏尊重私有财产观念”的市民各占22.17%和21.94%，认为反映了“政府管理不到位”的占16.68%，此外还有9.92%的人选择“其他”。(见图5)

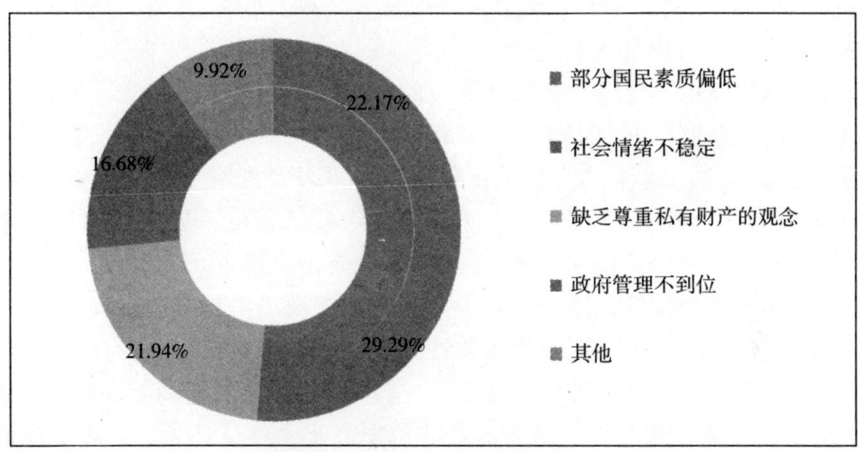

图5 部分国民的不理性行为所反映的社会问题

同时，我们还对受访者的受教育程度和对国民不理性行为的认知进行了相关性分析（见图6)，结果发现，不论是何种受教育程度的受访市民，他们对国民的不理性行为反映的社会问题的认知基本一致，认为“社会情绪不稳定”的最多，认为“部分国民素质偏低”的次之。

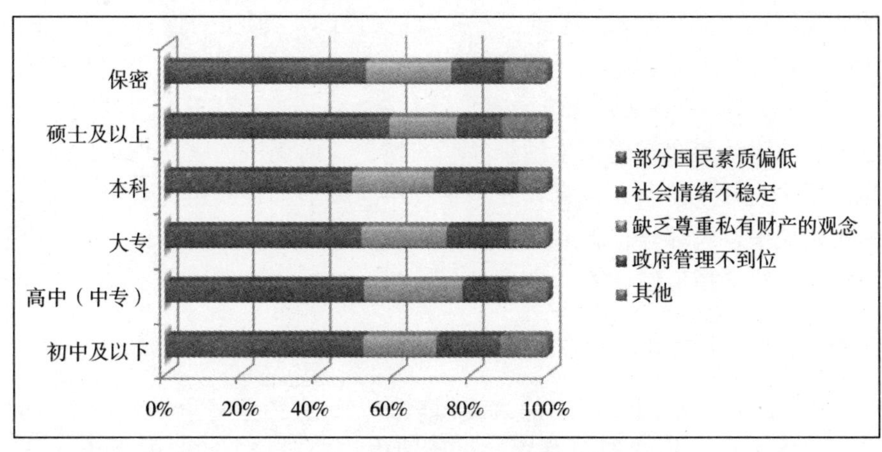

图6 不同受教育程度受访者对于不理性行为的看法

为了调查合肥市民的理性程度，我们在问卷选项中设置了一个假设，假设“现在您家楼下停了一辆日本车，上面贴着这样一个标语‘钓鱼岛是日本的’，您会如何做呢?”在我们设置的五个选项中，按照情绪表达的理性程度排名，从高到低依次是“覆盖上新的标语‘钓鱼岛是中国的’”“撕掉标语”“把标语和车牌照拍下来发到网上人肉搜索”“砸了车”，此外，还有一个选项是“不管它，当作没看见”。

调查结果显示，选择“撕掉标语”的占37.9%，选择“覆盖上新的标语‘钓鱼岛是中国的’”的受访者占27.58%，选择“不管他，当作没看见”的受访者占15.2%，选择“把标语和车牌照拍下来发到网上人肉搜索”的占11.06%，选择“砸了车”的占8.26%，由此可以看出，选择“撕掉标语”和“覆盖上新的标语‘钓鱼岛是中国的’”的受访市民占65.48%，说明大部分合肥市民还是理性的，同时，有少数受访者表现出漠视的态度，不采取任何行动。我们对此题与性别做了相关性分析，结果可以看出两者存在统计学意义上的显著差异。男性回答“砸了它”的受访者数量要远高于女性受访者，男性回答“拍照上网人肉”的受访者数量要高于女性受访者，“撕掉标语”和“贴上新标语”两选项女性高于男性，“不管它”基本相同，说明合肥男性市民比女性市民更容易采取较为侵略性的方法解决这一问题。

三、未来合肥市民行为倾向的调查

在关于“未来您会采取哪些方式表达自己情绪?”的调查中，572个受访者共给出了796个答案，选择“抵制日货”的人占44.85%，选择“在网上发表意见”的占22.99%，选择“不采取任何行动，但是会保持关注”的人占15.95%，选择“参加游行示威”的人占13.57%，此外还有2.64%的人选择“其他”，其中有人表示愿意参军打仗，有人认为应该提升自身的实力，超越日本，有人认为会在现实生活中和朋友讨论、向周围人表达情绪，有人选择以后不再去日本旅行，也有人表示会视事态发展而定。由此看出，在未来的事态发展中，大部分合肥市民会采取一些行动表达自己的情绪，而且有将近一半的人会选择抵制日货。

四、合肥市民对于政府作为的期许及满意度调查

调查中发现，在回答“您认为我们该如何解决钓鱼岛争端”的问题时，6.75%的受访者选择“暂时搁置，保持国内稳定”，52.72%的受访者认为“应积极同日方协商”，20.45%的受访者认为应“武力解决”，20.08%的受访者选择“其他”。在“其他”的选项中，多数市民认为应先协商，力求和平

解决但决不放弃武力。由此可以看出，半数以上的市民认为政府首先应该积极地同日方进行协商，和平解决钓鱼岛争端。

受访者在给我国政府在此事件上的表现打分时（5分表示非常满意，1分表示非常不满意），结果显示，打1分的受访者占7.13%，打2分的受访者占8.07%，打3分的受访者占28.52%，打4分的受访者占26.27%，打5分的受访者占25.14%，表示不清楚的受访者占4.88%。（见图7）

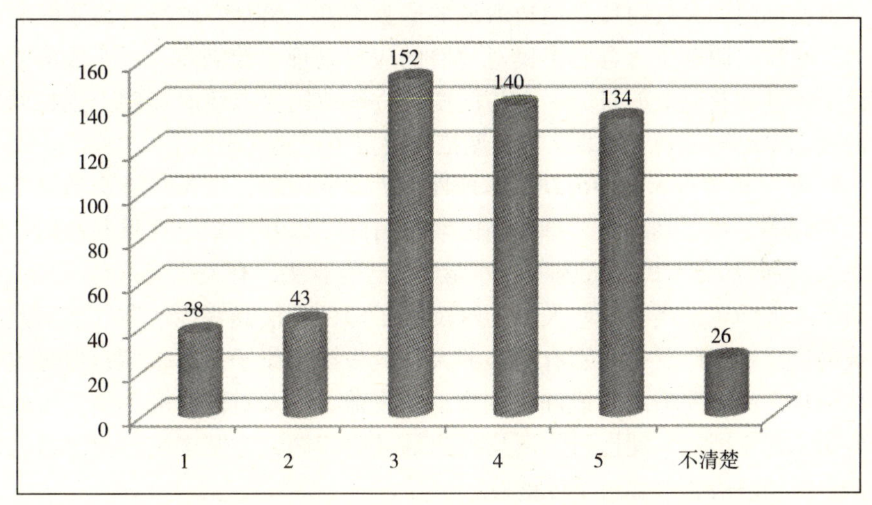

图7 合肥市民对政府应对事件的满意度

在507位参与打分的受访者中，对于政府满意度的平均分为3.6。由此可知，合肥市民对于我国政府在钓鱼岛事件上的表现还是比较满意的。

五、分析研判

1. 钓鱼岛事关国家主权和领土完整，传统媒体和网络媒体对此进行了大量集中的报道，合肥市民对钓鱼岛事件也表现出了极高的关注度。市民在此事的态度上趋于一致：一方面，市民坚定地认为钓鱼岛是中国的领土；另一方面，大部分合肥市民较为理性，对于打砸抢烧的暴力抗议行为表示不支持。

2. 钓鱼岛事件发生后，部分城市也出现了游行示威活动，媒体随即将目光聚焦于此。尤其是网络媒体较多地报道了游行示威中打砸抢烧的暴力行为，呈现出民众会选择用一种激烈的方式来表达爱国感情的媒介图景。但在我们的实际调查中，只有13.57%的受访者会选择以参加游行示威的方式宣泄对日本政府的不满，只有8.26%的受访者会打砸日本车。因此，网络呈现的暴力爱国行为的媒介图景与现实不符，提请政府相关部门注重新闻报道对于事实全面客观的呈现以及舆论的引导。

3. 对于钓鱼岛话题合肥市民关注程度高，意见表达也较为踊跃。根据调查中访员与被访对象的沟通，我们发现受访者在试图运用多种手段配合政府给予日本政府压力，如取消去日本旅游的计划、钻研技术在工作领域超越日本、做好准备投身国防，等等。

4. 日本冲撞我国保钓船以及“购岛”事件发生后，我国领导人先后表态，海监部门加大对钓鱼岛周边海域的巡查力度，给日本政府造成了强大的压力。在这次调查中，合肥市民对政府的应对处理比较满意，近八成的受访者给予了满意及以上的打分。在访问中，一些市民要求政府在领土主权问题上的表态要更加强硬，对日本的反制措施要更为坚决、果断。

5. 在分析游行示威中出现的不理性行为的原因时，选择“社会情绪不稳定”的偏多一些，其次是“部分国民素质偏低”以及“缺乏尊重私有财产的观念”，同时部分市民在备选项之外提出自己的看法，有人认为这种不理性行为属于个人问题；还有一些人认为这反映了国民的法制观念淡薄、贫富差距造成的仇富心理以及一些别有用心的人打着爱国的旗子挑起事端；但是也有人认为这是出于爱国的本能和民族仇恨的发泄，以及对政府的不满。由此可以看出，对于国民不理性行为所反映出的社会问题，合肥市民给出了自己的看法，提请政府相关部门予以重视。

合肥市交通状况的意见态度调查

研究中心课题组*

【内容摘要】

衣食住行，关系百姓民生。2013 年，合肥将继续推进交通大发展，切实改善居民出行状况。安徽大学舆情与区域形象研究中心在新年之际关于城市交通状况对合肥市民进行了调查。

现将本次调查的主要发现摘要如下，以供有关部门领导决策参考：

1. 合肥市民对于合肥市的交通状况总体满意度为一般，平均分为 3.03 分（1 分代表非常不满意，5 分代表非常满意），大部分市民认为造成合肥交通拥堵的主要原因是上下班时间集中导致的人流和车流的激增；而老城区的交通问题市民也反映较多，希望有关部门能加强对老城区交通的改造。

2. 在对合肥公交车和出租车情况的调查中，大部分市民认为乘坐公交出行还是比较方便的，遇到的主要问题是人多拥挤、公交卡的办卡充值不便。而在出租车方面，市民反映较多的是人流高峰期司机的拒载问题。

3. 市民对于合肥道路绿化状况的总体满意度较高，超过 70% 的受访者对合肥道路的绿化状况表示了满意。

4. 大部分市民对高架桥的建成和道路的拓宽改造表达了较高的满意度，认为这两项是合肥大建设以来效果比较显著的措施。超过 70% 的受访者认为合肥的交通状况与过去相比有了改善。

5. 大部分的受访市民对因合肥大建设而带来的交通拥堵、道路施工等问题表示理解；同时，市民对合肥交通未来的发展比较有信心。

本次调查采用随机抽样办法，运用国际先进的 CATI（计算机辅助电话访问）调查设备，安徽大学新闻传播学院的 46 位访问员成功访问了 513 位合肥市民，覆盖全市 7 个行政区域。调查主要涉及三大部分内容：第一，市民对

---

* 课题组成员：姜红、黄伟迪、周彤、王佳、胡淼、张蕊、王丹、郭静

合肥交通现状的整体感知；第二，市民对合肥市公交车和出租车的乘坐体验；第三，大建设背景下有关合肥市交通建设的市民态度及建议。

一、市民对合肥交通现状的整体感知

对合肥市民的主要出行方式的调查中，选择公交车的受访者占47.76%；选择私家车的受访者占25.34%；选择出租车的受访者占8.19%；选择摩托车的受访者占2.14%；选择非机动车的受访者占16.57%。根据市民的日常出行体验，市民对合肥交通状况的满意度打分，平均分是3.03分（1分代表非常不满意，5分代表非常满意），总体满意度一般。其次，出行方式的不同与市民交通体验的差异有着密切关联。调查发现，以公交车为主要出行方式的市民对于交通情况的满意度要高于以私家车为主要出行方式的市民。（见图1）

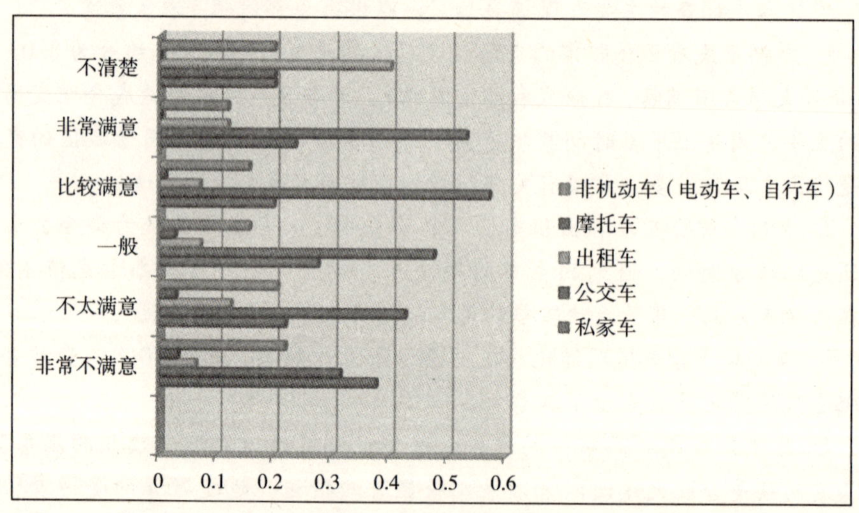

图1　合肥市民主要出行方式与交通满意度的相关性分析

关于公交车出行的方便程度的调查中，有41.93%的市民认为方便；26.39%的市民认为一般；认为不方便的占到受访者的31.68%。

对合肥出租车的满意度调查中，市民的平均打分为3.03分，总体满意度为一般。

就合肥市道路拥堵现象的调查中，63.74%的受访市民表示经常碰到堵车现象；29.43%的市民表示偶尔碰到堵车现象；只有6.83%的市民表示没有遇到过堵车。

当问及合肥某些路段出现堵车现象的原因时（多选），61.99%的受访市民认为是“上下班时间集中”造成的；53.8%的受访市民认为是“车辆过多”造成的；51.07%的受访市民认为是由于“司机、行人遵守交规意识不强”而造成的；49.7%的受访市民认为是由于“道路施工围挡多”造成的；32.55%的受访市民认为是“道路规划不合理”所造成的。（见图2）

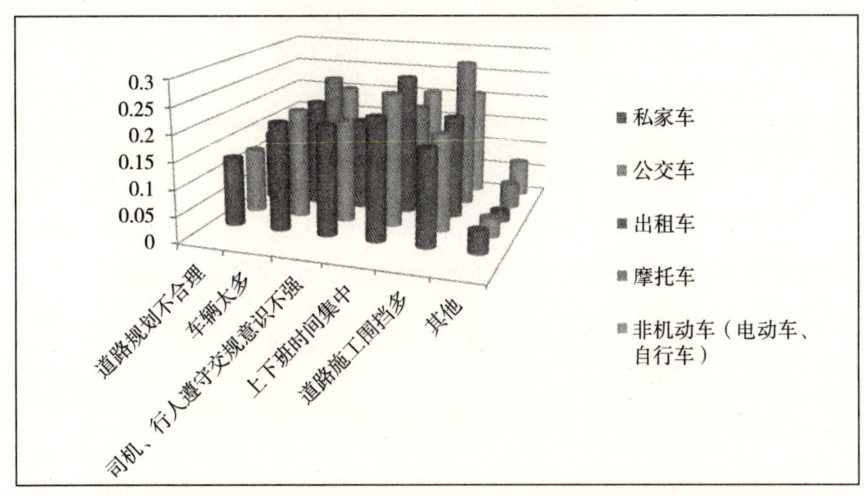

图2 合肥市民主要出行方式与交通拥堵现象原因认知的相关性分析

大部分的市民反映上下班时间集中、车辆过多是造成交通拥堵的主要原因，特别是在老城区，希望政府能够采取一些有效的措施来缓解这一问题，如错峰上下班、加强交通疏导等。另外，“司机和行人的交规意识不强”也值得关注，司机开车时抢道、行驶于高架路上时随意变道、行人过马路时不按照交通灯的指示等现象不仅给司机行车带来困扰，也增加了交通安全隐患。除此以外，还有部分市民认为有些路段信号灯指示不合理以及交警对车辆的疏导不力也是造成交通拥堵的原因。

调查中还特意设置了关于合肥道路绿化的评价问题，选择“比较满意”的占受访市民的36.65%；选择“满意”的有26.12%；选择“非常满意”的有8.97%。以上三项占受访市民总量的比例合计为71.74%。由此可见，受访市民整体对合肥市的绿化满意度较高。此外，选择“不太满意”的占总访问人数的21.83%；选择“很不满意”的有4.09%（见图3）。在电访过程中，有市民反映，不同区域路段绿化的情况有所不同。比如有市民提到政务新区的绿化状况较好；长江西路附近因道路拓宽改建，绿化不如以前；长江批发市场附近的绿化情况堪忧等。其次，市民也反映了其他一些问题，如合肥市的绿化景观植被的种类较少；有些地方的绿化带遮挡行人、司机视线等。

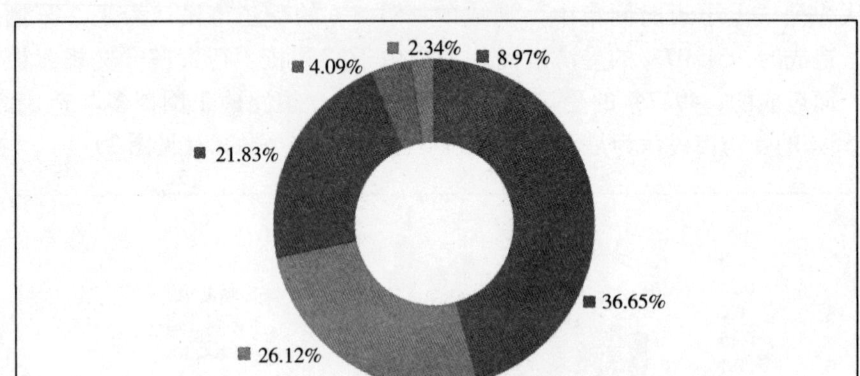

图3 合肥市民对道路绿化的评价

二、市民对合肥公交、出租车的乘坐体验

对于合肥公交在服务质量上存在的问题（多选），受访的合肥市民中，选择“人多拥挤”的有41.52%，是占比最高的选项。其次，21.44%的受访市民认为合肥公交的“站点布局不合理”；20.86%的受访市民认为合肥公交“班次少”；14.43%的受访市民认为公交司机服务态度差；9.16%的受访者认为公交车存在“安全问题”；6.04%的受访者觉得公交在服务方面不存在问题；选择“不清楚”的受访者占3.12%。

此外，我们在“其他”选项中看到，部分市民也指出了公交司机不愿意等人、不遵守交规以及公交运营结束时间早等问题。

在合肥公交设施设备存在的问题上（多选），23.2%的受访市民反映“公交卡充值办理不便”，所占比例最高；选择“报站声音小、广告多”的受访者占18.71%；认为“公交扶手过少、不稳”和“站牌指示不明确”的受访市民所占比例同为13.84%；对于“候车环境差”和“车内卫生状况差”的选项，分别有12.28%和10.72%的受访者选择；而认为以上问题都不存在的受访市民占11.7%。另外，有些受访者也提出了公交扶手和车载电视等设备有缺损的问题。

在出租车乘车碰到的问题方面（多选），15.98%的受访者遇到过出租车绕道情况；35.47%的受访者遇到过拒载现象，是市民反映最多的问题；10.33%的受访市民认为出租车车内环境差；7.02%的受访市民遇到司机不打表的情况；19.1%的受访市民表示没有遇到过以上情况。

三、市民对“合肥大建设”背景下交通建设的态度及建议

合肥大建设中，市委市政府将交通建设视为城市建设的一个主攻方向，拓宽主干道、建城市环线、修高架桥，这些有针对性的措施很大程度上改变了合肥的交通面貌。对于这种变化，78.37%的受访市民认为城市的交通状况有改善，42.11%的受访者表示“有很大改善”，36.26%受访者感觉“有改善，但不大”，6.82%受访者选择“没什么变化”。

另外，有10.92%的受访市民选择“更加糟糕”，在对其进一步访问中发现，老城区的交通状况变差是大家反映最多的问题。这是因为近几年来人口增加、车辆增多，既有交通设施老化造成的；再加上老城区交通的集中改造，导致封路、拥堵等问题的不断出现以及噪音、扬尘等环境污染，给市民生活和出行带来很大不便。

在对合肥交通建设各项举措所产生的效果调查中（多选），79.53%的受访者认为“高架桥的建成使用”效果最为显著。在访谈中，许多受访者都提到了合肥的第一座高架——金寨路高架。作为通往经济技术开发区、大学城和肥西上派镇的主要通道，金寨路车流量大，高架的修建有效地缓解了堵车严重的状况。另有46.2%的受访者选择了“部分道路拓宽改造”；33.92%的受访市民选择了“绕城高速公路的建设”；31.58%的受访者选择“快速公交的使用”。（见图4）

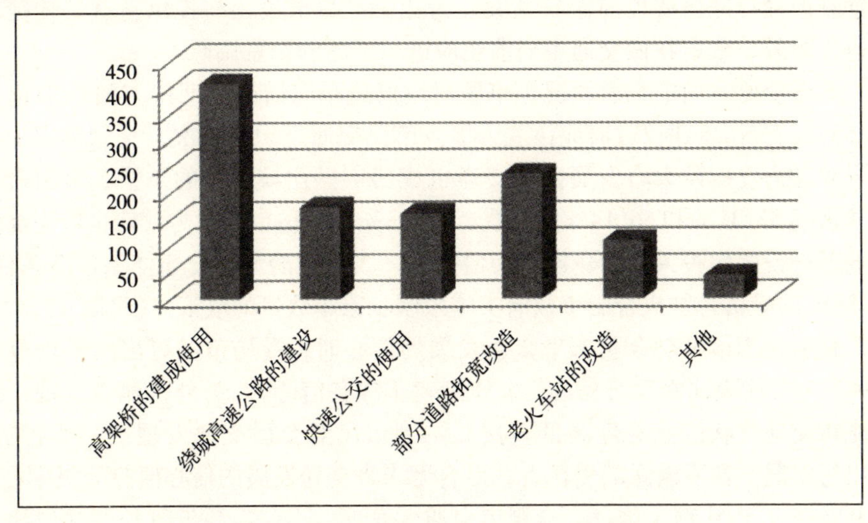

图4 市民认为政府交通投入中效果显著的措施

由于城市建设，市区内的一些路段经常出现施工围挡、公交改线、道路拥堵、环境污染等问题。针对这些问题，79.53%的受访市民表示能够理解；29.24%的受访者表示“非常理解”；50.29%的受访者表示“比较理解”；5.07%的受访者表示“不太理解”；1.17%的受访者表示“非常不理解”。（见图5）

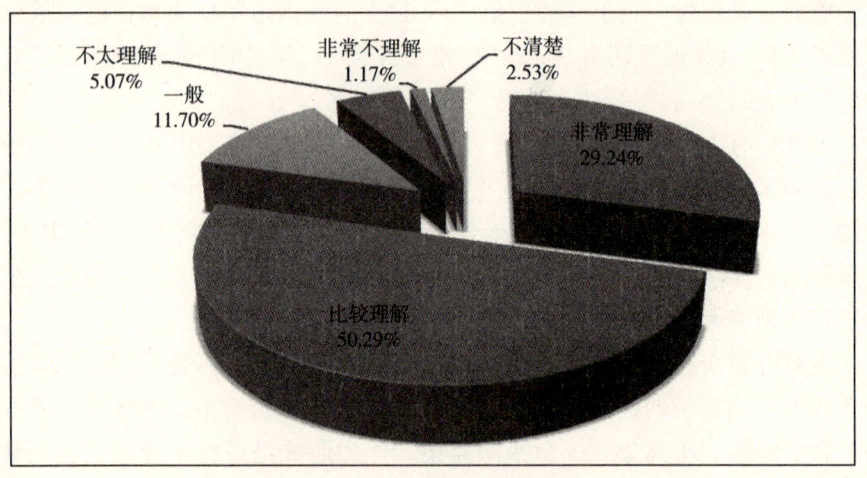

图5　市民对合肥大建设带来的交通不便情况的看法

其中，表示不理解的市民主要认为，有些交通问题并不是由合肥大建设带来的。城市需要发展，但是在建设过程中需要将市民的生活质量考虑进去，比如在改建道路时要提前做好预案，为相关区域市民出行提供备选的便捷路线等。另外，政府在做交通规划前还应进行广泛的民意调研。

基于合肥目前的交通状况，市民对政府应采取措施的期待方面（多选），63.55%的受访者建议政府应该着力提升市民交通意识；其次，交管部门加大疏导管理力度以及大力发展公共交通也成为市民比较关注的举措，分别占据受访者的57.31%和56.14%；再次，45.03%的受访市民认为政府也应当加大交通基础设施的投入，为建设更为便捷的、人性化的城市交通体系创造条件；37.04%的受访者赞成合肥市政府实施限制私家车数量的政策。（见图6）

最后，当谈及对合肥未来交通发展的信心时，受访市民打出的平均分是3.98（1分代表非常没有信心，5分代表非常有信心）。另外，调查发现，对合肥市交通现状的满意度高低直接影响到市民对今后交通发展的信心指数。对出行状况非常不满意的受访者，对合肥未来交通发展的信心值打分集中在1分和2分（见图7）。因此，合肥市交通大发展，不仅需要进行长期规划和大力建设，更需要将市民当下的交通体验纳入到相关部门的决策依据当中。切

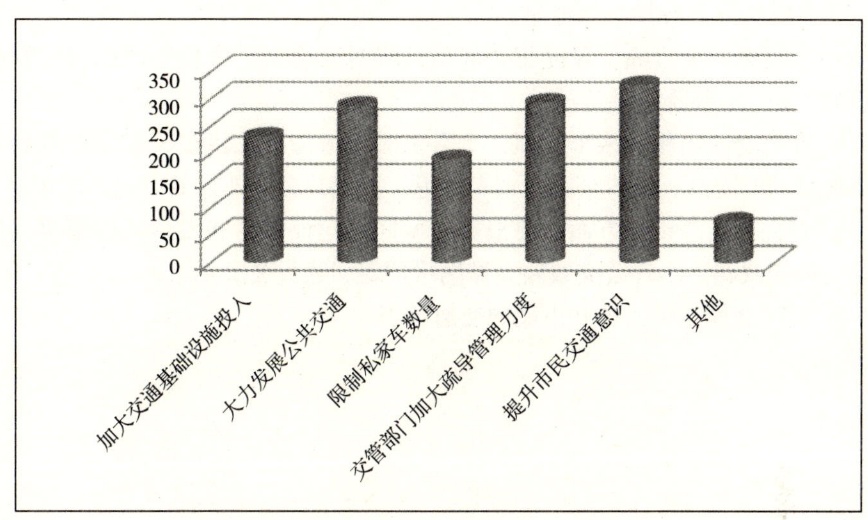

图6 合肥市民对政府举措的期待

实提高市民当前的出行便捷度和舒适度，才能从根本上提升市民对于合肥城市大建设的支持度。

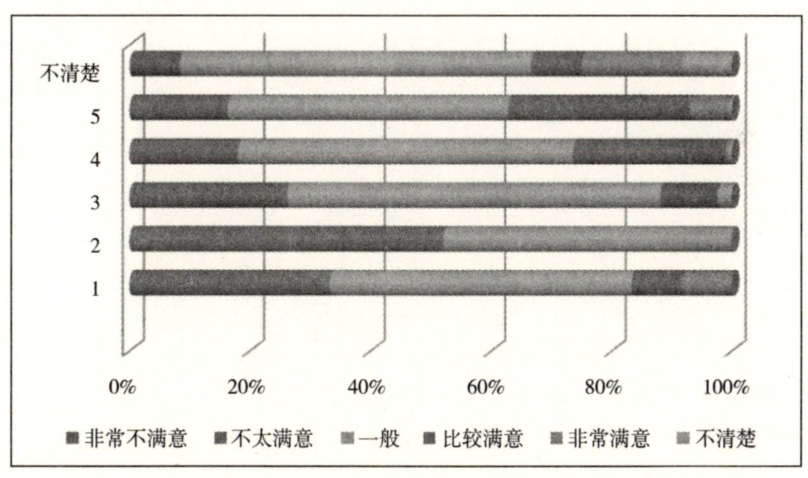

图7 合肥市民对交通的满意度与对未来交通发展信心的相关性分析

在本次舆情电话访问过程中，受访市民结合自身体验，就交通建设提出了很多意见，主要体现在以下几个方面：

1. 在相关规划和建设方面应当具有前瞻性，避免“建了拆，拆了再建”的反复施工现象；

2. 在道路整修施工方面应尽量减少封堵引起的交通不便，进行分阶段封路，并及时疏导高峰期的车流量；

3. 在交通安全方面，督促相关部门落实对公交车、出租车司机安全驾驶意识的培训，保证乘客乘车安全；

4. 在公交、出租车乘车方面，上下班时间增加公交班次，优化设置出租车交接班的时间点，减少公交车空车往返、同路线公交车同时并行的现象；

5. 在公交线路设计方面，要根据新城区的建设进度和人口集散情况，增加新的公交线路，实现公交线路全城网络覆盖，建设公交都市；

6. 加强交规宣传，提升市民的交通意识。

合肥市民对十八届三中全会关注情况调查

研究中心课题组*

2013 年 11 月 12 日十八届三中全会胜利闭幕，为第一时间了解合肥市民对十八届三中全会关注情况以及市民最为关心的全会议题，安徽大学舆情与地域形象研究中心于 11 月 13 日晚 6：30—8：30 进行了“合肥市民对十八届三中全会关注情况调查”的电访，对市民的看法和对十八届三中全会展开调查，希望为政府的对应工作提供及时有效的决策参考。

本次调查采用随机抽样方法，运用国际先进的 CATI（计算机辅助电话访问系统），成功访问了 331 位合肥市民，覆盖合肥 7 个行政区域，具有普遍代表性。

本次调查主要从两大方面展开：第一，社会现状调查，包括十八届三中全会总体评价、全会后中国发展前景信心、社会公平程度以及自己生活状况的认知。第二，市民对全会的关注情况，从关注改革问题、全会的内容、民生方面和一些措施的支持程度进行调查分析。

本次调查的被访者涵盖不同性别、年龄、受教育程度、职业、收入和政治面貌的市民，具有广泛的代表性。

性别方面，男性占 50. 15%，女性占 49. 85%。

年龄方面，18 ~25 岁的占 15. 71%，26 ~35 岁的占 35. 65%，36 ~45 岁的占 22. 35%，46 ~55 岁的占 9. 97%，56 ~65 岁的占 6. 35%，66 岁以上的占 9. 67%，0. 3% 的人年龄选择保密。

学历方面，小学及以下的占 4. 83%，初中占 12. 08%，高中或中专占 26. 59%，大专占 20. 54%，大学本科占 29. 31%，研究生及以上占 6. 65%。

职业方面，党政机关干部占 1. 81%，党政机关工作人员占 1. 81%，国有企业或事业单位管理者占 3. 32%，国有企业或事业单位职工占 8. 76%，外企、民营企业主或管理者占 5. 74%，外企或民营企业职员占 15. 11%，专业技

* 课题组成员：郑晖、疏宜菲、杨旭、王燕、李华玉

术人员（教师、医生、律师、工程师等）占12.69%，商业、服务业人员（营业员、出租司机等）占6.95%，个体户或小商贩占10.88%，工人占4.83%，务农人员占0.60%，学生占2.42%，离休干部占0.91%，退休人员占10.88%，下岗、待业、失业人员占6.04%，其他占5.44%，保密的占1.81%。

月收入方面，1000元以下的占5.74%，1001～2000元的占14.80%，2001～3000元的占23.26%，3001～4000元的占20.24%，4001～5000元的占13.90%，5001～6000元的占5.74%，6001～7000元的占3.02%，7001～8000元的占1.81%，8001～9000元的占0.91%，9001～10000元的占1.81%，10000元以上的占2.72%，保密的占6.05%。

政治面貌方面，中共党员占25.08%，共青团员占17.82%，民主党派占0.60%，无党派（群众）占54.38%，其他占1.21%，保密的占0.91%。

一、合肥市民对自身生活现状的满意度

根据本次调查数据显示，有254位合肥市民关注十八届三中全会，占76.74%；只有77位受访者“不知道”此事件，占受访者人数的23.26%（见图1）。且“不知道”这件事的受访者在高中（中专）及以下学历的有47人，占到不知情的受访者的61%，“知识沟”的现象非常明显。

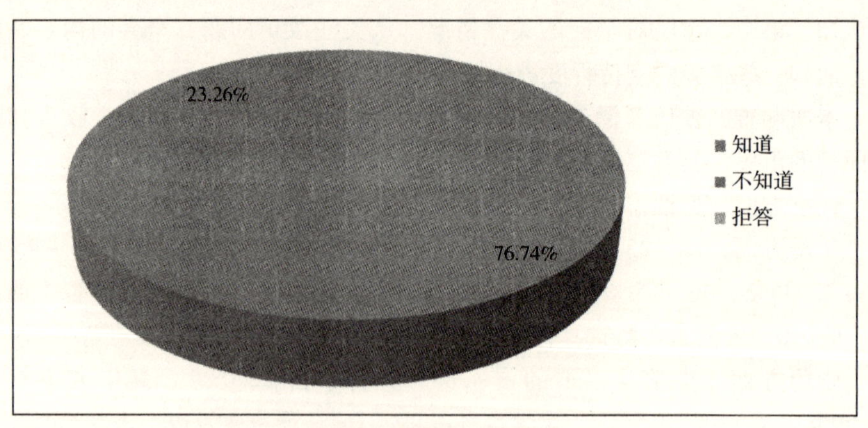

图1 合肥市民对十八届三中全会的知晓度

在331份成功样本中，合肥市民对“目前整个社会的公平程度”总体满意度不高，平均分只有4.02分（本题最满意10分，最不满意0分）（见图2），32.33%的人给了5分，是比例最高的。此外，有10.57%的人给出了0分。对该问题的受访者的个体特征进行了相关分析，结果表明，对目前社会

公平程度的认可与年龄无显著相关，与职业、受教育水平呈现不规则相关。选择最低分（0分）的受访者的职业主要是外企、民营企业主、管理者、下岗、待业、失业人员和商业、服务业人员（见图3）。高中、大学和大专学历的受访者总体上对该问题给出了5分的答案，打出0分的35位受访者中，比例最大的是大学本科群体，占37.14%，打出10分的受访者中初中学历所占比例最高，达到60%。

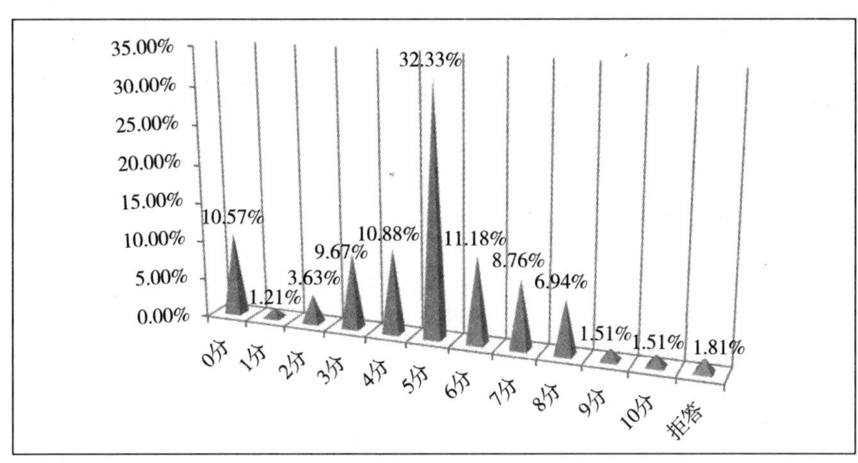

图2 合肥市民对目前整个社会的公平程度的态度

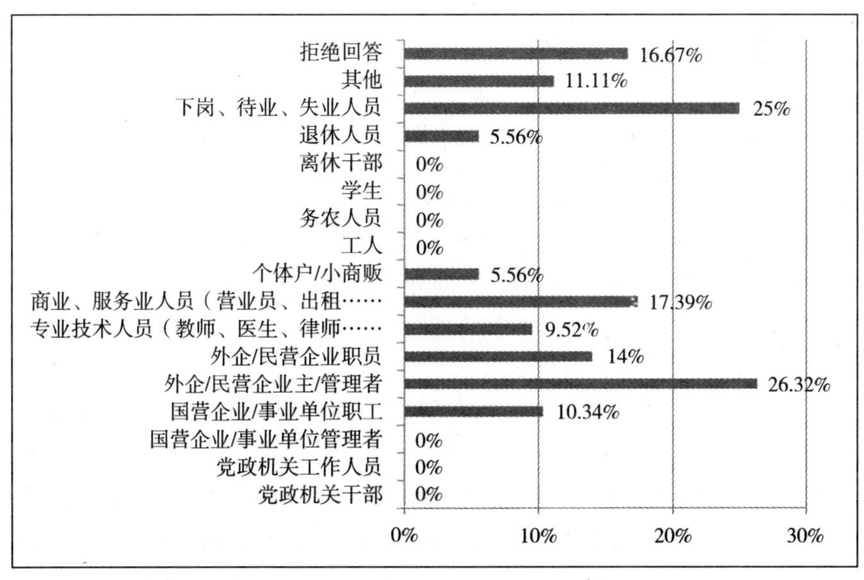

图3 选择社会公平程度为0（最低分）的受访者的职业相关分析

合肥市民对于“目前自身的生活状况”，总体打分较高，331 份样本中，平均分为 6. 77，对目前的生活状况打 7 分以上（包括 7 分）的占 58. 61%。（见图 4）

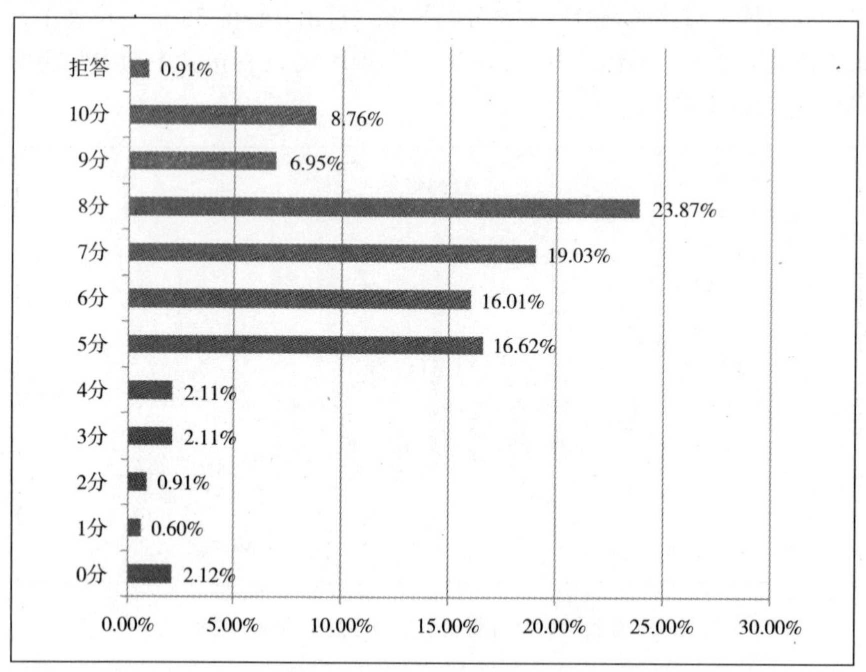

图 4　合肥市民对自己的生活状况满意度统计

二、合肥市民对十八届三中全会的关注度以及获知信息的媒体渠道

在回答“您对十八届三中全会的关注度如何”时，在知晓十八届三中全会的受访者中，选择“非常关注”的占 20. 87%，“比较关注”的占 22. 44%，“一般”的占 38. 98%。可以看出，大部分合肥市民是比较关注十八届三中全会的（见图 5）。其中，回答“非常关注”“比较关注”的比例最高的年龄段为 26 ~ 35 岁。

在获取十八届三中全会的相关信息的媒体渠道方面，电视占 20. 92%，为最高；其次是境内门户网站，占 18. 10%；再次是报纸 13. 06%。其中，通过报纸、广播、电视等传统媒体的获知信息的比例达到 37. 84%，占有相当大的比重（见图 6）。我们对获取信息的媒体渠道问题与受访者的个体特征进行了相关分析，25 岁以下的受访者主要通过微博、境内门户网站、论坛了解信息，而 50 岁以上的受访者主要通过报纸、广播、电视等传统渠道。

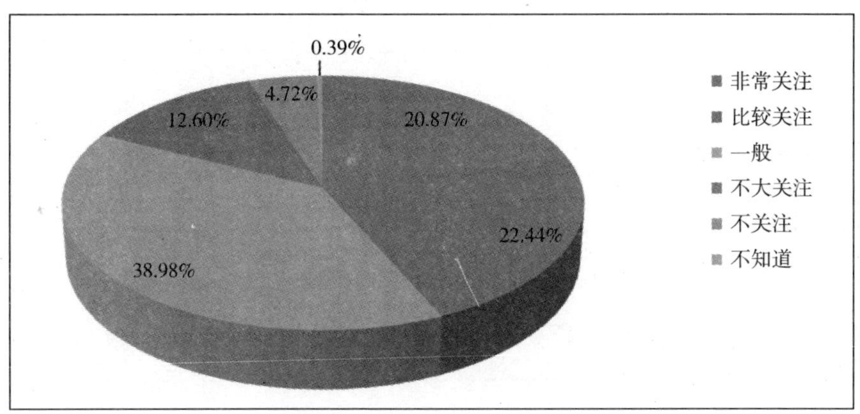

图5 合肥市民对十八届三中全会的关注度统计

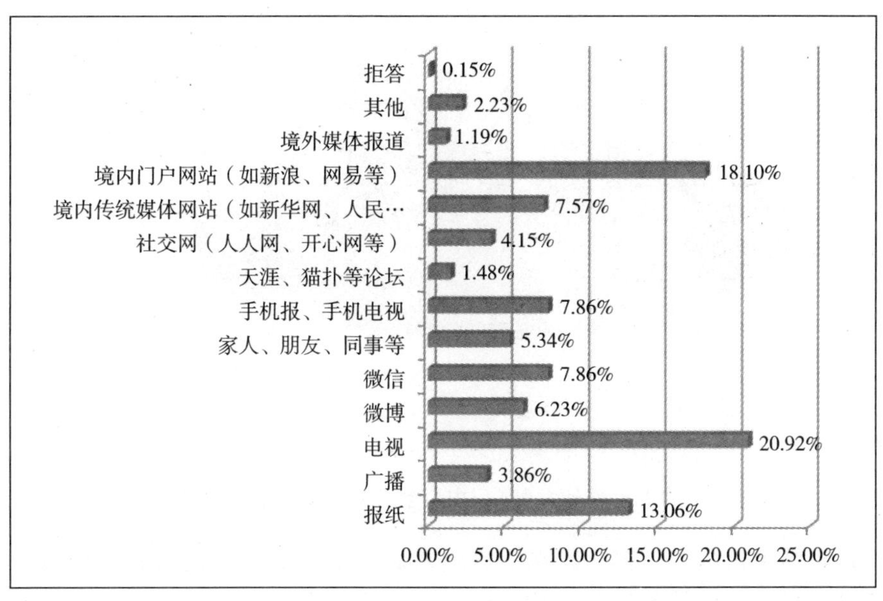

图6 合肥市民了解十八届三中全会的媒体渠道

三、合肥市民对十八届三中全会内容以及社会改革的看法及期望

合肥市民对十八届三中全会的总体评价较高，25.59%的人给出8分，平均分为7.86，8分是样本中占比例最高的。（见图7）对合肥市民对十八届三中全会后中国发展的信心情况统计发现，数段主要集中于6~10分。平均分为7.73，其中24.41%的人给到10分，是所有样本中占比最高的。总体上，

合肥市民对十八届三中全会的评价以及未来发展前景持乐观态度。（见图8）

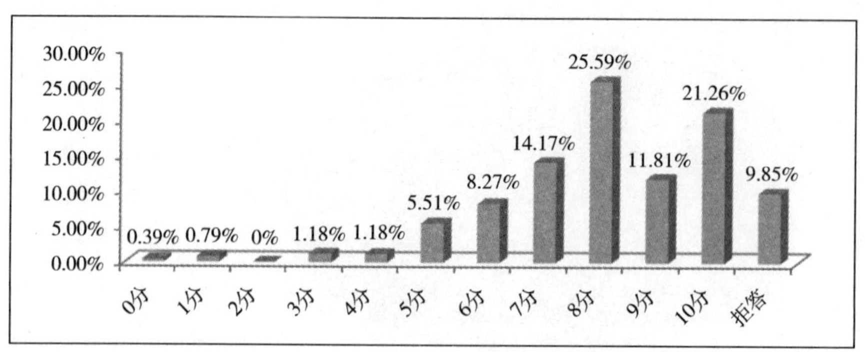

图7　合肥市民对十八届三中全会总体评价的得分统计

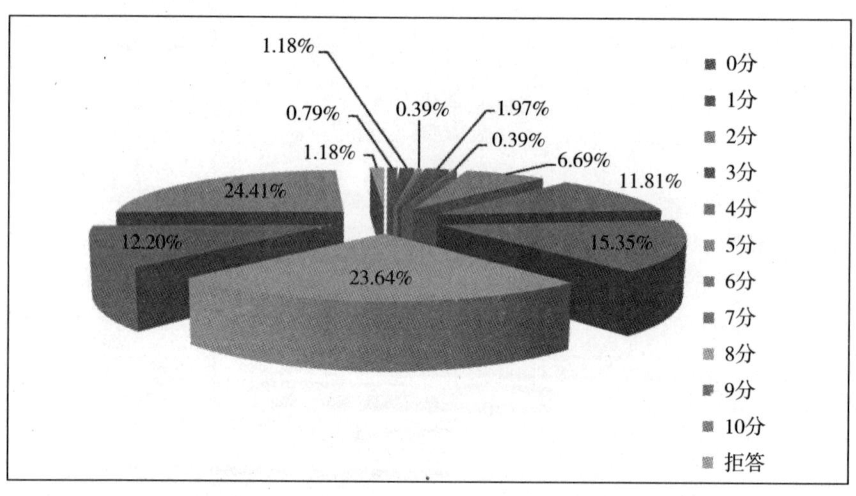

图8　合肥市民对十八届三中全会后中国发展的信心情况

调查结果显示，合肥市民在回答十八届三中全会最关注的改革问题时，关注“市场体系”的受访者占12.15%，关注经济活力的占17.41%，关注调控水平的占11.82%，关注社会活力的占9.03%，关注公平正义的占20.69%，关注党的执政能力的占19.71%，选择其他或者拒答的占9.19%。（见图9）

我们对关注的改革问题与受访者的个体特征进行了相关分析。分析结果表明，关注的改革问题与受访者的年龄、受教育水平、党组织关系、职业等无显著相关。总体上合肥市民对公平正义、党的执政能力以及经济活力三个方面最为关注。

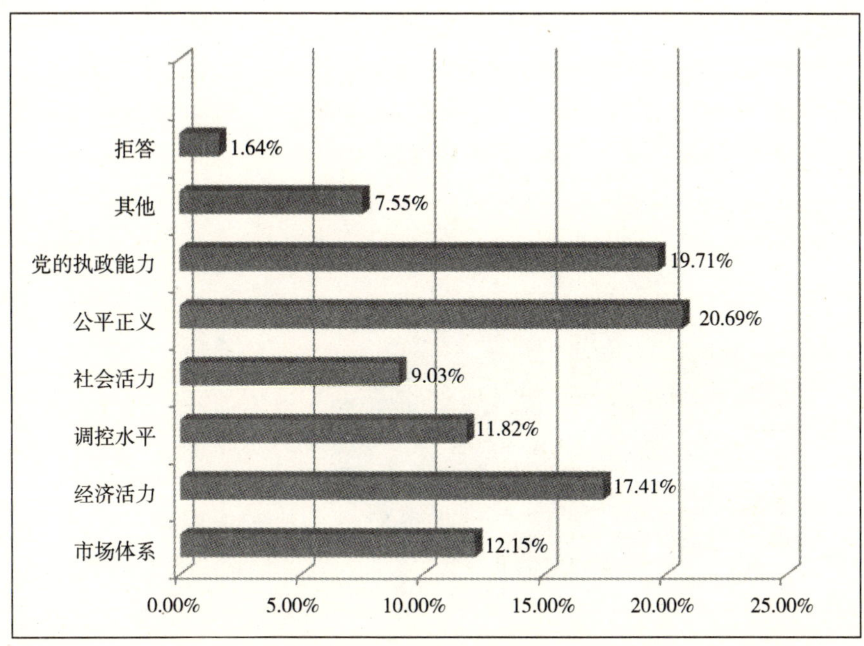

图 9 合肥市民最关注的改革问题

对于十八届三中全会报告的内容，合肥市民表示对“维护宪法法律权威，深化行政执法体制改革”“经济体制改革是深化改革的重点”的关注占 49.21%；其次是对“设立国家安全委员会”的比例最高，占到 12.60%。(见图 10)

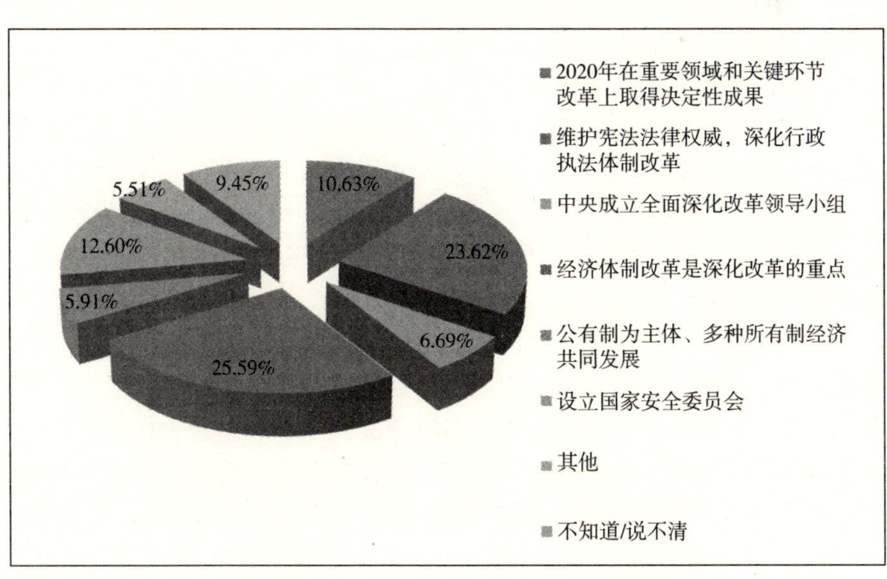

图 10 合肥市民对十八届三中全会公报的关注内容统计

在受访的合肥市民中，医疗问题是最受关注的民生问题，占21.75%的比例。房价问题、食品安全问题、教育问题和物价问题都受到了较高的关注，比例分别是18.73%、18.43%、11.78%和11.48%。（见图11）最受合肥市民关注的民生问题是医疗、房价和食品安全。

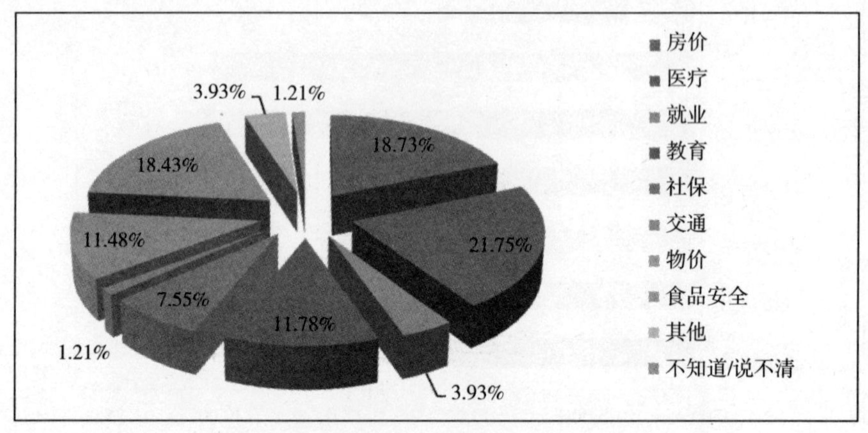

图11 合肥市民最关注的民生方面

我们对合肥市民关注的民生问题与受访者的个体特征进行了相关分析。结果表明，合肥市民关注的民生问题与受访者的年龄、职业等无显著相关；而与受教育水平、收入水平关系密切。对民生问题的关注程度与受访者的受教育水平呈曲线变化，高中（中专）、大专、本科学历的受访者对民生问题的关注度明显高于其他学历人群。(见图12)

不同收入群体对民生问题的关注度也不尽相同，收入水平在1000～5000元之间的受访者对民生类问题最为关注。在最受市民关注的房价、食品安全、医疗方面，1000～5000元之间的受访者分别占到75.81%、75.40%、75%(见图13)。性别因素对民生问题的关注也不相同，女性更偏向关注食品安全问题，占63.93%；房价方面，男性更为关注，占54.84%，超出女性接近10个百分点。

合肥市民在回答“如果实施以下措施，合肥市民的支持态度统计”的期望类题目时，表中涉及以下四项措施：建立官员财产申报制度，建立公职人员配偶子女移居境外信息公开制度，实行司法独立和直选人大代表。统计发现，在这四项可能会实施的措施中，持非常支持态度的受访者的比例都是单项统计中最高的，分别占到各个单项统计的54.98%、50.45%、50.15%和40.48%，而不支持和不大支持的占极小一部分。(见图14)

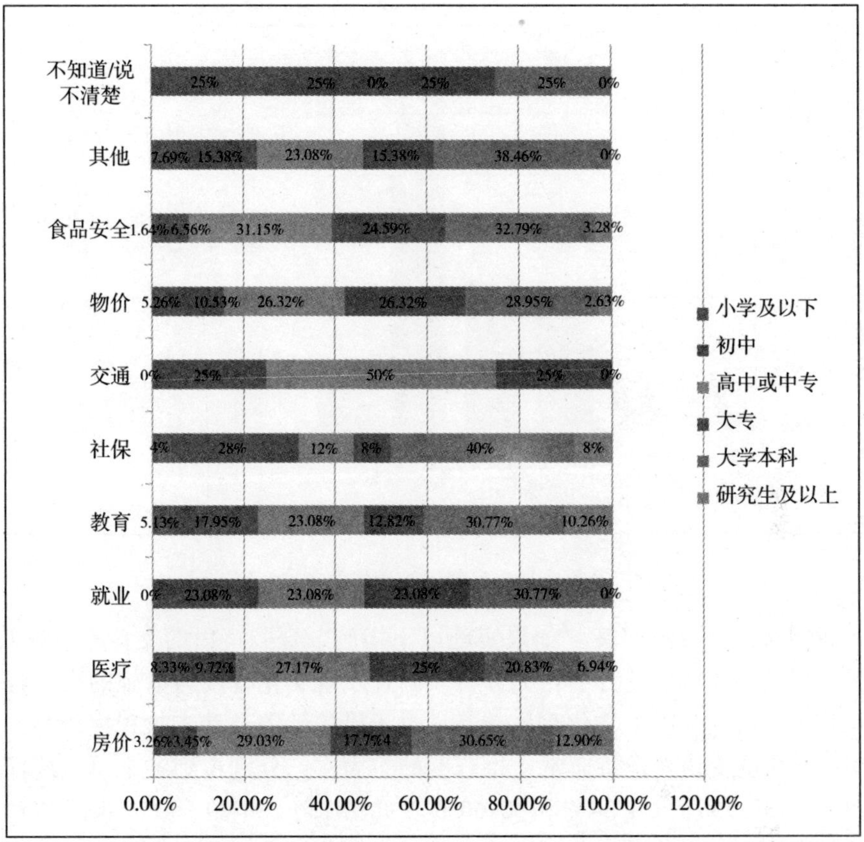

不知道/说不清楚 25% 25% 0% 25% 25% 0%
其他 7.69% 15.38% 23.08% 15.38% 38.46% 0%
食品安全 1.64% 6.56% 31.15% 24.59% 32.79% 3.28%
物价 5.26% 10.53% 26.32% 26.32% 28.95% 2.63%
交通 0% 25% 50% 25% 0%
社保 4% 28% 12% 8% 40% 8%
教育 5.13% 17.95% 23.08% 12.82% 30.77% 10.26%
就业 0% 23.08% 23.08% 23.08% 30.77% 0%
医疗 8.33% 9.72% 27.17% 25% 20.83% 6.94%
房价 3.26% 3.45% 29.03% 17.7%4 30.65% 12.90%

0.00% 20.00% 40.00% 60.00% 80.00% 100.00% 120.00%

小学及以下
初中
高中或中专
大专
大学本科
研究生及以上

图 12　民生问题与受访者受教育水平的相关性分析

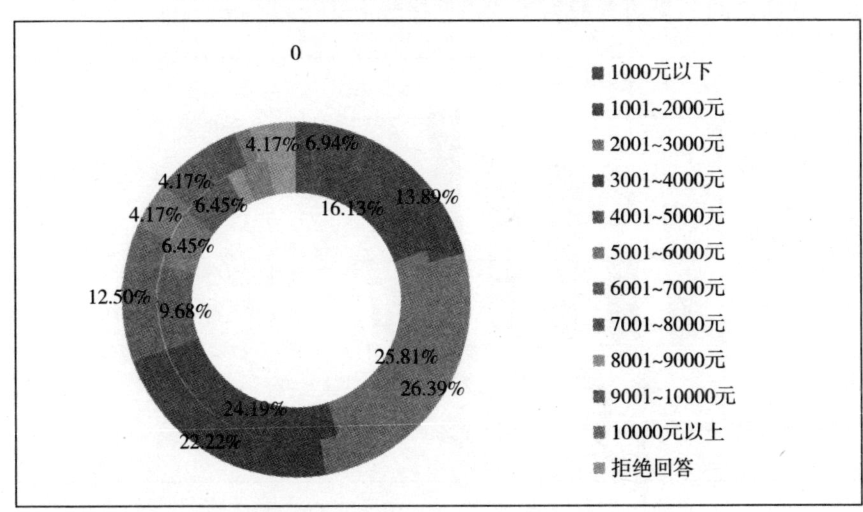

图 13　合肥市民收入水平与房价、医疗的相关分析

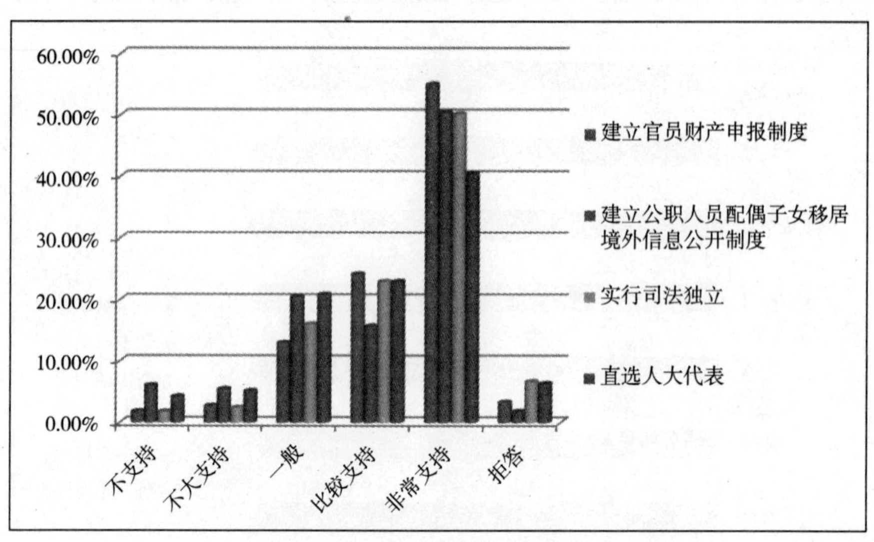

图 14 合肥市民对可能实施措施的支持态度统计

我们对合肥市民回答“如果实施以下措施，合肥市民的支持态度统计”与受访者的个体特征进行了相关分析。调查发现文化程度与措施的支持程度呈正相关，研究生以下文化程度越高，对于措施的关注和支持程度越高。大学本科学历的受访者是持非常支持态度的主力军，分别占到各个单项统计的31.87%、33.53%、34.34%和30.60%（见图15）。年龄、收入水平与对该措施的支持程度也呈现一定相关性，16～45岁之间的受访者以及收入水平在1000～5000之间的受访者最为支持该项措施。

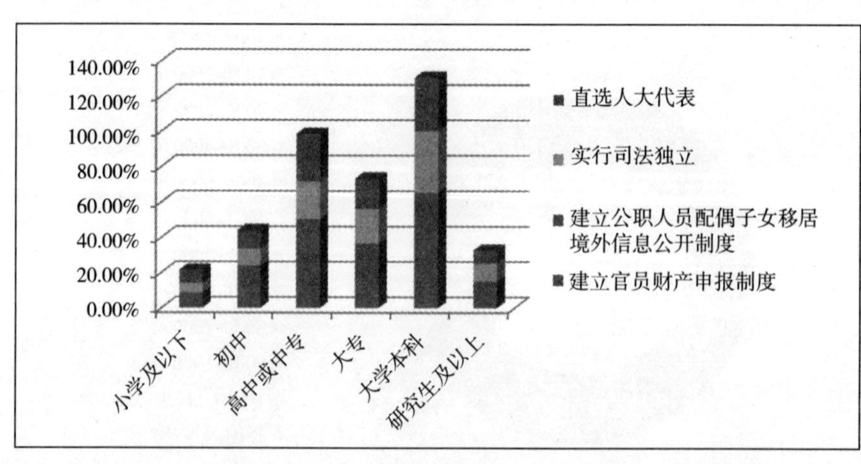

图 15 “非常支持”选项的受访者与受教育水平相关分析

四、分析研判

1. 通过调研发现，合肥市民对于十八届三中全会的关注度较高，76.74%的受访者表示知道此次会议，明确表示不关注和不大关注的仅占17.32%。受访者主要从电视获取十八届三中全会信息，其次分别是境内门户网站（如新浪、网易等）和报纸，说明传统媒体在报道严肃类的时政新闻中仍然占据较大优势，同时门户网站也成为人们获取信息的一大渠道。此外，手机报、手机电视和微信是除上述三类渠道之外最主要的信息获取渠道，这与腾讯新闻推送和朋友圈链接分享相关。

2. 通过对受访者的调查，合肥市民对十八届三中全会的评价普遍较高，平均分达到7.86；对于十八届三中全会之后中国发展前景的信心，受访者同样打出了较高的分数，平均分达到7.73；然而，在回答“目前整个社会的公平程度如何”一题中，受访者给出的分数相对较低，平均分仅有4.02。另外，因为年龄、职业、学历、收入等个人因素差异，对此问题的认知也有所不同，对社会公平程度打出0分的35位受访者中，比例最大的是大学本科群体，占37.14%；而给出10分的受访者中，初中学历所占比例最高，占60%。合肥市民对个人生活状况满意度良好，而且跟个人因素无明显关联。合肥市民对当下和未来中国社会的发展充满信心，但是加强社会公平程度仍然是亟须解决的一大问题。

3. 在问到“最关注的改革问题”时，最关注“公平正义”和“党的执政能力”的受访者占到总比例的20.69%和19.70%，总计达到了40.39%，超过了关注经济活力的17.41%。结合“目前整个社会的公平程度如何”选项的打分，数据说明经济高速发展时，经济发展带来的红利掩盖了一些问题。当发展增速降低，社会不公平现象和党的执政能力方面的问题受到了更多的关注。而且，越来越多的市民意识到，很多的社会问题并不能依靠经济的发展来完全解决。对于全会公报提出的内容，受访者最关注的是“经济体制改革”，其次是“维护宪法法律权威，深化行政执法体制改革”。民生方面，合肥市民最关注的问题依次是医疗、房价和食品安全，这说明合肥市民最关注的仍然是与基本生存需要相关的议题。过半受访者非常支持问卷中四项措施的实施，可见合肥市民对更加民主和透明公开的社会机制需求非常明显。

4. 总体来说，本次调查中，受访者对十八届三中全会表示了较高的关注，而且对全会内容以及改革重点有一定的了解，普遍希望能够改善目前社会中一些发展不平衡的问题。有效地解决此类问题，能够塑造良好的政府形象，增强市民对未来社会发展的信心。

关于合肥市民如何度过国庆假期的舆情调查

研究中心课题组*

在2013年刚刚过去的这个国庆假期里，有许多问题引发热议，如：景区的拥堵、高速公路免费通行的问题、新《旅游法》的施行力度、长假的调休问题乃至黄金周的存废问题等。假期期间，针对出行遇到的种种困难、休假制度、假期消费等问题，凤凰网、环球网和《焦点访谈》等媒体在网络上展开了专题讨论以及问卷调查。

安徽大学舆情与区域形象研究中心于10月20日15：00—17：30，18：30—20：00和21日9：00—11：30以及14：00—16：30，围绕“合肥市民如何度过国庆假期”的问题进行了舆情调查。我们希望通过调查，了解合肥市民的国庆假期是如何度过的，以及市民对现行休假制度的意见态度。

本次调查采用随机抽样方法，运用国际先进的CATI（计算机辅助电话访问）调查设备，成功访问了563位合肥市民，覆盖了全市7个行政区域。

本次调查的被访者涵盖了不同性别、年龄、受教育程度、职业和收入的市民，具有较为广泛的代表性。其中性别方面，男性占40.14%，女性占59.86%；年龄方面，18周岁以下的被访者占4.26%，19~29周岁的受访者占31.62%，30~39周岁的占28.77%，40~49周岁的占14.03%，50~59周岁的占9.06%，60周岁以上的占10.66%，选择保密的占1.60%；学历方面，初中及以下的占13.68%，高中（中专）的被访者占23.98%，大专学历的占28.42%，本科的占26.82%，硕士及以上的占5.86%，选择保密的占1.24%；职业方面，学生占6.04%，公务员占1.95%，事业单位工作者占13.32%，企业工作者占41.56%，个体户占11.55%，无业占1.95%，离退休占12.26%，自由职业占6.21%，其他占4.09%，保密占1.07%。

一、合肥市民“国庆假期是如何度过的”

在收集的563份有效样本中，选择在家休息的市民有268位，比例最高，

* 课题组成员：刘勇、黄伟迪、开薪悦、张雅、马俊骅、吴慧娟

占到 47.60%。有 17.05% 的被访者是在加班中度过国庆长假的，其中 70.27% 的加班者是由于行业或岗位的需要，20.72% 是出于领导的安排，选择“避开出行高峰”和“国庆期间加班费高”的仅为 2.70% 和 0.90%。除了在家休息和加班之外，17.41% 的被访者选择了探亲访友，选择黄金周旅游的被访者占到 13.50%，还有少数人选择了充电培训、市内休闲或者其他方式，比例分别为 1.24%、1.07% 和 2.13%。(见图一)

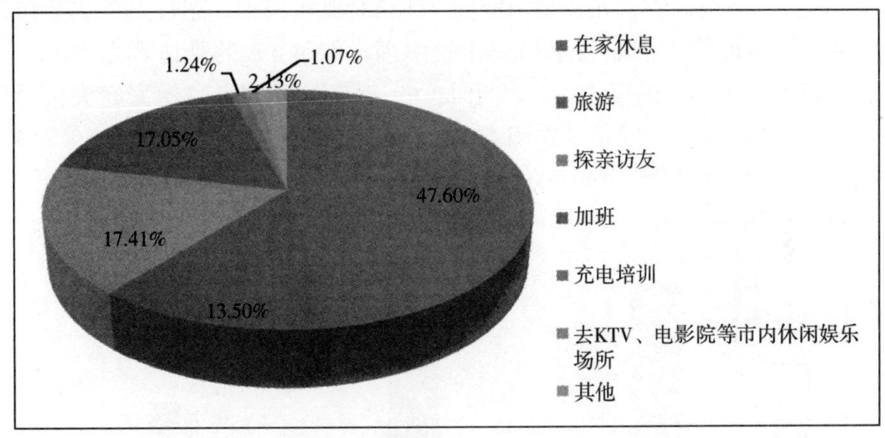

图一 被访市民如何度过国庆假期的调查

此外，为了解合肥市民对国庆假期生活的总体感受，我们在问卷中设置了“今年的国庆长假您过得怎么样?”这一问题。结果显示，在 563 位受访者中，选择“非常愉快”的占 25.58%，选择“比较愉快”的占 31.97%，35.17% 的受访者表示“一般”，仅有 3.91% 和 3.37% 的受访者觉得“不太愉快”和“非常不愉快”。同时，调查发现，对调休制度的满意度与国庆期间生活的满意度呈正相关，对调休制度的满意度越高的人，国庆期间过得越愉快。

二、合肥市民为何选择国庆假期在家休息

选择国庆节在家休息的被访市民中，“看电视”“上网”“补充睡眠”的比例较高，分别占到 21.64%、16.27% 和 12.24%。选择看电视或者上网的这两项共占到 37.91%，说明媒介在市民的休闲生活中占有一定的比例。

其次，选择“做运动”的比例为 11.49%；在家“读闲书”的比例为 10.60%；选择“学习”和“棋牌”的比例为 7.61% 和 5.82%。除此之外，被访问者选择“其他活动”的比例占到 14.33%，主要有“陪伴家人”“带孩子”“做家务”以及“跟亲友喝茶聊天”等。

之所以选择假期在家休息，“出行拥堵”和“陪伴家人”是被访市民主

要的考虑因素，共占到64.31%。其次，也有一些市民考虑到“有工作学习的任务”和“节省花销”因素。(如图二)

另外，在“其他”的选项中有少数市民考虑到身体原因，尤其是老年人的体质较差不适合远距离出行，或家庭琐事较多，或陪伴孩子学习走不开等原因而放弃出行。

此外，本研究中心2012年11月份对“合肥市民‘幸福感’及‘生活现状’”进行了舆情调查，在成功访问的505位合肥市民中，超过60%的受访市民认为自己目前的生活非常幸福或比较幸福，不足5%的受访者觉得不太幸福，觉得非常不幸福的仅占1%。同时，69.31%的受访者表示家庭关系对幸福感“非常有影响”。联系本次调查中，受访市民对于国庆假期“陪伴家人”的选择，说明合肥市民对家庭关系的重视。

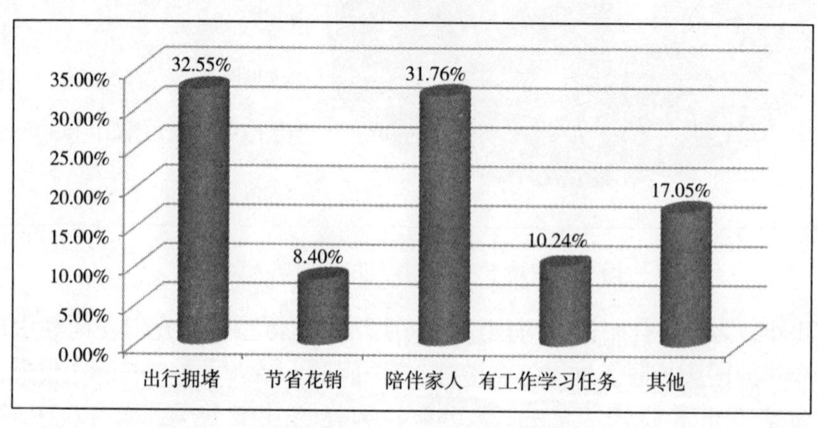

图二　被访市民选择在家休息的主要原因

三、围绕合肥市民国庆假期外出旅游的具体调查

如图三所示，在国庆节外出旅行的时间选择上，多数被访市民选择在1号到5号之间出行。其中2号到4号的时间段达到旅游高峰。

调查结果显示，选择旅游的被访市民中，只有17.11%选择在合肥市内游玩。选择在合肥市外安徽省内和安徽省外的国内其他地区旅游的市民数量相当，分别占39.47%和43.42%。在被访市民中，没有人选择出境（港澳台）或者出国游玩。

在旅游目的地的选择上，自然风光类被选择的比例最高，占到50.91%；其次，人文景观类和游乐场所被选择的比例分别为29.09%和18.18%；其他类旅游目的地仅占到1.82%。

在景点选择的考虑因素中，“距离远近”“景区知名度”和“增长见识”

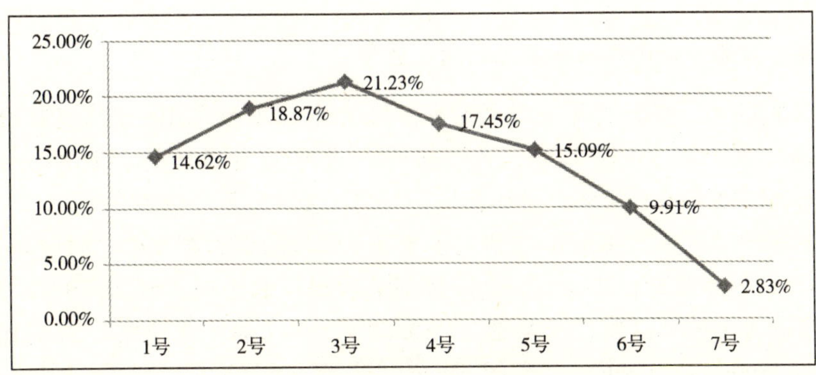

图三 被访市民出行日期的选择

所占的比例较高，前者为21.11%，后两者均为16.11%。另外，“交通便捷度”被选择的比例为15.56%，“时间”和“花销金额”被选择的比例分别为13.33%和7.78%。此外，选择旅游的被访市民中也有人表示，人流量较少和适合带孩游玩等也是选择景区时比较重要的考虑因素。

四、关于新《旅游法》的知晓及实施情况调查

新《旅游法》于2013年10月1日正式施行，调查结果显示，563位被访市民对于新《旅游法》的总体关注度一般，52.40%的受访者表示“不知道”该项法令的施行。

该法令针对以往旅行团强制收费、景区项目涨价、不限制人流量、安全措施薄弱等问题进行强制规范。在选择旅游的受访市民中，将近半数的人表示，在旅游及旅途过程中，并没有遇到上述的问题。而其余的受访市民表示，“景区旅游项目涨价”和“景区在高峰区未限制游客数量”这两项是旅游中遇到的比较集中的问题。(见图四)

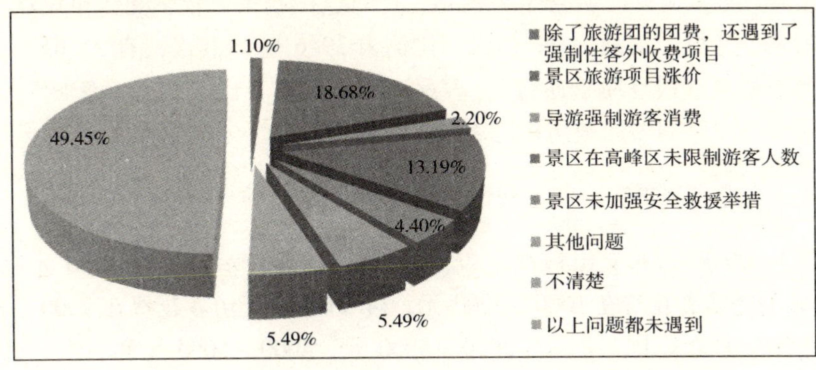

图四 被访市民在旅行时所遇到的明令禁止的行为的统计

五、合肥市民国庆期间的出行情况调查

国庆期间，被访市民选择私家车、公交车和出租车出行的比例分别为34.68%、23.35%和14.17%，选择客车、火车和飞机出行的比例分别为8.50%、6.75%和1.21%。其他的出行方式主要有步行、电动车等。

调查结果显示，在出行遇到的困难中，“出行拥堵”的比例最高，占36.84%；与此同时，选择“以上问题都未遇到”的比例占到30.89%。其他问题所占比例较小，如“买票难”占5.68%，“交通工具晚点”占4.16%，“出租车拒载”占4.99%。（见图五）

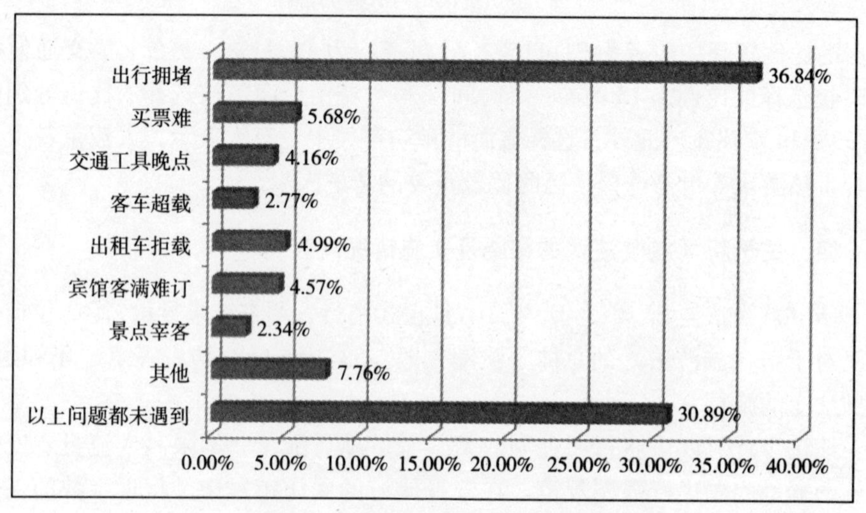

图五　被访市民出行时遇到的困难

此外，“高速公路节假日免费通行”这一政策自2012年中秋节开始施行，至今已有一年多时间。调查结果显示，针对这一政策，较多受访市民认为这样“省钱但造成了交通不便”，这一比例占39.61%。其次，有23.62%的被访者认为其“省钱且便于通行”，表示这一政策对自己“没什么影响”的占20.43%，有16.34%的被访市民表示不清楚。

六、合肥市民国庆期间花费情况的调查

关于国庆期间的支出情况，49.56%的受访者表示花费在1000元以下，19.36%的受访者花费在1000～2000元，14.21%的受访者花费在2000～3000元。此外，被访者中，花费在3000～4000元、4000～5000元和5000元以上的比例分别为4.44%、3.55%和8.88%。

国庆期间花费支出的项目，主要集中在亲友聚会和逛街购物两项，分别占25.22%和25.11%，共占到50.33%。此外其他的消费包括旅游消费、休闲娱乐、礼金和学习培训，分别为14.01%、12.50%、9.05%和2.48%。在“其他”的选项中，“日常开销”是被访市民主要提到的部分。

七、合肥市民对黄金周存废及现行休假制度的看法和建议

调查结果显示，对于“是否应该废除黄金周”的问题，超过七成的受访市民选择“否”，认为应该保留黄金周，这一比例为73.89%；仅有9.06%的受访者选择“是”，认为应该取消黄金周；此外还有17.05%的人表示无所谓。具体统计见图六。

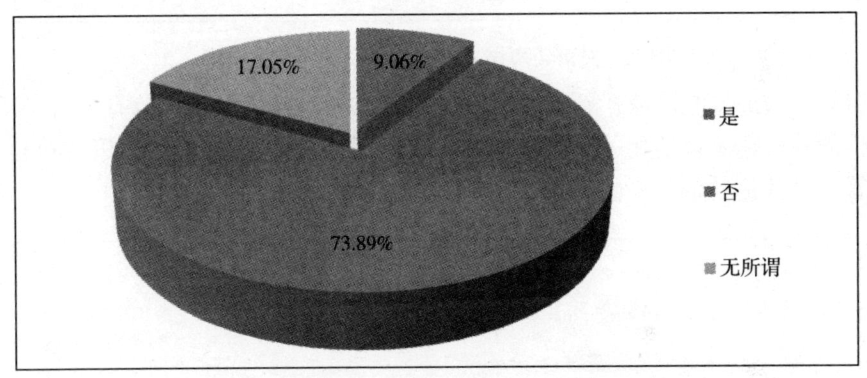

图六 被访市民关于黄金周存废问题的态度调查

调查结果显示，在563位受访市民中对现行的国庆黄金周调休制度的满意度为：非常满意的占7.28%，比较满意的占26.82%，41.74%的人觉得一般，觉得不太满意和非常不满意的人分别占17.77%和6.39%。超过七成的被访市民对现行的调休制度表示认可或基本满意。具体统计见图七。

关于“现行休假制度怎样调整最合理”这一问题，受访的合肥市民中选择“取消调休，延长法定假日（如国庆放假7天）”和选择“工作单位应该按照个人需求灵活设置放假时间”的受访对象所占比例较高，分别占27.89%和27.71%。此外，有18.29%的人认为“现行制度合理，不需调整”，15.63%的人认为应该“取消调休，按照法定节假日放假（如国庆节放假3天）”。还有10.48%的人给出了其他意见。

对于黄金周的休假制度，共有307位被访市民给出了自己的建议，主要集中在以下几个方面：反对调休，呼吁一个完整的假期；按照行业或个人需要灵活安排放假时间，或者在全年假期时间总量不变的情况下，减少单次放

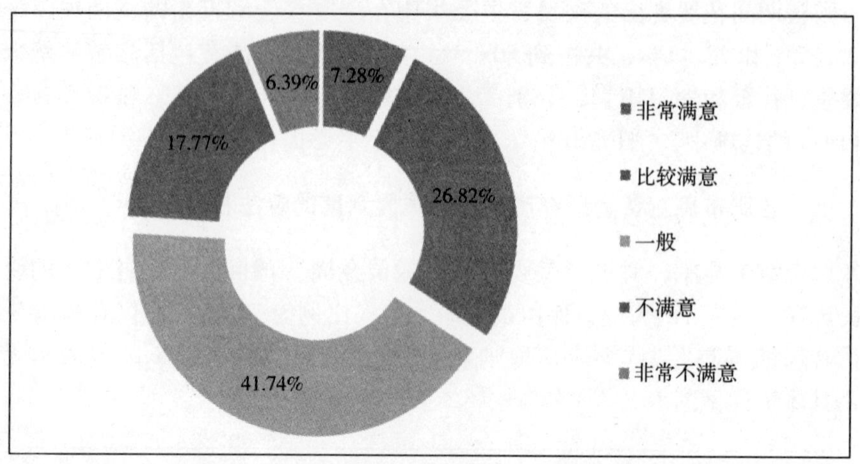

图七　对被访市民关于调休制度的满意度调查

假时间，增加放假次数；延长全年放假的总时间，尤其是传统节日如春节等；其他的一些建议包括相关部门应落实带薪休假制度，做好调休政策的执行和监管，尤其是对企业单位。（见图八）

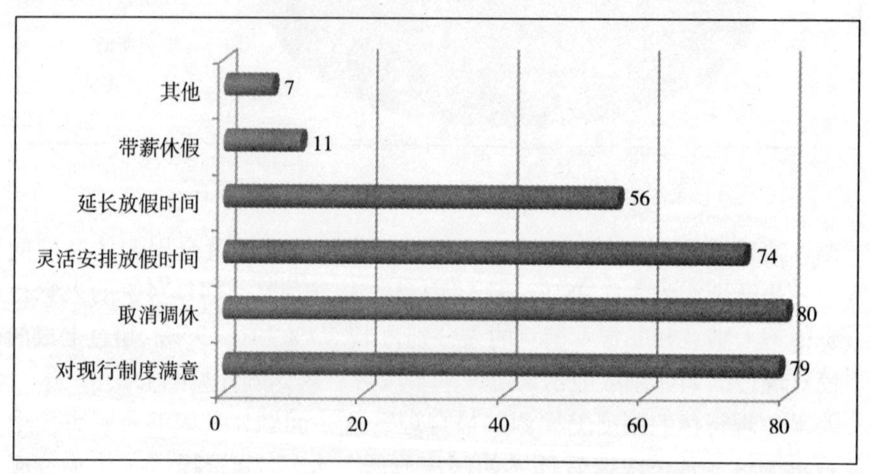

图八　被访市民对“黄金周休假制度”给出的意见或建议

八、分析研判

1. 将近一半的受访市民选择国庆假期在家休息，同时超过半数的受访者觉得国庆假期的生活“非常愉快”或“比较愉快”，觉得“不太愉快”或“非常不愉快”的受访者仅占7.28%。

之所以选择假期在家休息，“陪伴家人”是主要的考虑因素之一。此外，本研究中心 2012 年 11 月份对“合肥市民‘幸福感’及‘生活现状’”进行了舆情调查，在成功访问的 505 位合肥市民中，超过 60% 的受访市民认为自己目前的生活非常幸福或比较幸福，不足 5% 的受访者觉得不太幸福，觉得非常不幸福的仅占 1%。同时，69. 31% 的受访者表示家庭关系对幸福感“非常有影响”。联系本次调查中，受访市民对于国庆假期“陪伴家人”的选择，说明合肥市民对家庭关系较为重视。

2. 国庆期间选择出行的合肥市民表示，出行过程中遇到的困难主要集中在“出行拥堵”方面，同时，选择假期在家休息的市民也表示，“出行拥堵”是其放弃出行的主要原因之一，可见，交通问题对合肥市民的国庆假期生活产生了一定的影响。联系本研究中心 2013 年 1 月对合肥市交通状况的意见态度调查，结果显示，513 位受访市民中 63. 74% 的受访者经常遇到交通拥堵问题。可见，交通问题对市民的日常生活和假期生活中均产生重要的影响。

此外，针对高速公路节假日免费通行这一政策，近四成的受访市民认为这一举措“省钱但造成了交通不便”，因此这一政策的制定和执行有待进一步完善。

3. 新《旅游法》于 2013 年 10 月 1 日正式施行，调查结果显示，563 位被访市民对于新《旅游法》的总体关注度一般。该法令针对以往旅行团强制收费、景区项目涨价、不限制人流量、安全措施薄弱等问题进行强制规范。在选择旅游的受访市民中，将近半数的人表示，在旅游及旅途过程中，并没有遇到上述问题。说明在旅游景区或旅行团方面，对该法令的贯彻有一定的力度。然而，旅游中遇到的问题中较多集中在“景区旅游项目涨价”和“景区在高峰区未限制游客数量”这两个方面。因此，提请相关部门继续加大新《旅游法》的宣传和贯彻力度。

4. 对于黄金周的存废问题，多数受访市民认为应该保留黄金周，而具体到现行休假制度的调整问题，认为“取消调休”和“按照行业或个人需要灵活安排放假时间”的市民最多，同时，“增加传统节日的放假时间”也是部分市民提出的意见。可见，现行休假制度难以满足不同行业工作者的休假需求，调休制度的合理性和全国统一的假期制度值得商榷，而适时延长我国传统节日的放假时间也是不可忽视的社会民意。

图书在版编目(CIP)数据

安徽舆情与社会发展年度报告(2013)/芮必峰主编. —合肥:合肥工业大学出版社,2014.7

ISBN 978-7-5650-1871-8

Ⅰ.①安… Ⅱ.①芮… Ⅲ.①舆论—研究报告—中国—2013②社会发展—形象—研究报告—中国—2013 Ⅳ.①C912.63②D668

中国版本图书馆 CIP 数据核字(2014)第 149926

安徽舆情与社会发展年度报告(2013)

主编 芮必峰　　　　责任编辑 朱移山

出　版	合肥工业大学出版社	**版　次**	2014 年 7 月第 1 版
地　址	合肥市屯溪路 193 号	**印　次**	2014 年 9 月第 1 次印刷
邮　编	230009	**开　本**	710 毫米×1010 毫米　1/16
电　话	总　编　室:0551—62903038	**印　张**	20.25
	市场营销部:0551—62903198	**字　数**	364 千字
网　址	www.hfutpress.com.cn	**印　刷**	合肥现代印务有限公司
E-mail	hfutpress@163.com	**发　行**	全国新华书店

ISBN 978-7-5650-1871-8　　　　定价:48.00 元